中国社会科学院文库
中国社会科学院历史研究所重点课题
资助项目

中国社会科学院文库
历史考古研究系列
The Selected Works of CASS
History and Archaeology

中国社会科学院创新工程学术出版资助项目

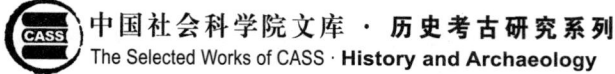

公羊学思想史研究

AN INTELLECTUAL HISTORY OF GONGYANG SCHOOL

郑任钊 著

中国社会科学出版社

图书在版编目（CIP）数据

公羊学思想史研究 / 郑任钊著. —北京：中国社会科学出版社，2018.4

ISBN 978-7-5203-2284-3

Ⅰ.①公… Ⅱ.①郑… Ⅲ.①中国历史—春秋时代—编年体 ②《公羊传》—研究 Ⅳ.①K225.04

中国版本图书馆 CIP 数据核字（2018）第 064427 号

出 版 人	赵剑英
责任编辑	张　林
特约编辑	宋英杰
责任校对	石春梅
责任印制	戴　宽

出　　版	中国社会科学出版社
社　　址	北京鼓楼西大街甲 158 号
邮　　编	100720
网　　址	http://www.csspw.cn
发 行 部	010-84083685
门 市 部	010-84029450
经　　销	新华书店及其他书店

印刷装订	北京君升印刷有限公司
版　　次	2018 年 4 月第 1 版
印　　次	2018 年 4 月第 1 次印刷

开　　本	710×1000　1/16
印　　张	26.5
插　　页	2
字　　数	409 千字
定　　价	118.00 元

凡购买中国社会科学出版社图书，如有质量问题请与本社营销中心联系调换
电话：010-84083683
版权所有　侵权必究

《中国社会科学院文库》出版说明

《中国社会科学院文库》（全称为《中国社会科学院重点研究课题成果文库》）是中国社会科学院组织出版的系列学术丛书。组织出版《中国社会科学院文库》，是我院进一步加强课题成果管理和学术成果出版的规范化、制度化建设的重要举措。

建院以来，我院广大科研人员坚持以马克思主义为指导，在中国特色社会主义理论和实践的双重探索中做出了重要贡献，在推进马克思主义理论创新、为建设中国特色社会主义提供智力支持和各学科基础建设方面，推出了大量的研究成果，其中每年完成的专著类成果就有三四百种之多。从现在起，我们经过一定的鉴定、结项、评审程序，逐年从中选出一批通过各类别课题研究工作而完成的具有较高学术水平和一定代表性的著作，编入《中国社会科学院文库》集中出版。我们希望这能够从一个侧面展示我院整体科研状况和学术成就，同时为优秀学术成果的面世创造更好的条件。

《中国社会科学院文库》分设马克思主义研究、文学语言研究、历史考古研究、哲学宗教研究、经济研究、法学社会学研究、国际问题研究七个系列，选收范围包括专著、研究报告集、学术资料、古籍整理、译著、工具书等。

中国社会科学院科研局
2006 年 11 月

序

　　郑任钊自 1998 年起，先后在中国社会科学院研究生院读硕士、博士学位。我一直是他的学术导师。任钊博士毕业后留在了中国社会科学院历史所中国思想史研究室工作，参编《中国经学思想史》，承担了其中有关公羊学思想的部分研究。后来又参加《儒藏》的编撰工作，先后整理校点了胡安国的《春秋传》、刘逢禄的《春秋公羊经何氏释例》、廖平的《公羊三十论》等。任钊的硕士、博士论文皆以公羊学为研究课题，至今已不间断地研究公羊学近二十年，近日著成《公羊学思想史研究》一书。书成，索序于我。我亦乐为之。

　　公羊学在汉代和晚清曾两度成为显学。但在魏晋至明代的千余年间却若存若亡，"若存"是说当时关于公羊学的主要著作，如董仲舒的《春秋繁露》和何休的《春秋公羊传解诂》一直流传下来，并且也一直有人对之加以疏解和援引；"若亡"是说董仲舒、何休以来的公羊家法，及其号称所传孔子的"微言大义"，却被视为"非常异义可怪之论"，后人无法理解。直到清代的庄存与，才又开始重视春秋公羊家之说，而至刘逢禄，则系统阐释了"公羊家法"及公羊家所传孔子的"微言大义"。发展至康有为等人，则用公羊学理论来引导"戊戌变法"运动。也正因为如此，学者研究春秋公羊学，往往只是关注汉代和晚清两段历史。

　　《春秋》是编年体著作，文字简严，有如大事目录。而解释《春秋》的《左传》《穀梁传》《公羊传》都是编年体著作。虽然其中《左传》叙事较详，但因为历史事件常常被割裂来叙述，非专业的读者往往难得事件梗概。由于春秋学资料琐碎、意义难明，即使像朱熹这样的大学者也不免认为"《春秋》难看""《春秋》难理会"。他遍注群经，包括注了许多难懂的古籍，如《周易》《中庸》《仪礼》《周易参同契》等，而未注《春秋》。

我指导学生研究春秋学，曾给他们提出一个"方便法门"，即建议他们先读明代冯梦龙的《东周列国志》（特别是其中春秋时期部分）。通过阅读这部历史演义小说，先对春秋时期的历史事件有一种感性认识；然后再去读《左传》来对应这些事件；然后再读《公羊传》和《穀梁传》，以明了春秋学家所阐发的义理。这样做的目的，就是要在事实判断的基础上，来做价值判断。

《左传》以叙事为主，记事较《公羊传》《穀梁传》准确。例如：《春秋》记载"郑伯克段于鄢"，只此一句，人们无法了解事件的原委与过程。《公羊传》和《穀梁传》都讲郑庄公杀了其弟叔段，有违兄弟伦理，因而对郑庄公大加挞伐。当时《公羊传》和《穀梁传》作者未见《左传》，于郑庄公其事未闻其详。而事实是，郑庄公并未杀叔段。《左传》记载"太叔出奔共"，因而有共叔段之称。后十年，郑庄公犹有"寡人有弟，不能和协，而使糊其口于四方"之语，是郑庄公未尝有失厚道也。

关于《左传》与《公羊传》的不同特点。郑任钊说：

> 同是对《春秋》一经的诠释，《左传》以述史为目的，旨在求真，着眼过去，探讨"历史曾经是什么"；而《公羊传》则以改制为目的，旨在求善，着眼未来，探讨"历史应该是什么"。
>
> 《公羊传》与同是诠释《春秋》的《左传》诠释出了完全不同的成果。《左传》努力丰富《春秋》记述极为简略的史事，带给人们一部文字生动、叙事翔实的史学作品。而《公羊传》大力阐发《春秋》简约文字下所蕴含的义理，带给人们一部讲述礼义、道德和政治观念的哲学作品。

中国自古以来重视历史记载，因而历史文献很多，然而不无遗憾的是，探讨历史发展规律的文献却少之又少。《春秋公羊传》算是一种例外。任钊说《公羊传》是一部"哲学作品"，指的是历史哲学，而不是指西方那种一般哲学。

司马迁说："《春秋》文成数万，其指数千。"任钊论证《史记》所讲的《春秋》主要是指《春秋》经与《公羊传》合一的《春秋》，其结论是正确的。所谓"其指数千"，应是指《春秋公羊传》所阐发的大大小小的观点。而《公羊传》及其后世经师所阐发的最重要的理论有三个：一是关于国家统一的"大一统"理论，即国家必须统一于以君主为最高领导的中央王朝；二是关于社会变易的"通三统"理论，即每一个新的王朝必须改革旧的政治制度，建立新统，同时也参考和吸收前两朝的制度文化；三是关于历史进化的"张三世"理论，即认为社会历史的发展有三个大的阶段：由衰乱世到升平世（小康社会），最后到达太平世（大同世界）。

"大一统"说出自《公羊传》对《春秋》首句"元年春王正月"的解释，此后成为中华民族的核心价值观之一。"春王正月"四字被认为是孔子特笔，其中所蕴含的微言大义就是"大一统"。但"春王正月"四字究竟是孔子特笔，还是鲁史旧文呢？顾炎武《日知录》卷四《王正月》指出，从春秋时期的鼎彝铭文可见，当时各诸侯国在所行正朔上都加一"王"字，目的是要区别于夏历和殷历，并无其他意义。因此"春王正月"乃是鲁史旧文，并非孔子特笔。虽然如此，"大一统"作为华夏民族的固有观念并不因此被撼动。其实，《公羊传》作者只是借对"元年春王正月"的解释，将华夏民族"大一统"的固有观念宣示出来而已。

"通三统"的意思是说，一个新的政权在建立本朝的典章制度和文化传统时，要参照其他两种不同的典章制度和文化传统。按照唐代春秋学家啖助的解释：夏代文化的特点是忠信质朴，但它产生了粗蠢野蛮的流弊；殷商文化的特点是敬天尊神，其文化足以救正夏文化粗蠢野蛮的流弊，但它自身又产生了迷信鬼神的流弊；周代文化的特点是尊礼尚文，其文化足以救正殷人迷信鬼神的流弊，但它自身又产生了繁文缛节的流弊，救正之道，则应倡导夏文化的"忠信质朴"，此即所谓"变周之文，从夏之质"。这种解释显示，"通三统"理论所讲的文化的继承与发展规律，不仅适合于夏、商、周三代，也适合于后世。它实际所揭示的是历史辩证法所讲的"否定之否定"规律。

"张三世"的社会发展目标是太平世，而康有为将之等同于大同世界，近人读之，又将之解读为未来的共产主义社会。这就将"张三世"

的理论解释得太过宏大，目标太过高远，而难以达到。实际"张三世"理论可以作多种解读，如康有为就曾提出过几种"三世"说。

"三世"说既可解读为远期目标，也可解读为近期目标。当然也可解读为远期目标与近期目标相结合，而每一个目标都由三阶段达成。我们或可称之为"目标阶段理论"。这个理论对于我们今天制订社会发展规划具有建设性的意义。

任钊论述此书宗旨以及研究方法说：

> 《公羊学思想史研究》的目标并不是一部公羊学史，无意面面俱到地介绍公羊学的学派流变、传承统绪，亦无心梳理《春秋》书法或《公羊》条例。本书关注的是思想，是从经学思想的角度展开对公羊学的研究，试图通过《公羊传》的思想研究、通过在中国思想史上最有影响的几位公羊学家的思想研究，串联起公羊学思想从先秦到晚清的发生、发展过程，探讨公羊学思想的核心价值以及对中国社会产生的影响，挖掘公羊学中符合时代精神的思想资源。本书采取将人物研究和思想研究结合起来的方法，以公羊学家的个案研究为支点，以公羊学思想发展的考察梳理为主线，同时联系时代背景，结合当时的经济、政治因素以及社会思潮的影响，揭示公羊学思想变迁的脉络和时代特点，分析它们的承继与发展。

这段话涉及今日经学和经学史研究的方向和方法问题，我想在这里多说几句。过去史学界有一句话说："一部二十四史，从何说起？"套用这句话用于经学史上，我们或许也可以说："一部十三经诠释史，从何说起？"这里牵涉到很多基础的理论问题，例如什么是经，什么是经学，什么是经学史等。

在前辈学者中，我最佩服的是徐复观关于今后经学和经学史研究方向的见解。他说：

> 中国过去涉及经学史时，只言人的传承，而不言传承者对经学所把握的意义，这便随经学的空洞化而经学史亦因之空洞化；更由经学史的空洞化，又使经学成为缺乏生命的化石，则此一代表古代

文化大传统，在中国现实生活中的失坠，乃必然之事。即使不考虑到古代传统的复活问题，为了经学史自身的完整性，也必须把时代各人物所了解的经学的意义，作郑重的申述。这里把它称为"经学思想"。此是今后治经学史的人应当努力的大方向。(《中国经学史的基础》，台湾学生书局1982年版，第208页)

遵循徐复观先生提出的经学和经学史的研究路数，我曾提出："经学的主旨是什么呢？经之所以为经，就在于它所倡导的价值观。"即研究经学和经学史首先要把握住经学所倡导的价值观。失去了价值观，便失去了经之为经的意义。在我看来，研究中国思想文化的顺序应该是这样的：经学思想史——经学史——思想史（或哲学史）。第一步，只有把握住经学的价值和意义，才能写出一部好的经学思想史。第二步，只有写出了一部好的经学思想史，才能写出一部简明的经学史，因为没有"思想"的经学史势必会成为"缺乏生命的化石"。第三步，只有写出一部简明的经学史，才能写出一部具有中国特色的思想史（或哲学史），因为在中国思想史（或哲学史）的发展长河中，经学一直起着举足轻重的作用。因此我曾说：

> 检讨和反思八十年来中国哲学史和思想史的研究状况，我们得到这样一种认识：以往的中国哲学史（或思想史）缺少"根"，即经学，而以往的中国经学史又缺少"魂"，即价值和意义，因此要想写一部有"根"的中国哲学史（或思想史），须先写一部有"魂"的中国经学思想史。(《经学研究的回顾与展望》，《中国社会科学院院报》2004年3月23日)

今天，我依然坚信这是正确的中国思想文化的研究路数。说起经学研究，清代乾嘉时期可谓名著迭出。但无论是梁启超，还是皮锡瑞，对其总体评价并不高。其根本原因就在于乾嘉诸老的经学研究成就仅限于文字训诂、名物制度、搜集佚文等方面，而少有思想性的建树。具体到公羊春秋学方面，清代尚有孔广森、凌曙、陈立、宋翔凤等名家，因为他们的著作思想性相对较弱，本书未加论列，也是可以理解的。

近年有些学者喜欢谈论研究经学和经学史的方法论问题，而在我看来，在这方面可谈的问题并不太多。我以为能注意以下几点就够了：第一，通经。学者至少能通一两部经典，方有资格谈论研究经学和经学史的方法论，如果你未曾通一两部经典，那所谈的方法论岂不是空谈吗？第二，抓住重点。要写一部经典研究专史，或一部经学研究通史，应该抓大放小，对于重点人物作较为深入的论述，而不是泛泛罗列人物和书籍，作蜻蜓点水的论述。恩格斯所说的"要真实地再现典型环境中的典型人物"（《马克思恩格斯选集》第4卷，人民出版社1972年版，第462页），虽然是对文学作品讲的，也适用于经学史的研究。第三，义理与考据。传统的经学研究方法，不外乎义理与考据。我曾在《义理与考据》一书中提到：八十年来学者把写好哲学史（或思想史）的期望过多地寄托在方法论的创新上，导致此类著作的写法与观点变来变去，因而在许多历史学者的眼中，哲学史（或思想史）最不像一种历史。对于经学和经学史研究，应该避免走类似的弯路。

在经学史上，公羊学派应该是对政治最为关切，并且积极主张社会政治变革的，这种学术特质引起了社会改革者的同情和重视。但我们也必须清楚，公羊学理论充其量也只是一种主张改革的观念，事实上，在清代春秋公羊学兴起、发展的一百多年中，公羊学者甚至没有对社会改革提出任何一种政治制度性的设计。虽然晚清公羊学引发和带动了"戊戌变法"，但"戊戌变法"的失败也与公羊学家的理论空洞有很大关系。我们在研究公羊学家的学术贡献的同时，也应注重研究他们的历史局限性。

郑任钊厚积薄发，所著《公羊学思想史研究》，爬梳索隐，研精阐微，时有新论，而所有立论皆公允通达、简明晓畅。读者欲了解国学中的公羊学说，这是一部值得首先推荐的学术论著。

姜广辉

2017年12月12日

写于千年学府岳麓书院

目　　录

绪　言 ……………………………………………………………（1）

第一章　《公羊传》：公羊学的活水源头 ………………………（5）
　第一节　《公羊传》的传授及成书 ……………………………（5）
　第二节　《公羊传》的解经特色 ………………………………（21）
　　一　转换《春秋》的文本性质 ………………………………（21）
　　二　揭示《春秋》的微言大义 ………………………………（25）
　　三　选择问答体的诠释形式 …………………………………（30）
　第三节　《公羊传》的基本观念 ………………………………（34）
　　一　"大一统" …………………………………………………（35）
　　二　"别君臣" …………………………………………………（40）
　　三　大复仇 ……………………………………………………（47）
　　四　进夷狄 ……………………………………………………（59）
　　五　敬贤重民 …………………………………………………（63）
　　六　"拨乱世，反诸正" ………………………………………（68）

第二章　董仲舒：公羊学体系的成立 ……………………………（81）
　第一节　董仲舒生平及其著作 …………………………………（81）
　第二节　奠定公羊学的解经模式 ………………………………（85）
　　一　诠释指导原则 ……………………………………………（86）
　　二　四大诠释方法 ……………………………………………（89）
　第三节　创立公羊学思想体系 …………………………………（92）

  一　"通三统"理论的建立 …………………………………… （94）
  二　"大一统"说的理论化 …………………………………… （101）
  三　"张三世"的雏形 ………………………………………… （108）
 第四节　天人感应的灾异说 …………………………………………… （112）
  一　董仲舒的"天人感应"说 ………………………………… （113）
  二　灾异说及其现实意义 …………………………………… （116）
 第五节　推明《公羊》与"独尊儒术" ………………………………… （122）
  一　西汉初期的政治难题 …………………………………… （123）
  二　实现以儒治国的理想 …………………………………… （125）

第三章　何休：公羊学体系的完善 …………………………………… （134）
 第一节　何休的生平及其学术渊源 …………………………………… （134）
 第二节　《春秋公羊经传解诂》 ……………………………………… （141）
 第三节　强调社会进化的历史哲学 …………………………………… （146）
  一　"张三世"的历史进化论 ………………………………… （146）
  二　"通三统"的改制理想 …………………………………… （151）
 第四节　"衰世救失"的政治思想 ……………………………………… （154）
  一　"大一统"说的推进 ……………………………………… （155）
  二　"守正"的政治原则 ……………………………………… （159）
  三　"德治"的政治主张 ……………………………………… （167）
  四　"进夷狄"的民族观 ……………………………………… （179）
 第五节　何休的灾异说 ………………………………………………… （183）
  一　以阴阳、谶纬说灾异 …………………………………… （184）
  二　何休灾异说中的政治主张 ……………………………… （188）
 第六节　何休公羊学的影响 …………………………………………… （193）

第四章　赵汸：千年沉寂存"火种" …………………………………… （196）
 第一节　赵汸生平及其学术渊源 ……………………………………… （197）
 第二节　赵汸研究《春秋》的目的 …………………………………… （199）
 第三节　"鲁史书法"与"圣人书法" …………………………………… （201）

一　"因孟子之言而反求之" ……………………………… (202)
　　二　先考史法,再求经义 ………………………………… (204)
　　三　"属辞比事"之法 …………………………………… (206)
　第四节　总结《春秋》要义 ………………………………… (210)
　　一　尊王 …………………………………………………… (210)
　　二　谨华夷之辨 …………………………………………… (214)
　　三　正名分 ………………………………………………… (217)
　　四　重义重德 ……………………………………………… (221)
　第五节　对公羊学的肯定 …………………………………… (224)
　　一　赵汸对三传的态度 …………………………………… (224)
　　二　《公羊》得学《春秋》之要 …………………………… (226)

第五章　庄存与：公羊学复兴的序幕 ………………………… (235)
　第一节　庄存与生平及其学术特点 ………………………… (236)
　第二节　树立公羊学的旗帜 ………………………………… (238)
　第三节　拱奉王室与"讥世卿" ……………………………… (243)
　　一　强化尊王的"大一统" ………………………………… (244)
　　二　"兼容并包"的夷夏观 ………………………………… (248)
　　三　为士人呐喊的"讥世卿" ……………………………… (249)
　第四节　引发今文经学的回归 ……………………………… (251)

第六章　刘逢禄：清代公羊学的奠基人 ……………………… (255)
　第一节　刘逢禄学术渊源与学术特点 ……………………… (255)
　第二节　《春秋公羊经何氏释例》 …………………………… (257)
　第三节　立足变革的公羊学 ………………………………… (260)
　　一　重树"三科"的核心地位 ……………………………… (260)
　　二　起衰解敝的"张三世" ………………………………… (262)
　　三　"通三统"与"异内外" ………………………………… (264)
　第四节　重启今古文之争 …………………………………… (270)
　　一　以《公羊》统摄群经 …………………………………… (271)

二　向古文经宣战 …………………………………………………（273）

第七章　龚自珍：清代公羊学风的转变 ……………………………（278）
　第一节　龚自珍公羊学的学术渊源 ………………………………（278）
　第二节　走出书斋的公羊学 ………………………………………（285）
　　一　强烈的"功利性" ………………………………………………（286）
　　二　《春秋决事比》 …………………………………………………（288）
　　三　《五经大义终始论》和《五经大义终始答问》 …………………（296）
　第三节　以"三世"说为核心的公羊思想 …………………………（298）
　　一　以"八政"配"三世" ……………………………………………（299）
　　二　"三统"说与"大一统"说 ………………………………………（305）
　第四节　今文经学的健将 …………………………………………（308）

第八章　魏源：公羊学的近代化转向 ………………………………（315）
　第一节　魏源生平及其经世之学 …………………………………（315）
　第二节　"别开阃域"的公羊学 ……………………………………（319）
　　一　"拨乱反治"的"三世"说 ………………………………………（322）
　　二　"相嬗相师""因革损益"的"三统"说 …………………………（325）
　　三　"天下一家"的夷夏观与"大一统"说 …………………………（332）
　第三节　壮大今文学派的声势 ……………………………………（335）

第九章　康有为：维新变法的历史实践 ……………………………（340）
　第一节　今文经学思想的确立 ……………………………………（341）
　　一　从"平分今古"到"尊今抑古" …………………………………（341）
　　二　以今文经学为变法维新的理论依托 …………………………（349）
　第二节　"托古改制"之"通三统" …………………………………（354）
　　一　托古"三统" ……………………………………………………（354）
　　二　改制"三统" ……………………………………………………（357）
　　三　孔子为王 ………………………………………………………（359）
　第三节　"与时进化"之"张三世" …………………………………（363）

  一　康有为的几种"三世"说 …………………………………（363）
  二　以"三世"说为基础的进化论体系 ……………………（370）
 第四节　"大同世界"之"大一统" ………………………………（376）
  一　"大一统"的逻辑起点 …………………………………（377）
  二　全球一统的追求 …………………………………………（380）
  三　"大同"世界之理想社会 ………………………………（382）
 第五节　返本开新的尝试 ……………………………………（386）

参考文献 ……………………………………………………………（390）

后　　记 ……………………………………………………………（405）

绪　　言

　　《公羊传》是《春秋公羊传》的简称，又称《公羊春秋》，是一部传解《春秋》的著作，与《左传》《穀梁传》并称为"《春秋》三传"，是今文经学的重要典籍。

　　《公羊传》在三传中乃至儒家经典中具有鲜明的特色。同是对《春秋》一经的诠释，《左传》以述史为目的，旨在求真，着眼过去，探讨"历史曾经是什么"；而《公羊传》则以改制为目的，旨在求善，着眼未来，探讨"历史应该是什么"。因此公羊学并不执着于史实，而是注重发挥《春秋》之"微言大义"，阐发出"张三世""通三统""大一统"等独具特色的理论，强调历史发展的进步性和有序性，揭示人类历史发展的方向和终极目标。而在这一目标的指引下，公羊学要求人们必须积极改善当下的制度，推动社会的改革和进步。由于其独特的关怀对象和理论体系，公羊学在儒家学派中独树一帜，先后两次在中国历史上写下辉煌的篇章，在中国传统文化中具有独特的光彩和深远的影响。

　　公羊学阐发了许多对后世影响深远的独特理论。其中最著名的就是"大一统"说。"大一统"说出自《公羊传》对《春秋》首句"元年春王正月"的解释，此后又经董仲舒、何休等公羊学家发展成一个蕴含丰富的理论，最终成为中华民族的固有观念，成为千百年来维系国家统一的强大凝聚力。

　　公羊学还有一套宣扬历史进步的"三世"说。公羊家根据距孔子所处年代的远近，将《春秋》所录的二百四十二年的历史分为"所传闻世""所闻世""所见世"三个阶段，后来又进一步引申出人类社会必由"衰乱世"至"升平世"至"太平世"的历史进化理论：认为随着时间的推移，社会将越来越发展进步，终至实现理想社会。

"三统"说是公羊学非常重要的理论。按照公羊学的说法，朝代的递嬗要按照黑、白、赤三统的顺序循环交替，每个王朝都按照自己所得之"统"来"改正朔，易服色，制礼乐"。这个说法看似无稽，但却蕴含了公羊学的理论核心——改制，也就是要求人们根据历史的变化而因时变革。

此外，公羊学还有"王鲁""进夷狄""大复仇""讥世卿"及灾异说等理论。公羊学的一些理论别说是在今天，就是在历史上也长期不为人所理解，而被人们责以荒诞。然而就是有着所谓"非常异义可怪之论"的公羊学，却在汉代和清代两次成为重大历史变革的主导理论，产生了深远的影响。

公羊学家最为可贵之处是与时俱进，他们不是"述而不作"，而是"述而且作"。他们虽然继续围绕经传阐发义理，但并不是一成不变，固守旧说，而是因应时代变化，每有增益，每有创新。

公羊学在两千年中走过了一个极不平凡的历程。西汉初年，公羊寿及其弟子胡毋生写定《公羊传》于竹帛，结束了《公羊传》数百年口耳相传的历史。汉武帝年间，董仲舒著《春秋繁露》，建立起公羊学的理论体系，并向汉武帝上策："《春秋》大一统者，天地之常经，古今之通谊也。今师异道，人异论，百家殊方，指意不同，是以上亡以持一统；法制数变，下不知所守。臣愚以为诸不在六艺之科孔子之术者，皆绝其道，勿使并进。"[①] 武帝采纳了董仲舒的建议，罢黜百家，表彰六经。这样，第一位公羊大师董仲舒用公羊学的"大一统"理论，推动儒学登上了统治思想的崇隆地位，开启了中国长达两千年的经学时代。于是，《公羊传》首先从儒家经典中脱颖而出，成为西汉统治思想的主体，具有最高的理论权威，渗透到了国家政治的各个角落，甚至成为朝廷决定国家大事的依据和官员审判案件的法典，汉代以公羊大义决狱的例子屡见不鲜，董仲舒专门著有一本《春秋决狱》。

东汉末年，何休注解《公羊传》，吸收两三百年间公羊学发展的成果，对两汉公羊学做了一个系统总结，进一步完善了公羊学的理论体系。

---

① 《汉书》卷56《董仲舒传》，中华书局1962年版，第2523页。

东汉以后，公羊学陷入了长达千年的沉寂之中，《公羊传》虽然仍被列为儒家重要经典之一，但其精深理论的意涵几乎没有人能真正理解，潜心研习的学者更是屈指可数。

但公羊学的思想光辉注定不可能永远被历史的尘埃所湮没。清代乾隆年间，沉寂千年的公羊学悄然走上了复兴之路。常州学派的创始人庄存与在元代春秋学家赵汸《春秋属辞》的启发下，著《春秋正辞》归纳公羊义例。此后经刘逢禄的发展壮大，龚自珍和魏源的改造发展，公羊学终于成为晚清的学术风尚。

晚清，列强环伺，中国危亡，宣扬改制变革的公羊学越来越受到人们的推崇。最后一位公羊学大师康有为将清代公羊学百年来的发展推向极致，空前发挥公羊学思想，并以之作为推行维新变法的强大理论依据。在经学时代即将结束的时候，公羊学再度跃上了中国学术和政治舞台的中心。康有为以"三统"改制说来倡导变革，并将西方的制度也纳入"三统"范围之内，以"三世"进化说论证了从君主专制到民主制度的道路是人类社会发展的必由之路，更结合《礼运》"大同""小康"说，阐发出"乱世"至"小康"至"大同"的"三世"发展模式，将大同社会作为最高的发展阶段。康有为的维新变法虽然失败了，但他所宣扬的公羊学冲击了君主专制的意识形态，具有思想启蒙的意义，产生了重大而深远的影响。

由此，我们也可以看出，中国的经学时代实际上是始于公羊，亦终于公羊。仅从这一点来讲，对公羊学的研究亦是十分必要的。近些年来虽然有关公羊学的论著逐渐多了起来，但对于有着繁杂体系、在中国思想史上发生过重要影响的公羊学来说，仍嫌不足。尤其是有关公羊学思想方面的研究尚有大力开拓的空间。

徐复观先生曾指出："中国过去涉及经学史时，只言人的传承，而不言传承者对经学所把握的意义，这便随经学的空洞化而经学史亦因之空洞化；更由经学史的空洞化，又使经学成为缺乏生命的化石，则此一代表古代文化大传统，在中国现实生活中的失坠，乃必然之事。即使不考虑到古代传统的复活问题，为了经学史自身的完整性，也必须把时代各人物所了解的经学的意义，作郑重的申述。这里把它称为'经学思想'。

此是今后治经学史的人应当努力的大方向。"① 姜广辉先生更进一步指出："经学的主旨是什么呢？经之所以为经，就在于它所倡导的价值观。所以'经学思想'即是关于经学的'价值'和'意义'的思想。"② 学术传承源流的研究是经学研究所不可或缺的，但经学能够世代相传并不断发展，在中国古代社会长期占据统治地位，除了人的不断传承外，更重要的是其内涵意义的不断诠释与丰富。因此，经学思想才是经学的本质所在，经学研究必须重视经学思想的研究。

《公羊学思想史研究》的目标并不是一部公羊学史，无意面面俱到地介绍公羊学的学派流变、传承统绪，亦无心梳理《春秋》书法或公羊条例。本书关注的是思想，是从经学思想的角度展开对公羊学的研究，试图通过《公羊传》的思想研究、通过在中国思想史上最有影响的几位公羊学家的思想研究，串联起公羊学思想从先秦到晚清的发生、发展过程，探讨公羊学思想的核心价值以及对中国社会产生的影响，挖掘公羊学中符合时代精神的思想资源。本书采取将人物研究和思想研究结合起来的方法，以公羊学家的个案研究为支点，以公羊学思想发展的考察梳理为主线，同时联系时代背景，结合当时的经济、政治因素以及社会思潮的影响，揭示公羊学思想变迁的脉络和时代特点，分析它们的承继与发展。

---

① 徐复观：《中国经学史的基础》，台湾学生书局1982年版，第208页。
② 姜广辉主编：《中国经学思想史》第1卷，中国社会科学出版社2003年版，第4页。

第 一 章

《公羊传》：公羊学的活水源头

《公羊传》在《春秋》三传中有着鲜明的特色和独特的命运。它以阐发《春秋》微言大义为职志，致力于揭示《春秋》中蕴含的孔子的政治观念和社会理想，表现出明显的政治倾向。《公羊传》所揭示的《春秋》大义和经世致用的学术追求吸引了大批有抱负的儒家学者，他们依照《公羊传》的诠释路线对《春秋》展开研究，并对《公羊传》自身不断进行诠释，发展《公羊传》的基本观念，由此形成了一个两度活跃于中国政治舞台，并将儒学推上统治思想地位的儒家学派——公羊学派。

第一节　《公羊传》的传授及成书

《公羊传》有着如此轰轰烈烈的历史，但它的诞生却默默无闻。它的作者、传承及成书，在正史中缺乏记载，历来都很有争议。

《公羊传》最早见诸正史是在《汉书》。《汉书·艺文志》载："《公羊传》十一卷。公羊子，齐人。"颜师古注："名高。"[①] 但这个公羊子却未在《史记》中现身，《史记》之中《公羊传》的名称也没有出现过，连"公羊"二字在全书中居然也仅一见："汉兴至于五世之间，唯董仲舒名为明于《春秋》，其传公羊氏也。"[②] 而《春秋》三传中的另外两部《穀梁传》《左传》却以《穀梁春秋》《左氏春秋》的名称分别一见于

[①] 《汉书》卷30《艺文志》，第1713页。
[②] 《史记》卷121《儒林列传》，中华书局1959年版，第3128页。

《史记》。《穀梁传》见于《儒林列传》："瑕丘江生为《穀梁春秋》。"①《左传》见于《十二诸侯年表》："鲁君子左丘明惧弟子人人异端，各安其意，失其真，故因孔子史记具论其语，成《左氏春秋》。"②

西汉武帝时期，在董仲舒等人的推动下，《公羊传》成了朝廷决定国家大事和官员审判案件的依据，深入国家的政治生活中。《公羊传》在当时的地位和影响毋庸置疑，而且司马迁自身亦深受董仲舒影响而服膺公羊学，《史记》中就有很多地方采用了公羊之说，但《公羊传》居然不见于《史记》，令人不能不感到奇怪。更为奇怪的是，董仲舒作为公羊大师，其所著《春秋繁露》亦为公羊学的奠基之作，然而《春秋繁露》满篇只见"《春秋》""《春秋》曰""《春秋》之义"，却不见有《公羊传》之称，甚至连"公羊"二字都没有出现。

笔者认为，所谓《公羊传》的名称是后出的，司马迁作《史记》之时很可能并没有一本叫《公羊传》的书，后来我们称之为《公羊传》的内容，作为《春秋》的解说，与《春秋》经合在一起，而被人们统称为"春秋"。所以我们看到，《史记》所言之《春秋》很多时候就是特指《春秋公羊传》，其中有很多是直接引用《公羊传》原文或对某事的看法：

《易》基《乾坤》，《诗》始《关雎》，《书》美厘降，《春秋》讥不亲迎。夫妇之际，人道之大伦也。③

"《春秋》讥不亲迎"指《春秋》隐公二年"纪履緰来逆女"，《公羊传》："外逆女不书，此何以书？讥。何讥尔？讥始不亲迎也。"④

《春秋》讥宋之乱自宣公废太子而立弟，国以不宁者十世。⑤

---

① 《史记》卷121《儒林列传》，第3129页。
② 《史记》卷14《十二诸侯年表》，第509—510页。
③ 《史记》卷49《外戚世家》，第1967页。
④ 《春秋公羊传注疏》卷2《隐公二年》，十三经注疏整理本，北京大学出版社2000年版，第38—39页。
⑤ 《史记》卷38《宋微子世家》，第1633页。

此指《公羊传》隐公三年："君子大居正。宋之祸，宣公为之也。"①《公羊传》认为，宋宣公不传子而传弟缪公，破坏了传子的正道，是导致后来宋国一系列祸乱的根源。《索隐》特别指出："《春秋公羊》有此说，《左氏》则无讥焉。"②

（袁盎等）皆对曰："方今汉家法周，周道不得立弟，当立子。故《春秋》所以非宋宣公。宋宣公死，不立子而与弟。弟受国死，复反之与兄之子。弟之子争之，以为我当代父后，即刺杀兄子。以故国乱，祸不绝。故《春秋》曰'君子大居正，宋之祸宣公为之'。"③

此为袁盎等诸大臣反对窦太后欲立梁孝王为太子的一席话，用的也是《公羊传》"君子大居正，宋之祸宣公为之"之义，而且这里更是直接引《公羊传》文而称"《春秋》"。

汉既诛大宛，威震外国。天子意欲遂困胡，乃下诏曰："高皇帝遗朕平城之忧，高后时单于书绝悖逆。昔齐襄公复九世之仇，《春秋》大之。"④

汉武帝伐匈奴的诏书称引了《春秋》九世复仇之说，而九世复仇之说，唯《公羊传》有之。《公羊传》庄公四年褒扬齐襄公为已隔九世的远祖复仇："何贤乎襄公？复仇也。……九世犹可以复仇乎？虽百世可也。"⑤

胶西王臣端议曰："淮南王安废法行邪，怀诈伪心，以乱天下，荧惑百姓，倍畔宗庙，妄作妖言。《春秋》曰'臣无将，将而诛'。

---

① 《春秋公羊传注疏》卷2《隐公三年》，第49页。
② 《史记》卷38《宋微子世家》索隐，第1633页。
③ 《史记》卷58《梁孝王世家》，第2091页。
④ 《史记》卷110《匈奴列传》，第2917页。
⑤ 《春秋公羊传注疏》卷6《庄公四年》，第143页。

安罪重于将，谋反形已定。"①

胶西王刘端议淮南王刘安之罪，称引了《公羊传》庄公三十二年"君亲无将，将而诛焉"②之语，亦是直称《春秋》。

《史记》所言之《春秋》，还有一些是没有直接称引《春秋》原文或大义，实际上用的也是公羊之说。如：

> 桀、纣失其道而汤、武作，周失其道而《春秋》作。③
> 西狩获麟，曰"吾道穷矣"。故因史记作《春秋》，以当王法，以辞微而指博，后世学者多录焉。④
> （孔子）乃因史记作《春秋》，上至隐公，下讫哀公十四年，十二公。据鲁，亲周，故殷，运之三代。⑤

公羊家认为孔子作《春秋》，是以为周朝不再复兴，于是以《春秋》当新王，作为接替周朝的一代，在《春秋》中改变周朝的制度，设立《春秋》新朝代的制度，此即"周失其道而《春秋》作"与"作《春秋》，以当王法"之义。而《春秋》既当新王，依照公羊家"通三统"之义，则要黜前代。董仲舒《春秋繁露·三代改制质文》："《春秋》应天作新王之事，时正黑统。王鲁，尚黑，绌夏，亲周，故宋。"⑥因为《春秋》据鲁史而作，所以又要"缘鲁以言王义"⑦。此即"据鲁，亲周，故殷"之义。宋乃殷后，"故殷"即"故宋"。

> 太史公曰："孔氏著《春秋》，隐桓之间则章，至定哀之际则微，

---

① 《史记》卷118《淮南衡山列传》，第3094页。
② 《春秋公羊传注疏》卷9《庄公三十二年》，第217页。
③ 《史记》卷130《太史公自序》，第3310页。
④ 《史记》卷121《儒林列传》，第3115页。
⑤ 《史记》卷47《孔子世家》，第1943页。
⑥ 董仲舒：《春秋繁露·三代改制质文》。苏舆撰，钟哲点校：《春秋繁露义证》卷7《三代改制质文》，中华书局1992年版，第187—189页。
⑦ 董仲舒：《春秋繁露·奉本》。苏舆撰，钟哲点校：《春秋繁露义证》卷9《奉本》，第279页。

为其切当世之文而罔褒,忌讳之辞也。"①

此段文字,司马迁综合了《公羊传》定公元年"定、哀多微辞"②与隐公元年、桓公二年、哀公十四年"所见异辞,所闻异辞,所传闻异辞"③之义。《公羊传》有"三世异辞"之说,认为孔子作《春秋》,根据时代远近与亲疏的不同,用辞与褒贬尺度都有所差别,离得越远用辞越直显,离得越近用辞越隐晦。定、哀之时已经是孔子所见之世,用辞则多有忌讳,非常隐微,乃至于当事者"习其读而问其传,则未知己之有罪焉尔"④。

厉公之杀,以淫出国,故《春秋》曰"蔡人杀陈他",罪之也。⑤

"蔡人杀陈他(佗)"见于《春秋》桓公六年,而陈佗(厉公)以"以淫出国"被杀则出自《公羊传》:"陈君,则曷为谓之陈佗?绝也。曷为绝之?贱也。其贱奈何?外淫也。恶乎淫?淫于蔡,蔡人杀之。"⑥《左传》于此无传。

孔子闻赵简子不请晋君而执邯郸午,保晋阳,故书《春秋》曰"赵鞅以晋阳畔"。⑦

"晋赵鞅入于晋阳以叛"见于《春秋》定公十三年,赵鞅(简子)因私杀邯郸午之事则见于《左传》,然而不请君命书叛之义却出于《公羊

---

① 《史记》卷110《匈奴列传》,第2919页。
② 《春秋公羊传注疏》卷25《定公元年》,第626页。
③ 《春秋公羊传注疏》卷1《隐公元年》、卷4《桓公二年》、卷28《哀公十四年》,第31、83—84、717页。
④ 《春秋公羊传注疏》卷25《定公元年》,第627页。
⑤ 《史记》卷46《田敬仲完世家》,第1880页。
⑥ 《春秋公羊传注疏》卷4《桓公六年》,第101页。
⑦ 《史记》卷43《赵世家》,第1791页。

传》:"此逐君侧之恶人,曷为以叛言之?无君命也。"① 《春秋繁露·顺命》亦说:"臣不奉君命,虽善以叛言,'晋赵鞅入于晋阳以叛'是也。"② 此条及上条皆是称引《春秋》经文而义采《公羊》。

此外,诸如"言《春秋》于齐鲁自胡毋生,于赵自董仲舒。……公孙弘以《春秋》白衣为天子三公,封以平津侯。天下之学士靡然乡风矣","董仲舒,广川人也。以治《春秋》,孝景时为博士。……今上即位,为江都相。以《春秋》灾异之变推阴阳所以错行","齐之言《春秋》者多受胡毋生,公孙弘亦颇受焉"③,"公孙弘以《春秋》之义绳臣下取汉相"④ 等处的"《春秋》",虽未称引任何内容,但既为胡毋生、董仲舒、公孙弘所传习,自然也是指的《公羊传》。

《太史公自序》中有"《春秋》文成数万,其指数千"⑤ 之语,《春秋》全文不过一万六千余字,如何说"文成数万"?裴骃《集解》认为:"太史公此辞是述董生之言。董仲舒自治《公羊春秋》,《公羊》经传凡有四万四千余字,故云'文成数万'也。"裴骃提出,《史记》这里的《春秋》是合《公羊》经传而言。然而此说遭到颜师古的批评,颜师古提出了"史迁岂以《公羊传》为《春秋》乎"⑥ 的诘问。

应当说,裴骃的说法是相当有见地的,司马迁这里确实就是以《公羊传》为《春秋》。在《太史公自序》中司马迁以壶遂"昔孔子何为而作《春秋》哉"的问题设问,对孔子作《春秋》的目的以及《春秋》的性质进行了一番阐释。"《春秋》文成数万,其指数千"即是其中的一句。司马迁一开始就明确说"余闻董生曰",说明这些关于《春秋》的见解都来自公羊大家董仲舒。那么他所说的"夫《春秋》,上明三王之道,下辨人事之纪,别嫌疑,明是非,定犹豫,善善恶恶,贤贤贱不肖,存亡国,继绝世,补敝起废,王道之大者也",

---

① 《春秋公羊传注疏》卷26《定公十三年》,第668页。
② 董仲舒:《春秋繁露·顺命》。苏舆撰,锺哲点校:《春秋繁露义证》卷15《顺命》,第412页。"虽善以判言",原书"言"字下属为句,不从。
③ 《史记》卷121《儒林列传》第3118、3127—3128、3128页。
④ 《史记》卷30《平准书》,第1424页。
⑤ 《史记》卷130《太史公自序》,第3297页。
⑥ 《史记》卷130《太史公自序》集解、索隐,第3298—3299页。

"故有国者不可以不知《春秋》,前有谗而弗见,后有贼而不知。为人臣者不可以不知《春秋》,守经事而不知其宜,遭变事而不知其权。为人君父而不通于《春秋》之义者,必蒙首恶之名。为人臣子而不通于《春秋》之义者,必陷篡弑之诛,死罪之名"等,皆为公羊家言。而"《春秋》辩是非,故长于治人""我欲载之空言,不如见之于行事之深切著明也""诸侯奔走不得保其社稷""有国者不可以不知《春秋》"① 等语在《春秋繁露》都可见相似的话,② "拨乱世反之正,莫近于《春秋》"③ 一句更是直接出自《公羊传·哀公十四年》。④ 因此,这里的《春秋》指的也必为公羊家所传之《春秋》。

金德建先生曾著有《司马迁所见书考》一书,其中有"司马迁所称《春秋》系指《左传》考"与"司马迁所称《春秋》亦指《公羊传》考"二则,⑤ 给人产生一种《史记》所言《春秋》主要是指《左传》亦兼指《公羊传》的感觉。其实《史记》所言之《春秋》,指称《公羊传》乃是第一大用法,也是最常见的用法。据笔者统计,排除表季节或《吕氏春秋》《晏子春秋》《春秋历谱谍》等作为其他书名的一部分的情况,《春秋》在《史记》中出现了七十次左右,⑥ 而可以基本确定为指称《公羊传》的则有四十余次。金德建先生指出,《史记》运用《春秋》,不外乎三类情况:一指《春秋经》,二指《公羊传》,三指《左传》。⑦ 金先生这里实际上还少说了一种情况,即泛指史册。如《乐毅列传》:"臣闻贤圣之君,功立而不废,故著于《春秋》;蚤知之士,名成而不毁,故称于后世。"⑧《游侠列传》:"至如以术取宰相卿大夫,辅翼其世主,功名俱著于《春秋》,固无可言者。"⑨ 与其他三种用法比较起来,指称《公羊传》

---

① 《史记》卷130《太史公自序》集解、索隐,第3297—3298页。
② 分别见《春秋繁露·玉杯》《俞序》。苏舆撰,钟哲点校:《春秋繁露义证》卷1《玉杯》、卷6《俞序》,第36、159—160页。
③ 《史记》卷130《太史公自序》,第3297页。
④ 《春秋公羊传注疏》卷28《哀公十四年》,第627页。
⑤ 金德建:《司马迁所见书考》,上海人民出版社1963年版,第105—115页。
⑥ 不计《司马相如列传》《龟策列传》《三王世家》等疑非司马迁所作的篇章。
⑦ 金德建:《司马迁所见书考》,第105页。
⑧ 《史记》卷80《乐毅列传》,第2432页。
⑨ 《史记》卷124《游侠列传》,第3181页。

的用法可以说比例是相当高的。

从以上所举的《史记》诸条中，我们也可以看出，在武帝诏书之中或是大臣奏议之中，亦是将《公羊传》等同《春秋》的。可见当时人们的确将《公羊传》与《春秋》合称为"春秋"。《史记》中不见《公羊传》之名，反而正可以说明《公羊传》地位之崇隆。后来，《左传》与《穀梁传》起而争立，而《公羊传》也逐渐丧失了独尊的地位，人们就以《左传》与《穀梁传》的起名原则来命名《公羊传》。因此，我们见到《汉书》中虽仍有《公羊传》文与《春秋》经文不分的现象，但已经开始有所区分，亦出现《公羊春秋》《公羊传》等名。

崔适说："西汉之初，所谓《春秋》者，合经与传而名焉者也。传者后世所谓《公羊传》也，其始不但无《公羊传》之名，亦无传之名，统谓之《春秋》而已。"① 西汉之初，无《公羊传》之名，合经传而称《春秋》应该是没有问题的，但说"无传之名"恐怕就有问题了。在《春秋繁露》中，虽不见《公羊传》之名，但却有称以《传》或《春秋传》的情况。如《王道》："《春秋传》曰：'大夫不适君。'"② 此传文即见于《公羊传·宣公十二年》"大夫不敌君"③。"敌"与"适"通。《玉英》："经曰：'宋督弑其君与夷。'《传》言：'庄公冯杀之。'"④ 此传文见于《公羊传·隐公三年》"庄公冯弑与夷"⑤。《爵国》："《春秋》曰：'荆。'《传》曰：'氏不若人，人不若名，名不若字。'"⑥ 此传文可见《公羊传·庄公十年》⑦。可见，经、传固然可以合称为《春秋》，但经、传还

---

① 崔适：《春秋复始》卷1《序证》，《续修四库全书》第131册，上海古籍出版社1995年版，第381页。
② 董仲舒：《春秋繁露·王道》。苏舆撰，钟哲点校：《春秋繁露义证》卷4《王道》，第126页。
③ 《春秋公羊传注疏》卷16《宣公十二年》，第405页。
④ 董仲舒：《春秋繁露·玉英》。苏舆撰，钟哲点校：《春秋繁露义证》卷3《玉英》，第77页。
⑤ 《春秋公羊传注疏》卷2《隐公三年》，第49页。
⑥ 董仲舒：《春秋繁露·爵国》。苏舆撰，钟哲点校：《春秋繁露义证》卷8《爵国》，第234页。
⑦ 《春秋公羊传注疏》卷7《庄公十年》，第169页。

是有区别的。或者说,《公羊传》如果当时有名称的话,应当就称为《春秋传》。

公羊家认为,公羊氏所传正是孔子亲自传授弟子之《春秋》大义。何休说:"《春秋》有改周受命之制,孔子畏时远害,又知秦将燔《诗》《书》,其说口授相传,至汉公羊氏及弟子胡毋生等,乃始记于竹帛,故有所失也。"① 孔子知秦将燔书,未免神化孔子,但想来孔子讲解《春秋》,口授弟子,还是合情合理的。《汉书·艺文志》亦说孔子作《春秋》"有所褒讳贬损,不可书见,口授弟子,弟子退而异言"②。而且,《公羊传》通篇采用问答体行文,很像一种学生听课的课堂笔记,可能就是对"口授相传"的原始形式的一种保留。孔子修《春秋》必于其中寄寓道理,否则《春秋》岂不真的成了"断烂朝报"?那样《春秋》也就失去了作为经典的价值了。所以正如元代春秋学家赵汸指出的,《公羊传》之说《春秋》,"必有所受"③。虽然经过近四百年的口耳相传,增益损失不可避免,但其中必然还是保留有孔子作《春秋》的核心价值观念。公羊学的一些理论,剥去其繁杂的成分,我们还是很容易在孔子那里找到相应的观念,如:

尊王一统:礼乐征伐自天子出。(《论语·季氏》)

三统改制:殷因于夏礼,所损益,可知也;周因于殷礼,所损益,可知也。其或继周者,虽百世,可知也。(《论语·为政》)

三世:行夏之时,乘殷之辂,服周之冕,乐则韶舞。(《论语·卫灵公》)

复仇思想:子夏问于孔子曰:"居父母之仇,如之何?"夫子曰:"寝苫枕干,不仕,弗与共天下也。遇诸市朝,不反兵而斗。"(《礼记·檀弓上》)

---

① 《春秋公羊传注疏》卷2《隐公二年》注,第41页。
② 《汉书》卷30《艺文志》,第1715页。
③ 赵汸:《春秋属辞》卷14《因日月以明类》,《景印摛藻堂四库全书荟要》第42册,台湾世界书局1988年版,第294页。

因此，如果说《公羊传》最初的源头在于孔子，也并非无稽之谈。徐彦在《公羊疏》中，据前人之说，提出了一个《公羊传》的传承谱系。他说："孔子至圣，却观无穷，知秦无道，将必燔书，故《春秋》之说口授子夏。度秦至汉，乃著竹帛，故《说题辞》云'传我书者，公羊高也'。戴宏序云：'子夏传与公羊高，高传与其子平，平传与其子地，地传与其子敢，敢传与其子寿。至汉景帝时，寿乃其弟子齐人胡毋子都著于竹帛。'"① 简单说就是："子夏传与公羊氏，五世乃至汉胡毋生、董仲舒，推演其文。"② 如果这个传承谱系可靠的话，那《公羊传》的来龙去脉也就清楚了：孔子口授弟子，子夏受之，传于公羊高，公羊氏五代相传，至汉景帝时，公羊寿与弟子胡毋生写成定本。

但这个传承谱系却是疑点重重。崔适在《春秋复始》中指出：《公羊传》之名与公羊氏之籍始见于西汉刘歆所撰《七略》，而公羊氏之世系及人名始见于戴宏之序，"何以前人不知，而后人知之也"？他又指出，从有关史料来看，子夏生于鲁定公二年，到汉景帝初已历三百四十余年，而公羊氏仅传五代。这样，每代相距六十余年。除非"父享耄年，子皆夙慧，乃能及之"③。徐复观先生则进一步认定戴宏的这个说法是"只是传《公羊》系统的人为了保持自己的利益所捏造出来的"④。

崔适的怀疑的确很有道理，戴宏关于公羊五世传承的说法是很难站住脚的。但以那种"前人不知，而后人知之"为由断伪的方法，也已被近年来不断出土的古代文献证明是靠不住的。西汉中期以前，公羊学派没有什么危机感。但随着学术竞争的加剧，公羊学派的优越地位逐渐丧失，为了证明自己的正统性，此时就必须不断追溯可能的传承谱系，其中虚妄夸张在所难免，但也不会毫无根据地乱编，否则在激烈的竞争中反而会授人以柄，适得其反。

据杨士勋《穀梁传疏》："《公羊》《左氏》论难纷然，贾逵、服虔共相教授，戴宏、何休亦有唇齿。"⑤ 又唐晏《三国两汉学案》置戴宏于

---

① 《春秋公羊传注疏·序》疏，第4页。
② 《春秋公羊传注疏》卷1《隐公》疏，第4页。
③ 崔适：《春秋复始》卷1《序证》，《续修四库全书》第131册，第381页。
④ 徐复观：《两汉思想史》第2卷，华东师范大学出版社2001年版，第202页。
⑤ 《春秋穀梁传注疏》卷19《定公四年》疏，第365页。

"春秋公羊学"之下，① 惠栋《周易述》引戴宏《春秋解疑论》说"圣人不空生，受命而制作"②，亦为公羊家言。则戴宏与何休时代相近，亦为公羊学者，其所述的传承谱系必有所本。

因此，戴宏的这套说法虽有很多漏洞，然而还是有一定价值的。笔者认为，这套传承谱系的两头应该是有其可信度的。末尾之公羊寿与胡毋生在汉景帝时著于竹帛的说法，大部分人对此并无疑议，而开头子夏传《春秋》一节也是有其根据的。

抛开纬书所载之"《春秋》属商"③之说不谈，子夏传《春秋》在其他典籍之中亦可寻到端倪。《韩非子·外储说右上》载："子夏之说《春秋》也：'善持势者，蚤绝其奸萌。'""子夏曰：'《春秋》之记臣杀君、子杀父者，以十数矣，皆非一日之积也，有渐而以至矣。'"可见，子夏的确评说过《春秋》，并对《春秋》大义有所阐述，对《春秋》当甚为熟悉。

《史记·孔子世家》载："孔子在位听讼，文辞有可与人共者，弗独有也。至于为《春秋》，笔则笔，削则削，子夏之徒不能赞一辞。"④ 孔子弟子众多，单列子夏不能"赞一辞"，可见子夏与《春秋》关系密切。董仲舒《春秋繁露·俞序》说："卫子夏言，有国家者不可不学《春秋》，不学《春秋》，则无以见前后旁侧之危，则不知国之大柄，君之重任也。"⑤ 由此言可见子夏对《春秋》的重视，而且反映了子夏是从治国安邦的高度去认识《春秋》大义的。子夏注重《春秋》大义的阐述、强调《春秋》的政治倾向，这与《公羊传》的路线极为接近。即使此言是董仲舒假托子夏的，但为什么要假托到子夏身上，恐怕也是因为子夏与《春秋》的关系。此外，从孔门弟子的学术分野来看，子夏是属于"传经派"的⑥，东汉学者徐防指出："《诗》《书》《礼》《乐》，定自孔子；发明章

---

① 唐晏著，吴东民点校：《两汉三国学案》卷8《春秋》，中华书局1986年版，第441、443页。
② 惠栋撰，郑万耕点校：《周易述》卷11《象上传》疏，中华书局2007年版，第188页。
③ 徐彦《公羊疏》引《孝经说》。《春秋公羊传注疏》卷1《隐公》疏，第4页。
④ 《史记》卷47《孔子世家》，第1944页。
⑤ 董仲舒：《春秋繁露·俞序》。苏舆撰，锺哲点校：《春秋繁露义证》卷6《俞序》，第160页。
⑥ 据姜广辉《郭店楚简与子思子——兼谈郭店楚简的思想史意义》，《中国哲学》第20辑《郭店楚简研究》，辽宁教育出版社1999年版，第89页。

句，始于子夏。其后诸家分析，各有异说。"① 康有为亦说："传经之学，子夏最多。"② 因此，子夏传《春秋》之说还是有所凭依的。

就《公羊传》传自子夏一说而言，杨伯峻先生曾提出过反对意见：旧说《公羊》《穀梁》俱出自子夏，那么按理两书只应大同小异，互有详略，但不能自相矛盾，更不能自相攻击。而事实上，"不但两传矛盾之处很多，而且有《穀梁》攻击《公羊》处"。他还指出："'大一统'这个观念，要在秦、汉以后才能有，这就足以证明《公羊传》不出于子夏。"③

其实这也未必尽然，《穀梁》攻击《公羊》，只能说明二者可能并非"俱出自子夏"，而是各有不同的出处，并不能说明《公羊传》肯定不出自子夏。即使二者同出自子夏，那师出同门，所得各异，甚至反目成仇的例子也很多，何况像二传这样经过数百年的各自流传，沿着各自的路线发展，二者之间的差距越来越大也是可以想见的。而"大一统"的局面虽然出现在秦以后，但"大一统"的观念却是先秦久已有之，黄帝曾提出"万国和"的主张，《诗·北山》："普天之下，莫非王土；率土之滨，莫非王臣"，孔子亦言"礼乐征伐自天子出"（《论语·季氏》），这些都透露了"大一统"思想在先秦社会的影响，所以并没有十分有力的证据证明《公羊传》不出自子夏。

子夏与公羊寿之间的传承虽不可信，但戴宏详细罗列的公羊氏五代之名，当有所本。笔者认为，传承谱系的脱漏当在子夏至公羊高之间。《公羊传》既称为《公羊传》，公羊一氏应该在其传承过程中发挥了很多的作用，尤其在其著于竹帛之前的一段时间里，《公羊传》可能长期由公羊一氏传承。若以三十年为一代来推算，从公羊高到公羊寿，公羊氏大概传了一百五十年。那么子夏与公羊高之间则还差了两百来年，这两百年的传承大概可以由传文中出现的沈子、司马子、女子、北宫子等公羊先师承担起来。

《公羊传》中多处出现"子公羊子曰""子沈子曰""子司马子曰"

---

① 《后汉书》卷44《徐防传》，中华书局1965年版，第1500页。
② 康有为：《万木草堂口说·学术源流》，姜义华、张荣华编校《康有为全集》第2集，中国人民大学出版社2007年版，第144页。
③ 杨伯峻：《〈公羊传〉和〈穀梁传〉》，文史知识编辑部编《经书浅谈》，中华书局1984年版，第87—88、94页。

"子女子曰""子北宫子曰""高子曰""鲁子曰"等字样,① 这就为我们提供了一些参与传授著作《公羊传》的公羊先师的名字。顾炎武《日知录》就此指出:"按《传》中有子公羊子曰,而又有子沈子曰、子司马子曰、子女子曰、子北宫子曰,何后师之多欤?然则此《传》不尽出于公羊子也明矣。"②

何休在《公羊传》隐公十一年"子沈子曰"下,注解说:"子沈子,己师。……沈子称子冠氏上者,著其为师也。不但言子曰者,辟孔子也。其不冠子者,他师也。"③ 这里何休对《公羊传》出现的子公羊子、子沈子、子司马子、子女子、子北宫子和高子、鲁子作了一个清晰的区分:"称子冠氏上者"都是《公羊传》写定之前传授系统内的"己师",如子公羊子、子沈子、子司马子、子女子、子北宫子等,其解经之语传授弟子,世代相传,最后著录下来;"不冠子者"则是传授系统之外的"他师",如高子、鲁子,其见解被公羊先师采纳,亦传授下来。

也就是说,《公羊传》里留下了公羊子、沈子、司马子、女子、北宫子和高子、鲁子等人的解经语,这些人都对《公羊传》写定后的面貌发挥过作用,但其作用大小是不同的。高子、鲁子的作用只是留下来的若干只言片语,而公羊子、沈子、司马子、女子、北宫子等人除了留下来的解经语,更大的作用是传授《公羊传》。公羊子、沈子、司马子、女子、北宫子等人在传授时都不免加入自己的一些看法,而下一代经师再往下传时,提到先师的思想时,便以姓氏之前冠"子"尊称,以至最后写入《公羊传》中。这也正合何休所言的"传《春秋》者非一"④ 的意思。

我们现在看到的传文,有些虽未标明言说者,应该也有不少是出自

---

① "子公羊子曰"见于桓公六年、宣公五年;"子沈子曰"见于隐公十一年、庄公十年、定公元年;"子司马子曰"见于庄公三十年;"子女子曰"见于闵公元年;"子北宫子曰"见于哀公四年;"高子曰"见于文公四年、昭公二十五年;"鲁子曰"见于庄公三年、庄公二十三年、僖公五年、僖公二十年、僖公二十四年、僖公二十八年。

② 顾炎武撰,黄汝成集释,栾保群、吕宗力校点:《日知录集释》卷4《子沈子》,上海古籍出版社2006年版,第261页。

③ 《春秋公羊传注疏》卷3《隐公十一年》,第77页。"己师",亦有他本作"后师",据徐彦《疏》"知子沈子为己师者",则"己师"为是。

④ 《春秋公羊传注疏》序,第4页。

公羊先师之口，只是口耳传授日久，难免失其所出。我们从《穀梁传》与《公羊传》的对比中可以找到一些痕迹。定公元年"戊辰，公即位"，《穀梁传》："沈子曰：'正棺乎两楹之间，然后即位也。'"①《穀梁传》所引沈子之言恰见于《公羊传》对同条经文的解释中："正棺于两楹之间，然后即位。子沈子曰：'定君乎国，然后即位。'"②"正棺于两楹之间，然后即位"这句《公羊传》却未冠以"沈子曰"，反而下句才标示是沈子之言。由此我们也可以想见，必然还会有一些对《公羊传》做出过贡献的"己师"或"他师"的名字在传承中遗失了。

《公羊传》具体的传承谱系实际上是很难考实的，但有一点却是可以确定的，那就是《公羊传》应该长期在齐地的学者间传承。《公羊传》中存有很多齐地方言：

隐公元年"郑伯克段于鄢"，《公羊传》："母欲立之，己杀之，如勿与而已矣。"③

隐公二年"无骇帅师入极"，《公羊传》："疾始灭也。始灭，昉于此乎？"④

隐公五年"公观鱼于棠"，《公羊传》："公曷为远而观鱼？登来之也。"⑤

隐公七年"齐侯使其弟年来聘"，《公羊传》："其称弟何？母弟称弟。"⑥

桓公二年"宋督弑其君与夷，及其大夫孔父"，《公羊传》："及者何？累也。"⑦

桓公五年"正月，甲戌，己丑，陈侯鲍卒"，《公羊传》："曷为以二日卒之？怴也。"⑧

---

① 《春秋穀梁传注疏》卷19《定公元年》，十三经注疏整理本，北京大学出版社2000年版，第358页。
② 《春秋公羊传注疏》卷25《定公元年》，第631—632页。
③ 《春秋公羊传注疏》卷1《隐公元年》，第20页。
④ 《春秋公羊传注疏》卷2《隐公二年》，第36—37页。
⑤ 《春秋公羊传注疏》卷3《隐公五年》，第55页。
⑥ 《春秋公羊传注疏》卷3《隐公七年》，第67页。
⑦ 《春秋公羊传注疏》卷4《桓公二年》，第81页。
⑧ 《春秋公羊传注疏》卷4《桓公五年》，第96页。

桓公六年"寔来",《公羊传》:"曷为谓之寔来?慢之也。曷为慢之?化我也。"①

桓公七年"焚咸丘",《公羊传》:"焚之者何?樵之也。"②

庄公四年"纪侯大去其国",《公羊传》:"今纪无罪,此非怒与?"③

庄公十二年"宋万弑其君接及其大夫仇牧",《公羊传》:"万怒,搏闵公,绝其脰。"④

庄公二十年"齐大灾",《公羊传》:"大灾者何?大瘠也。"⑤

庄公二十四年"夫人姜氏入。"《公羊传》:"夫人不偻,不可使入。"⑥

庄公二十八年"卫人及齐人战,卫人败绩",《公羊传》:"《春秋》伐者为客,伐者为主。"⑦

庄公三十一年"筑台于郎",《公羊传》:"何讥尔?临民之所漱浣也。"⑧

僖公十年"晋杀其大夫里克",《公羊传》:"晋之不言出入者,踊为文公讳也。"⑨

僖公三十三年"晋人及姜戎败秦于殽",《公羊传》:"诈战不日,此何以日?"⑩

文公十三年"公及晋侯盟",《公羊传》:"往党,卫侯会公于沓,至得与晋侯盟。反党,郑伯会公于棐,故善之也。"⑪

宣公八年"壬午,犹绎。万入去籥",《公羊传》:"去其有声者,废其无声者,存其心焉尔。"⑫

---

① 《春秋公羊传注疏》卷4《桓公六年》,第99—100页。
② 《春秋公羊传注疏》卷5《桓公七年》,第104页。
③ 《春秋公羊传注疏》卷6《庄公四年》,第142、144页。
④ 《春秋公羊传注疏》卷7《庄公十二年》,第173—174页。
⑤ 《春秋公羊传注疏》卷8《庄公二十年》,第186页。
⑥ 《春秋公羊传注疏》卷8《庄公二十四年》,第194—195页。
⑦ 《春秋公羊传注疏》卷9《庄公二十八年》,第207页。
⑧ 《春秋公羊传注疏》卷9《庄公三十一年》,第212页。
⑨ 《春秋公羊传注疏》卷11《僖公十年》,第264—265页。
⑩ 《春秋公羊传注疏》卷12《僖公三十三年》,第314—315、317页。
⑪ 《春秋公羊传注疏》卷14《文公十三年》,第354页。
⑫ 《春秋公羊传注疏》卷15《宣公八年》,第391—393页。

襄公五年"叔孙豹、鄫世子巫如晋",《公羊传》:"莒将灭之,故相与往殆乎晋也。"①

哀公六年"齐陈乞弑其君舍",《公羊传》:"景公死而舍立,陈乞使人迎阳生于诸其家。"②

这里的"如""昉""登来""母弟""累""恔""化""樵之""怒""脰""瘩""偻""伐""漱浣""踊""诈""党""废""殆""于诸"等词,根据何休的注解,都是"齐人语也"。《公羊传》里诸多的齐地方言,是《公羊传》口耳相传原貌的一种保留,同时也将传讲者的地域特征反映了出来。沈子等人乃至公羊子,可能皆齐人。《汉书·艺文志》班固自注:"公羊子,齐人。"③

另外,在《荀子》中我们也可以找到《公羊传》著于竹帛之前在齐地流传的证据。《荀子·大略篇》里说:"《春秋》贤穆公,以为能变也。"又说:"《春秋》善胥命。"这两条《春秋》之义其实都出自《公羊传》。文公十二年"秦伯使遂来聘",《公羊传》:"遂者何?秦大夫也。秦无大夫,此何以书?贤缪公也。何贤乎缪公?以为能变也。其为能变奈何?惟谈谈善竫言。"桓公三年"齐侯、卫侯胥命于蒲",《公羊传》:"胥命者何?相命也。何言乎相命?近正也。此其为近正奈何?古者不盟,结言而退。"④ 我们知道,荀子曾三次出任齐国稷下学宫的祭酒。荀子对公羊义的熟稔,可以反映出公羊派的《春秋》解说当时在稷下学宫的影响。

总之,就现有材料来看,我们可以认为,《公羊传》最初源自孔子对于《春秋》的讲解,由弟子子夏传于后世。经沈子等数代经师口耳相传,最后传到公羊一氏,并由公羊寿以及胡毋生等在汉景帝初年著于竹帛。在汉初著于竹帛之前,《公羊传》在数百年的传承过程中不断有所损益变化,我们今天所见到的《公羊传》也早已经不是孔子传授弟子的原始面貌了。而在著于竹帛之后,《公羊传》的面貌亦在传承中继续发生着变

---

① 《春秋公羊传注疏》卷19《襄公五年》,第483—484页。
② 《春秋公羊传注疏》卷27《哀公六年》,第691—692页。
③ 《汉书》卷30《艺文志》,第1713页。
④ 《春秋公羊传注疏》卷14《文公十二年》,第347—348页;卷4《桓公三年》,第89—90页。

化。董仲舒《春秋繁露》中一些"《传》曰"的文字，就不见于今本何休所注《公羊传》。而何休所注《公羊传》与西汉严彭祖、颜安乐所传的《公羊传》也有文字上的差异。① 因此，我们今天见到的《公羊传》的写定当非一人之手、一时之事。

第二节 《公羊传》的解经特色

《公羊传》是诠释《春秋》的一部著作，在浩如烟海的中国古代经典注疏之作中显现了独特的解经特色。它的解经思路不仅带领着公羊学家在思想创新上不断前进，也影响了历代为关注现实需求而重新诠释经典的思想家。而《公羊传》对《春秋》的诠释无疑是很成功的，它从儒家经典中第一个脱颖而出，对西汉的政治和社会产生了极大的影响。

一 转换《春秋》的文本性质

《公羊传》与同是诠释《春秋》的《左传》诠释出了完全不同的成果。《左传》努力丰富《春秋》记述极为简略的史事，呈现给人们一部文字生动、叙事翔实的史学作品。而《公羊传》大力阐发《春秋》简约文字下所蕴含的义理，呈现给人们一部讲述礼义、道德和政治观念的哲学作品。我们可以由二者对《春秋》首句经文的诠释比较一下二者的这种差异：

> 《春秋》隐公元年：元年，春，王正月。
> 《左传》：元年春，王周正月，不书即位，摄也。②
> 《公羊传》：元年者何？君之始年也。春者何？岁之始也。王者孰谓？谓文王也。曷为先言王而后言正月？王正月也。何言乎王正月？大一统也。公何以不言即位？成公意也。何成乎公之意？公将

---

① 详见本书第三章第一节。
② 《春秋左传正义》卷2《隐公元年》，十三经注疏整理本，北京大学出版社2000年版，第55页。

平国而反之桓。曷为反之桓？桓幼而贵，隐长而卑，其为尊卑也微，国人莫知。隐长又贤，诸大夫扳隐而立之。隐于是焉而辞立，则未知桓之将必得立也。且如桓立，则恐诸大夫之不能相幼君也。故凡隐之立，为桓立也。隐长又贤，何以不宜立？立适（嫡）以长不以贤，立子以贵不以长。桓何以贵？母贵也。母贵则子何以贵？子以母贵，母以子贵。①

《左传》的诠释说明了关乎此段经文的两个史实，一个是当时鲁国奉行周历，一个是鲁隐公是摄政的地位，完全是从厘清史实的角度出发的。而《公羊传》则几乎从每个字都寻出隐含的意义来，并由此阐发出了"大一统"的观念，进而又说明了一套正名分的原则，虽然也交代了隐公得立的一些史实，但它显然关心的是史实背后的义理。

徐复观先生指出："经与史的分别，本来不在典籍的自身，而在读者所取的角度，及对它所提出的要求。从历史知识的角度去看五经，以得到历史知识为目的去读五经，则五经本来就是历史资料。但五经经孔子的整理，经孔门的传承，其目的不是在讲历史知识，而是在讲文武之道，在建立政治、社会、人生之道。换言之，是出于人伦道德的要求，而不是出于历史知识的要求。"② 所以，同一本典籍，诠释者的诠释目的不同，对典籍性质的认识就不同，其切入的角度也必不相同，其诠释出来的成果也就会存在根本差异。《左传》的目的就是要得到历史知识，所以它就从史书的角度去看《春秋》，于是就会按照史书的路线诠释《春秋》；《公羊传》的目的是建立政治、社会、人生之道，在它眼里《春秋》就是经书，自然就会沿着发挥经义的方向诠释《春秋》。

毋庸置疑，《春秋》文本的外在特征表现为一部编年史，记录了鲁隐公元年至鲁哀公十四年这二百四十二年间的史事。而《公羊传》要把《春秋》看成一部哲学著作，说孔子是借鲁国的史事来表达自己的政治观念和社会理想。这样，《春秋》就有一个文本性质转换问题，由史学转向了经学。

---

① 《春秋公羊传注疏》卷1《隐公元年》，第7—16页。
② 徐复观：《两汉思想史》第2卷，第357页。

文本性质转换的直接后果就是导致诠释导向的转化，诠释者将沿着新的方向去诠释文本，所以《公羊传》就不再关心《春秋》里大大小小的历史事件，而以探究《春秋》大义为职志。更为重要的是，文本性质的转换带来了诠释空间的骤然膨胀，因为原来的文本对诠释者而言一下子变得不那么重要了，它只是具有某种象征意义，只是为诠释者开展诠释工作提供一个线索。而《春秋》所记载的历史也丧失了原有的具体属性，被抽象化为一种符号，成为可以盛装义理的容器。这样一来，《公羊传》对《春秋》的诠释就摆脱了文本的束缚，有效地突破了原先文本性质所限定的诠释范围，进入了一个广阔的新天地。

对《春秋》文本性质的转换是《公羊传》诠释《春秋》的基石，不扭转《春秋》的文本性质，《公羊传》的诠释就没有丝毫合理性可言，其整个诠释系统的大厦必然倾覆。同时，《春秋》也正是借由这种文本性质的转换才成其为经，否则它只能提供一些残缺不全的史料，顶多可以再给予后人一些行事的借鉴。

《公羊传》对《春秋》文本性质的转换之所以可能，实际上是预设了一个前提：《春秋》之中存在着"微言大义"。所谓"微言"，就是隐晦的文字，即指《春秋》文字的实际意义无法从文字表面获得；"大义"，就是指《春秋》表面文字下所蕴含的孔子的思想和理念。如果《春秋》没有大义，其文本属性将往何处转？如果不是通过微言来寄寓大义，《春秋》的文本性质也就根本没有理由被转换。

孔子在《春秋》"微言"中寓有"大义"，那孔子必定应当是一个能为《春秋》面貌负责的人。《公羊传》认定《春秋》是孔子删修鲁史而成的。

庄公七年"夏，四月，辛卯，夜，恒星不见。夜中，星霣如雨"，《公羊传》：

> 恒星者何？列星也。列星不见，则何以知夜之中？星反也。如雨者何？如雨者，非雨也。非雨，则曷为谓之如雨？"不修《春秋》"曰"雨星不及地尺而复"，君子修之曰"星霣如雨"。[①]

[①] 《春秋公羊传注疏》卷6《庄公七年》，第153—154页。

《公羊传》在这里明确指出有所谓"不修《春秋》"的存在，也就是存在一部未经改动的《春秋》，而且《春秋》当前的面貌是经"君子"对"不修《春秋》"删改以后留下来的。虽然后世学者多认为"君子"就是指的孔子，① 但毕竟《公羊传》这里并未明言。

昭公十二年"春，齐高偃帅师，纳北燕伯于阳"，《公羊传》：

> 伯于阳者何？公子阳生也。子曰："我乃知之矣。"在侧者曰："子苟知之，何以不革？"曰："如尔所不知何？《春秋》之信史也。其序则齐桓、晋文，其会则主会者为之也，其词则丘有罪焉耳。"②

孔子旁边的人对孔子提出了"何以不革"的问题，无疑其前提就是孔子对《春秋》是做了"革"的工作的。这里，《公羊传》让孔子直接现身为删改《春秋》的人，并请他自己说明他删改《春秋》的原则和对《春秋》面貌所承担的责任。

《公羊传》中还有一些文字也在提示人们孔子对《春秋》的微言大义负责。如说："所见异辞，所闻异辞，所传闻异辞。"③ 又说："定、哀多微辞，主人习其读而问其传，则未知己之有罪焉尔。"④《公羊传》认为《春秋》不仅有微言，而且微言使用的程度随着史事所在时代的不同而有所变化。《春秋》内容涉及孔子所见、所闻、所传闻的三个时代，孔子根据离自己的时间远近选择用辞，所传闻的时代距离自己生活的年代很远，用辞可以大胆直白一点，褒贬的倾向可以明显一点，而随着时间的推近，用辞则越来越隐微，到了孔子所见的定公、哀公的时候，因为记载的人和事涉及很多还在世的人，甚至有的就是孔子身边的人，用辞的标准就非常苛刻了，其文字的隐晦程度达到了连所录之事的事主读过之后，都

---

① 如王充《论衡·艺增篇》："不修《春秋》者，未修《春秋》时鲁史记……君子者，谓孔子也。"见王充撰，黄晖校释，梁运华整理《论衡校释》卷8《艺增篇》，中华书局1990年版，第391—392页。
② 《春秋公羊传注疏》卷22《昭公十二年》，第567—569页。
③ 《春秋公羊传注疏》卷1《隐公元年》、卷4《桓公二年》、卷28《哀公十四年》，第31、83—84、717页。
④ 《春秋公羊传注疏》卷25《定公元年》，第626—627页。

不知道是对自己的批评。

《春秋》存有微言大义,在《公羊传》的最后一段话直接给予了明示:

> 西狩获麟,孔子曰:"吾道穷矣。"《春秋》何以始乎隐?祖之所逮闻也。所见异辞,所闻异辞,所传闻异辞。何以终乎哀十四年?曰:"备矣!"君子曷为为《春秋》?拨乱世,反诸正,莫近诸《春秋》,则未知其为是与?其诸君子乐道尧、舜之道与?末不亦乐乎尧、舜之知君子也?制《春秋》之义以俟后圣,以君子之为,亦有乐乎此也。①

这里,《公羊传》明确点出《春秋》乃孔子所作,而其作《春秋》的目的就是孔子知道之不行,于是作《春秋》,在其中寄寓拨乱反正的大义,以指导后世。

二 揭示《春秋》的微言大义

《公羊传》对《春秋》文本性质的转换以《春秋》存在微言大义为前提,同时也是以揭示《春秋》微言大义为目的的。文本性质转换以后,《春秋》其文、其事在诠释者看来就只是寄寓大义的载体,探寻大义的线索而已。梁启超曾说:"《春秋》所以为万世之书者,曰惟义之故。……若夫事也者,则不过假之以明义。义之既明,兼记其事可也。义之既明,而其事皆作筌蹄之弃,亦无不可也。"②

隐公三年"癸未,葬宋缪公",《公羊传》:

> 当时而不日,正也。当时而日,危不得葬也。此当时,何危尔?宣公谓缪公曰:"以吾爱与夷,则不若爱女。以为社稷宗庙主,则与夷不若女,盍终为君矣。"宣公死,缪公立。缪公逐其二子庄公冯与

---

① 《春秋公羊传注疏》卷28《哀公十四年》,第716—721页。
② 梁启超:《饮冰室文集》之三《读春秋界说》,《饮冰室合集》第1册,中华书局1989年版,第16页。

左师勃。曰:"尔为吾子,生毋相见,死毋相哭。"与夷复曰:"先君之所为不与臣国,而纳国乎君者,以君可以为社稷宗庙主也。今君逐君之二子,而将致国乎与夷,此非先君之意也。且使子而可逐,则先君其逐臣矣。"缪公曰:"先君之不尔逐可知矣,吾立乎此,摄也。"终致国乎与夷。庄公冯弑与夷。故君子大居正。宋之祸,宣公为之也。①

《春秋》这里记录了宋缪公下葬的日子,而宋缪公卒于八月葬于十二月,符合诸侯五月而葬的礼制,《公羊传》认为正常情况下是不需要记载具体日期的,这里记录了日期,就是在警示国家有危难。那有什么危难呢?于是《公羊传》就叙述了宋宣公不传子而传弟缪公,缪公也不传子而传给了宣公之子与夷,后来缪公之子庄公冯弑殇公与夷的故事。最后提出了对后世影响很大的"大居正"说,指出宣公破坏了传子的制度,没有遵循正道,是导致后来宋国祸乱的根源。《公羊传》所阐述"大居正"说显然与"葬宋缪公"这一历史事件没有直接关系,"葬宋缪公"在这里只是提供了一个借以展开论述的线索。

《春秋》其文、其事既然在诠释者看来只是寄寓大义的载体、探寻大义的线索,那显然《春秋》的文本在诠释者看来就不对历史真相负责,有可能不是真实的记述,甚至可能是对史实的故意歪曲,一切都是为背后隐藏的大义服务的。董仲舒《春秋繁露·玉英》即言:"《春秋》之书事,时诡其实以有避也。其书人,时易其名以有讳也。……然则说《春秋》者,入则诡辞,随其委曲而后得之。"② 因而,《公羊传》虽然也经常补充一些史料,甚至有时还提供一些记载翔实的独家史料,但总体来说《公羊传》对史实如何是不那么关注的,它完全是以揭示《春秋》微言大义为职志而展开对《春秋》的诠释,有时候它必须随着《春秋》的"委曲",不惜扭曲史实来成全义理的传达。

————————
① 《春秋公羊传注疏》卷2《隐公三年》,第47—49页。"先君之不尔逐可知矣,吾立乎此,摄也",原书点作"先君之不尔逐,可知矣。吾立乎此,摄也",不从。
② 董仲舒:《春秋繁露·玉英》。苏舆撰,锺哲点校:《春秋繁露义证》卷3《玉英》,第82—83页。"时诡其实""时易其名",原书"时"字皆上属为句,不从。

隐公十一年"冬,十有一月壬辰,公薨",《公羊传》:

> 何以不书葬?隐之也。何隐尔?弑也。弑则何以不书葬?《春秋》君弑贼不讨,不书葬,以为无臣子也。子沈子曰:"君弑,臣不讨贼,非臣也。子不复仇,非子也。葬,生者之事也。《春秋》君弑贼不讨,不书葬,以为不系乎臣子也。"①

鲁隐公书薨不书葬,《公羊传》认为这是因为隐公被弑,鲁国臣子未能为君复仇,臣子不为君父复仇就失去了作为臣子的资格,而礼葬君父是臣子之事,鲁国已经没有臣子,葬事无所依托,所以只能隐而不书。而《左传》的解释只是"不书葬,不成丧也"②,认为《春秋》不书葬,是由于没有按国君的规格为隐公正式举行丧礼。《左传》可能叙述了一个史实,但《公羊传》却由此揭示出来一条"臣不讨贼非臣,子不复仇非子"的《春秋》大义,也就是强调君父之仇必报,以复君父之仇为臣子不可推卸的责任和义务。

成公元年"王师败绩于贸戎",《公羊传》:

> 孰败之?盖晋败之。或曰贸戎败之。然则曷为不言晋败之?王者无敌,莫敢当也。③

周王的军队吃了败仗,《公羊传》判断大概是败在晋国的手里,但《春秋》为什么又不这么说呢?因为王者无敌于天下,诸侯是不能与王匹敌的,所以要记成"使若王自败于贸戎"④的样子。而据《左传》载:"晋侯使瑕嘉平戎于王,单襄公如晋拜成。刘康公徼戎,……遂伐茅戎。三月癸未,败绩于徐吾氏。"⑤晋国是去调节贸戎(茅戎)和周天子的冲突,周的军队的确是被贸戎的一支徐吾氏打败的。可见,为了阐发

---

① 《春秋公羊传注疏》卷3《隐公十一年》,第76—77页。
② 《春秋左传正义》卷4《隐公十一年》,第150页。
③ 《春秋公羊传注疏》卷17《成公元年》,第427—428页。
④ 《春秋公羊传注疏》卷17《成公元年》注,第428页。
⑤ 《春秋左传正义》卷25《成公元年》,第787—788页。

尊王大义，凸显王于天下至尊的地位，《公羊传》作出了不合史实的诠释。

在解释隐公二年"无骇帅师入极"时，《公羊传》更是非常直白地用了一个"托"字：

> 无骇者何？展无骇也。何以不氏？贬。曷为贬？疾始灭也。始灭，昉于此乎？前此矣。前此，则曷为始乎此？托始焉尔。曷为托始焉尔？《春秋》之始也。①

"托"，我们可简单理解为"寄托"。灭国并不始于展无骇，但《公羊传》硬是"托"给展无骇，以借他灭极之事来批评所有的灭国之举。可见，"托"字强调的就是一种借事明义，正如皮锡瑞所指出的，"止是借当时之事，做一样子，其事之合与不合，备与不备，本所不计"②。《公羊传》这种"借事明义"之法，为后世公羊家发扬光大，在何休的《公羊解诂》中，"托"字比比皆是，乃有著名的"托王于鲁，因假以见王法"③ 的"王鲁"之说。

从《公羊传》点明的这个"托"字，我们也可以看出，《公羊传》解经很多时候是义理在先的，也就是先有一个要表达的义理，然后再在文本中去寻找可能的线索。这对后世那些关注现实需求而在经典中寻找资源的思想家有着极大的启发意义。

《公羊传》还有一种"实与而文不与"的提法。所谓"实与而文不与"，就是从《春秋》的文字上看对某人某事是不赞成或不承认其合法性的，但实际上却是持一种默许的态度。

僖公二年"城楚丘"，《公羊传》：

> 孰城之？城卫也。曷为不言城卫？灭也。孰灭之？盖狄灭之。……然则孰城之？桓公城之。曷为不言桓公城之？不与诸侯专

---

① 《春秋公羊传注疏》卷2《隐公二年》，第36—37页。
② 皮锡瑞：《经学通论》4《春秋》，中华书局1954年版，第21页。
③ 《春秋公羊传注疏》卷17《成公二年》，第428页。

封也。曷为不与？实与而文不与。文曷为不与？诸侯之义，不得专封。诸侯之义不得专封，则其曰实与之何？上无天子，下无方伯，天下诸侯有相灭亡者，力能救之，则救之可也。①

卫国被狄人所灭，齐桓公为卫国复国筑城，《春秋》却不书齐桓公，按照《公羊传》一般的解释套路，显然《春秋》对桓公此举不认同，有所贬斥，这样也正合"诸侯之义不得专封"之义。但《公羊传》却又提出一个"实与而文不与"之说，认为封国虽然本为天子之事，但当时天子微弱，没有能力做这件事，齐桓公作为诸侯霸主出面攘除夷狄，挽救诸侯，恢复秩序，《春秋》实际上是予以认可的。

类似"实与而文不与"的传文还出现在对僖公元年"齐师、宋师、曹师次于聂北，救邢"、僖公十四年"诸侯城缘陵"、文公十四年"晋人纳接菑于邾娄，弗克纳"、宣公十一年"楚人杀陈夏征舒"、定公元年"晋人执宋仲几于京师"等经文的解释中。② "上无天子，下无方伯"，礼制崩溃，天下失序，诸侯灭国、臣子弑君父的恶行时有发生，却又得不到应有的讨伐与惩处。在这种情况下，《公羊传》提出"力能救之，则救之可也""力能讨之，则讨之可也"，主张依靠现实中可能的力量来维系和恢复社会秩序。然而《春秋》经文至多只能蕴有"诸侯之义不得专封"或"诸侯之义不得专讨"的意涵，于是《公羊传》借助"实与而文不与"，把"诸侯之义不得专封"或"诸侯之义不得专讨"等相对次要的原则牺牲掉，表达出了维护统一安定这一更为核心的大义。我们看到，"实与而文不与"实际上赋予了诠释者极大的诠释自由度，诠释者可以借此诠释出经文字面本无甚至与经文字面相反的大义。

董仲舒《春秋繁露·竹林》说："辞不能及，皆在于指。……见其指者，不任其辞。不任其辞，然后可与适道矣。"③ 这就是对《公羊传》解经路线的一个精练总结，即以"指"（大义）为先，突破文字表达

---

① 《春秋公羊传注疏》卷10《僖公二年》，第239—240页。
② 《春秋公羊传注疏》卷10《僖公元年》、卷11《僖公十四年》、卷14《文公十四年》、卷16《宣公十一年》、卷25《定公元年》，第233、267、357、403、630页。
③ 董仲舒：《春秋繁露·竹林》。苏舆撰，钟哲点校：《春秋繁露义证》卷2《竹林》，第50—51页。

的局限性，不拘泥于文字的表面意义，才可以获得文字表面以外的深层义理。

三 选择问答体的诠释形式

《公羊传》对《春秋》的诠释是通过一千五百多个问答来实现的①，《春秋》的微言大义就在这一个个问答中一点点地被挖掘了出来。《公羊传》对《春秋》经文的诠释，简单的如隐公五年"螟"，《公羊传》只是以"何以书？记灾也"②来解说，一问一答之间就完成诠释。而像对庄公四年"纪侯大去其国"的解释，《公羊传》则一口气用了十三个问答：

> 大去者何？灭也。孰灭之？齐灭之。曷为不言齐灭之？为襄公讳也。《春秋》为贤者讳，何贤乎襄公？复仇也。何仇尔？远祖也。哀公亨乎周，纪侯谮之，以襄公之为于此焉者，事祖祢之心尽矣。尽者何？襄公将复仇乎纪，卜之曰："师丧分焉。""寡人死之，不为不吉也。"远祖者，几世乎？九世矣。九世犹可以复仇乎？虽百世可也。家亦可乎？曰：不可。国何以可？国君一体也：先君之耻，犹今君之耻也；今君之耻，犹先君之耻也。国君何以为一体？国君以国为体，诸侯世，故国君为一体也。今纪无罪，此非怒与？曰：非也。古者有明天子，则纪侯必诛，必无纪者。纪侯之不诛，至今有纪者，犹无明天子也。古者诸侯必有会聚之事，相朝聘之道，号辞必称先君以相接。然则齐、纪无说焉，不可以并立乎天下。故将去纪侯者，不得不去纪也。有明天子，则襄公得为若行乎？曰：不得也。不得，则襄公曷为为之？上无天子，下无方伯，缘恩疾者可也。③

---

① 据笔者统计，《公羊传》全篇用了大概1523个问答（不计所记载的历史人物之间的问答对话）。
② 《春秋公羊传注疏》卷3《隐公五年》，第61页。
③ 《春秋公羊传注疏》卷6《庄公四年》，第142—144页。

《公羊传》先由"大去"二字切入，连着提了七个问题，提出了百世复仇之说。在这七个问答中，《公羊传》解释了为什么齐襄公灭纪《春秋》却不书"灭"予以贬斥而用了"大去其国"，提出这是因为周夷王时纪侯进谗言而导致齐哀公受烹杀，齐襄公灭纪是为已隔九世的远祖齐哀公复仇，《春秋》以齐襄公复仇为贤而褒扬他。最后顺理成章地回答出了百世犹可以复仇的结论。

接着《公羊传》又提了六个问题，将百世复仇的许可范围做了严格限制。《公羊传》将复百世之仇明确限制于国仇，排除了私仇，解释了国仇可以绵延百世，是因为国君一体，世代相传，后君是先君的继体者，先君之仇等同后君之仇，先君之罪也等同后君之罪。《公羊传》还强调，只有在"上无天子，下无方伯"的失序状态下，才可以用这样极端的手段去讨回有序状态下应有的公道，而如果"有明天子"在，社会正常秩序有保障，则应当首先遵循正当正常的途径去伸张正义，而不得实施这种复仇的行为。通过这十三个问答，《公羊传》构建了一个独特的百世复仇的理论。

《公羊传》是经过长期口耳相传之后才写定的，采用自问自答的形式展开对《春秋》的诠释，固然可能是对口传经义的原始形式的一种保留，但同时也很可能是《公羊传》的写定者在比较了多种行文方式以后所做出的一种有意识的选择。问答体在先秦典籍中并不鲜见，如《论语》《孟子》《易传》《韩非子》等都存在以一问一答的形式来深入阐发义理的内容，但通篇采用问答体行文，却是《公羊传》的首创。

《公羊传》选择问答体，首先可能由于问答体在转换文本性质方面具有其特殊作用。桓公五年"蔡人、卫人、陈人从王伐郑"，从字面上看完全是对诸侯同周王一起讨伐郑国这一事件的历史叙述，《左传》按照史书的诠释路线，解说道：

> 王夺郑伯政，郑伯不朝。秋，王以诸侯伐郑，郑伯御之。王为中军；虢公林父将右军，蔡人、卫人属焉；周公黑肩将左军，陈人属焉。……曼伯为右拒，祭仲足为左拒，原繁、高渠弥以中军奉公，为鱼丽之陈。先偏后伍，伍承弥缝。战于繻葛。命二拒曰："旝动而鼓。"蔡、卫、陈皆奔，王卒乱，郑师合以攻之，王卒大败。祝聃射

王中肩，王亦能军。祝聃请从之。公曰："君子不欲多上人，况敢陵天子乎？苟自救也，社稷无陨，多矣。"夜，郑伯使祭足劳王，且问左右。①

《左传》对事件展开了全面细致的描述，说明了事件的经过、前因后果以及主要人物的言行。但《公羊传》的诠释则是：

其言从王伐郑何？从王正也。②

一个问题的提出就使诠释视域从历史事件中跳了出来，"其言从王伐郑何"，也就是说这里必有深意，直接转向了文本背后，然后回答说"从王正也"，将深藏的《春秋》大义挖掘了出来。

问答体可以转换文本性质，是与问答形式所具有的极强的导向性相关的。伽达默尔指出："问题的意义就是这样一种使答复唯一能被给出的方向，假如答复想是有意义的、意味深长的答复的话。问题使被问的东西转入某种特定的背景中。问题的出现好像开启了被问东西的存在。因此展开这种被开启的存在的逻各斯已经就是一种答复。"③《公羊传》满篇尽是"何以书""何以不书"，"何以言""何以不言"，"何以名""何以不名"，"何以称""何以不称"，"何以日""何以不日"以及"曷为""其言……何"之类的提问。如桓公十五年"天王使家父来求车"，《公羊传》："何以书？讥。何讥尔？王者无求，求车非礼也。"④君举必书，史书天王求车并没有什么奇怪的地方。但当《公羊传》提出"何以书"的问题的时候，其实就设定了"天王使家父来求车"本是不该书的，使经文就转入了它设定好的这个"特定的背景中"。《春秋》既然书了不该书的经文，那必是要借此进行某种判断，这样就"开启了"经文背后某种大义的"存在"，经文之外的深意就被问题带进了经文中来。

---

① 《春秋左传正义》卷6《桓公五年》，第189—191页。
② 《春秋公羊传注疏》卷4《桓公五年》，第97—98页。
③ 伽达默尔：《真理与方法》，洪汉鼎译，上海译文出版社1999年版，第465—466页。
④ 《春秋公羊传注疏》卷5《桓公十五年》，第122页。

其次，问答体有利于诠释者最大限度地利用文本的资源。我们还是以《春秋》隐公元年经文"元年春，王正月"的诠释为例，《公羊传》连着提出了"元年者何""春者何""王者孰谓""曷为先言王而后言正月""何言乎王正月"，对经文的每一个字甚至是字与字之间的顺序都提出了问题，充分利用了经文提供的每一处线索，不放过一点蛛丝马迹。也正是用这种全面铺开、逐个突破的方法，《公羊传》从这寥寥的六个字里，阐扬出了影响深远的"大一统"思想。

与此相对的还有一种层层剥茧、逐次递进的方法，也是巧妙利用文本的好方法。如《春秋》隐公二年"无骇帅师入极"，《公羊传》：

无骇者何？展无骇也。何以不氏？贬。曷为贬？疾始灭也。始灭，昉于此乎？前此矣。前此，则曷为始乎此？托始焉尔。曷为托始焉尔？《春秋》之始也。①

第一个问题是从经文字面提出的，但第二个问题就是根据前一问的回答而提出的，第三个问题又是根据第二问的回答继续追问，后一个问题是顺着前一个问题继续往前探索，逐渐将论域扩充至经文不能涵摄的范围。这样，在诠释者的不断追问下，诠释内容逐渐深化，使诠释者能充分地将自己欲表达的思想展现出来。这种方法大概就是董仲舒所说的"为《春秋》者，得一端而多连之，见一空而博贯之"② 的具体原型，只要找到经文中的一点线索，就可以层层深挖下去，直至获得所需要的义理。

《公羊传》写定于汉初，但此前经历了数百年的口耳相传。在数百年的传授过程中，公羊先师沿着独特的解经路线，不断将深具时代内容的思想观念融入到对《春秋》的解说中，创造性地诠释了《春秋》微言大义。

《公羊传》的解经路线主张跳出文本的束缚，赋予经典诠释以开阔的空间，赋予经典持续的生命力。汉代董仲舒又在《公羊传》解经路线的

---

① 《春秋公羊传注疏》卷2《隐公二年》，第36—37页。
② 董仲舒：《春秋繁露·精华》。苏舆撰，锺哲点校：《春秋繁露义证》卷3《精华》，第97页。

指引下，确立了一套解经原则和诠释方法，于是后世公羊学家得以展开创造性的诠释，不断发展《公羊传》的基本观念，不断对《春秋》和《公羊传》作出适应现实政治和时代要求的新诠释，不断丰富和发展公羊学说，阐发出许多独树一帜、对后世影响深远的理论。也正是借助于此，公羊学的理论体系既可以在汉武帝时推动"罢黜百家，独尊儒术"的实现，又可以在晚清容纳西方思想，成为变法维新的理论依据，深刻影响了中国古代思想面貌和政治进程。

创造性的诠释虽然不受经典原有文字的限制，但并非意味着诠释者可以随意无度地任意说经。晋代王接指出："《公羊》附经立传，经所不书，传不妄起，于文为俭，通经为长。"[1]《公羊传》虽然主张跳出经文来诠释，但诠释的起点皆由经而起，每条传文都明确针对着一条经文，无论其阐发出什么义理，都可以在经文中找到依据，哪怕是牵强附会的依据，这至少在形式上维护了诠释的可信度。而在诠释的义理上，《公羊传》也有着贯穿始终的核心价值，任何诠释和论断都是其核心价值的合理伸展，这也有效地保证了诠释的效力。

尽管如此，由于诠释弹性太大，也很难避免穿凿附会、主观臆断的弊病，汉代的公羊学家竞相抛开经文驰骋己意，诸多法家、黄老、阴阳家乃至谶纬的内容都被塞进了经文的缝隙之中。公羊学从东汉后期开始走向衰落，千余年来备受诟病，《公羊传》自身这条解经路线应该也是难逃其责的。

第三节 《公羊传》的基本观念

《公羊传》是一本解经之书，其内容皆分散于《春秋》每段经字之下，并不是系统阐发理论之作。但《公羊传》关注的乃是《春秋》中的微言大义，注重义理的阐发，文字虽然散乱，但其神不散，是有基本观念贯穿始终的。

虽然后世公羊学有很多独特的理论，但在《公羊传》的本文中，"张三世"说只有"所见异辞，所闻异辞，所传闻异辞"的一个非常

---

[1] 《晋书》卷51《王接传》，中华书局1974年版，第1435页。

初始的雏形,"王鲁"说只能从《成公十五》"《春秋》内其国而外诸夏,内诸夏而外夷狄。王者欲一乎天下,曷为以外内之辞言之?言自近者始也"①找到一些影子,"通三统"则只有从《宣公十六年》提到的"新周"②和《隐公五年》《僖公十六年》《文公三年》《襄公九年》多次提到的"王者之后"③寻找到一些关系。所以很难说《公羊传》里已经有这些思想了,但《公羊传》的文本为这些思想的产生和发展提供了土壤和资源。

《公羊传》的基本观念是公羊学建立的根基,也是后世公羊学家发挥公羊奥义的源泉。这些基本观念中有一个最为核心的观念,就是"大一统"。《公羊传》渴望良好的社会秩序,强烈追求"大一统"的秩序社会,其尊王等一系列主张也是为了重建社会秩序。《公羊传》喊出的"拨乱世,反诸正"的口号,在战国时代反映了人民要求统一和安定的愿望,也成为后世公羊学家不断在乱世中挺身而出,致力于变革政治制度、推动社会进步的源泉和动力。

一 "大一统"

"大一统"是中国古代政治哲学中的一个重要概念,它的原始出处就在《公羊传》。"大一统"一词语出《公羊传》对《春秋》隐公元年经文"元年,春,王正月"的解释中:

> 元年者何?君之始年也。春者何?岁之始也。王者孰谓?谓文王也。曷为先言王而后言正月?王正月也。何言乎王正月?大一统也。④

就是这短短的一段话,却是公羊家"大一统"学说乃至整个公羊学的基石。《公羊传》把它放在全书之首,开宗明义,足见其重视程度。

---

① 《春秋公羊传注疏》卷18《成公十五年》,第462—463页。
② 《春秋公羊传注疏》卷16《宣公十六年》,第421页。
③ 《春秋公羊传注疏》卷3《隐公五年》,第58页;卷11《僖公十六年》,第274页;卷13《文公三年》,第329页;卷19《襄公九年》,第493页。
④ 《春秋公羊传注疏》卷1《隐公元年》,第7—11页。

"大"在这里是推重、尊崇的意思,所以"大一统"的原义就是推重一统。

虽然"大一统"一词始出《公羊传》,但"大一统"观念的形成有一个长期酝酿发展的过程。中国第一个王朝是夏朝,夏朝的开国君主是治水英雄大禹。大禹治水和中国早期国家的出现有其内在的联系。大禹处在部落联盟高度发展的时期,由于各部落共同生存的需要,禹会合各部落人民共同治水,随着人们战胜自然能力的增强和财富的迅速积累,以及公共事务组织管理的强化,早期的国家也就相应产生了。《史记·夏本纪》说大禹实现了"九州攸同""四海会同""东渐于海,西被于流沙""声教讫于四海"的格局。[①] 但那时的国家形态并未完全脱离部落联盟的形态,一直到商代尚是如此。

周人立国,分封诸侯,并由周公主持建立了完备的宗法制度。"宗法"又称"宗子法",即为了防止在政权交接时发生王室内乱,而实行嫡长子继承制。很显然,周公当时是把天下安定作为第一价值的。宗子法的确立使原来的部落联盟性质,转变为诸侯与天子之间的从属关系。《诗经·北山》"普天之下,莫非王土;率土之滨,莫非王臣",反映了那时人们的国家观念。

宗法制度依靠的是血缘联系,血缘关系每下一代,即疏远一层,数传之后即形同路人。而且各诸侯国始封之时,势力尚弱,随着各诸侯国家的日益强大,便在土地与人口资源的利益上发生了严重冲突,诸侯之间对峙相攻,日寻干戈,春秋战国的五百年动乱便由此而形成。

春秋时期,周王室已沦落为小邦,周天子虽仍名为天下共主,实质上已无力统辖各诸侯国。孔子鲜明提出"礼乐征伐自天子出"(《论语·季氏》)等主张,批判"犯上作乱"(《论语·学而》),称赞尊王攘夷,维护周天子的至尊地位,其直接目的是要挽救当时分裂、混乱的政治局面。进入战国,七雄争霸,战乱连年,人们渴望结束诸侯国间的战争,有一个统一安定的局面。孟子提出天下"定于一"(《孟子·梁惠王上》),认为社会发展的趋势必然是统一。荀子一再称道商汤、周武"天下为一"(《荀子·王霸篇》)的业绩,提出"四海之内若一家"(《荀

---

① 《史记》卷2《夏本纪》,第75、77页。

子·王制篇》）之说。

因此，《公羊传》提出的"大一统"，固然是其对历史发展方向所提出的一种政治主张，同时也是对先秦儒家的天下一统观念的精练总结。

经文"元年，春，王正月"，这记录的是一个时间。顾炎武《日知录》引董逌《广川书跋》与李梦阳《空同集》之言，指出晋鼎有"王十月"、秦权有"王正月"的用法，以为"王正月"当为鲁史本文，并无深意。①"王正月"或为鲁史之文，但《公羊传》认为这里寓意深刻。它解释说，这里的"王"，指的就是周王朝的缔造者周文王，经文加"王"于"正月"之上，表明这是周王的正月，而不是任何诸侯的，乃是周王正朔所在。《公羊传》从"王正月"而推出"大一统"的概念，应该说是不无道理的。"王正月"即为周王的正月。春秋之时各国历法各有不同，如秦之正月为楚之四月（楚称为"荆夷"），而楚之一月（楚称为"冬夕"）为秦之十月②。《春秋》以鲁纪年，但却不用鲁历，而用周历，奉周王正朔，尊王一统之意不可谓不明显。

《公羊传》还提出："元年，春，王正月，正也。其余皆通矣。"也就是说，"元年，春，王正月"就是一种常法，我们既可以理解为君臣上下、尊王一统的人世间一切秩序的常法，也可以理解为《春秋》书法的常法。何休在此条下注："正者，文不变也。"③ 即是从第二种意思理解的。实际上，这两种意思在《公羊传》那里都存在，而且也是相通的。"元年，春，王正月"六字蕴含的意义重大，书法轻易不能有变，如果有变，则绝非疏忽阙漏，一定是有违背常法的情节需要去批判。

定公元年"春，王"，明显少了"正月"两个字。杜预注《左传》以为"公之始年，而不书正月，公即位在六月故"④，认为这纯粹是因为正月定公未即位。而《公羊传》就此提出了"定何以无正月"的问题，直指这里孔子寓有深意，接着又说："正月者，正即位也。""正月者，正即位也"，定公既无"正月"，可见即位之不正。何休说："今无正月者，

---

① 顾炎武撰，黄汝成集释，栾保群、吕宗力校点：《日知录集释》卷4《王正月》，第167页。
② 据云梦睡虎地秦墓竹简《日书》，参见吴小强《秦简日书集释》，岳麓书社2000年版，第57—58页。
③ 《春秋公羊传注疏》卷17《成公八年》，第446—447页。
④ 《春秋左传正义》卷54《定公元年》注，第1761页。

昭公出奔，国当绝，定公不得继体奉正。"①

"正月者，正即位也"后来被董仲舒改作"以王之政正诸侯之即位"，并衍化出逐层推进的"大一统"秩序："以元之深正天之端，以天之端正王之政，以王之政正诸侯之即位，以诸侯之即位正竟内之治，五者俱正而化大行。"②是以徐彦《疏》一针见血地指出："书正月者，为大一统也。"③

《公羊传》虽然没有对"大一统"作系统的阐发，④但"大一统"作为"《公羊传》的理论纲领"⑤，则是贯穿全书始终的。

"大一统"的秩序是以王为核心组织起来的。《公羊传》成公十五年"王者欲一乎天下"，文公十三年"欲天下之一乎周也"，⑥可见其所主张的"大一统"，就是由王者一统天下，具体讲，即周王一统天下。隐公元年"祭伯来"，《公羊传》："祭伯者何？天子之大夫也。何以不称使？奔也。奔则曷为不言奔？王者无外，言奔，则有外之辞也。"⑦《公羊传》以为周王的大夫逃亡到鲁国只能称"来"而不能称为"奔"，因为"奔"意味着逃到外国（别的诸侯国），而周王统有天下，天下每一寸的土地、所有诸侯国的领地皆为王土，对王来说是没有外国的。《公羊传》还在桓公八年、僖公二十四年、成公十二年多次重申了"王者无外"⑧。

天下一统于王，王是最高权力核心，统合天下，支配一切。只有统一才能结束无休止的诸侯混战，只有尊崇和维护周王的权威才能平息天下的纷争。因此，"大一统"首先要求尊王。《公羊传》桓公九年："京师者何？天子之居也。京者何？大也。师者何？众也。天子之居，必以众

---

① 《春秋公羊传注疏》卷25《定公元年》，第625页。
② 董仲舒：《春秋繁露·二端》。苏舆撰，锺哲点校：《春秋繁露义证》卷6《二端》，第155—156页。
③ 《春秋公羊传注疏》卷25《定公元年》疏，第625页。
④ 汉代公羊家如董仲舒、何休对"大一统"都有比较详细的阐发，但很难说这是否完全就是《公羊传》的本意，因此这里只能就《公羊传》文本本身展开讨论。
⑤ 陈其泰：《清代公羊学》，东方出版社1997年版，第9页。
⑥ 《春秋公羊传注疏》卷18《成公十五年》，第463页；卷14《文公十三年》，第352页。
⑦ 《春秋公羊传注疏》卷1《隐公元年》，第28—29页。
⑧ 《春秋公羊传注疏》卷5《桓公八年》、卷12《僖公二十四年》、卷18《成公十二年》，第110、289、454页。

大之辞言之。"① 尊王之意溢于言表。王是天下最高的统治者，其地位是至高无上的。《公羊传》还在庄公六年提出了"不敢胜天子"，成公元年提出了"王者无敌，莫敢当也"，成公十三年提出了"不敢过天子"，② 凸显了王于天下至尊的地位。

桓公十六年"卫侯朔出奔齐"，《公羊传》："卫侯朔何以名？绝。曷为绝之？得罪于天子也。其得罪于天子奈何？见使守卫朔，而不能使卫小众，越在岱阴齐，属负兹舍，不即罪尔。"③ 卫侯朔有负天子所托，跑到齐国躲了起来，得罪了天子，就要用上"讥贬绝"里最严厉的"绝"。而对诸侯尊王，《公羊传》则予以表彰。"桓公五年秋，蔡人、卫人、陈人从王伐郑"，《公羊传》："其言从王伐郑何？从王正也。"④

不仅王者至尊，王世子、周王的使者也要受到特别的尊重。王世子、周王的使者入于诸侯国，就是周王的代表，是王室尊严的象征，诸侯是不可跟他们等而论之的。

僖公五年"公及齐侯、宋公、陈侯、卫侯、郑伯、许男、曹伯会王世子于首戴"，《公羊传》："曷为殊会王世子？世子贵也。世子，犹世世子也。"⑤ 《公羊传》认为，《春秋》这里明显把王世子摆在了特殊的位置上，因为世子是周王的嫡子，非常尊贵，所以不能与诸侯同列。

僖公八年"公会王人、齐侯、宋公、卫侯、许男、曹伯、陈世子款、郑世子华盟于洮"，《公羊传》："王人者何？微者也。曷为序乎诸侯之上？先王命也。"⑥ 王人虽然本身地位不高，但他因为是周王的使者，有王命在身，所以也应该特别予以尊重，要置于诸侯之上。

《公羊传》的"大一统"主张，将统一、稳定视为最高的价值、核心的价值，战国时代反映了人民要求统一的愿望，也反映了社会未来发展的趋势。尊王是为恢复社会秩序，维护社会稳定所采取的一种制度安排。

---

① 《春秋公羊传注疏》卷5《桓公九年》，第110页。
② 《春秋公羊传注疏》卷6《庄公六年》，第152页；卷17《成公元年》，第428页；卷18《成公十三年》，第455页。
③ 《春秋公羊传注疏》卷5《桓公十六年》，第126页。
④ 《春秋公羊传注疏》卷4《桓公五年》，第97—98页。
⑤ 《春秋公羊传注疏》卷10《僖公五年》，第253页。
⑥ 《春秋公羊传注疏》卷11《僖公八年》，第257页。

它所极力强调的周王一统天下的局面，其实只是一种寄托，不仅在当时是不可能实现的，在历史上也从来没有真正存在过。但囿于《春秋》史事的时代背景和经文文字所限，它又不得不把"大一统"的承担者落实到周王身上。《公羊传》在结尾处说："麟者，仁兽也。有王者则至，无王者则不至。……孔子曰：'孰为来哉！孰为来哉！'反袂拭面，涕沾袍。……西狩获麟，孔子曰：'吾道穷矣。'……制《春秋》之义以俟后圣，以君子之为，亦有乐乎此也。"① 这里显然做出了暗示，王者其实并不是指周王，而是后世能实践《春秋》经世大义、真正推动"大一统"实现的王者。

二 "别君臣"

在"大一统"的政治秩序之中，君臣关系至关重要。《公羊传》继承和发展了孔子"君君臣臣"（《论语·颜渊》）的观念，提出了"别君臣"②的君臣关系准则，对君臣之义做了非常详细和全面的阐述，明确强调君臣要各安其位，各守其职，才可能政治安宁，否则必然会导致国家的混乱。

"别君臣"首先是强调君尊臣卑，强调君臣的上下分际。《公羊传》明确标示天子、诸侯、大夫、士的名分差别。隐公三年《公羊传》："天子曰崩，诸侯曰薨，大夫曰卒，士曰不禄。"③ 严格区分了君臣在死亡称谓上的不同。昭公二十三年《公羊传》："君死于位曰灭，生得曰获，大夫生死皆曰获。"④ 又区分了君臣被俘用词的不同。隐公十一年"滕侯、薛侯来朝"，《公羊传》："其言朝何？诸侯来曰朝，大夫来曰聘。"⑤ 诸侯拜见鲁公与大夫拜见鲁公说法也不同。庄公三十二年《公羊传》："君存称世子，君薨称子某，既葬称子，逾年称公。"⑥ 对世子继承君位过程中的名分变化作了非常严格的规定。世子较之一般臣民最为亲贵，离君位

---

① 《春秋公羊传注疏》卷28《哀公十四年》，第711—721页。
② 《春秋公羊传注疏》卷24《昭公二十三年》传，第595页。
③ 《春秋公羊传注疏》卷2《隐公三年》传，第44页。
④ 《春秋公羊传注疏》卷24《昭公二十三年》，第595—596页。
⑤ 《春秋公羊传注疏》卷3《隐公十一年》，第75页。
⑥ 《春秋公羊传注疏》卷9《庄公三十二年》，第219—220页。

也最近，因此尤要别嫌疑，未即位前就是臣，即位逾年以后才成为君。

称谓的混淆，将会直接导致君臣尊卑等级的混乱，导致政治秩序的混乱，所以孔子主张"必也正名乎"（《论语·子路》）。《公羊传》对名分的强调，强调上下各安其位，各守其职，保障政治上的安宁，正是对孔子正名思想的贯彻。

僖公二十八年"晋侯、齐师、宋师、秦师及楚人战于城濮，楚师败绩"，《公羊传》："此大战也，曷为使微者？子玉得臣也。子玉得臣则其称人何？贬。曷为贬？大夫不敌君也。"① 城濮之战，楚军主帅是令尹子玉得臣，与之对阵的则是晋文公亲率的队伍，《公羊传》认为大夫与诸侯地位不对等，即使是贵为百官之首的令尹，在诸侯国君面前也只能是"微者"。

宣公元年"宋公、陈侯、卫侯、曹伯会晋师于斐林，伐郑"，《公羊传》："此晋赵盾之师也，曷为不言赵盾之师？君不会大夫之辞也。"② 赵盾身为晋臣却会四国之君，显然淆乱了君臣等级，尽管晋国是诸侯霸主，尽管赵盾是晋国的执政，以臣会君也是不可以的。

庄公九年"公及齐大夫盟于暨"，《公羊传》："公曷为与大夫盟？齐无君也。然则何以不名？为其讳与大夫盟也，使若众然。"③ 齐国当时还没有产生国君，鲁庄公只能跟齐国的大夫盟会，但国君与地位不对等的大夫盟会显然仍不是一件光彩的事情，所以不记齐国大夫的名字，而记成似乎有很多人与鲁君盟会的样子。庄公二十二年"及齐高傒盟于防"，《公羊传》："齐高傒者何？贵大夫也。曷为就吾微者而盟？公也。公则曷为不言公？讳与大夫盟也。"④ 因为高傒于鲁有功，不好抹杀他的名字，为了维护大夫与君的等级差别，只好记成鲁公没有与会的样子。"大夫不敌君""君不会大夫""讳与大夫盟"，都是要说明大夫不可与国君对等，强调的是君尊臣卑的等级秩序。

其次，除了要明确君臣名分和上下分际，"别君臣"还要严格区分君臣的职守，限制臣下的权责。

---

① 《春秋公羊传注疏》卷12《僖公二十八年》，第300页。
② 《春秋公羊传注疏》卷15《宣公元年》，第375页。
③ 《春秋公羊传注疏》卷7《庄公九年》，第159页。
④ 《春秋公羊传注疏》卷8《庄公二十二年》，第190页。

为了对诸侯的名分权力予以约束限制，防范诸侯对天子的僭越。《公羊传》提出了"诸侯之义不得专讨"①"诸侯之义不得专封"②"有天子存，则诸侯不得专地"③等主张，强调不通过天子，诸侯没有权力擅自讨伐他国，没有权力擅自封建邦国或赏赐土地给他国或为他国筑城，没有权力擅自交易土地。这实际是以约束贬抑诸侯的形式，维护周天子的权力和权威，从而维护天子一统天下的局面，尤其对"诸侯专封"，《公羊传》最为警惕。"诸侯专封"直接冲击了作为周王朝统治基础的分封制，冲击了周王作为天下共主、天下大宗的最重要的权力。因此《公羊传》在僖公元年、僖公二年、僖公十四年、襄公元年、昭公四年、昭公十三年一再表明"不与诸侯专封"④的态度。

　　襄公三十年"晋人、齐人、宋人、卫人、郑人、曹人、莒人、邾娄人、滕人、薛人、杞人、小邾娄人会于澶渊。宋灾故"，《公羊传》："此大事也，曷为使微者？卿也。卿则其称人何？贬。曷为贬？卿不得忧诸侯也。"⑤澶渊之会实为各国卿大夫相会商讨向受灾的宋国馈赠财物，《公羊传》以为这本当为各国君主的职责，而非卿大夫的职责，大夫只能忧内，而不能忧外。"卿不得忧诸侯"，就是指出卿大夫不能僭越诸侯之权责。

　　僖公三十年"公子遂如京师，遂如晋"，《公羊传》："大夫无遂事。此其言遂何？公不得为政尔。"⑥所谓"大夫无遂事"，则更是进一步点明，大夫不能擅自"生事"⑦，不能没有君命而自行专断，徐彦《疏》云"正以臣无自专之道也"⑧。大夫专事，"公不得为政"，君权旁落，这是

---

① 《春秋公羊传注疏》卷16《宣公十一年》，第403页。
② 《春秋公羊传注疏》卷10《僖公元年》《僖公二年》、卷11《僖公十四年》，第233、240、267页。
③ 《春秋公羊传注疏》卷4《桓公元年》，第79页。
④ 《春秋公羊传注疏》卷10《僖公元年》《僖公二年》、卷11《僖公十四年》、卷19《襄公元年》、卷22《昭公四年》、卷23《昭公十三年》，第233、240、267、476、552、575页。
⑤ 《春秋公羊传注疏》卷21《襄公三十年》，第540—541页。
⑥ 《春秋公羊传注疏》卷12《僖公三十年》，第308—309页。
⑦ 桓公八年"祭公来，遂逆王后于纪"，《公羊传》："遂者何？生事也。"见《春秋公羊传注疏》卷5《桓公八年》，第108—109页。
⑧ 《春秋公羊传注疏》卷12《僖公三十年》疏，第309页。

《公羊传》极为反对的，于是其又在桓公八年、庄公十九年、襄公二年、襄公十二年一再说"大夫无遂事"①，强调政不在大夫，限制臣权。

定公元年"三月，晋人执宋仲几于京师"，《公羊传》："仲几之罪何？不襄城也。其言于京师何？伯讨也。伯讨则其称人何？贬。曷为贬？不与大夫专执也。曷为不与？实与，而文不与。文曷为不与？大夫之义，不得专执也。"② 文公十四年"晋人纳接菑于邾娄，弗克纳"，《公羊传》："此晋郤缺也，其称人何？贬。曷为贬？不与大夫专废置君也。曷为不与？实与，而文不与。文曷为不与？大夫之义，不得专废置君也。"③ 所谓"大夫之义不得专执""大夫之义不得专废置君"是一种原则，即使在某些情况下可以默认某些行为产生的实际效果，但这种原则却是不可突破的，不能认可臣子可以逾越君权。

再次，对臣子逾越名分规范，以臣僭君，以臣弑君，都要声讨臣子的罪行。

襄公十六年"三月，公会晋侯、宋公、卫侯、郑伯、曹伯、莒子、邾娄子、薛伯、杞伯、小邾娄子于溴梁。戊寅，大夫盟"，《公羊传》："诸侯皆在是，其言大夫盟何？信在大夫也。何言乎信在大夫？遍刺天下之大夫也。曷为遍刺天下之大夫？君若赘旒然。"④ 溴梁之盟，虽然各国诸侯都与会，但主盟者实质上却是各国的大夫。当时各国大夫专政，君权旁落，国君就好像挂在旌旗上的饰物一样，徒有其表，都被架空了。所以《公羊传》要声讨天下各国的身为臣子的大夫，谴责他们僭越君权的行为。

僭君要谴责，弑君则是更大的罪行。如隐公四年"九月，卫人杀州吁于濮"，《公羊传》："其称人何？讨贼之辞也。"当年二月"卫州吁弑其君完"⑤，此时卫人杀州吁《公羊传》认为是诛杀弑君之贼。州吁弑君是《春秋》所记载的第一个弑君之事，所以《公羊传》要旗帜鲜明地点

---

① 《春秋公羊传注疏》卷5《桓公八年》、卷8《庄公十九年》、卷19《襄公二年》、卷20《襄公十二年》，第109、185、480、501页。
② 《春秋公羊传注疏》卷25《定公元年》，第628—630页。
③ 《春秋公羊传注疏》卷14《文公十四年》，第355—357页。
④ 《春秋公羊传注疏》卷20《襄公十六年》，第508—509页。
⑤ 《春秋公羊传注疏》卷2《隐公四年》，第53、51页。

出——这就是乱臣贼子。

隐公四年"翚帅师会宋公、陈侯、蔡人、卫人伐郑",《公羊传》:"翚者何?公子翚也。何以不称公子?贬。曷为贬?与弑公也。"① 公子翚是弑鲁隐公的罪人,所以要加以贬斥,不称其为公子。公子翚弑君是在隐公十一年,但对他的贬斥居然从隐公四年就开始。隐公十年"翚帅师会齐人、郑人伐宋",《公羊传》:"此公子翚也,何以不称公子?贬。曷为贬?隐之罪人也,故终隐之篇贬也。"② "终隐之篇"都在持续予以贬斥,对公子翚弑君的诛讨力度是相当大的。

弑君的乱臣贼子,必须要追究他的罪行,使他得到惩治,《公羊传》认为这是作为臣子的责任。如果没有人去追究,放任弑君之贼的罪行,那所有的臣子都应该受到谴责。隐公十一年《公羊传》:"《春秋》君弑贼不讨,不书葬,以为无臣子也。子沈子曰:'君弑,臣不讨贼,非臣也。子不复仇,非子也。'"③ 臣子不讨贼,就不配当臣子,也要承担弑君的责任,有时甚至也要承担弑君的罪名。如宣公六年"晋赵盾、卫孙免侵陈",《公羊传》:"赵盾弑君,此其复见何?亲弑君者,赵穿也。亲弑君者赵穿,则曷为加之赵盾?不讨贼也。何以谓之不讨贼?晋史书贼曰:'晋赵盾弑其君夷獔。'赵盾曰:'天乎!无辜。吾不弑君,谁谓吾弑君者乎?'史曰:'尔为仁为义,人弑尔君,而复国不讨贼,此非弑君如何?'"④ 赵盾没有弑君,但作为执政大臣,不追究弑君者的罪行,那就有跟弑君之贼一样的罪过。

弑君之贼与不讨贼的臣子都要受到贬斥,而保卫国君,阻止弑君的臣子当然要受到褒扬。桓公二年"宋督弑其君与夷及其大夫孔父",《公羊传》:"何贤乎孔父?孔父可谓义形于色矣。……孔父正色而立于朝,则人莫敢过而致难于其君者,孔父可谓义形于色矣。"⑤ 庄公十二年"宋万弑其君接及其大夫仇牧",《公羊传》:"何贤乎仇牧?仇牧可谓不畏强御矣。……仇牧闻君弑,趋而至,遇之于门,手剑而叱之。万臂捶仇牧,

---

① 《春秋公羊传注疏》卷2《隐公四年》,第52页。
② 《春秋公羊传注疏》卷3《隐公十年》,第74页。
③ 《春秋公羊传注疏》卷3《隐公十一年》,第76—77页。
④ 《春秋公羊传注疏》卷15《宣公六年》,第381—383页。
⑤ 《春秋公羊传注疏》卷4《桓公二年》,第81—83页。

碎其首，齿著乎门阖。仇牧可谓不畏强御矣。"① 不仅盛赞孔父与仇牧，而且把他们大义凛然，勇斗弑君者的英勇形象都详细描写出来了。

第四，《公羊传》虽然极力维护君的尊严和权力，贬斥臣子的僭越行径，但它所主张的君臣关系其实是双向的，在强调臣的责任与义务的同时，也强调君的责任与义务。君的义务，首先就是要率先守礼，推行仁政，这也是臣子尊君的前提。如果君主做不到这些，《公羊传》都会予以批评。

桓公三年"齐侯送姜氏于讙"，《公羊传》："何以书？讥。何讥尔？诸侯越竟送女，非礼也。"② 庄公二十二年"公如齐纳币"，《公羊传》："纳币不书，此何以书？讥。何讥尔？亲纳币，非礼也。"③ 定公十五年"邾娄子来奔丧"，《公羊传》"其言来奔丧何？奔丧，非礼也。"④ 这些都是君主对礼制的一些小节的违背，所以《公羊传》只是指出其"非礼"，并加以讥刺，如果君主大节有亏、行为恶劣，《公羊传》就会予以严厉鞭挞，取消他君的名分。

桓公六年"蔡人杀陈佗"，《公羊传》："陈佗者何？陈君也。陈君，则曷为谓之陈佗？绝也。曷为绝之？贱也。其贱奈何？外淫也。恶乎淫，淫于蔡，蔡人杀之。"⑤ 陈佗乃是陈国的国君，《公羊传》认为他有淫行，做出了与国君身份不符的卑贱之事，所以失去了为君的资格，于是就不以君主的称呼称呼他，而直称其名。陈君因自身的罪恶被杀，《公羊传》认为这是罪有应得。

君的义务，还有就是要礼遇臣子，善于接纳臣子的劝谏。"所谓大臣者，以道事君，不可则止。"（《论语·先进》）"为人臣之礼，不显谏，三谏而不听，则逃之。"（《礼记·曲礼下》）《公羊传》就是先秦儒家这一君臣立场的坚守者。

昭公十五年"蒩入，叔弓卒，去乐卒事"，《公羊传》："其言去乐卒事何？礼也。君有事于庙，闻大夫之丧，去乐，卒事。大夫闻君之丧，

---

① 《春秋公羊传注疏》卷7《庄公十二年》，第173—175页。
② 《春秋公羊传注疏》卷4《桓公三年》，第90页。
③ 《春秋公羊传注疏》卷8《庄公二十二年》，第190—191页。
④ 《春秋公羊传注疏》卷26《定公十五年》，第676页。
⑤ 《春秋公羊传注疏》卷4《桓公六年》，第101页。

摄主而往。大夫闻大夫之丧，尸事毕而往。"① 国君在宗庙举行祭祀活动的时候，听到大夫的丧事，就应该停止奏乐，这是一种礼制，强调的是君主对臣子的一种礼遇和尊重。

僖公二十八年"公子买戍卫，不卒戍，刺之"，《公羊传》："不卒戍者何？不卒戍者，内辞也。不可使往也。不可使往，则其言戍卫何？遂公意也。刺之者何？杀之也。杀之，则曷为谓之刺之？内讳杀大夫，谓之刺之也。"② 鲁国附楚，僖公派公子买驻守卫国，晋国攻卫，僖公为讨好晋国又杀了公子买。《公羊传》对此提出谴责，但却不是谴责僖公的首鼠两端，而是对他杀大夫提出谴责。虽然君尊臣卑，但君也不能枉杀臣子。

庄公二十四年"戎侵曹，曹羁出奔陈"，《公羊传》："曹羁者何？曹大夫也。曹无大夫，此何以书？贤也。何贤乎曹羁？戎将侵曹，曹羁谏曰：'戎众以无义。君请勿自敌也。'曹伯曰：'不可。'三谏不从，遂去之，故君子以为得君臣之义也。"③ 曹羁对曹伯劝谏了三次，曹伯都不听，《公羊传》认为曹羁已经仁至义尽，尽到了做臣子的责任，他的离去是符合"君臣之义"的，因而不仅没有受到谴责，反而受到"贤"的褒扬。

宣公十五年"宋人及楚人平"，《公羊传》："庄王围宋……使司马子反乘堙而窥宋城，宋华元亦乘堙而出见之。……华元曰：'惫矣。……易子而食之，析骸而炊之。'……司马子反曰：'诺，勉乎矣！吾军亦有七日之粮尔，尽此不胜，将去而归尔。'揖而去之，反于庄王。……庄王曰：'嘻！甚矣惫！虽然，吾今取此，然后而归尔。'……司马子反曰：'然则君请处于此，臣请归尔。'庄王曰：'子去我而归，吾孰与处于此？吾亦从子而归尔。'引师而去之。故君子大其平乎己也。"④ 楚围宋都，楚庄王让大夫司马子反登上为攻城而筑的土山窥探城内的情况，适逢宋国大夫华元也在城内登土山往外观看，两国大夫互怀一颗君子之心向对方

---

① 《春秋公羊传注疏》卷 23《昭公十五年》，第 578—579 页。
② 《春秋公羊传注疏》卷 12《僖公二十八年》，第 298—299 页。
③ 《春秋公羊传注疏》卷 8《庄公二十四年》，第 196—197 页。
④ 《春秋公羊传注疏》卷 16《宣公十五年》，第 412—413 页。

通报了己方的真实情况，最后促成双方讲和，得到了《公羊传》的赞扬。在《公羊传》的这段描述里，臣是被赞扬的对象，而君则是被贬斥的对象，司马子反和华元光明磊落、悲天悯人，楚庄王却是一副穷兵黩武的形象。特别是当楚庄王不顾宋国的惨状，表示还要接着攻城之后，司马子反马上就要求离去，表现出了跟曹羁一样的立场。

曹羁的做法是符合"君臣之义"的，华元和司马子反是值得赞扬的，可见《公羊传》眼里的君臣关系，明显是基于"义合则留，不合则去"这样一种观念，并不主张臣子对君主无条件地绝对服从。

孔子讲："以道事君，不可则止。"（《论语·先进》）孟子讲："君臣有义。"（《孟子·滕文公上》）在先秦儒家那里，道义是最高的价值标准，臣子事君是以君讲道义为前提的。也就是说，君臣关系是基于义之上的，如果君不讲道义，那臣就可以选择弃君而去，甚至奋起反抗。孟子讲得最为直白："君之视臣如手足，则臣视君如腹心；君之视臣如犬马，则臣视君如国人；君之视臣如土芥，则臣视君如寇仇。"（《孟子·离娄下》）可见，《公羊传》所主张的这种君臣关系，就是对孔子"君君臣臣"思想进一步的发挥，也是最能代表先秦儒家思想特色的主张之一。

三　大复仇

汉代何休在解诂《公羊传》的时候就提到《公羊传》"多非常异义可怪之论，说者疑惑"，《公羊传》的这些非同寻常、异于常理的理论，在公羊学昌明的汉代，就已经让很多公羊经师困惑不已。而复仇论就是《公羊传》这些独特理论中的一个。徐彦《公羊疏》在解释何休所说的"非常异义"的时候，就是以"庄四年，齐襄复九世之仇而灭纪"[1] 为例来说明的。

《公羊传》的复仇论，被后世总结为"大复仇"。所谓"大复仇"，就是以复仇为大，这里的"大"与"大一统""大居正"的"大"同义。所以"大复仇"即推崇复仇。《公羊传》的"大复仇"说，也是其追求社会秩序和正义的一种体现。

---

[1]《春秋公羊传注疏·序》，第5页。

《公羊传》的"大复仇"说主要有以下几方面的内容：

第一，君父之仇必报。

隐公十一年"冬，十有一月壬辰，公薨"，《公羊传》：

> 何以不书葬？隐之也。何隐尔？弑也。弑则何以不书葬？《春秋》君弑贼不讨，不书葬，以为无臣子也。子沈子曰："君弑，臣不讨贼，非臣也。子不复仇，非子也。葬，生者之事也。《春秋》君弑贼不讨，不书葬，以为不系乎臣子也。"①

"臣不讨贼非臣，子不复仇非子"是《公羊传》揭示出来的一条《春秋》大义，也就是强调君父之仇必报，以复君父之仇为臣子不可推卸的责任和义务。隐公被弑书薨不书葬，《公羊传》认为这是因为鲁国臣子未能为君复仇，臣子不为君父复仇就失去了作为臣子的资格，而礼葬君父是臣子之事，鲁国已经没有臣子，葬事无所依托，所以只能隐而不书。

庄公四年"公及齐人狩于郜"，《公羊传》：

> 公曷为与微者狩？齐侯也。齐侯则其称人何？讳与仇狩也，前此者有事矣，后此者有事矣，则曷为独于此焉讥？于仇者将壹讥而已。故择其重者而讥焉，莫重乎其与仇狩也。于仇者则曷为将壹讥而已？仇者无时焉可与通，通则为大讥，不可胜讥，故将壹讥而已，其余从同同。②

鲁庄公与齐襄公一起狩猎，齐襄公被记成了齐人，好像就是一个地位低微的人一样。《公羊传》认为这是避讳鲁庄公与仇人一起狩猎。鲁庄公的父亲鲁桓公是被齐襄公杀害的，齐襄公就是鲁庄公的杀父仇人，庄公不仅不报杀父之仇，居然还与仇人狩猎。鲁庄公与齐襄公接触的事情在此前和此后都有发生，为什么只在这里进行隐讳呢？《公羊传》解释说，与仇人根本是不能够进行交往的，交往就要予以讥斥，而鲁庄公却

---

① 《春秋公羊传注疏》卷3《隐公十一年》，第76—77页。
② 《春秋公羊传注疏》卷6《庄公四年》，第146—147页。

多次与齐襄公交往，已经讥斥不过来了，只能选择最重的一次进行讥斥，显然没有比跟仇人一起狩猎更为恶劣的了。《公羊传》这里进一步提出了"仇者无时焉可与通"的原则，任何时候都不能与仇人交往，表达了必须与仇人不共戴天的立场。

《公羊传》还强调复仇的"诚心至意"，臣子为君父复仇必须是内心油然而生的一种使命感。庄公九年"八月，庚申，及齐师战于乾时，我师败绩"，《公羊传》："内不言败，此其言败何？伐败也。曷为伐败？复仇也。此复仇乎大国，曷为使微者？公也。公则曷为不言公？不与公复仇也。曷为不与公复仇？复仇者，在下也。"①

庄公九年，鲁庄公伐齐，终于开始了复仇。《公羊传》说"内不言败"，即《春秋》对于鲁国军队的战败一般是避讳不书的。事实上庄公九年的"我师败绩"也的确是《春秋》唯一记录的鲁军之败，因此就极为特殊。《公羊传》认为这是因为乾时之战是复仇伐齐，虽败犹荣，所以被记录下来，即何休所说的"复仇以死败为荣，故录之"②。既然如此，那庄公就应当受到褒扬才是，但《公羊传》却没有给予丝毫的赞许，反而表明了"不与公复仇"的态度。乾时之战实际上是庄公亲率大军，《春秋》却故意不提庄公，好像只是一个地位卑微的人领军一样，《公羊传》认为这是不承认庄公的复仇。所谓"复仇者在下也"，何休解释说："时实为不能纳子纠伐齐，诸大夫以为不如以复仇伐之，于是以复仇伐之，非诚心至意，故不与也。"③ 也就是说，乾时之战明明是为了帮助公子纠争位，复仇只是一个借口，而且这个借口还是出自诸大夫之意，并非庄公心存复仇之念。因此《公羊传》明察秋毫，支持复仇，但不支持非诚心的复仇，对庄公继续予以贬斥。

《公羊传》坚持严厉的君父之仇必报的立场，但也并非没有纾缓的余地。桓公十八年"冬，十有二月，己丑，葬我君桓公"，《公羊传》："贼未讨何以书葬？仇在外也。仇在外则何以书葬？君子辞也。"④

---

① 《春秋公羊传注疏》卷7《庄公九年》，第162—163页。
② 《春秋公羊传注疏》卷7《庄公九年》注，第162页。
③ 同上书，第163页。
④ 《春秋公羊传注疏》卷5《桓公十八年》，第128页。

鲁桓公在齐国被齐襄公杀害,依据"臣不讨贼非臣,子不复仇非子"之义,只有在鲁国臣子报仇了的情况下才可以书葬,但桓公之仇未报却书葬,《公羊传》以为这是因为仇人在国外,不能苛责鲁国的臣子。《穀梁传》与《公羊传》所持观点基本一致:"君弑,贼不讨,不书葬,此其言葬,何也?不责逾国而讨于是也。"① 何休说:"时齐强鲁弱,不可立得报,故君子量力,且假使书葬。于可复仇而不复,乃责之。"② 能报仇而不报仇是必须予以谴责的,而在力所不能及的情况下君子也会予以谅解。后世儒者对此说有很多批评,如宋代刘敞《春秋权衡》说:"父之仇不与共戴天,岂限国哉?若以齐强鲁弱,量力不讨,故君子不责,是复仇者常行于柔弱而困于强御也,不亦妄乎?"③ 其实这是只关注了何休所说的"君子量力"而忽略了"不可立得报"。《公羊传》虽因"仇在外"给予纾缓,但绝不会因"仇在外"就主张臣子可以不复仇,否则也不会在庄公四年讥斥庄公不思为桓公复仇而"与仇狩"了。《公羊传》的原意应当是说,葬事不可无限推延,而形势又不允许立即报仇,君子推想鲁国臣子当有复仇之心,先书桓公之葬,以示恕道。这也符合《公羊传》讲经权之意。

当然,这只是笔者的一种合理推测,《公羊传》原文太过简略,何休所解释的以及刘敞所攻击的是否都是《公羊传》的原意,也都很难说。但不管如何解释,《公羊传》这里都无疑是在坚持君父之仇必报的大义下,又提供了一定的灵活性。

《公羊传》对复仇的肯定,与先秦儒家对复仇所持的态度是一致的。《礼记·檀弓上》载:"子夏问于孔子曰:'居父母之仇,如之何?'夫子曰:'寝苫枕干,不仕,弗与共天下也。遇诸市朝,不反兵而斗。'曰:'请问居昆弟之仇如之何?'曰:'仕弗与共国,衔君命而使,虽遇之不斗。'曰:'请问居从父昆弟之仇如之何?'曰:'不为魁,主人能,则执兵而陪其后。'"《曲礼上》亦有:"父之仇,弗与共戴天;兄弟之仇,不

---

① 《春秋穀梁传注疏》卷4《桓公十八年》,第69页。
② 《春秋公羊传注疏》卷5《桓公十八年》注,第128—129页。
③ 刘敞:《春秋权衡》卷14《桓公十八年》,《景印摛藻堂四库全书荟要》第33册,台湾世界书局1988年版,第748页。

反兵;交游之仇,不同国。"复仇之义与儒家伦理密切相关,是儒家伦理内在的价值要求,是孝悌观念的必然延伸。复仇甚至已经上升为礼的内容,《礼记》中明确规定了依亲等需承担不同的复仇义务。

第二,国仇百世可复。

《公羊传》还有一种非常独特的百世复仇的理论。庄公四年"纪侯大去其国",《公羊传》:

> 大去者何?灭也。孰灭之?齐灭之。曷为不言齐灭之?为襄公讳也。《春秋》为贤者讳,何贤乎襄公?复仇也。何仇尔?远祖也。哀公亨乎周,纪侯谮之,以襄公之为于此焉者,事祖祢之心尽矣。尽者何?襄公将复仇乎纪,卜之曰:"师丧分焉。""寡人死之,不为不吉也。"远祖者,几世乎?九世矣。九世犹可以复仇乎?虽百世可也。①

《公羊传》维护天子一统天下的政治秩序,强烈反对诸侯专讨或专封,对灭人之国者都给予贬斥。齐襄公灭纪,应该书"灭"以揭露他的罪行,但《春秋》这里却回避用"灭"而用了"大去其国"的说法,《公羊传》认为这是《春秋》以齐襄公为贤而褒扬他,因为周夷王时纪侯进谗言而导致齐哀公受烹杀,齐襄公灭纪是为已隔九世的远祖齐哀公复仇。灭国在《公羊传》看来是"大恶",展无骇灭人之国,遭到终身不书其氏的惩罚,而齐襄公因复仇灭纪反而受到了褒扬,可见《公羊传》对复仇的推崇。

《公羊传》还渲染了齐襄公勇于复仇的英勇形象,记述了在占卜不利的情况下,齐襄公依然无所畏惧,即使牺牲自我也要坚持复仇的壮举。徐彦《公羊疏》称:"所以谓死为吉事者,以复仇以死败为荣故也。"② 所以《公羊传》称赞齐襄公这是尽了"事祖祢之心"。齐襄公的这种勇于复仇的形象,也与鲁庄公那种无心复仇的形象形成了鲜明的对比。

最为需要注意的是,《公羊传》这里不仅认为齐襄公复九世之仇是正

---

① 《春秋公羊传注疏》卷6《庄公四年》,第142—143页。
② 《春秋公羊传注疏》卷6《庄公四年》疏,第143页。

当的，而且还提出即使是复百世之仇都是可以的。百世犹可复仇，乍一听，似乎是对血腥仇杀的一种近乎歇斯底里的推崇，而实质上这是《公羊传》对正义、对秩序的一种追求方式。《公羊传》进一步说：

> 家亦可乎？曰：不可。国何以可？国君一体也：先君之耻，犹今君之耻也；今君之耻，犹先君之耻也。国君何以为一体？国君以国为体，诸侯世，故国君为一体也。今纪无罪，此非怒与？曰：非也。古者有明天子，则纪侯必诛，必无纪者。纪侯之不诛，至今有纪者，犹无明天子也。……有明天子，则襄公得为若行乎？曰：不得也。不得，则襄公曷为为之？上无天子，下无方伯，缘恩疾者可也。①

《公羊传》将复百世之仇明确限制于国仇。私仇不能"怒其先祖，迁之于子孙"②，而国仇则具有特殊性，因为国君一体，世代相传，后君是先君的继体者，先君之仇等同后君之仇，先君之罪也等同后君之罪。因此国仇可以绵延百世，但私仇却连下一代都不能牵连（详见下文）。

《公羊传》尤为强调，实施这种复仇必须是在"上无天子，下无方伯"的状态下。"上无天子，下无方伯"，社会秩序混乱，正义不能伸张，因此《公羊传》鼓励用极端的手段去讨回有序状态下应有的公道，给予有罪行的人以应有的惩罚。而如果"有明天子"在，社会正常秩序有保障，则应当首先遵循正当正常的途径去伸张正义，而不得实施这种复仇的行为。

第三，对复仇的限制和规范。

对于百世复仇，我们看到《公羊传》进行了严格的限制。不仅如此，《公羊传》对复仇的程度也有限制。庄公四年"齐侯葬纪伯姬"，《公羊传》："此复仇也，曷为葬之？灭其可灭，葬其可葬。此其为可葬奈何？复仇者，非将杀之，逐之也。以为虽遇纪侯之殡，亦将葬之也。"③

---

① 《春秋公羊传注疏》卷6《庄公四年》，第144页。
② 《春秋公羊传注疏》卷6《庄公四年》注，第144页。
③ 《春秋公羊传注疏》卷6《庄公四年》，第145—146页。

齐襄公借复仇灭纪，但却又礼葬纪伯姬，《公羊传》认为灭有灭的道理，葬有葬的道理，都给予了认可，而且提出，不光是纪伯姬当葬，即使是遇到纪侯本人之丧也是当葬的。这是将复仇限制在礼制之下，复仇不能弃毁礼制，这也是与《公羊传》对社会秩序的追求一致的。"复仇者，非将杀之，逐之也"，更是明确提出复仇不是无限度的，不能赶尽杀绝，尤其是对于国仇而言，做到驱逐仇方也就行了。

定公四年"冬，十有一月，庚午，蔡侯以吴子及楚人战于伯莒，楚师败绩"，《公羊传》：

> 吴何以称子？夷狄也，而忧中国。其忧中国奈何？伍子胥父诛乎楚，挟弓而去楚，以干阖庐。阖庐曰："士之甚！勇之甚！"将为之兴师而复仇于楚。伍子胥复曰："诸侯不为匹夫兴师，且臣闻之，事君犹事父也。亏君之义，复父之仇，臣不为也。"于是止。蔡昭公朝乎楚，有美裘焉，囊瓦求之，昭公不与，为是拘昭公于南郢，数年然后归之。于其归焉，用事乎河，曰："天下诸侯苟有能伐楚者，寡人请为之前列。"楚人闻之怒。为是兴师，使囊瓦将而伐蔡。蔡请救于吴，伍子胥复曰："蔡非有罪也，楚人为无道，君如有忧中国之心，则若时可矣。"于是兴师而救蔡。①

伍子胥之父被楚王诛杀，伍子胥投奔吴国，吴王阖庐要兴兵为伍子胥复仇，伍子胥却说，不能为复父仇而亏君之义。复仇不亏君义，将私仇与国仇截然分开，防止借助国家机器"公报私仇"，防止私仇扩大为国家间的战事，引发社会的动荡。与《公羊传》这种不以家事累国事的主张相似，《左传》亦有"私仇不及公"②、《韩非子》亦有"私仇不入公门"（《韩非子·外储说左下》）的说法。

伍子胥一直等到楚王兴师伐蔡，在忧中国、伐无道的旗号下，才终于实施了复仇大业，这时候伍子胥的复仇已经脱离了私仇的狭隘，成为匡正天下的正义之举，而吴王也由此获得了因"忧中国"而予以爵称的

---

① 《春秋公羊传注疏》卷25《定公四年》，第644—645页。
② 《春秋左传正义》卷57《哀公五年》，第1878页。

褒奖。

《公羊传》特别强调复仇的正义性。定公四年《公羊传》还提出："父不受诛，子复仇可也。父受诛，子复仇，推刃之道也。"如果父亲是无辜被杀，那儿子是可以为父复仇的。而如果父亲本身有罪，那儿子就不能为父亲复仇。这就是坚持复仇必须保证其前提是正义的。所谓"推刃之道"，何休解释说："子复仇，非当复讨其子，一往一来曰推刃。"①父有罪，本就该死，则儿子复仇没有正义性，那么仇人之子还可以就这种复仇继续复仇，于是一来一去，就会陷入循环报仇。因此，《公羊传》在坚持了复仇的正义性同时，也对无休止地循环复仇设置了一道闸门。

《公羊传》褒扬季札之贤，也与季札不愿循环复仇相杀有关。襄公二十九年"吴子使札来聘"，《公羊传》：

> 吴无君，无大夫，此何以有君，有大夫？贤季子也。……谒也死，余祭也立。余祭也死，夷昧也立。夷昧也死，则国宜之季子者也。季子使而亡焉。僚者，长庶也，即之。季子使而反，至而君之尔。阖庐曰："先君之所以不与子国，而与弟者，凡为季子故也。将从先君之命与？则国宜之季子者也。如不从先君之命与？则我宜立者也。僚恶得为君乎？"于是使专诸刺僚。而致国乎季子，季子不受，曰："尔弑吾君，吾受尔国，是吾与尔为篡也。尔杀吾兄，吾又杀尔，是父子兄弟相杀，终身无已也。"去之延陵，终身不入吴国。故君子以其不受为义，以其不杀为仁。②

季札既不受国，以僚为君，阖庐弑僚，季札按照臣子的责任就应当挺身而出报弑君之仇，否则就是不臣之人，必须予以贬斥。而季札以"父子兄弟相杀，终身无已"为由远遁，居然被褒之以"贤"，这里岂不矛盾？当然，季札让国的故事曲折离奇，有其一定的特殊性，而且僚之得国也并非无瑕，这都可以作为为季札开脱的理由，但主要还是《公羊传》对无休止地循环复仇的反对，尤其是对父子兄弟之间这种相杀更是

---

① 《春秋公羊传注疏》卷25《定公四年》，第646页。
② 《春秋公羊传注疏》卷21《襄公二十九年》，第533—536页。

有着一种深深的恐惧，相对于弑君这一种罪恶，父子兄弟相杀对儒家伦理的毁灭性更大。

定公四年《公羊传》还提出了一条"复仇不除害"的准则，其称："复仇不除害，朋友相卫，而不相迿，古之道也。"① 所谓"复仇不除害"，即是指复仇的对象只能限于仇人本身，不能扩大报复对象，何休注解说"取仇身而已，不得兼仇子，复将恐害己而杀之"②。不能为了斩草除根而赶尽杀绝。而且复仇的主体也只能是被害者的儿子，即所谓"朋友相卫而不相迿"，朋友可以给复仇者帮忙，但却不能抢在复仇者的前头，也就是孔子说的"不为魁，主人能则执兵而陪其后"（《礼记·檀弓上》）。《公羊传》对复仇制定了种种规范，对复仇扩大和过度作了防范。

第四，臣可向君复仇。

《公羊传》复仇论中最为特异之处就是主张臣可向君复仇。定公四年《公羊传》："曰：'事君犹事父也，此其为可以复仇奈何？'曰：'父不受诛，子复仇可也。父受诛，子复仇，推刃之道也。'"旗帜鲜明地提出，父亲有罪被诛杀，臣子是不能寻仇的，但如果父亲无罪受诛杀，其子作为臣子是可以向君主复仇的，并以此来支持伍子胥向楚王报杀父之仇。

《公羊传》秉持一种"君臣以义合"的观念。君臣关系是以义结合的政治关系，既然能结成，当然也就可以解除。③ 君不义，那君臣关系就解除了，臣子即可向君寻仇。臣子可向君寻仇，意味着赋予了臣子在某种情况下正当杀君的权利。君无罪而杀臣，那就是无道昏君，杀这样的无道昏君，不仅不算弑君，甚至是为民除害，也就如孟子说的："残贼之人谓之一夫。闻诛一夫纣矣，未闻弑君也。"（《孟子·梁惠王下》）文公十八年"莒弑其君庶其"，《公羊传》："称国以弑者，众弑君之辞。"④ 显然《公羊传》与孟子所持的观念是一致的。

同为传解《春秋》的著作，《左传》在臣可向君复仇的问题上与

---

① 《春秋公羊传注疏》卷25《定公四年》，第646—648页。
② 《春秋公羊传注疏》卷25《定公四年》注，第647页。
③ 参见陈恩林《论〈公羊传〉复仇思想的特点及经今、古文复仇说问题》，《社会科学战线》1998年第2期。
④ 《春秋公羊传注疏》卷14《文公十八年》，第368页。

《公羊传》的立场存在相当大的差异。《左传》虽然也宣称："困民之主，匮神乏祀，百姓绝望，社稷无主，将安用之？弗去何为？""凡弑君，称君，君无道也。"①但却完全否定臣子可以向君复仇。定公四年《左传》："郧公辛之弟怀将弑王，曰：'平王杀吾父，我杀其子，不亦可乎？'辛曰：'君讨臣，谁敢仇之？君命，天也。若死天命，将谁仇？'"②用一个同样与楚平王有杀父之仇的事例完全否定了臣子可以向君复仇。襄公二十二年《左传》所载楚康王杀令尹子南的故事更能说明问题。楚王欲杀子南，事先透露给子南之子弃疾，弃疾表示不会泄露君命告诉父亲。当子南被杀之后，弃疾又说："弃父事仇，吾弗忍也！"③然后自杀了。弃疾确认楚王是杀父仇人，但他从始至终都没有产生过复仇的念头，甚至为了不泄密眼睁睁看着父亲被杀，在事君与事父的两难之中，最后只能选择终结自己的生命。

由上可见，《公羊传》所主张的"臣可向君复仇"之下的这种君臣关系，是最具有先秦儒家思想特色的主张之一。而后世，随着君主专制的逐渐强化，即如汉代公羊家何休，也已经不能完全秉持《公羊传》的这种君臣观念，转而强调"君虽不君，臣不可以不臣"④了。但为了弥缝与传文之间的裂隙，何休又不得不解释说："诸侯之君与王者异，于义得去，君臣已绝，故可也。"⑤把臣可对君复仇限定为诸侯君臣间的特例，以避免对君主专制制度产生冲击。至宋代，有弟子问朱熹"君以无辜杀其父，其子当报父之仇，如此则是报君"，朱熹则直斥"岂有此理"⑥，"谓之乱臣贼子，亦未可"。《公羊传》的这种思想已经完全没有生存空间了。但朱熹也认为"古人自有这般事，如不为旧君服之义可见。后世天下一家，事体又别"⑦，可以说朱熹也基本认可了何休的解释。

正如陈恩林先生指出的，"《公羊传》提出的臣子可以向君主复仇的

---

① 《春秋左传正义》卷 32《襄公十四年》，第 1063 页；卷 21《宣公四年》，第 698 页。
② 《春秋左传正义》卷 54《定公四年》，第 1791 页。
③ 《春秋左传正义》卷 35《襄公二十二年》，第 1128 页。
④ 《春秋公羊传注疏》卷 15《宣公六年》注，第 387 页。
⑤ 《春秋公羊传注疏》卷 25《定公四年》注，第 646 页。
⑥ 黎靖德编，王星贤点校：《朱子语类》卷 133《本朝七》，中华书局 1986 年版，第 3199 页。
⑦ 黎靖德编，王星贤点校：《朱子语类》卷 134《历代一》，第 3211 页。

平等思想绝对不会是秦汉君主专制制度的产物。它有深刻的历史根源与社会根源，只应是周代社会，特别是春秋时代的产物"。①

《公羊传》推崇复仇，表现出了先秦儒家刚毅的性格，但又给复仇制定了种种限制，体现出了一种理性精神。在先秦儒家中，《公羊传》对复仇的论述尤为详细、周全。其实，"大复仇"更多强调的是一种震慑作用，复仇，尤其是百世复仇，这种强烈的仇恨对那些欲行不轨的人所造成的恐惧是可以想见的。《公羊传》是寄希望于能吓阻那些破坏和谐、破坏名分纲常的企图，将恶行止于未发。同时，《公羊传》也看到了复仇自身可能会带来的破坏性，因此又努力对复仇的行为加以规范。究其核心，就是要从根本上维护儒家伦理和社会秩序。

汉武帝"独尊儒术"以后，《公羊传》在汉代地位崇隆，具有最高的理论权威，朝廷遇到大事常依公羊义来做出抉择，以公羊大义决狱的例子也是屡见不鲜，董仲舒还专门著有一部《春秋决狱》。在这样的背景下，《公羊传》的复仇论在汉代产生很大的影响，各种复仇故事不断涌现，而官府对于复仇者通常都会免予治罪，甚或予以褒奖。章帝时，有子杀侮父者获宥，此后便引以为成例，是为《轻侮法》，规定只要父受侮辱，子报仇杀人即不为罪。更有甚者，《公羊传》复仇论还直接影响了汉武帝对匈奴的战争。《史记·匈奴列传》记载："天子意欲遂困胡，乃下诏曰：'高皇帝遗朕平城之忧，高后时单于书绝悖逆。昔齐襄公复九世之仇，《春秋》大之。'"②汉武帝依据《公羊传》，仿照齐襄公故事，以复仇为名义，发动了对匈奴的战争。汉武帝把对匈奴的战争说成是复仇之战，固然是从经典中寻求力量，强化战争的正义性，而《公羊传》的复仇论也恰好契合了汉代政治的需求，借以加强了自身的地位和影响。③

汉后公羊学衰落，但《公羊传》所揭示出来的"臣不讨贼非臣，子不复仇非子"，作为《春秋》大义，仍屡屡被后世称引。历代统治者都陷入一种二难选择，也就是韩愈所说的"盖以为不许复仇，则伤孝子之心，

---

① 陈恩林：《论〈公羊传〉复仇思想的特点及经今、古文复仇说问题》，《社会科学战线》1998年第2期。
② 《史记》卷110《匈奴列传》，第2917页。
③ 参见浦伟忠《〈春秋公羊传〉的复仇论》，《管子学刊》1991年第2期。

而乖先王之训；许复仇，则人将倚法专杀，无以禁止其端矣"①。所以尽管历代律法大多都不允许私下仇杀，但实际操作中却又经常宽宥。前秦苻阳谋反，事发后引《公羊传》复仇之论为由，宣称"臣父哀公，死不以罪，齐襄复九世之仇，而况臣也"②，最终竟然得以免罪。

尽管如此，"大复仇"的理论，尤其是复九世之仇或复百世之仇的说法，在后世却经常引起儒者的非议。如许慎《五经异义》说："鲁桓公为齐襄公所杀，其子庄公与齐桓公会，《春秋》不讥；又定公是鲁桓公九世孙，孔子相定公，与齐会于夹谷：是不复百世之仇也。"③ 许慎此说又被孔颖达收入《礼记正义》，流传甚广。又如宋孙觉《春秋经解》："《公羊》之说最为诞妄，齐襄复九世之仇，而纪侯当绝灭，是《春秋》灭人之国犹为贤也。此不近人情矣。"④ 高闶《春秋集注》："先儒以齐襄复九世之仇，《春秋》大之，此尤害教之甚矣！"⑤

上述儒者或审之以周制，或查之以史事，或责之以情理，但却不知《公羊传》"借事明义"之法。皮锡瑞辩之甚明："齐襄非真能复仇也，而《春秋》借齐襄之事，以明复仇之义。"⑥《公羊传》就是要通过齐襄公灭纪之事，来张大《春秋》复仇之旨，而齐襄公是否真的是为了复仇，周制实际如何规定，是否合乎情理等，则皆不在考虑之中。这也正是《公羊传》"大复仇"等义成为"非常异义可怪之论"的原因。

儒者之中，对《公羊传》的"大复仇"说背后的意义揭橥得最为透彻的当推王应麟。王应麟在《困学纪闻》中指出："'臣不讨贼，非臣也''子不复仇，非子也''仇者无时焉可与通'，此三言者，君臣父子、天典民彝系焉。公羊子大有功于圣经。"⑦ 一个"大复仇"，君臣父子、天典

---

① 《旧唐书》卷50《刑法志》，中华书局1975年版，第2154页。
② 《晋书》卷114《苻坚载记》，第2909页。
③ 陈寿祺撰，曹建墩校点：《五经异义疏证》卷下，上海古籍出版社2012年版，第206页。
④ 孙觉：《春秋经解》卷5《庄公四年》，王云五主编《丛书集成初编》，商务印书馆1935年版，第120页。
⑤ 高闶：《春秋集注》卷8《庄公四年》，王云五主编《丛书集成初编》，商务印书馆1936年版，第83页。
⑥ 皮锡瑞：《经学通论》4《春秋》，第21—22页。
⑦ 王应麟著，翁元圻等注，栾保群、田松青、吕宗力校点：《困学纪闻》卷七《公羊》，上海古籍出版社2008年版，第901页。

民彝都含摄其中，王应麟极其深刻地看到了《公羊传》复仇论的最终标的，即儒家伦理和社会秩序。

四 进夷狄

"诸夏"与"夷狄"有别的观念早在夏、商、周三代就开始形成，一般认为"诸夏"是居于中原地区的礼义之邦（即"中国"），其周围是北狄、南蛮、西戎和东夷等未开化民族，泛称为"夷狄"。夷狄在文化上较诸夏落后，生活方式与诸夏迥异，不遵循诸夏的礼义，而且经常侵扰诸夏，对中原地区先进的农耕文明造成破坏。据《通典》载："纣为暴虐，诸夷内侵。商汤革命，伐而定之。至于仲丁，蓝夷作寇。自是或服或叛，三百余年。"① 可见夷、夏冲突由来已久。

春秋时代，随着周王室的衰落，周边文化落后民族纷纷涌入中原，导致"南夷与北夷交，中国不绝若线"② 的严峻形势，直接威胁诸夏文明的存在与发展。这点我们从《春秋》的记载中也可以看出：隐公七年"戎伐凡伯于楚丘以归"，庄公二十四年"戎侵曹"，庄公三十二年"狄伐邢"，闵公二年"狄入卫"，僖公八年"狄伐晋"，僖公十年"狄灭温"，僖公十三年"狄侵卫"，僖公十四年"狄侵郑"，成公元年"王师败绩于贸戎"。在这种情况下，孔子提出了"夷夏之辨"的思想，一方面坚决主张"尊王攘夷"，另一方面也提倡对夷狄进行教化，"故远人不服，则修文德以来之。既来之，则安之"（《论语·季氏》）。值得注意的是孔子思想中的民族平等倾向，如他"欲居九夷"，而且认为"君子居之，何陋之有"（《论语·子罕》），愿意身体力行地去帮助夷狄进化。

孔子的"夷夏之辨"思想在《公羊传》中得到了系统的总结。如何看待并处理好夷夏之间的关系，是《公羊传》的"大一统"设想中必须审慎考虑的问题。《公羊传》在政治的立场上，以中国为本位而主张攘夷、严夷夏之防，如：

哀公十三年"公会晋侯及吴子于黄池"，《公羊传》："吴何以称子？

---

① 杜佑撰，王文锦、王永兴等点校：《通典》卷185《东夷上》序略，中华书局1992年版，第4984页。

② 《春秋公羊传注疏》卷10《僖公四年》，第249页。

吴主会也。吴主会,则曷为先言晋侯?不与夷狄之主中国也。"①

隐公七年"天王使凡伯来聘。戎伐凡伯于楚丘以归",《公羊传》:"凡伯者何?天子之大夫也。此聘也,其言伐之何?执之也。执之则其言伐之何?大之也。曷为大之?不与夷狄之执中国也。"②

庄公十年"荆败蔡师于莘,以蔡侯献舞归",《公羊传》:"荆者何?州名也。州不若国,国不若氏,氏不若人,人不若名,名不若字,字不若子。蔡侯献舞何以名?绝。曷为绝之?获也。曷为不言其获?不与夷狄之获中国也。"③

"不与夷狄之主中国"④"不与夷狄之执中国"⑤"不与夷狄之获中国",就是凡夷狄做诸夏的盟主、抓捕诸夏的国君或大夫,俘获诸夏的国君或大夫,都不能予以认可,对夷狄采取一种排斥的态度。

庄公三十年"齐人伐山戎",《公羊传》:"盖战也,何以不言战?《春秋》敌者言战,桓公之与戎狄,驱之尔。"⑥齐国与山戎发生战争,《春秋》却用"伐"来记载,《公羊传》认为这是因为戎狄不能与诸侯匹敌,所以根本谈不上"战",就是被驱赶而已。

僖公四年"楚屈完来盟于师,盟于召陵",《公羊传》:"楚有王者则后服,无王者则先叛。夷狄也,而亟病中国。南夷与北夷交,中国不绝若线。桓公救中国,而攘夷狄,卒怗荆,以此为王者之事也。"⑦庄公十八年"夏,公追戎于济西",《公羊传》:"此未有言伐者,其言追何?大其为中国追也。此未有伐中国者,则其言为中国追何?大其未至而豫御之也。其言于济西何?大之也。"⑧对夷狄侵害中国的罪行予以揭露和批判,而对诸侯攘斥夷狄的功绩则予以褒奖。

但在文化立场上,《公羊传》却认为夷夏之分也不是绝对的,夷夏之称无常定,如果夷狄遵循中国的礼义,认同中国的文化,那夷狄也可以

---

① 《春秋公羊传注疏》卷28《哀公十三年》,第705—706页。
② 《春秋公羊传注疏》卷3《隐公七年》,第67—68页。
③ 《春秋公羊传注疏》卷7《庄公十年》,第168—170页。
④ 另见于《春秋公羊传注疏》卷24《昭公二十三年》传,第594页。
⑤ 另见于《春秋公羊传注疏》卷11《僖公二十一年》传,第283页。
⑥ 《春秋公羊传注疏》卷9《庄公三十年》,第211—212页。
⑦ 《春秋公羊传注疏》卷10《僖公四年》,第247—249页。
⑧ 《春秋公羊传注疏》卷8《庄公十八年》,第183页。

进为中国；而如果中国放弃了礼义，也可以退为夷狄。昭公二十三年"吴败顿、胡、沈、蔡、陈、许之师于鸡父。胡子髡、沈子楹灭，获陈夏啮"，《公羊传》："此偏战也，曷为以诈战之辞言之？不与夷狄之主中国也。然则曷为不使中国主之？中国亦新夷狄也。"明确称"中国亦新夷狄也"。"中国"为什么是"新夷狄"呢？何休说："中国所以异乎夷狄者，以其能尊尊也。王室乱莫肯救，君臣上下坏败，亦新有夷狄之行。"① 就是中国自己不讲礼义。

同一个楚国，僖公四年称"楚有王者则后服，无王者则先叛。夷狄也，而亟病中国"②，视楚为夷狄而予以批判；而宣公十二年则称"不与晋而与楚子为礼也"，视楚为中国而予以褒扬。楚为什么值得褒扬呢？看看楚庄王当时的言行就知道了。当臣下劝楚王乘胜而占领郑国，楚王说："君子笃于礼而薄于利，要其人而不要其土，告从，不赦，不详。吾以不详道民，灾及吾身，何日之有？"当臣下劝楚王不要与晋国决战，楚王说："弱者吾威之，强者吾辟之，是以使寡人无以立乎天下。"然后"令之还师而逆晋寇"，大败晋军。当看到晋军争相逃亡，死伤无数的时候，楚王又说："嘻！吾两君不相好，百姓何罪？"③ 下令撤军，让晋军逃走。所以楚"卓然有君子之行"④，"楚庄德进行修，同于诸夏"⑤。董仲舒《春秋繁露·竹林》就此评论说："《春秋》之常辞也，不予夷狄而予中国为礼。至邲之战，偏然反之，何也？曰：《春秋》无通辞，从变而移。今晋变而为夷狄，楚变而为君子，故移其辞以从其事。"⑥

同一个吴国，在定公四年这一年里，就既因为"忧中国"而中国之，又因其君臣出现淫乱行为而夷狄之。先是"冬，十有一月，庚午，蔡侯以吴子及楚人战于伯莒，楚师败绩"，《公羊传》说："吴何以称子？夷狄也，而忧中国。"接着"庚辰，吴入楚"，《公羊传》又说："吴何以不称

---

① 《春秋公羊传注疏》卷24《昭公二十三年》，第594—595页。
② 《春秋公羊传注疏》卷10《僖公四年》，第248页。
③ 《春秋公羊传注疏》卷16《宣公十二年》，第405—409页。
④ 《春秋公羊传注疏》卷18《成公十五年》注，第462页。
⑤ 《春秋公羊传注疏》卷16《宣公十二年》疏，第405页。
⑥ 董仲舒：《春秋繁露·竹林》，苏舆撰，钟哲点校：《春秋繁露义证》卷2《竹林》，第46页。

子？反夷狄也。其反夷狄奈何？君舍于君室，大夫舍于大夫室，盖妻楚王之母也。"① 一个"反"字，尤其说明了"中国""夷狄"不是一个固定不变的概念。

《公羊传》有一个关于《春秋》褒贬的"七等"之说，即"州不若国，国不若氏，氏不若人，人不若名，名不若字，字不若子"②，即由称州到称国、氏、人、名、字，最后到称子，是逐渐由贬斥到褒扬。"子"是爵称，称子就说明承认了他诸侯的地位，认同其等同诸夏了。

可见，在《公羊传》那里，"中国"不是一个地域概念，也不是种族的概念，而是一个文化的概念。《公羊传》是以行为的野蛮或文明来区分夷狄和诸夏的，实质上是取消了夷、夏之间的种族差别，而以文化的先进与否作为"夷夏之辨"的唯一标准。《公羊传》的这一夷夏观念后来被韩愈概括为："孔子之作《春秋》也，诸侯用夷礼则夷之，夷而进于中国则中国之。"③

《公羊传》还提出了落后民族在先进民族的影响下，逐步摆脱落后面貌，共同走向进步的设想。成公十五年"叔孙侨如会晋士燮、齐高无咎、宋华元、卫孙林父、郑公子鳅、邾娄人，会吴于钟离"，《公羊传》："曷为殊会吴？外吴也。曷为外也？《春秋》内其国而外诸夏，内诸夏而外夷狄。王者欲一乎天下，曷为以外内之辞言之？言自近者始也。"④ 王者自近及远，逐渐将王道推行天下，实现"大一统"。最终的目标是天下一家，区分内外只是现实中的不得已的选择，只是前进过程中的一个步骤。

但《公羊传》同时也强调，这种进步不是一蹴而就的，而是需要一个漫长的、阶梯式的行进过程。昭公二十三年"吴败顿、胡、沈、蔡、陈、许之师于鸡父。胡子髡、沈子楹灭，获陈夏啮"，《公羊传》："不与夷狄之主中国，则其言获陈夏啮何？吴少进也。"⑤ 文公九年"楚子使椒

---

① 《春秋公羊传注疏》卷25《定公四年》，第644、648页。
② 《春秋公羊传注疏》卷7《庄公十年》，第169页。
③ 韩愈著，刘真伦、岳珍校注：《韩愈文集汇校笺注》卷1《原道》，中华书局2010年版，第3页。
④ 《春秋公羊传注疏》卷18《成公十五年》，第462—463页。
⑤ 《春秋公羊传注疏》卷24《昭公二十三年》，第594—596页。

来聘"，《公羊传》："椒者何？楚大夫也。楚无大夫，此何以书？始有大夫也。始有大夫，则何以不氏？许夷狄者，不一而足也。"① 隐公元年"公及邾娄仪父盟于眛"，《公羊传》："仪父者何？邾娄之君也。何以名？字也。曷为称字？褒之也。曷为褒之？为其与公盟也。与公盟者众矣，曷为独褒乎此？因其可褒而褒之。此其为可褒奈何？渐进也。"② "少进""许夷狄者，不一而足""渐进"，一是认识到这种进步、融合的复杂性和困难性，二是多少有一种反对激进同化的意味。

《公羊传》的"七等"之分，其实也是与这种渐进说相适应的。楚国就是一个由夷狄渐进为中国的"模范"，由最初见于《春秋》的"荆"（州）、到后来又称"楚"（国）、"楚人"（人），最后终于称"楚子"（子），此后又由于德行的进退，而又不断改变称呼予以褒贬。

《公羊传》的民族观念显然具有一定的民族平等意识，具有鲜明的进步特征。汉代公羊家何休后来又进一步完善和发展了《公羊传》的民族观念，提出了"夷狄进至于爵，天下远近小大若一"③ 的民族大融合的理想。

五 敬贤重民

《公羊传》所主张的"大一统"秩序，其深层要求是安天下之民。只有仁政的统一才能凝聚人心，使国家社会保持稳定，长治久安。暴政即使统一也不会长久，秦朝即是一个活生生的例子。孟子说"不以仁政，不能平治天下"（《孟子·离娄上》），"仁政"是儒家一贯的政治主张。

《公羊传》本身就视《春秋》为一部政治书，因此它的解说中仁政思想是非常丰富的。仁政首先是任用仁者执政，小人当道政治不会稳定，所以仁政以"尊贤为大"（《礼记·中庸》）。同时，儒家秉持积极入世的态度，鼓励通过寻求统治者的任用来推行儒家的政治主张，因此选贤与能也是儒家知识分子实现政治理想的必不可少的进身之阶。站在战国纷纭变幻的时代前列，《公羊传》非常鲜明地举起了尊贤敬贤的大旗，反对

---

① 《春秋公羊传注疏》卷13《文公九年》，第342—343页。
② 《春秋公羊传注疏》卷1《隐公元年》，第16—18页。
③ 《春秋公羊传注疏》卷1《隐公元年》注，第31—32页。

贵族政治，主张贤人政治。

隐公三年"尹氏卒"，《公羊传》："尹氏者何？天子之大夫也。其称尹氏何？贬。曷为贬？讥世卿。世卿非礼也。"①

宣公十年"齐崔氏出奔卫"，《公羊传》："崔氏者何？齐大夫也。其称崔氏何？贬。曷为贬？讥世卿。世卿非礼也。"②

桓公五年"天王使仍叔之子来聘"，《公羊传》："仍叔之子者何？天子之大夫也。其称仍叔之子何？讥。何讥尔？讥父老子代从政。"③

所谓"讥世卿"，就是"讥父老子代从政"。《公羊传》认为，天子、诸侯是可以一代一代往下传，但"大夫之义不得世"④，是不能由一代一代往下传的。何休解释说："礼，公卿大夫、士皆选贤而用之。卿大夫任重职大，不当世，为其秉政久，恩德广大。小人居之，必夺君之威权。"⑤贵族世代垄断官职，这与儒家主张的贤人政治严重冲突，也阻碍了儒者入世及其政治理念的实现，因此对"世卿"这一本来惯常的现象进行了抨击。

《公羊传》在书中处处体现出"敬贤"，提出了"《春秋》为贤者讳"⑥"《春秋》贤者不名"⑦等原则。《公羊传》对于臣子最高的评价就是"贤"，凡是它认为贤能的人，都不吝篇幅地记载他们的事迹，给予高度的赞扬。如桓公十一年"九月，宋人执郑祭仲"，《公羊传》：

> 祭仲者何？郑相也。何以不名？贤也。何贤乎祭仲？以为知权也。其为知权奈何？古者郑国处于留，先郑伯有善于郐公者，通乎夫人，以取其国而迁郑焉，而野留。庄公死已葬，祭仲将往省于留，涂出于宋，宋人执之。谓之曰："为我出忽而立突。"祭仲不从其言，则君必死，国必亡。从其言，则君可以生易死，国可以存易亡，少

---

① 《春秋公羊传注疏》卷2《隐公三年》，第44—45页。
② 《春秋公羊传注疏》卷16《宣公十年》，第400页。
③ 《春秋公羊传注疏》卷4《桓公五年》，第96—97页。
④ 《春秋公羊传注疏》卷24《昭公三十一年》，第622页。
⑤ 《春秋公羊传注疏》卷2《隐公三年》注，第45页。
⑥ 《春秋公羊传注疏》卷6《庄公四年》、卷11《僖公十七年》、卷12《僖公二十八年》、卷23《昭公二十年》，第142、275、305、587页。
⑦ 《春秋公羊传注疏》卷21《襄公二十九年》，第536页。

辽缓之。则突可故出，而忽可故反，是不可得则病，然后有郑国。古人之有权者，祭仲之权是也。权者何？权者反于经，然后有善者也。权之所设，舍死亡无所设。行权有道：自贬损以行权。不害人以行权，杀人以自生，亡人以自存，君子不为也。①

为了表现祭仲存国之贤，不仅叙述事情的前因后果，而且加以分析和评论，足有二百余字。其他如桓公二年贤孔父、庄公十二年贤仇牧、僖公十年贤荀息、僖公二十八年贤叔武、襄公二十九年贤季子、昭公三十一年贤叔术等，且大多都有很详细的描写和评论，尤其是评述叔术之贤的文字甚至接近六百字。②

《公羊传》所褒扬的贤者，大概可以分为两种，一种是品德高尚的人，如仇牧"不畏强御"，荀息"不食其言"，季子仁义，叔术"让国"等；另一种是能治国安邦的人，如祭仲知权、生君存国。但这里显然品德高尚的比例要高得多。这正与儒家主张贤者德才兼备，而又更强调道德是一致的。

《公羊传》哀公十四年说："麟者，仁兽也。有王者则至，无王者则不至。"③《公羊传》认为麒麟是仁政的象征，只为真正的王者而出现，真正的王者是以仁政一统天下的王者。统治者不行仁政，《公羊传》都提出批评。在这些批评中，我们可以看出《公羊传》仁政政策的一些具体主张。

一是主张宽民力，不奢泰，不扰民。

桓公四年"春，正月，公狩于郎"，《公羊传》："狩者何？田狩也。春曰苗，秋曰蒐，冬曰狩。常事不书，此何以书？讥。何讥尔？远也。"田狩是周礼的定制，本无可讥，但《公羊传》认为鲁桓公跑得太远了。何休注："礼，诸侯田狩不过郊。"④ 桓公不在近郊，却跑到远方的郎地田狩，劳民伤财。而且《公羊传》强调按礼应该冬狩，桓公却"春狩"，显

---

① 《春秋公羊传注疏》卷5《桓公十一年》，第113—115页。
② 见《春秋公羊传注疏》卷24《昭公三十一年》，第618—622页。
③ 《春秋公羊传注疏》卷28《哀公十四年》，第711页。
④ 《春秋公羊传注疏》卷4《桓公四年》，第92—93页。

然这是不时。

隐公五年"春，公观鱼于棠"，《公羊传》："何以书？讥。何讥尔？远也。公曷为远而观鱼？登来之也。百金之鱼，公张之。登来之者何？美大之之辞也。"① 《春秋》只记了鲁隐公去观鱼，但《公羊传》指出，这是隐公跑到很远的地方去张网捕价值不菲的鱼，不仅是劳民伤财，而且还是与民争利。孔子主张"博施于民而能济众"（《论语·雍也》），孟子主张"所欲与之聚之"（《孟子·离娄上》），隐公却与民争利。

庄公二十八年"冬，筑微。大无麦禾"，《公羊传》："冬，既见无麦禾矣，曷为先言筑微，而后言无麦禾？讳以凶年造邑也。"庄公二十九年"春，新延厩"，《公羊传》："新延厩者何？修旧也。修旧不书，此何以书？讥。何讥尔？凶年不修。"② 庄公在饥荒之年，甚至在颗粒无收的情况下，还要去修筑城邑，又把马厩装修一新，明显是不重民命，不顾民时。

庄公三十一年"春，筑台于郎"，《公羊传》："何以书？讥。何讥尔？临民之所漱浣也。"③ 庄公在邻近老百姓生活用的泉水附近筑台，显然严重妨民。

二是薄赋敛，主张什一而税。

宣公十五年"初税亩"，《公羊传》："初者何？始也。税亩者何？履亩而税也。初税亩，何以书？讥。何讥尔？讥始履亩而税也。何讥乎始履亩而税？古者什一而藉。古者曷为什一而藉？什一者，天下之中正也。多乎什一，大桀小桀；寡乎什一，大貉小貉。什一者，天下之中正也。什一行而颂声作矣。"④ 《公羊传》认为什一的税率是最合适的税率，既能保证行政机构的正常运转，又能防止像夏桀那样横征暴敛，从而国富民足，百姓生活安定。

成公元年"三月，作丘甲"，《公羊传》："何以书？讥。何讥尔？讥始丘使也。"⑤ 古时四丘为一甸，按周礼每甸出兵车一辆、戎马四匹、牛

---

① 《春秋公羊传注疏》卷3《隐公五年》，第55页。
② 《春秋公羊传注疏》卷9《庄公二十八年》《庄公二十九年》，第208—210页。
③ 《春秋公羊传注疏》卷9《庄公三十一年》，第212页。
④ 《春秋公羊传注疏》卷16《宣公十五年》，第416—417页。
⑤ 《春秋公羊传注疏》卷17《成公元年》，第426—427页。

十二头、甲士三人、步卒七十二人，鲁成公时开始推行丘甲制，就是要改以丘来征军赋，赋税相当于增加了四倍。

哀公十二年"春，用田赋"，《公羊传》："何以书？讥，何讥尔？讥始用田赋也。"① 所谓"田赋"，就是将田地和家财分开来分别计赋，当然又大大增加了人民的赋税负担。《论语·颜渊》里，孔子专门对鲁国赋税评论说："君子之行也，度于礼，施取其厚，事举其中，敛从其薄。如是，则以丘亦足矣。若不度于礼，而贪冒无厌，则虽以田赋，将又不足。且子季孙若欲行而法，则周公之典在。"《公羊传》就是按照孔子的观点，讥刺"丘甲"和"田赋"，而颂扬什一而税。

三是实仓廪，重民食。

桓公三年"有年"，《公羊传》："有年何以书？以喜书也。大有年何以书？亦以喜书也。此其曰有年何？仅有年也。彼其曰大有年何？大丰年也。仅有年，亦足以当喜乎？恃有年也。"② 有年，即是丰收，丰收百姓才能免予饥馑，才能安土乐业，尤其是在国政不昌的情况下，丰收尤其重要。所以《公羊传》说，哪怕只是一般的丰收，也是值得庆贺的，国家安定从而有了保证。

庄公二十八年"臧孙辰告籴于齐"，《公羊传》："告籴者何？请籴也。何以不称使？以为臧孙辰之私行也。曷为以臧孙辰之私行？君子之为国也，必有三年之委。一年不熟告籴，讥也。"③ 统治者的责任就是要保证人民"乐岁终身饱，凶年免于死亡"（《孟子·梁惠王上》），要存有三年的粮食储备，以防备灾年。而鲁庄公碰上灾年，不但没有储备粮食，反而大兴土木。这样的国君，怎能不予以讥刺？

董仲舒说："《春秋》之敬贤重民如是。"④《公羊传》的仁政主张，恰如董仲舒所说，可以简单归结为"敬贤重民"四字。仁政之道，首在用人，国无贤臣，必无善政，敬贤是推行仁政的必要条件和保证。在"大一统"的模式下，权力构架是自上而下的，防止暴政和权力的滥用，

---

① 《春秋公羊传注疏》卷28《哀公十二年》，第702页。
② 《春秋公羊传注疏》卷4《桓公三年》，第91页。
③ 《春秋公羊传注疏》卷9《庄公二十八年》，第209页。
④ 董仲舒：《春秋繁露·竹林》，苏舆撰，锺哲点校：《春秋繁露义证》卷2《竹林》，第47页。

选拔任用贤才至关重要。有贤臣还要有仁君，统治者必须要有一颗仁心，以民为本，爱民重民。若统治者暴政连连，役民无度，导致百姓流离失所，失去人心，或身遭"众弑"，或国"鱼烂而亡"①，则是咎由自取，《公羊传》都不表同情。只有行仁政，保证民众过上富足安乐的生活，人心归向，统治才能稳定，社会才能安定，正所谓"民惟邦本，本固邦宁"。

六 "拨乱世，反诸正"

"春秋战国时期"是中国学术思想形成的黄金时代，同时也是中国历史上最黑暗、最荒谬、最痛苦的一个时段。从《春秋》所载二百四十二年之间，亡国五十二，弑君三十六。正如《周易·文言》所说："臣弑其君，子弑其父，非一朝一夕之故，其所由来者渐矣。"如果经常发生"臣弑其君，子弑其父"的人伦惨剧，人们见惯不惊，那不是很荒谬吗？再看战国时期的战争，如《孟子·离娄上》所指出的，"争地以战，杀人盈野；争城以战，杀人盈城"，生活在这样的时代中，人命如草，朝不保夕，那不是很黑暗、很痛苦吗？

"君子曷为为《春秋》？拨乱世，反诸正，莫近诸《春秋》。则未知其为是与？其诸君子乐道尧、舜之道与？末不亦乐乎尧、舜之知君子也？制《春秋》之义以俟后圣，以君子之为，亦有乐乎此也。"② 在全书的结尾处，《公羊传》揭示了孔子作《春秋》的目的，充满激情地向世人传达了对未来美好前景的信心。《公羊传》认为，孔子作《春秋》就是要鞭挞时代的荒谬，重建是非美丑的价值准则，渴望能挽救名分的废溃，制止伦常的混乱，恢复世界应有的和谐与秩序，找到一条实现国家统一、社会安定的道路。"拨乱世，反诸正"，这深切地反映了《公羊传》企盼社会回归良好秩序的愿望。

《公羊传》开宗明义提出的"大一统"的理论，就是公羊学派对终结乱局、重建社会秩序所提出的设计方案，也是其热切追求的目标。"大一

---

① 《春秋公羊传注疏》卷14《文公十八年》传，第368页；卷11《僖公十九年》传，第281页。

② 《春秋公羊传注疏》卷28《哀公十四年》，第719—721页。

统"是一个秩序化的世界：王者一统天下，诸侯尊王，大夫尊君，上下各安其位，各守其礼，天下井然有序。这是《公羊传》所热切追求的目标。但现实中，却完全是另外一副乱象：诸侯僭天子，大夫僭诸侯，君不君，臣不臣，权力逐层下移，正义得不到伸张，各国交相混战，天下陷于混乱。

为了实现拨乱反正的理想，《公羊传》首先主张依靠现实中可能的力量来维系和恢复社会秩序。

当王权衰颓，天下陷于混乱的时候，恢复社会秩序则上升为亟待解决的第一要务。所以，在《公羊传》看来，天下有王，固然是一统局面的理想形式；天下无王，也要依靠现实权威来维系一统的秩序。

僖公二年"城楚丘"，《公羊传》：

> 孰城之？城卫也。曷为不言城卫？灭也。孰灭之？盖狄灭之。……然则孰城之？桓公城之。曷为不言桓公城之？不与诸侯专封也。曷为不与？实与而文不与。文曷为不与？诸侯之义，不得专封。诸侯之义不得专封，则其曰实与之何？上无天子，下无方伯，天下诸侯有相灭亡者，力能救之，则救之可也。①

卫国被狄人所灭，齐桓公为卫国复国筑城。封国本为天子之事，所以《春秋》不书"桓公"，以维护"诸侯之义不得专封"的原则。但由于当时天子微弱，没有能力为卫国复国，《公羊传》认为，对于齐桓公作为诸侯霸主出面攘除夷狄，挽救诸侯，恢复秩序，《春秋》实际上是认可的。

宣公十一年"楚人杀陈夏征舒"，《公羊传》：

> 此楚子也，其称人何？贬。曷为贬？不与外讨也。不与外讨者，因其讨乎外而不与也。虽内讨亦不与也。曷为不与？实与而文不与。文曷为不与？诸侯之义，不得专讨也。诸侯之义不得专讨，则其曰实与之何？上无天子，下无方伯，天下诸侯有为无道者，臣弑君，

---

① 《春秋公羊传注疏》卷10《僖公二年》，第239—240页。

子弑父，力能讨之，则讨之可也。①

夏征舒弑陈灵公，楚君兴兵讨伐。"礼乐征伐自天子出"，诸侯是不能擅自外讨的，因此楚君不称爵而称"楚人"，从字面上解释的话，《春秋》应当是不认同此事的。但《公羊传》认为《春秋》这里也是"实与而文不与"，此时天子无力处理，又不能放任弑君的发生，于是默认楚国专讨的合理性。

所谓"实与而文不与"，就是在文字上虽然不承认这种做法的合法性，但对这种做法产生的实际效果却予以认可，即以一种委婉形式对诸侯的某些僭越行为表示宽容默许。"上无天子，下无方伯"，社会处于一种管理真空的无序状态之中，致使上下陵替，诸侯灭国、臣子弑君父的混乱局面的发生，罪行得不到应有的讨伐与惩处，于是《公羊传》奋起直呼"力能救之，则救之可也""力能讨之，则讨之可也"，明确表示在王者无法承担起一统天下大任的情况下，应当依靠现实中可能的力量来维系和恢复社会秩序，同时期盼有实力和能力的人站出来勇于承担起社会的责任。这也是强调对社会、对时代要有一种责任感，有一种担当精神。

勇于担当是先秦儒家非常可贵的一种精神，他们对家国天下拥有强烈的责任感。孔子曰："文王既没，道不在兹乎。天之将丧斯文也，后死者不得预于斯文也。天之未丧斯文也，匡人其如予何？"（《论语·子罕》）孟子曰："如欲平治天下，当今之世，舍我其谁也？"（《孟子·公孙丑下》）

因此，《公羊传》对勇于承担，致力于恢复安定秩序的人都予以褒扬。

僖公十七年"灭项"，《公羊传》："孰灭之？齐灭之。曷为不言齐灭之？为桓公讳也。《春秋》为贤者讳，此灭人之国，何贤尔？君子之恶恶也疾始，善善也乐终。桓公尝有继绝存亡之功，故君子为之讳也。"② 因为齐桓公有尊王攘夷、救邢复卫的功绩，所以隐讳了他灭人之国的大恶，以此来表彰他的贤能。

---

① 《春秋公羊传注疏》卷16《宣公十一年》，第402—403页。
② 《春秋公羊传注疏》卷11《僖公十七年》，第275—276页。

闵公二年"齐高子来盟",《公羊传》:"高子者何?齐大夫也。何以不称使?我无君也。然则何以不名?喜之也。何喜尔?正我也。其正我奈何?庄公死,子般弑,闵公弑,比三君死,旷年无君。设以齐取鲁,曾不兴师,徒以言而已矣。桓公使高子将南阳之甲,立僖公而城鲁。或曰自鹿门至于争门者是也,或曰自争门至于吏门者是也,鲁人至今以为美谈,曰:犹望高子也。"① 齐国大夫高傒率兵平定了鲁国内乱,立鲁僖公为君,修筑了鲁国的都城,恢复了鲁国的正常秩序,《公羊传》毫不掩饰地表达了对高傒的颂扬,而对高傒的所作所为是否超越了大夫的职责却不再评论。

在"实与而文不与"的提法之上,《公羊传》还提出了更为理论化的经权之说。"经"是原则,"权"是变通。桓公十一年"宋人执郑祭仲",《公羊传》:

> 祭仲者何?郑相也。何以不名?贤也。何贤乎祭仲?以为知权也。其为知权奈何?……庄公死已葬,祭仲将往省于留,涂出于宋,宋人执之。谓之曰:"为我出忽而立突。"祭仲不从其言,则君必死,国必亡。从其言,则君可以生易死,国可以存易亡,少辽缓之。则突可故出,而忽可故反,是不可得则病,然后有郑国。古人之有权者,祭仲之权是也。权者何?权者反于经,然后有善者也。权之所设,舍死亡无所设。行权有道:自贬损以行权,不害人以行权。杀人以自生,亡人以自存,君子不为也。②

祭仲受迫于宋国的威逼废昭公(子忽)而立子突(厉公)为君,根据"大夫之义不得专废置君"的原则,祭仲这种做法显然非臣子所当为,应当予以贬斥。但《公羊传》却称赞祭仲能行权,因为祭仲避免了君死国亡的混乱局面,保全了郑国,保留了昭公来日复位的可能。

孔子、孟子都曾论及经权问题。孔子说:"可与共学,未可与适道;可与适道,未可与立;可与立,未可与权。"(《论语·子罕》)"男女授

---

① 《春秋公羊传注疏》卷9《闵公二年》,第229—230页。
② 《春秋公羊传注疏》卷5《桓公十一年》,第113—115页。

受不亲，礼也。嫂溺，援之以手者，权也。"（《孟子·离娄上》）而经权说得到比较系统的阐发，则始于《公羊传》。《公羊传》将权定义为"反于经，然后有善者也"，也就是说"权"虽然是对"经"的变通，对原则有所违背，但其目的必须是为了更高的善。《公羊传》呼唤社会秩序，期盼有能力的人出来维系秩序，惩治作乱之人，但这毕竟是有违"大一统"原则的，具有潜在的危害，因此《公羊传》对这种行动设置了严格的限制。为了实现更高的善，可以行权，可以有一些违背大道原则的地方，但必须"舍死亡无所设"，只能在危急存亡的紧要关头才可以实施；必须"自贬损""不害人"，只能牺牲自己，不能牺牲别人，不能杀害别人以求得自己的生存，不能消灭别国来获得自己国家的保存。如果不是这样，那么无论如何也不能算是行权。《春秋繁露·玉英》说："权虽反经，亦必在可以然之域。不在可以然之域，故虽死亡，终弗为也。"[①]

我们看到，《公羊传》的经权说一方面为恢复社会秩序提供了一些操作上的灵活性，为那些勇于承担社会责任的人进行了除罪化，另一方面也注意防止"权"被滥用或借"权"行恶，防止经权之说沦为乱臣贼子的借口。

庄公十九年"秋，公子结媵陈人之妇于鄄，遂及齐侯、宋公盟"，《公羊传》："大夫无遂事，此其言遂何？聘礼，大夫受命，不受辞。出竟有可以安社稷利国家者，则专之可也。"[②] 这里"大夫无遂事"是经，"遂及齐侯、宋公盟"就是权。公子结本来是奉命送陪嫁鲁女去陈国的，却私与齐侯、宋公订盟，显然违背了"大夫无遂事"的原则，应该受到谴责，但《公羊传》却鲜明地指出，如果是为了安定社稷、有利于国家，大夫在境外也可以不拘泥于君命而专断。显然，"安社稷利国家"在《公羊传》那里是更高的追求目标。

昭公十一年"楚子虔诱蔡侯般，杀之于申"，《公羊传》："楚子虔何以名？绝也。曷为绝之？为其诱封也。此讨贼也，虽诱之，则曷为绝之？

[①] 董仲舒：《春秋繁露·玉英》。苏舆撰，钟哲点校：《春秋繁露义证》卷3《玉英》，第79页。

[②] 《春秋公羊传注疏》卷8《庄公十九年》，第184—185页。

怀恶而讨不义，君子不予也。"① 蔡侯般是弑君的罪人，楚子杀他不正是讨贼吗？不正是行权吗？《公羊传》却说，楚子没安好心，是抱着灭蔡之心来的，是以不正义来讨伐不正义，打着维护秩序的旗号却对秩序造成更大的破坏，"怀恶而讨不义"是不被允许的。

其次，《公羊传》非常注重礼对社会人心的约束作用，注重礼在维系和稳定社会秩序中的功能。荀子说："礼之于正国家也，如权衡之于轻重也，如绳墨之于曲直也。故人无礼不生，事无礼不成，国家无礼不宁。"（《荀子·大略篇》）周代的宗法制度、礼乐制度是和政治等级联系在一起的，"礼崩乐坏"的背后就是统治秩序的逐渐瓦解。因此，《公羊传》处处体现出对礼制的坚守。

昭公二十五年《公羊传》：

> 昭公将弑季氏，告子家驹曰："季氏为无道，僭于公室久矣。吾欲弑之，何如？"子家驹曰："诸侯僭于天子，大夫僭于诸侯久矣。"昭公曰："吾何僭矣哉？"子家驹曰："设两观，乘大路，朱干，玉戚，以舞《大夏》，八佾以舞《大武》，此皆天子之礼也。"②

《公羊传》借子家驹之口，说出了"诸侯僭于天子，大夫僭于诸侯"的政治现实。诸侯于大夫为君，于天子则为臣，可见以臣僭君、等级混乱，实际上已经成为一种常态。而鲁昭公只看到季氏对公室的僭越，对自己僭天子之礼却毫不自知，可见礼乐制度之毁坏到了什么地步了。因此，《公羊传》对破坏礼制的行为痛心疾首，凡是不合礼制的地方，总是明确指出其"非礼也"，予以讥刺或贬斥。如：

隐公元年"天王使宰咺来归惠公仲子之赗"，《公羊传》："其言惠公仲子何？兼之。兼之，非礼也。"③

桓公二年"取郜大鼎于宋。戊申，纳于大庙"，《公羊传》："讥。何

---

① 《春秋公羊传注疏》卷22《昭公十一年》，第563—564页。
② 《春秋公羊传注疏》卷24《昭公二十五年》，第601—603页。
③ 《春秋公羊传注疏》卷1《隐公元年》，第22、26页。

讥尔？遂乱受赂，纳于大庙，非礼也。"①

庄公元年"筑王姬之馆于外"，《公羊传》："讥。何讥尔？筑之，礼也；于外，非礼也。"②

庄公二十三年"公如齐观社"，《公羊传》："讥。何讥尔？诸侯越竟观社，非礼也。"③

庄公二十四年"刻桓宫桷"，《公羊传》："讥。何讥尔？刻桓宫桷，非礼也。"④

庄公二十七年"莒庆来逆叔姬"，《公羊传》："讥。何讥尔？大夫越竟逆女，非礼也。"⑤

僖公三十一年"四卜郊，不从，乃免牲，犹三望"，《公羊传》："三卜礼也，四卜非礼也。三卜何以礼？四卜何以非礼？求吉之道三。禘尝不卜，郊何以卜？卜郊，非礼也。"⑥

《公羊传》对上面这些史事的判断标准就是一个字——"礼"，涉及春秋时期贵族生活的各个方面，尤其是婚嫁之礼、丧葬之礼、祭祀之礼、宗庙之礼、建筑之礼等。此类直接被责以"非礼"的史事，前后不下二十多条。《公羊传》对礼制极为认真，什么是合乎礼的，什么是不合乎礼的，说得非常清楚。后世朱熹也说《公羊》"说道理及礼制处不甚差"⑦。凡是违背礼制的，上至天子，下至大夫，都不能逃脱指责。即使是天子违背礼制，《公羊传》也一样毫不客气地提出批评，甚至否认他们是王者。

桓公十五年"天王使家父来求车"，《公羊传》："何以书？讥。何讥尔？王者无求，求车非礼也。"⑧

文公九年"毛伯来求金"，《公羊传》："毛伯来求金何以书？讥。何讥尔？王者无求，求金非礼也。然则是王者与？曰：'非也。'非王者则

---

① 《春秋公羊传注疏》卷4《桓公二年》，第86—87页。
② 《春秋公羊传注疏》卷6《庄公元年》，第135页。
③ 《春秋公羊传注疏》卷8《庄公二十三年》，第191—192页。
④ 《春秋公羊传注疏》卷8《庄公二十四年》，第194页。
⑤ 《春秋公羊传注疏》卷8《庄公二十七年》，第205页。
⑥ 《春秋公羊传注疏》卷12《僖公三十一年》，第310页。
⑦ 黎靖德编，王星贤点校：《朱子语类》卷63《中庸二》，第1555页。
⑧ 《春秋公羊传注疏》卷5《桓公十五年》，第122页。

曷为谓之王者？王者无求。曰：'是子也，继文王之体，守文王之法度，文王之法无求而求，故讥之也。'"①

"王者无求"，周王却求车、求金，违背礼法，《公羊传》非常不客气地批评说，继承了周文王的体制，就应该遵守文王的法度。《公羊传》甚至以"子"来称呼周顷王，并说他"非王者"，否认他的王者身份。天子本负有维护天下秩序的责任，但却带头破坏礼制，就没有资格做天子。虽然周顷王当时尚未称王，但确实是已经即位了，而且他暂不称王也是循例，以示孝子不忍当父位，《公羊传》却说他是"非王者"，并以"王子"称之。

僖公二十四年"天王出居于郑"，《公羊传》："王者无外，此其言出何？不能乎母也。鲁子曰：'是王也，不能乎母者，其诸此之谓与？'"②在"王者无外"的原则下，《春秋》却记成"天王出居于郑"，《公羊传》认为，这是由于天子不能事母，是为不孝，这明显含有不认可周襄王是王者的意味。

对诸侯僭越天子的行为，《公羊传》绝对不能容忍，隐公五年《公羊传》："初献六羽，何以书？讥。何讥尔？讥始僭诸公也。六羽之为僭奈何？天子八佾，诸公六，诸侯四。……僭诸公犹可言也，僭天子不可言也。"③ 所谓"僭诸公犹可言也，僭天子不可言也"，与孔子所说的"八佾舞于庭，是可忍也，孰不可忍也"（《论语·八佾》）一样，表达了对僭越天子的极度愤怒。僖公三十一年《公羊传》："鲁郊，非礼也。鲁郊何以非礼？天子祭天，诸侯祭土。天子有方望之事，无所不通。诸侯山川有不在其封内者，则不祭也。"④ 严格区分天子之礼与诸侯之礼，谴责鲁公僭越天子之礼的行为。

《公羊传》还提出了"不与伐天子""不与致天子"，对诸侯冒犯天子，不守臣子之礼，皆不予认可。宣公元年"晋赵穿帅师侵柳"、昭公二十三年"晋人围郊"，《公羊传》指出，柳与郊皆为"天子之邑也"，但

---

① 《春秋公羊传注疏》卷13《文公九年》，第339—340页。
② 《春秋公羊传注疏》卷12《僖公二十四年》，第289页。
③ 《春秋公羊传注疏》卷3《隐公五年》，第58—59页。
④ 《春秋公羊传注疏》卷12《僖公三十一年》，第311—312页。

《春秋》的记载却又"不系于周",这是为了表达"不与伐天子也"之义①。僖公二十八年"公朝于王所","天王狩于河阳",《公羊传》指出,《春秋》书"王所"和"狩",分别意味着"不与致天子也"和"不与再致天子也"②,反对晋文公先后召周襄王至践土与河阳。

对坚守礼制的行为,《公羊传》则会大加褒扬。僖公二十二年"冬,十有一月,己巳,朔,宋公及楚人战于泓,宋师败绩",《公羊传》:"偏战者日尔,此其言朔何?《春秋》辞繁而不杀者,正也。……故君子大其不鼓不成列,临大事而不忘大礼,有君而无臣,以为虽文王之战,亦不过此也。"③宋楚泓之战,宋襄公坚持等楚军渡河列阵完毕才展开攻击。此役宋军大败,但因为宋襄公守礼偏战,《公羊传》给予了极高的评价,称赞他"临大事而不忘大礼",甚至将宋襄公之战媲美文王之战,与《左传》中宋襄公"未知战"④的形象截然不同。

在诸多礼制中,《公羊传》非常重视君位的传承制度,一再强调要坚持嫡长继承制。嫡长继承制是宗法制度中最重要的内容,宗法制度是周王朝统治秩序之大本。

隐公元年《公羊传》:"桓幼而贵,隐长而卑。其为尊卑也微,国人莫知,隐长又贤,诸大夫扳隐而立之。隐于是焉而辞立,则未知桓之将必得立也。且如桓立,则恐诸大夫之不能相幼君也。故凡隐之立,为桓立也。隐长又贤,何以不宜立?立适以长不以贤,立子以贵不以长。桓何以贵?母贵也。母贵则子何以贵?子以母贵,母以子贵。"⑤虽然《公羊传》一再夸赞隐公的贤明,明确宣称"隐长又贤","隐贤而桓贱"⑥,但基于桓贵于隐,它还是坚守"立适以长不以贤,立子以贵不以长"的宗法传承制度,认为隐公本不宜立。

隐公四年"卫人立晋",《公羊传》:"晋者何?公子晋也。立者何?立者不宜立也。其称人何?众立之之辞也。然则孰立之?石碏立之。石

---

① 《春秋公羊传注疏》卷15《宣公元年》、卷25《昭公二十三年》,第376、593页。
② 《春秋公羊传注疏》卷12《僖公二十八年》,第302、304页。
③ 《春秋公羊传注疏》卷12《僖公二十二年》,第287—288页。
④ 《春秋左传正义》卷15《僖公二十二年》,第463页。
⑤ 《春秋公羊传注疏》卷1《隐公元年》,第13—16页。
⑥ 《春秋公羊传注疏》卷4《桓公二年》,第85页。

碴立之,则其称人何?众之所欲立也。众虽欲立之,其立之非也。"① 公子晋是卫桓公的弟弟,按制继位的应该是桓公的嗣子,所以《公羊传》认为虽然人人想立公子晋为君,民意如此,但立公子晋也是不合制度的,也是不宜立的。

隐公三年"葬宋缪公",《公羊传》:"宣公谓缪公曰:'以吾爱与夷,则不若爱女。以为社稷宗庙主,则与夷不若女,盍终为君矣。'宣公死,缪公立。缪公逐其二子庄公冯与左师勃。曰:'尔为吾子,生毋相见,死毋相哭。'与夷复曰:'先君之所为不与臣国而纳国乎君者,以君可以为社稷宗庙主也。今君逐君之二子,而将致国乎与夷,此非先君之意也。且使子而可逐,则先君其逐臣矣。'缪公曰:'先君之不尔逐可知矣,吾立乎此,摄也。'终致国乎与夷。庄公冯弑与夷。故君子大居正。宋之祸,宣公为之也。"② 宋缪公是宋宣公的弟弟,宣公以缪公贤能,于是不传子而传弟。缪公又感念兄恩,也不传位于子而传给了宣公之子与夷,后来缪公的儿子庄公冯又弑殇公与夷。《公羊传》认为,虽然宣公选择的缪公的确很贤能,但宣公破坏了传子的制度,没有遵循正道,是导致后来宋国祸乱的根源。

在《公羊传》那里,社会秩序是与遵循正道紧密相连的。《公羊传》这里还提出了"君子大居正"之说。"大居正",即尊尚守正,宣扬恪守正道。宋代欧阳修作《正统论》,即将"君子大居正"和"王者大一统"并举,说:"正者,所以正天下之不正也;统者,所以合天下之不一也。"③

王国维在《殷周制度论》中指出了嫡长子继承制的意义在于"求定息争":"所谓'立子以贵不以长,立嫡以长不以贤'者,乃传子法之精髓。……盖天下之大利莫如定,其大害莫如争。任天者定,任人者争;定之以天,争乃不生。……所以求定而息争也。"④ 很显然,周公当时是把天下安定作为第一价值的。而《公羊传》对嫡长子继承制的坚持,也

---

① 《春秋公羊传注疏》卷2《隐公四年》,第53—54页。
② 《春秋公羊传注疏》卷2《隐公三年》,第47—49页。
③ 李逸安点校:《欧阳修全集》卷16《正统论上》,中华书局2001年版,第267页。
④ 王国维著,彭林整理:《观堂集林》卷10《殷周制度论》,第234页。

正是基于此。

第三，《公羊传》坚决反对战乱，诉求安定和平的社会环境。

春秋战国时期最大的灾难就是诸侯之间频繁的战争，数百年间动乱不止，杀戮不已，社会不得安宁，民众生活在极度的苦难之中。孟子说"春秋无义战"（《孟子·尽心下》）。董仲舒说，《春秋》之中，"战攻侵伐，虽数百起，必一二书，伤其害所重也。……夫德不足以亲近，而文不足以来远，而断断以战伐为之者，此固《春秋》所甚疾已，皆非义也"。[1] 孔子亲身经历了那个痛苦的时代，《春秋》里凡侵、伐、战、围、入、灭皆存而不削，反映出了对战争的深恶痛绝。《公羊传》发挥《春秋》的反战意识，表达了反对不义之战、渴望和平的诉求。

宣公十五年"宋人及楚人平"，《公羊传》："君子大其平乎己也。"楚围宋都，城内易子而食，析骸而炊，十分凄惨，而楚军也已经逼近断粮的边缘。楚国大夫司马子反与宋国大夫华元私议盟和。《公羊传》本是反对大夫在没有君命时擅自专事，但因为大夫们凭自己的力量实现了和解，消弭了战争，却得到了《公羊传》的夸赞。《公羊传》还刻意展现了楚庄王的好战黩武。当楚庄王听司马子反汇报了宋国的惨状后，不仅不思退兵，反而说："嘻！甚矣惫。虽然，吾今取此，然后而归尔。"即使在司马子反告诉他，其已经向宋国通报了己方缺粮之后，楚庄王依然表示："诺。舍而止。虽然，吾犹取此然后归尔。"楚庄王与司马子反的形象形成了鲜明的对比。《公羊传》还说："此皆大夫也，其称人何？贬。曷为贬？平者在下也。"[2] 表面上虽然贬的是大夫，但将"大其平乎己"和"平者在下也"联系起来看，何尝不是在贬斥两国君主未能决策和解呢？

宣公十二年"晋荀林父帅师及楚子战于邲，晋师败绩"，《公羊传》："不与晋而与楚子为礼也。……庄王鼓之，晋师大败。晋众之走者，舟中之指可掬矣。庄王曰：'嘻！吾两君不相好，百姓何罪？'令之还师，而

---

[1] 董仲舒：《春秋繁露·竹林》。苏舆撰，钟哲点校：《春秋繁露义证》卷2《竹林》，第48—49页。按：也有部分因复仇而兴兵的战争具有"正义性"。董仲舒说："今天下之大，三百年之久，战攻侵伐不可胜数，而复仇者有二焉。是何以异于无麦苗之有数茎哉？不足以难之，故谓之无义战也。"（《春秋繁露·竹林》）也就是说，复仇之战虽然有其正义性，但复仇之战少之又少，因此不能改变"春秋无义战"的定性。

[2] 《春秋公羊传注疏》卷16《宣公十五年》，第412—413页。

佚晋寇。"① 晋楚邲之战，同一个楚庄王，却因为怜悯百姓，主动止战，退兵放敌人一条生路而受到褒奖。由此更可显现《公羊传》反战态度的鲜明。

《公羊传》还根据战争后果的严重性，给予战争不同程度的声讨。庄公十年"公侵宋"，《公羊传》："曷为或言侵，或言伐？粗者曰侵，精者曰伐。战不言伐，围不言战，入不言围，灭不言入，书其重者也。"②《公羊传》认为，书侵、伐、战、围、入、灭，都表示《春秋》对其战争行为的谴责，用字的不同也代表着罪恶的轻重和贬斥力度的大小，其中尤以灭人之国为最重。因此，《公羊传》在隐公二年就借"无骇帅师入极"点明了灭国的罪恶："无骇者何？展无骇也。何以不氏？贬。曷为贬？疾始灭也。始灭，昉于此乎？前此矣。前此，则曷为始乎此？托始焉尔。曷为托始焉尔？《春秋》之始也。此灭也，其言入何？内大恶，讳也。"③ 隐公八年"无骇卒"，《公羊传》又说："此展无骇也，何以不氏？疾始灭也，故终其身不氏。"④《春秋》本只记"入极"，但《公羊传》指出，这其实是灭极，是"内大恶"，《春秋》有所避讳而记作罪恶轻一些的"入"，但却不书展无骇之氏，相当于诛绝展氏一族，以示其罪大恶极。而展无骇虽非历史上第一个灭人之国者，但却是《春秋》所记的第一个，于是必须承担起始作俑者的责任，受到了"终其身不氏"的最严厉的惩处。

战争既是周王朝统治秩序凋败的结果，又是社会秩序最直接、最巨大的毁灭力量。社会动荡，生灵涂炭，公羊先师所处的战国时代，远较春秋时代更为苦难，礼乐制度、安定和平、社会正义，有秩序的一切被连年的战乱无情地碾成了碎片。他们向往"大一统"的秩序，渴求安定和平，鞭挞侵伐，褒扬止战。

《公羊传》是公羊学不断向前发展的活水源头，其经世追求、解经模式和基本观念为后世历代公羊家因应时代需求创造性地阐发公羊学思想

---

① 《春秋公羊传注疏》卷16《宣公十二年》，第405—409页。
② 《春秋公羊传注疏》卷7《庄公十年》，第165—166页。
③ 《春秋公羊传注疏》卷2《隐公二年》，第36—38页。
④ 《春秋公羊传注疏》卷3《隐公八年》，第72页。

提供了源源不断的资源、动力和灵感。公羊学得以在此基础之上,生长壮大,枝繁叶茂,从而形成浩繁的思想理论体系,产生巨大的历史影响。

《公羊传》以《春秋》为孔子的经世之书,所以它以阐发《春秋》微言大义为职志,致力于揭示其中蕴含的孔子的政治观念和社会理想。《公羊传》在数百年的传授过程中,公羊先师不断将深具时代内容的思想观念融入到对《春秋》的解说中,不断发展着《公羊传》的思想。秦末乱局甫定,汉初又发生同姓王七国叛乱,国家分裂混乱的阴云仍然挥之不去。胡毋生等人将《公羊传》著之竹帛于前,董仲舒《举贤良对策》升华"大一统"说于后。《公羊传》关于国家统一和安定天下的设想终于被汉武帝采纳,得到了实践,由此奠定了汉代的政治格局,进而深刻影响了两千年的中国社会,在维护国家统一和社会安定方面发挥了不可估量的作用。尤其是"大一统"之说,经过董仲舒、何休等早期公羊学家的发展,逐渐形成了一个蕴含丰富的理论,并成为中华民族固有的观念,成为数千年来维系中华民族的强大凝聚力。

第 二 章

董仲舒：公羊学体系的成立

董仲舒（约前179—约前104）①，广川②人，为西汉初期著名的经学家、思想家，第一位公羊学大师。

董仲舒对《公羊传》所阐发的《春秋》大义进行了归纳和整理，并根据时代思潮和社会政治的需求，对《公羊传》的义理加以深化和改造，最终使其形成了一套系统的理论体系，奠定了公羊学的基本框架和理论基础。更为重要的是，董仲舒以公羊学的理论说动汉武帝"罢黜百家，表章六经"，使儒学成为中国两千年来的主流思想，于公羊学乃至整个儒学可谓厥功至伟，由此董仲舒在公羊学史、经学史上占据极其重要的地位。东汉班固称誉董仲舒说："仲舒遭汉承秦灭学之后，六经离析，下帷发愤，潜心大业，令后学者有所统壹，为群儒首。"③ 王充称："文王之文在孔子，孔子之文在仲舒。"④ 宋代朱熹亦称："汉儒惟董仲舒纯粹，其学甚正，非诸人比。"⑤

第一节　董仲舒生平及其著作

史载董仲舒"亲见四世之事"⑥，"少治《春秋》，孝景时为博士"⑦，

---

① 董仲舒生卒年不详，众说纷纭，此为较通常的一种说法。
② 今属河北省景县。
③ 《汉书》卷56《董仲舒传》，第2526页。
④ 王充撰，黄晖校释，梁运华整理：《论衡校释》卷13《超奇篇》，第614页。
⑤ 黎靖德编，王星贤点校：《朱子语类》卷137《战国汉唐诸子》，第3257页。
⑥ 《汉书》卷94下《匈奴传》，第3831页。
⑦ 《汉书》卷56《董仲舒传》，第2495页。

"景、武之世，董仲舒治《公羊春秋》，始推阴阳，为儒者宗"①"及仲舒对册，推明孔氏，抑黜百家。立学校之官，州郡举茂材孝廉，皆自仲舒发之"②。董仲舒的生卒年虽无法确切考之，但可以肯定的是，他主要活动于西汉景帝、武帝时期，精研《春秋公羊传》，景帝时已经成为当世名儒，武帝时对国家政治思想和制度建设产生过巨大影响。

董仲舒治学专勤，"终不问家产业，以修学著书为事"③。《史记》称其"下帷讲诵，弟子传以久次相受业，或莫见其面，盖三年董仲舒不观于舍园，其精如此"④。"弟子传以久次相受业，或莫见其面"，一方面说明他学术声誉极高，众多弟子前赴后继地来追随他；另一方面也同"三年不窥园"一样，说明他心无旁骛，一心扑在经学研究上。他的这种精神终身不改，桓谭称他"专精于述古，年至六十余，不窥园中菜"⑤。

他道德品格高尚，"为人廉直"，"进退容止，非礼不行"⑥，当时的学者均以师礼待他。连汉武帝的两个骄悍蛮横的兄长江都王和胶西王，也都敬重董仲舒的学识和品行，给予他礼遇。

他积极入世，渴望将自己的学识应用于国家政治。元光元年（前134）五月，汉武帝诏举贤良对策，董仲舒上对策三篇（即著名的《天人三策》），不仅对汉武帝所提的一些具体问题一一作了解答，提出了"兴太学"、举贤材的主张，而且还提出了"推明孔氏，抑黜百家"的重要建议。董仲舒的建议为汉武帝所采纳，促成了汉代政治制度和指导思想的大变革。刘向说："董仲舒有王佐之材，虽伊吕亡以加，管晏之属，伯者之佐，殆不及也。"⑦对董仲舒的政治智慧和才能很是推崇。

董仲舒虽然确有积极用世之心，而且在政治上也发挥了重要的影响，但其却仅止于中大夫、诸侯王相等非中央权力核心的职务。董仲舒于官

---

① 《汉书》卷27上《五行志》，第1317页。
② 《汉书》卷56《董仲舒传》，第2525页。
③ 同上。
④ 《史记》卷121《儒林列传》，第3127页。
⑤ 桓谭：《新论·本造篇》。桓谭撰，朱谦之校辑：《新辑本桓谭新论》卷1《本造篇》，中华书局2009年版，第2页。
⑥ 《史记》卷121《儒林列传》，第3128、3127页。
⑦ 《汉书》卷56《董仲舒传》赞引，第2526页。

场之事并不精通，公孙弘"希世用事，位至公卿"，但"为人廉直"的董仲舒却"以弘为从谀"①，不屑与公孙弘为伍，从而招致公孙弘的报复。他言谈举止都遵循古礼，秉持"正其谊不谋其利，明其道不计其功"②的崇高信念，难免会经常不称皇帝之心。汉武帝虽然接受了他的主张，但却没有把他留在身边，而是将他派到诸侯国为相，从始至终也没有让他进入中央权力核心。建元六年（前135），董仲舒以辽东高庙、高园便殿相继失火，劝谏汉武帝，却触怒汉武帝而差点被诛杀。

董仲舒并没有因为自己的坎坷的际遇而有所改变。汉武帝派他任江都相后，他对"素骄、好勇"的江都王依然"以礼谊匡正"③，他还劝说江都王放弃了争权夺利的野心。公孙弘建议武帝派董仲舒任蛮横凶残、屡杀大臣的胶西王之相，想借刀杀人，而董仲舒在胶西相的任上仍然保持自己一贯的作风。班固称赞董仲舒说："凡相两国，辄事骄王，正身以率下，数上疏谏争，教令国中，所居而治。"④

董仲舒在结束了一生中短暂的从政生涯后，过着半隐居的生活，著书立说，直至年老寿终于家。汉武帝不愿意董仲舒留在身边，但还是非常欣赏董仲舒的渊博学识，在董仲舒"老病免归"之后还经常就朝廷大事征求他的意见。《汉书·董仲舒传》载："仲舒在家，朝廷如有大议，使使者及廷尉张汤就其家而问之，其对皆有明法。"⑤《汉书·楚元王传》亦载："汉有所欲兴，常有诏问，仲舒为世儒宗，定议有益天下。"⑥《汉书·叙传》对董仲舒的一生有一个很好的概括：

> 抑抑仲舒，再相诸侯，身修国治，致仕县车，下帷覃思，论道属书，说言访对，为世纯儒。⑦

---

① 《史记》卷121《儒林列传》，第3128页。
② 《汉书》卷56《董仲舒传》，第2524页。
③ 同上书，第2523页。
④ 同上书，第2525页。
⑤ 同上。
⑥ 《汉书》卷36《楚元王传》，第1930页。
⑦ 《汉书》卷100下《叙传》，第4255页。

董仲舒勤于笔耕，著述甚丰。《汉书·董仲舒传》说："仲舒所著，皆明经术之意，及上疏条教，凡百二十三篇。而说《春秋》事得失，《闻举》《玉杯》《蕃露》《清明》《竹林》之属，复数十篇，十余万言，皆传于后世。掇其切当世施朝廷者著于篇。"①《汉书·艺文志》著录"《董仲舒》百二十三篇"及"《公羊董仲舒治狱》十六篇"②。《隋书·经籍志》录有董仲舒撰"《春秋繁露》十七卷"，"《春秋决事》十卷"，"《汉胶西相董仲舒集》一卷"，注中另有"《董仲舒请祷图》三卷，亡"③。

以上著作，至今大都亡佚，流传下来的只有《春秋繁露》和《汉书》所引之"天人三策"，以及部分遗文和疏奏片断。《春秋繁露》始见于《隋书·经籍志》，其后该书持续著录于史书而传于世，大概就是《汉书·董仲舒传》中所提的"说《春秋》事得失"的"数十篇"。这"数十篇"中的《玉杯》《竹林》皆为今本《春秋繁露》之篇名，而《蕃露》即同于"繁露"，盖为后人辑录董仲舒诸篇遗文而以"繁露"为名。

《春秋繁露》和《天人三策》无疑是当今研究董仲舒思想弥足珍贵的文献资料。现存《春秋繁露》十七卷八十二篇，其中第三十九、四十和五十四篇三篇为"阙文"，实为七十九篇，共计七万余字，如果加上"阙文"及遗失的一些篇目，与《汉书·董仲舒传》所说的"十余万言"是差不多的。

《春秋繁露》传世后，世人多信为董仲舒之作，但亦有人怀疑，如宋代程大昌言此书"辞意浅薄"，"疑非董氏本书"④。四库馆臣认为："今观其文，虽未必全出仲舒，然中多根极理要之言，非后人所能依托也。"⑤当为合理评价。

关于《春秋繁露》的内容，四库馆臣指出："其书发挥《春秋》之旨，多主《公羊》，而往往及阴阳五行。"⑥ 实际上，《春秋繁露》就是公

---

① 《汉书》卷56《董仲舒传》，第2525—2526页。
② 《汉书》卷30《艺文志》，第1727、1714页。
③ 《隋书》卷32《经籍一》、卷35《经籍四》、卷34《经籍三》，中华书局1973年版，第930、1056、1038页。
④ 程大昌：《秘书省书繁露后》，《全宋文》卷4909，上海辞书出版社、安徽教育出版社2006年版，第311页。
⑤ 《四库全书总目》卷29《春秋类四》附录，中华书局1965年版，第244页上。
⑥ 同上。

羊学的开山之作,后世关于《公羊》之义的理解,其源头就在于董仲舒的阐发。就是在《春秋繁露》中,董仲舒将《公羊传》的义理加以整理和归纳,使之系统化和理论化,因应时代和社会政治的需要,创造性地诠释了《春秋》微言大义,对《公羊传》的义理加以深化和改造,建立起了一套系统的理论体系,奠定了公羊学的基本框架和理论基础。后世公羊家一再发挥的公羊大义,如"大一统""通三统"之类,皆奠定于《春秋繁露》之中,"张三世"也可于《春秋繁露》见到雏形。后世公羊家对《春秋繁露》一书皆评价甚高,如皮锡瑞说:"汉人之解说《春秋》者,无有古于是书(指《春秋繁露》),而广大精微,比《伏生大传》《韩诗外传》,尤为切要,未可疑为非常异义而不信也。"①

《天人三策》即回答汉武帝策问的"举贤良对策"三篇,内容论说是以发挥《公羊》奥义为理论依据,来解决汉武帝悬疑未决的诸多现实问题,并对当时政治提出革新的建言。汉武帝"罢黜百家,表章六经",就是采纳了董仲舒在《天人三策》中的建议,可见《天人三策》的重要价值。徐复观先生指出,董仲舒"在历史中所直接发生的深远影响,并不来自他的规模庞大的著作;而系来自《汉书》本传所录的三篇《贤良对策》,亦即后人所称的天人三策",因为"在《春秋繁露》中,许多地方,是以构成他的奇特的哲学体系为主,使读者不容易接受,反而淹没了他许多宝贵的思想内容。《贤良对策》则以现实政治问题为主,他的天的哲学,在力求简括中反退居于不太重要的地位,反容易为人所接受"。不过,这并不是说《天人三策》比《春秋繁露》重要,事实上,《天人三策》中的思想和主张,大都源于《春秋繁露》,"大体上说,它是《春秋繁露》的拔萃,或者可以说是一种'浓缩'本"②。

第二节 奠定公羊学的解经模式

《春秋》本为史书,如不加以诠释,其文本本身很难说有什么大义。《公羊传》认定孔子于《春秋》中寄托了自己的政治理想,于是以发掘

---

① 皮锡瑞:《经学通论》4《春秋》,第5页。
② 徐复观:《两汉思想史》第2卷,第260页。

《春秋》的微言大义为职志，突破简约的文本，展开了大胆的诠释。董仲舒便是沿着《公羊传》这一解经方向，对《春秋》进行了创造性的诠释，成功创立了公羊学的基本理论体系。

董仲舒对《春秋》的诠释有着明确的指导思想，并且通过自己的诠释工作，总结了一套具体的诠释方法，这些为后世公羊学不断从经典中获得新的思想资源，进一步发挥春秋公羊义铺平了道路。

一　诠释指导原则

董仲舒继承了《公羊传》对《春秋》性质的认定，在《春秋繁露》中他指出：

> 仲尼之作《春秋》也，上探天端，正王公之位，万民之所欲，下明得失，起贤才以待后圣。故引史记，理往事，正是非，见王公。史记十二公之间，皆衰世之事，故门人惑。孔子曰："吾因其行事，而加乎王心焉。"以为见之空言，不如行事博深切明。①

司马迁在《太史公自序》中对孔子作《春秋》及《春秋》的微言大义也有一段非常著名的论说，而这段论说恰恰也来自董仲舒：

> 余闻董生曰：周道衰废，孔子为鲁司寇，诸侯害之，大夫壅之，孔子知言之不用，道之不行也，是非二百四十二年之中，以为天下仪表，贬天子，退诸侯，讨大夫，以达王事而已矣。子曰："我欲载之空言，不如见之于行事之深切著明也。"夫《春秋》，上明三王之道，下辨人事之纪。别嫌疑，明是非，定犹豫，善善恶恶，贤贤贱不肖，存亡国，继绝世，补敝起废，王道之大者也。②

这两段文字虽有不同，但主旨相当一致，都可以代表董仲舒对《春

---

① 董仲舒：《春秋繁露·俞序》。苏舆撰，锺哲点校：《春秋繁露义证》卷6《俞序》，第158—159页。"上探天端，正王公之位"，原书作"上探正天端王公之位"，据苏舆案改。
② 《史记》卷130《太史公自序》，第3297页。

秋》性质的认识，也就是孔子作《春秋》于其中寄寓微言大义以指导后世。比照《公羊传·哀公十四年》："君子曷为为《春秋》？拨乱世，反诸正，莫近诸《春秋》。则未知其为是与？其诸君子乐道尧舜之道与？末不亦乐乎尧舜之知君子也？制《春秋》之义以俟后圣，以君子之为，亦有乐乎此也。"① 董仲舒的话明显就是对《公羊传》末尾这段文字的发挥。

在《天人三策》中，董仲舒博引五经，以实己论。其引经，皆冠以"《诗》曰""《书》云""《易》曰"等字样而直引原文，而独引《春秋》不见"《春秋》曰"之语，皆直呈《春秋》大义，如"臣谨案《春秋》之中，视前世已行之事，以观天人相与之际，甚可畏也"，"臣谨案《春秋》之文，求王道之端，得之于正"② 等。到《春秋繁露》之中，更满目皆是"《春秋》之道""《春秋》之法""《春秋》之义""《春秋》之志"等用语。董仲舒认为孔子依鲁史而作《春秋》是有其特殊的用意的，其中承载着圣人心中崇高的道德观念和伟大的政治理想，而这也正是《春秋》的价值所在。所以他说："《春秋》，义之大者也。"③

董仲舒又指出，《春秋》大义不是轻而易举就能获知的，他说："今《春秋》之为学也，道往而明来者也。然而其辞体天之微，故难知也。弗能察，寂若无；能察之，无物不在。"④ 又说："《春秋》记天下之得失，而见所以然之故。甚幽而明，无传而著，不可不察也。夫泰山之为大，弗察弗见，而况微渺者乎？"⑤ 他认为，《春秋》用辞隐微不显，大义全都隐匿于这些看似平常的文辞之中，只有细加分析和体察，才可能获知《春秋》所承载的圣人之道。而且，这些看似平常的文辞，其实也并不平常，董仲舒对《春秋》用辞的情况作了一些分析：

---

① 《春秋公羊传注疏》卷28《哀公十四年》，第716—721页。
② 《汉书》卷56《董仲舒传》，第2498、2501页。
③ 董仲舒：《春秋繁露·楚庄王》。苏舆撰，锺哲点校：《春秋繁露义证》卷1《楚庄王》，第12页。
④ 董仲舒：《春秋繁露·精华》。苏舆撰，锺哲点校：《春秋繁露义证》卷3《精华》，第96页。
⑤ 董仲舒：《春秋繁露·竹林》。苏舆撰，锺哲点校：《春秋繁露义证》卷2《竹林》，第56页。

（1）"《春秋》之辞，多所况，是文约而法明也。……《春秋》之用辞，已明者去之，未明者著之。"①

"况"即譬喻，苏舆注："词多以况譬而见，所谓比例。"② 意即《春秋》多用类比的手法。此说为董仲舒对"楚庄王杀陈夏征舒，《春秋》贬其文，不予专讨也。灵王杀齐庆封，而直称楚子，何也"③ 之问的回答。他认为，以楚庄王之贤，《春秋》都不与专讨，所以《春秋》对灵王的态度即可类推而知，于灵王无贬文，并非予其专讨，而是因为前文已明，类比即可，不需要再贬。

（2）"《春秋》无通辞，从变而移，……故移其辞以从其事。"④

意即《春秋》用辞多变，因具体情况的不同而有不同的用辞方法。董仲舒举例说，按照《春秋》通常的书法，是"不予夷狄而予中国为礼"，但到了邲之战的时候却反了过来，不予晋而予楚为礼，这是因为当时楚合乎礼义而晋不合乎礼义，所以"晋变而为夷狄，楚变而为君子"⑤，用辞也就要跟着变了。

（3）"《春秋》之书事，时诡其实以有避也。其书人，时易其名以有讳也。……然则说《春秋》者，入则诡辞，随其委曲而后得之。"⑥

即指出《春秋》经常隐匿实情，不照实书写，有"诡其实"，有"易其名"。如僖公二十八年，明明是晋文公召周王到河阳，因为不允许以臣召君，《春秋》记为"天子狩于河阳"，这是"诡其实"，"诡晋文得志之实，以代讳避致王也"。庄公八年"师及齐师围成，成降于齐师"，明明是盛（郕）国，却说成是"成"，"变盛谓之成，讳大恶也"，因为

---

① 董仲舒：《春秋繁露·楚庄王》。苏舆撰，钟哲点校：《春秋繁露义证》卷1《楚庄王》，第3—4页。
② 苏舆撰，钟哲点校：《春秋繁露义证》卷1《楚庄王》，第3页。
③ 董仲舒：《春秋繁露·楚庄王》。苏舆撰，钟哲点校：《春秋繁露义证》卷1《楚庄王》，第2页。
④ 董仲舒：《春秋繁露·竹林》。苏舆撰，钟哲点校：《春秋繁露义证》卷2《竹林》，第46页。
⑤ 同上。
⑥ 董仲舒：《春秋繁露·玉英》。苏舆撰，钟哲点校：《春秋繁露义证》卷3《玉英》，第82—83页。

"讳灭同姓",于是"易其名"①。只有深入到这种避讳的背后,才能探知其中隐含的深意。

可见,《春秋》用辞看似平实,实则繁杂。如果都从表面去理解这些文辞,那肯定无法获知这些文辞所真正要表达的意义。所以董仲舒提出:"辞不能及,皆在于指。……见其指者,不任其辞。不任其辞,然后可以与适道矣。"②"指",苏舆注:"即孟子之所谓义。"③ 董仲舒认为文字的表达有其局限性,如果拘泥于文字的表面意义,将无法真正得知经典的意涵,所以必须走出文字,去探寻文字表面以外的意义。此即董仲舒诠释经典的指导原则。

表面上,董仲舒的意思是要将经典文本中原来隐而不彰的思想凸显出来,使真正的《春秋》大义昭之于世,但实质上是为经典诠释打开一个广阔的空间,使固定的文本可以承载更多的内容,使经典的诠释不会拘泥于经文而窒息。在董仲舒的具体实践中,诸多法家、黄老、阴阳家的内容都被塞进了《春秋》与《公羊传》的文字缝隙之中。

解经一旦跨越了文字的藩篱,文字自身的意义往往就不再重要了。董仲舒虽然说每种用辞方法背后都有指向的意义,可是,谁又知道《春秋》中什么时候用了譬喻,什么时候用了变辞,什么时候又用了诡辞呢?这从文本本身其实是很难把握的,很多时候裁判权就落在了诠释者的手中。诠释者觉得用哪种用辞方法来解说可以获得更满意的经义,他就可以说是用了哪种用辞方法。正常的解经程序应当是由辞推义,而到了董仲舒这里却成了由义定辞,所谓的譬喻、变辞、诡辞抑或其他用辞方法,其实就成了诠释者解经的一种工具。

二 四大诠释方法

在"见旨不任辞"解经指导思想下,董仲舒还总结出一套具体的诠释方法。他在《春秋繁露·玉杯》中论述说:

---

① 董仲舒:《春秋繁露·玉英》。苏舆撰,钟哲点校:《春秋繁露义证》卷3《玉英》,第82—83页。
② 董仲舒:《春秋繁露·竹林》。苏舆撰,钟哲点校:《春秋繁露义证》卷2《竹林》,第50—51页。
③ 苏舆撰,钟哲点校:《春秋繁露义证》卷2《竹林》,第50页。

《春秋》论十二世之事，人道浃而王道备。法布二百四十二年之中，相为左右，以成文采。其居参错，非袭古也。是故论《春秋》者，合而通之，缘而求之，五（伍）其比，偶其类，览其绪，屠其赘，是以人道浃而王法立。以为不然？今夫天子逾年即位，诸侯于封内三年称子，皆不在经也，而操之与在经无以异。非无其辨也，有所见而经安受其赘也。故能以比贯类、以辨付赘者，大得之矣。①

《春秋》含有大义，但这些大义分散于二百四十二年的记载之中，而且互相交错、互相关联，所以只有采用"合而通之，缘而求之，五（伍）其比，偶其类，览其绪，屠其赘"的方法才可能真正理解《春秋》。所谓"合而通之，缘而求之，五（伍）其比，偶其类，览其绪，屠其赘"，苏舆指出"此董子示后世治《春秋》之法"，也就是董仲舒诠释《春秋》的基本方法。

所谓"合而通之"，苏舆注："合全书以会其通。"《春秋》大义既然散见于二百四十二年之中，欲发明经义，当然首先要通贯《春秋》全书，找出有关联的词句，概括出规律，总结出其中的道理。

所谓"缘而求之"，苏舆说："谓缘此以例彼。"意指在了解《春秋》规律和道理以后，以此去判读其他相同的文辞和事例。

"合而通之""缘而求之"，其实有些类似于我们现在常用的归纳和演绎这两种推理方法。"合而通之"就是从个别到一般，"缘而求之"就是由一般到个别，先从分散于经中的事和辞概括出可以通行全经的一般规律，再将获得的一般规律应用到个别的事和辞中，二者在解经的过程中既相对独立，又相辅相成。

所谓"五（伍）其比，偶其类"，苏舆说："此见于经，有类可推者也。"② 此即类比的推论方法。像董仲舒所说的"以鲁人之若是也，亦知他国之皆若是也。以他国之皆若是，亦知天下之皆若是也。此之谓连而

---

① 董仲舒：《春秋繁露·玉杯》。苏舆撰，锺哲点校：《春秋繁露义证》卷1《玉杯》，第32—33页。

② 苏舆撰，锺哲点校：《春秋繁露义证》卷1《玉杯》，第33页。

贯之"① 就是这种类比的手法。类比与前面两种方法不同，是一种个别到个别的方法，通过类似性质的事和辞的对比，将对某人某事的结论推移到相同性质的人与事上。

所谓"览其绪，屠其赘"，苏舆说："此不见于经，余义待伸者也。"绪，头绪；赘，附赘；屠，"盖剖析之意"②。意即看到一点端绪，就要剖析可能附缀的其他意涵，说得更明确一点，就是要主动增益经义。因此，"览绪屠赘"完全是代圣人立言，主张将圣人应该说而没说的经义也说出来，董仲舒所说的"为《春秋》者，得一端而多连之，见一空而博贯之，则天下尽矣"③，应该也就是指的这一种经典诠释方法。

董仲舒的这四大诠释方法，应该说都没有执着于《春秋》的表面字辞上，虽然都是超越于文本，但前三大方法，无论归纳、演绎、推理毕竟还是离不开文本，而最后一种方法，却根本是"不见于经"，但却"操之与在经无异"，彻底离开了文本，属于一种主动创造的诠释方法。

"览绪屠赘"这种诠释方法要求找出从文字表面根本无法寻获的义项来，可以说很大程度上就是依赖一种想象，而想象却正是伽达默尔所强调的诠释学的本质特征之一。④ 创造性的诠释虽然不受经典原有文字的限制，但并非意味着诠释者可以漫无边际地任意说经。因为任何经典都会有其核心的价值，新的诠释只能是经典核心价值的合理伸展，却不能背离这种价值，否则其诠释就没有效力，不被人们接受。董仲舒说："《春秋》无达辞，从变从义。"⑤ 所谓"从义"，固然是强调要从义理方面诠释《春秋》，但也揭示了诠释《春秋》要以《春秋》的内在价值为准的要求。

董仲舒关于经典诠释的主张，明显是为了突破经典原有文义的限制，

---

① 董仲舒:《春秋繁露·精华》。苏舆撰，锺哲点校:《春秋繁露义证》卷3《精华》，第97页。
② 苏舆撰，锺哲点校:《春秋繁露义证》卷1《玉杯》，第33页。
③ 董仲舒:《春秋繁露·精华》。苏舆撰，锺哲点校:《春秋繁露义证》卷3《精华》，第97页。
④ 参见洪汉鼎《西方诠释学的定位及伽达默尔诠释学的本质特征》，《新哲学》第2辑，大象出版社2004年版。
⑤ 董仲舒:《春秋繁露·精华》。苏舆撰，锺哲点校:《春秋繁露义证》卷3《精华》，第95页。

获得更大的诠释自由，从而可以圆融地贯通己说与经说。依靠上述的诠释方法，他在《春秋》的解释中发掘出丰富的新义，使公羊学说成为因应时代要求，对国家社会具有指导意义的理论。反过来，我们也可以说，董仲舒是从政治需求的角度来诠释经典，是以政治来引导经典的诠释。这样做，一方面固然可以配合统治者"以圣人和经典的恒久权威性来维持王权政治架构的权威"①的期望，另一方面经典也借助政治巩固了自身的权威，经典亦可以对政治施加影响、对王权产生限制。

最为重要的是，董仲舒树立的诠释思想和方法，奠定了公羊学的解经模式，后世公羊学家皆遵循这一模式，前赴后继地对《春秋》和《公羊传》进行创造性的诠释，不断推进公羊学说，增益公羊学的内容，使公羊学两度活跃在历史重大变革的紧要关头。由此而言，董仲舒的解经模式在中国经典诠释学的发展中必有其独特的重要地位，其正面意义也是不言而喻。然而，这种诠释模式的负面影响也不容小觑，公羊学从东汉后期开始走向衰落，董仲舒的这套解经模式应该是有责任的。自董仲舒提倡"见指不任辞"和"览绪屠赘"以后，汉代的公羊家竞相仿效，驰骋己意，以致出现"讲诵师言至于百万犹有不解"，"倍（背）经、任意、反传违戾"②等现象，加上古文经学的冲击，公羊学于是逐步陷入困境。

第三节 创立公羊学思想体系

"汉兴至于五世之间，唯董仲舒名为明于《春秋》，其传公羊氏也。"③ 董仲舒宗《春秋公羊传》，为公羊学大师，这一点无人怀疑。但有一点我们必须搞清楚，《公羊传》和公羊学不是一回事。

在董仲舒之前，《公羊传》的作者和传授者相对而言都是一些比较纯粹的经生，他们的主要任务就是传授师说，将《公羊传》忠实地传递下来。《公羊传》虽然有许多贯穿始终的观念，亦表现出明确的政治倾向，

---

① 姜广辉主编：《中国经学思想史》第1卷，第13页。
② 《春秋公羊传注疏》序，第6、5页。
③ 《史记》卷121《儒林列传》，第3128页。

但其行文基本上还是围绕解释《春秋》经文展开的,很难说已经形成了系统的理论体系,更很少有后来何休所说的"非常异义可怪之论"①。而我们现在看到的公羊学则是充满了各种"非常异义可怪之论",有着自己一套独特的术语,有着庞杂的理论体系。这些术语和理论中有许多根本不见于《春秋》和《公羊传》本文,而是历代公羊学家不断借鉴其他学说,不断丰富《公羊传》思想的结果。像公羊学的核心观念中,除了"大一统"明见于《公羊传》,"张三世""通三统"的提法都是后世公羊家的发明。还有,言灾异、谶纬被看作公羊学的一大特色,可《公羊传》本不喜言灾异,于谶纬更是无涉。

但我们不是说,公羊学和《公羊传》本来没有什么关系。《公羊传》是公羊学的基本理论依据,它的基本观念、对《春秋》的解释方法乃至文本本身是公羊学产生、发展的土壤。"张三世"和"通三统"虽然《公羊传》无明文,但都能于文字之中寻得端倪。公羊学就像是一个大雪球,而《公羊传》就是最初那个小雪球,没有开始的小雪球,大雪球是滚不出来的。有那么多典籍可供寄载思想,为什么他们选择的是《公羊传》?最根本的原因就是因为《公羊传》自身有这些思想的附着点,内部有可供这些思想发展的空间。所以,公羊学是《公羊传》合乎逻辑的延伸,是历代公羊学家对《公羊传》基本观念所作的合理发展的产物。同时,也正是公羊家对《公羊传》的不断发挥,才使《公羊传》从经生的书架上走了下来,它所蕴含的义理和价值也由此凸显开来,从而对中国传统思想文化和社会政治形成巨大影响,否则,它永远只能是一部单纯解经的书。

董仲舒独具慧眼地发现了《公羊传》中蕴藏丰富的思想资源,又把自己的思想融入到《公羊传》的思想中去,从而丰富发展了《公羊传》的思想,为公羊学的形成确立了坚实的理论基础,为后世的公羊学家进一步阐发《春秋》"微言大义"奠定了基本的思想框架。经过董仲舒对《春秋公羊传》的阐发,真正意义上的公羊学才开始出现,也正是在这个意义上,我们说《春秋繁露》是公羊学的开山之作,董仲舒是公羊学的奠基人。

---

① 《春秋公羊传注疏·序》,第5页。

一 "通三统"理论的建立

《春秋》首句"元年春王正月",《公羊传》导出了"大一统",董仲舒却先强调其中的"通三统"之义。《春秋繁露·三代改制质文》开篇即说：

> 《春秋》曰"王正月",《传》曰："王者孰谓？谓文王也。曷为先言王而后言正月？王正月也。"何以谓之王正月？曰：王者必受命而后王。王者必改正朔，易服色，制礼乐，一统于天下，所以明易姓，非继人，通以己受之于天也。王者受命而王，制此月以应变，故作科以奉天地，故谓之王正月也。王者改制作科奈何？曰：当十二色，历各法而正色，逆数三而复，绌三之前曰五帝，帝迭首一色，顺数五而相复，礼乐各以其法象其宜。顺数四而相复。咸作国号，迁宫邑，易官名，制礼作乐。①

每个王朝都有自己的一"统"，新王受命而兴，都要按照自己所得之"统"来"改正朔，易服色，制礼乐"；新王朝建立以后除了以自己的一"统"来进行改制和统治，还要参照前二代之"统"，应当封前二代之后，并存其旧典，与新王朝合而为三，这就是"通三统"的基本含义。

"通三统"是公羊学的一个重要命题，但它却未见于《公羊传》本文。董仲舒从"王正月"中推出了"通三统"之义，是"觅绪屠赘"诠释方法应用的典型，但却也由此阐发出了公羊学中非常有价值的一个命题。

"通三统"，与"存三统""存三正"大致可以视为同一范畴。"通三统"的提法最初见于《尚书大传》："王者存二王之后，与己为三，所以通三统，立三正。周人以至日为正，殷人以日至后三十日为正，夏人以日至后六十日为正。天有三统，土有三王，三王者所以统天下也。……

---

① 董仲舒：《春秋繁露·三代改制质文》。苏舆撰，锺哲点校：《春秋繁露义证》卷7《三代改制质文》，第184—186页。

三统若循连环，周则又始，穷则反本也。"① 伏生所讲的"通三统"首先是所谓"王者存二王之后"，这在历史上也是有根据的，周立国之后，即封夏之后于杞，封商之后于宋。其次是"三统"的根据则是夏、商、周历法不同。第三是"三统"循环不止。"通三统"在孔子那里也可以找到相关的思想，《论语·八佾》："周监于二代，郁郁乎文哉。"《为政》："殷因于夏礼，所损益，可知也；周因于殷礼，所损益，可知也。其或继周者，虽百世，可知也。"即周对夏、商二代文化有所借鉴，三代制度有所因革损益。

《公羊传》虽不见"通三统"的提法，但还是有"通三统"的若干痕迹。《公羊传·宣公十六年》提到了"新周"②。《公羊传》还多次提到"王者之后"，如《隐公五年》："天子三公称公，王者之后称公，其余大国称侯，小国称伯、子、男。"《僖公十六年》《文公三年》："外异不书，此何以书？为王者之后记异也。"《襄公九年》："外灾不书，此何以书？为王者之后记灾也。"③ "王者之后"为什么这么特殊？很难说没有"存王者之后"的意思在里面。

董仲舒大大丰富了"通三统"的内容。他通过《公羊传》的传文引出"通三统"后，就在《春秋繁露》里精心构建了公羊学的"通三统"说。他提出，三代各有自己的一"统"，如夏正黑统、商正白统、周正赤统。而黑、白、赤三统之正朔、服色、礼乐都各不相同，所以夏正黑统，建寅（以一月为岁首），色尚黑；殷正白统，建丑（以十二月为岁首），色尚白；周正赤统，建子（以十一月为岁首），色尚赤。"三统"本来来源于三代历法不同，但董仲舒将这种因果关系颠倒过来，反而说三代由于各得不同的"统"，所以历法才不同，这样三代历法的不同就不是一种偶然，而是有着必然的规律了。于是董仲舒便放开手脚演绎这个规律，他提出，并不只是三代有"三统"，凡是新王朝取代旧王朝都是按照"三统"来改正朔、制礼乐的。因此，每个王朝所正之"统"即按黑统、白

---

① 皮锡瑞：《尚书大传疏证》卷7《略说》，光绪丙申（1896）师伏堂刊本，第15、16页。
② 《春秋公羊传注疏》卷16《宣公十六年》，第421页。
③ 《春秋公羊传注疏》卷3《隐公五年》，第58页；卷11《僖公十六年》，第274页；卷13《文公三年》，第329页；卷19《襄公九年》，第493页。

统、赤统的次序不断反复，夏之前一代必正赤统，周之后一代必正黑统，上可推至无极，下可预知无穷。这样，董仲舒就把朝代的递嬗归结为黑、白、赤三统的循环交替，而得到哪一个统而为王的，其礼乐制度自然就照着那一个统的定制去办理。

在"三统"说中，董仲舒还设计了一个帝王"崩迁"模式，他说："德侔天地者称皇帝，天佑而子之，号称天子。故圣王生则称天子，崩迁则存为三王，绌灭则为五帝，下至附庸，绌为九皇，下极其为民"，"是故周人之王，尚推神农为九皇，而改号轩辕谓之黄帝，因存帝颛顼、帝喾、帝尧之帝号，绌虞而号舜曰帝舜，录五帝以小国，下存禹之后于杞，存汤之后于宋，以方百里，爵号公。皆使服其服，行其礼乐，称先王客而朝"①。他把本代和前二代列为"三王"；三王之前列为"五帝"，共五代；五帝之前列为"九皇"，共九代。"所以三王、五帝、九皇，都不是固定的名称，而是推移的名称，好像亲属之有高祖、曾祖和曾孙、玄孙一样"②，随着新王的兴起，过去的王降为帝，进而又降为皇，最后又降为民，杨向奎先生曾幽默地称之为"新鬼大而故鬼小"③。

董仲舒设计这么一套复杂而又神秘的"三统"模式显然有其深刻的意图，他并不是想给人们娓娓讲述历史上帝王是如何递进的，而是想借此告诉人们，王朝的更替应该是这样的！第一，新王朝建立后，要根据历史的变化而因时变革。第二，这种变革不是对原有制度的彻底毁灭，而是在尊重和包容前代制度的基础上的一种"改制"。新的制度既要因应时局的发展又要承袭传统之精华，所以新王既要"改正朔，易服色，制礼乐"，又要"存二王之后以大国，使服其服，行其礼乐，称客而朝"④。第三，没有不亡的朝代，而是有德者居之，历史不断推进，原先的帝王也终会降为民。

---

① 董仲舒：《春秋繁露·三代改制质文》。苏舆撰，锺哲点校：《春秋繁露义证》卷7《三代改制质文》，第201—202、199页。

② 顾颉刚：《古史辨》第5册，上海古籍出版社1982年版，第442页。

③ 杨向奎：《汉武帝与董仲舒》，《绎史斋学术文集》，上海人民出版社1983年版，第111页。

④ 董仲舒：《春秋繁露·三代改制质文》。苏舆撰，锺哲点校：《春秋繁露义证》卷7《三代改制质文》，第185、198页。

然而，为什么王朝更替必须是这样的呢？为什么新王必须要"改制"呢？这是非常关键的问题，这实质上直接关系到他的这套"通三统"理论能否被人们承认是真理，他的"改制"能否被统治者所接受。他必须有所交代。董仲舒说，这都是上天安排的：首先，黑、白、赤三统是上天根据万物生长状态的不同而定的，黑统建寅，那时"天统气始通化物，物见萌达，其色黑"；白统建丑，那时"天统气始蜕化物，物初芽，其色白"；赤统建子，那时"天统气始施化物，物始动，其色赤"①。其次，新王是受天命而兴，自当与那些父死子继、兄终弟及之类的从前王那里获得王位的王者区别开来，顺天改制，建立一套新的制度，他说："受命于天，易姓更王，非继前王而王也。若一因前制，修故业，而无有所改，是与继前王而王者无以别。受命之君，天之所大显也。……故必徙居处、更称号、改正朔、易服色者，无他焉，不敢不顺天志而明自显也。"②

董仲舒的"通三统"是一个非常复杂的系统，不光有黑、白、赤三统的变迁，与之相应的还有忠、敬、文的相救。董仲舒说：

> 先王之道必有偏而不起之处，故政有眊而不行，举其偏者以补其弊而已矣。三王之道所祖不同，非其相反，将以捄溢扶衰，所遭之变然也。……夏上忠，殷上敬，周上文者，所继之捄，当用此也。孔子曰："殷因于夏礼，所损益可知也；周因于殷礼，所损益可知也；其或继周者，虽百世可知也。"此言百王之用，以此三者矣。③

王朝的更迭，不仅是"改正朔，易服色"这样的表面文章的改制，制度损益的深层的意义在于"举其偏者以补其弊"，用殷之敬救夏之忠，用周之文救殷之敬，用夏之忠救周之文。三王之道都会有所偏废，都会产生流弊，必须互相借助，互相救正。

董仲舒还说："故王者有不易者，有再而复者，有三而复者，有四而

---

① 董仲舒：《春秋繁露·三代改制质文》。苏舆撰，锺哲点校：《春秋繁露义证》卷7《三代改制质文》，第193—194页。
② 董仲舒：《春秋繁露·楚庄王》。苏舆撰，锺哲点校：《春秋繁露义证》卷1《楚庄王》，第17—18页。
③ 《汉书》卷56《董仲舒传》，第2518页。

复者，有五而复者，有九而复者，明此通天地、阴阳、四时、日月、星辰、山川、人伦。"① 由是观之，则"通三统"又远不止"黑、白、赤"或"忠、敬、文"这样"三而复"的循环，而是大小循环相套。所谓"再而复者"，是指一质一文的循环。"四而复者"则是商、夏、质、文的循环。其曰："王者以制，一商一夏，一质一文，商质者主天，夏文者主地。……主天法商而王，其道佚阳，亲亲而多仁朴。……主地法夏而王，其道进阴，尊尊而多义节。……主天法质而王，其道佚阳，亲亲而多质爱。……主地法文而王，其道进阴，尊尊而多礼文。"② "五而复者"指五帝，"九而复者"指九皇。董仲舒把这些大小循环都熔为一炉：

> 汤受命而王，应天变夏作殷号，时正白统。亲夏故虞，绌唐谓之帝尧，以神农为赤帝。作宫邑于下洛之阳，名相官曰尹。作《濩乐》，制质礼以奉天。文王受命而王，应天变殷作周号，时正赤统。亲殷故夏，绌虞谓之帝舜，以轩辕为黄帝，推神农以为九皇。作宫邑于丰，名相官曰宰。作《武乐》，制文礼以奉天。武王受命，作宫邑于鄗，制爵五等，作《象乐》，继文以奉天。③

这里，我们也可以很清楚地看到，再循环、四循环、五循环、九循环都是内嵌于"三统"循环之中的，与王者受命改制度、定礼乐并行而不悖。而所有这些循环变化，却又是以不变为基础的，亦即其所谓的"不易者"。"不易者"就是"道"。董仲舒认为："道之大原出于天，天不变，道亦不变"，"道者万世亡弊，弊者道之失也"④。道是社会的根本原则和普遍规律，本身是完美的，没有弊端，之所以产生弊端，是履道有所偏失造成的。所以王者只是改制，只是纠偏，而非变道。董仲舒又强调"王者有改制之名，无易道之实"，"新王必改制者，非改其道，非

---

① 董仲舒：《春秋繁露·三代改制质文》。苏舆撰，钟哲点校：《春秋繁露义证》卷7《三代改制质文》，第200—202页。
② 同上书，第204—211页。
③ 同上书，第186—187页。
④ 《汉书》卷56《董仲舒传》，第2518—2519页。

变其理","若夫大纲、人伦、道理、政治、教化、习俗、文义尽如故"①。就是说,随着朝代的更替,改的只是具体的制度,而不能触碰纲常伦理等根本法则。

至此,董仲舒的"通三统"理论可以说已经完满了,但对董仲舒而言,真正重要的工作还在后头。他构建"通三统"的最终目的是要将"通三统"落实到当前社会政治的运行当中来,也就是为汉代需要"改制"创立理论根据。他说:

> 故《春秋》应天,作新王之事,时正黑统,王鲁,尚黑,绌夏,亲周,故宋。……《春秋》上绌夏,下存周,以《春秋》当新王。……《春秋》作新王之事,变周之制,当正黑统,而殷、周为王者之后,绌夏改号禹,谓之帝禹,录其后以小国。故曰绌夏,存周,以《春秋》当新王。②

董仲舒把《春秋》说成是继周以后而兴的新王,所以当改周制赤统而正黑统,正朔、服色、礼乐都按黑统制定。新王既立,则要以周、殷为"二王后",所以当亲周、故宋(宋乃殷后)、绌夏。这一套说辞后来被何休总结为"亲周、故宋、以《春秋》当新王",并以之为"三科九旨"中的"一科三旨"③,成为公羊学的最重要命题之一。"亲周"一词,源出《公羊传·宣公十六年》:"(夏,成周宣谢灾。)成周者何?东周也。宣谢者何?宣宫之谢也。何言乎成周宣谢灾?乐器藏焉尔。成周宣谢灾,何以书?记灾也。外灾不书,此何以书?新(亲)周也。"④ 这是《公羊传》与"通三统"可以直接关联起来的珍贵文本资源,所以董仲舒紧紧抓住"亲周"一词,将其推而广之,认为凡是新的一"统"必亲前一"统",所以黑统"亲赤统",白统"亲黑统"、赤统"亲白统",这样

---

① 董仲舒:《春秋繁露·楚庄王》。苏舆撰,钟哲点校:《春秋繁露义证》卷1《楚庄王》,第19、17、18页。
② 董仲舒:《春秋繁露·三代改制质文》。苏舆撰,钟哲点校:《春秋繁露义证》卷7《三代改制质文》,第187—189、198、199—200页。
③ 何休:《春秋公羊文谥例》。《春秋公羊传注疏》卷1《隐公元年》疏引,第5页。
④ 《春秋公羊传注疏》卷16《宣公十六年》,第420—421页。

《春秋》新王则自当"亲周"。

我们注意到,董仲舒这里还提出了一个"王鲁"的说法,以"王鲁"作为"《春秋》当新王"的具体表现之一。《奉本》篇里还有"今《春秋》缘鲁以言王义,杀隐、桓以为远祖,宗定、哀以为考妣,至尊且高,至显且明"① 的说法。应该说《春秋繁露》中的"王鲁"即是"《春秋》缘鲁以言王义",也就是为《春秋》这个新王找到一个现实的承担者——鲁国,把对新王的要求都寄托在鲁国及其国君身上。这是董仲舒为公羊学提出的又一个重要命题。不过,董仲舒虽然提出了"王鲁",但却没有多加阐述,到了东汉何休那里"王鲁"说才真正充实起来。

"王鲁"说虽看似荒诞,但恐怕也是由来有自,而非董仲舒凭空创制出来的。《公羊传·成公十五年》:"《春秋》内其国而外诸夏,内诸夏而外夷狄。王者欲一乎天下,曷为以外内之辞言之?言自近者始也。"这里多少也能寻找到"王鲁"的影子。何休即明确说:"内其国者,假鲁以为京师也。"② 我们再来看《诗经》。《诗经》有三《颂》:《商颂》《周颂》和《鲁颂》。周是当今天子,商是前朝天子,而鲁只是诸侯国,居然也与商、周并列而有"颂",后世公羊家也以此为"王鲁"说作佐证。清代公羊家刘逢禄说:"三《颂》非新周、故宋、以《鲁颂》当夏而为新王之明征乎?"③

然而"《春秋》当新王"与"王鲁"之说终究还是一种怪论,很难令人信服,《春秋》是一部书,如何能当新王?况且历史上也从没有存在过《春秋》这么一个朝代。鲁国只是一个诸侯国,又何尝"王"过?所以董仲舒又说:

> 西狩获麟,受命之符是也。然后托乎《春秋》正不正之间,而明改制之义。④

---

① 董仲舒:《春秋繁露·奉本》。苏舆撰,锺哲点校:《春秋繁露义证》卷9《奉本》,第279—280页。
② 《春秋公羊传注疏》卷18《成公十五年》注,第462—463页。
③ 刘逢禄著,郑任钊校点:《春秋公羊经何氏释例》卷1《通三统例》,北京大学出版社2012年版,第8页。
④ 董仲舒:《春秋繁露·符瑞》。苏舆撰,锺哲点校:《春秋繁露义证》卷6《符瑞》,第157页。

董仲舒以为，"西狩获麟"说明天已改命，但祥瑞已现，而王者未兴，所以孔子托《春秋》以立新王之法。也就是说，孔子是通过《春秋》为将要出现的新王立法。这个新王是谁呢？秦继周后，本当为秦，但是，"周之末世，大为亡道，以失天下。秦继其后，独不能改，又益甚之"①，秦二代而亡，国祚既短，又不按《春秋》之法"改制"，不行仁政，那就失去了继统的权力，因此能继统的只能是秦之后的汉了。这样，"《春秋》当新王"就转化成了汉当新王。所以，汉是继周之赤统而兴的王朝，与夏、商、周一样，都是"受命而后王"，天命之所归，在相当程度上解决了汉政权的合法性问题。而汉一旦接受这种解释，也就必须承认自己乃正黑统，应按《春秋》之法改正朔、定礼乐。在《天人三策》中，董仲舒直截了当地说："今汉继大乱之后，若宜少损周之文致，用夏之忠者。"② 由此，董仲舒终于将"通三统"从远古拉到了现实中来，其现实价值就是证明汉必须按《春秋》之法来"改制"、来治理天下，也就是为他在《天人三策》中提出的汉代为政"必变而更化之"③ 的主张提供理论支持。

董仲舒阐发的"通三统"说归根到底是一种"改制"的理论，具有推进社会变革的性质。从此，"改制"便成为公羊学中最具积极进取精神的内容，成为历代公羊家高举的旗帜。然而董仲舒又强调"王者有改制之名，无易道之实"，这样的改制，尽管也可以改善政治，改乱为治，恢复社会秩序，但否认了社会的进步，还是有着相当大的局限性。

二 "大一统"说的理论化

"大一统"在《公羊传》中有明文。我们前面提到过，《公羊传》虽然没有对"大一统"作系统阐发，但"大一统"作为"《公羊传》的理论纲领"，则是贯穿全书始终的。如成公十五年"王者欲一乎天下"，文公十三年"欲天下之一乎周也"④ 等，主张"大一统"之义都是非常明

---

① 《汉书》卷56《董仲舒传》，第2504页。
② 同上书，第2519页。
③ 同上书，第2505页。
④ 《春秋公羊传注疏》卷18《成公十五年》，第463页；卷14《文公十三年》，第352页。

显的。而"大一统"说的系统化和理论化,则始自董仲舒。

董仲舒的"大一统"说是与其"通三统"说密切相关的。他说"王者必受命而后王,王者必改正朔,易服色,制礼乐,一统于天下,所以明易姓,非继人,通以己受之于天也",也就是说,"一统于天下"是"改正朔、易服色、制礼乐"的目的,是王者受命以后"改制"所要实现的。此义在他下面这段话中更为显露:

> 改正之义,奉元而起。古之王者受命而王,改制称号正月,服色定,然后郊告天地及群神,远追祖祢,然后布天下。诸侯庙受,以告社稷宗庙山川,然后感应一其司。……其谓统三正者,曰:正者,正也,统致其气,万物皆应而正。统正,其余皆正。①

改正朔、易服色、制礼乐,这些"改制"的措施都是根据正"统"的要求来的,不论是"正黑统""正白统"还是"正赤统",皆需依"统"而行;只要"统正",则"其余皆正",天下万物都会顺应其"统",一切社会秩序也就都会井然有序。所以新王受命而王,都要根据自己所得之"统",改立制度,颁行天下,使天下咸同遵奉。可见,正"统"是为了正天下,其最终目标就在于实现天下一统。

但董仲舒的说法也产生了一个明显的矛盾。他说"《传》曰:'王者孰谓?谓文王也。'……王者受命而王,制此月以应变,故作科以奉天地,故谓之王正月也"②,而他又主张《春秋》作新王之事。那么这个"王正月",究竟应该是《春秋》受命改制而后所制之正月,还是如他所引的《公羊传·隐公元年》的说法,是文王所制之正月呢?在对经典进行创造性解释的时候,这种顾此失彼是很难完全避免的。也正因为如此,尽管董仲舒诠释《春秋》获得了巨大的成功,后世却免不了受人诟病。

在董仲舒那里,天有"三统",每个王朝在"三统"中各占一

---

① 董仲舒:《春秋繁露·三代改制质文》。苏舆撰,锺哲点校:《春秋繁露义证》卷7《三代改制质文》,第185、195—197页。"万物皆应而正统正",原书点作"万物皆应,而正统正",不从。

② 董仲舒:《春秋繁露·三代改制质文》。苏舆撰,锺哲点校:《春秋繁露义证》卷7《三代改制质文》,第184—185页。

"统",或黑统或白统或赤统,但"三统"不是并存的,而是一个接替一个,实际上无论任何时候都只有一"统"存在。虽然同时"称王者三",但三者不是平等的,真正的统治者只有一个,其他两个是"先王后",是"客",已经被绌,只有新王之"统"才是正"统",才是天命所归,才能宰制天下。所以,无论是黑统、白统、赤统中的哪一"统"兴起,天下都应该是"大一统"的局面,只是"大一统"的具体内容则是根据所得之"统"而定的,在具体形式上略有不同。

同时,"大一统"也借由"通三统"保证其在时间上的永恒性。《公羊传》的"大一统"主张天下一统于周天子,这对于汉天子而言还有没有意义呢?董仲舒说:"《春秋》大一统者,天地之常经,古今之通谊也。"[1] 也就是说,"大一统"是万世万代都要遵循的普遍原则,"大一统"不仅是空间上的一统,同时也拥有了时间上的永恒性。董仲舒正是在"通三统"的视野下,赋予"大一统"以超越历史的通性。每当旧的一"统"不能维护"大一统"的局面,旧"统"也就失正,就会有新"统"受命而兴,取代旧"统",改弦更张、"拨乱反正",建立起新"统"形式下的"大一统",从而始终维护天下一统的模式。他说:"一统乎天子,而加忧于天下之忧也,务除天下所患。而欲以上通五帝,下极三王,以通百王之道,而随天之终始。"[2] 这样,"通三统"与"大一统"结合在一起所蕴含的最深刻的意义也就凸显出来了。

在《公羊传》产生的年代里,统一只是一种简单的愿望和理想,"大一统"没有也不可能上升为一套系统的理论。到了汉代,维护和加强国家的空前统一尤其成为时代的迫切需要,"大一统"说集中地反映了这一时代要求。汉武帝时,虽然七国之乱已被平息,但分封观念的影响及诸侯国势力仍威胁着中央集权的巩固。董仲舒针对这一情况,大大推进了"大一统"说,构建了从形上到形下的理论体系。

《公羊传》从"元年春王正月"中推导出"大一统",董仲舒要建构理论自然也离不开这句话。他说:"惟圣人能属万物于一而系之元也,终不及

---

[1] 《汉书》卷56《董仲舒传》,第2523页。
[2] 董仲舒:《春秋繁露·符瑞》。苏舆撰,钟哲点校:《春秋繁露义证》卷6《符瑞》,第158页。

本所从来而承之，不能遂其功。是以《春秋》变一谓之元，元犹原也，其义以随天地终始也。故人惟有终始也而生，不必应四时之变，故元者为万物之本。"① 也就是说，"元年"本来是写作"一年"，写作"元年"是孔子特意而为之，这样《春秋》的第一个字就成了"元"。孔子作《春秋》既然以"元"字为首，就是以"元"为万物之始。董仲舒说孔子在《春秋》中特意改"一年"为"元年"，当然不是事实，《公羊传》说"元年者何？君之始年也"，并没有认为这里有什么深意。《尚书》中早有"元祀"之纪年，金文中也屡见"元年"的用法。但董仲舒由此将《春秋》首字"元"挑了出来，以"元"为万物之本，万物皆一统于"元"，成功找到了"大一统"说的哲学基础，为"大一统"何以可能找寻到了形而上的依据。

"缘而求之"，依照同一种逻辑，他认为"春""王""正"的词序也有其深意："《春秋》之序辞也，置'王'于'春''正'之间，非曰上奉天施而下正人，然后可以为王也云尔。"② 经过这么一番处理，他顺理成章地推论出"元"立始于"天""天"降命于"王""王"受命于"天"而正"人"的"《春秋》大义"。以"元年春王正月"的词序来作这样的推理在今天的人们看来无疑是很荒诞的，然而在当时，他这么做却是非常有意义的，他由此找到了经典上的依据，为自己的理论披上了一层神圣的外衣。

《春秋繁露·玉英》："是故《春秋》之道，以元之深正天之端，以天之端正王之政，以王之政正诸侯之即位，以诸侯之即位正竟（境）内之治。五者俱正，而化大行。"③ 元正天，天正王，王正诸侯，诸侯正民，"大一统"的局面得以形成，天下逐步一统到"元"。在董仲舒的"大一统"体系里，"元"是至高的，但这个地位却是虚的。他虽说"《春秋》何贵乎元而言之？元者，始也，言本正也"，但紧接着又说："道，王道也。王者，人之始也。王正则元气和顺、风雨时、景星见、黄龙下。王

---

① 董仲舒：《春秋繁露·重政》。苏舆撰，锺哲点校：《春秋繁露义证》卷5《重政》，第147页。
② 董仲舒：《春秋繁露·竹林》。苏舆撰，锺哲点校：《春秋繁露义证》卷2《竹林》，第62页。
③ 董仲舒：《春秋繁露·玉英》。苏舆撰，锺哲点校：《春秋繁露义证》卷3《玉英》，第70页。

不正则上变天，贼气并见。"① 也就是说，王才是真正起主导作用的。"天"以下的各阶层都是通过"王"才与"元"发生间接关系，"'元'对他们的约束，不过是要他们尊天、法天罢了。……至于诸侯怎样做才算是服从了天子，天子怎样做才算是服从上天，都要听凭天子和上天的意旨来确定，已经与'元'无关了"②。我们可以看出，实际上，在这个体系中，"王"真正的居于中心的位置，上有"元""天"，下有"诸侯"、万民。"元"和"天"给予"王"统治诸侯、万民的权力，"王"是人世间最高的主宰，人事皆于"王"而得"一统"，这才是董仲舒"大一统"说的现实意义所在。这也就是何休后来在《公羊解诂》所总结的"王者当继天奉元，养成万物"③。因此，王才是"大一统"的真正承担者。董仲舒在《天人三策》中清晰地表达了他这种安排的最终目的：

> 臣谨案《春秋》谓一元之意，一者万物之所从始也，元者辞之所谓大也。谓一为元者，视大始而欲正本也。《春秋》深探其本，而反自贵者始。故为人君者，正心以正朝廷，正朝廷以正百官，正百官以正万民，正万民以正四方。四方正，远近莫敢不壹于正，而亡有邪气奸其间者。是以阴阳调而风雨时，群生和而万民殖，五谷孰而草木茂，天地之间被润泽而大丰美，四海之内闻盛德而皆来臣，诸福之物，可致之祥，莫不毕至，而王道终矣。④

这里董仲舒展现了"大一统"恢宏的理想境界，由此我们也可以看清楚，"大一统"的实际的实现过程是从"王"开始的，万物万民、"天地之间""四海之内"都统一于王。因此，董仲舒在《春秋繁露》中一再强调："唯天子受命于天，天下受命于天子"⑤；"《春秋》之法，以人随

---

① 董仲舒：《春秋繁露·王道》。苏舆撰，锺哲点校：《春秋繁露义证》卷4《王道》，第100—101页。
② 王葆玹：《今古文经学新论》，中国社会科学出版社1997年版，第264页。
③ 《春秋公羊传注疏》卷1《隐公元年》注，第7页。
④ 《汉书》卷56《董仲舒传》，第2502—2503页。
⑤ 董仲舒：《春秋繁露·为人者天》。苏舆撰，锺哲点校：《春秋繁露义证》卷11《为人者天》，第319页。

君，以君随天"①；"人之得天得众者，莫如受命之天子。下至公、侯、伯、子、男，海内之心悬于天子，疆内之民统于诸侯"②。他真正的兴趣是为中央集权的统一帝国和以天子为人间最高权威的社会等级结构建立理论依据。这样"大一统"又由一种宇宙法则具体为一种最高政治原则——"尊王"。此原则在《春秋繁露》中非常明显：

> 先贵而后贱，孰贵于天子？天子号天之子也。③
>
> 《春秋》立义：天子祭天地，诸侯祭社稷，诸山川不在封内不祭。有天子在，诸侯不得专地，不得专封，不得专执天子之大夫，不得舞天子之乐，不得致天子之赋，不得适天子之贵。④

但董仲舒也认识到，在君主专制制度下，皇帝拥有至高无上的权力，而无限膨胀的君权，对于国家和人民又是危险的，所以也必须对君权施加一点限制，所以他又提出"以君随天"，"屈民而伸君，屈君而伸天"⑤，希望以天来制约王权。他说：

> 天子受命于天，诸侯受命于天子，子受命于父，臣妾受命于君，妻受命于夫。诸所受命者，其尊皆天也，虽谓受命于天亦可。天子不能奉天之命，则废而称公，王者之后是也。……曰：不奉顺于天者，其罪如此。⑥

---

① 董仲舒：《春秋繁露·玉杯》。苏舆撰，锺哲点校：《春秋繁露义证》卷1《玉杯》，第31页。
② 董仲舒：《春秋繁露·奉本》。苏舆撰，锺哲点校：《春秋繁露义证》卷9《奉本》，第278页。
③ 董仲舒：《春秋繁露·郊祭》。苏舆撰，锺哲点校：《春秋繁露义证》卷15《郊祭》，第404页。
④ 董仲舒：《春秋繁露·王道》。苏舆撰，锺哲点校：《春秋繁露义证》卷4《王道》，第112—114页。
⑤ 董仲舒：《春秋繁露·玉杯》。苏舆撰，锺哲点校：《春秋繁露义证》卷1《玉杯》，第32页。
⑥ 董仲舒：《春秋繁露·顺命》。苏舆撰，锺哲点校：《春秋繁露义证》卷15《顺命》，第412—413页。

王权来自天，人间的秩序也来自天，天是天子统治天下的依据。一旦天子不能奉天之命，那就丧失了统治的合法性，于是就成了"王者之后"，成为过去的一统，由新王受命来重新实现"大一统"的秩序。"通三统"说和"大一统"说这里又得到了完美的结合。由此可见，董仲舒虽以"王"来一统天下，但还于"王"上又置"天"、置"元"，不只是为天下一统于王作论证，同时也是对王权的一种限制，还是很有深意的。

为了切实巩固"大一统"的基础，董仲舒还提出实行思想文化领域的"大一统"，他称："《春秋》大一统者，天地之常经，古今之通谊也。今师异道，人异论，百家殊方，指意不同，是以上亡以持一统；法制数变，下不知所守。臣愚以为诸不在六艺之科、孔子之术者，皆绝其道，勿使并进。邪辟之说灭息，然后统纪可一而法度可明，民知所从矣。"①董仲舒这里指出，思想不统一，政治上的统一是无所依靠的，必须要有一个统一的指导思想，国家政治的方方面面才会趋向于统一，老百姓才会知道遵循什么，社会也就稳定了。这也就是后来王吉所总结的："《春秋》所以大一统者，六合同风，九州共贯也。"②

《公羊传》的"大一统"经过董仲舒的阐发，在汉代已经俨然成为《春秋》第一义。"大一统"与"尊王"都是《公羊传》本已有之的观念，董仲舒做了大量的理论化的工作，使之成为一种系统的理论。董仲舒的"大一统"应该说是为汉武帝时期的政治量身定制的，为汉武帝削弱诸侯国，强化中央集权扫清障碍，为建立起以天子为至尊、上下等级分明的君主专制制度提供理论。他不仅追求政治和思想的全面统一，更希望"大一统"的局面能永远保持，不随王朝的更替而有所变化。到了东汉，何休又将"大一统"发展到了"天下远近小大若一"的最高境界。尽管董仲舒在"大一统"理论中涉及了对君主的制约，然而面对君主的专制，虚级化的"天"终归是无力的，在现实中终归沦为粉饰君主专制统治的遮羞布。

---

① 《汉书》卷56《董仲舒传》，第2523页。
② 《汉书》卷72《王吉传》，第3063页。

三 "张三世"的雏形

"三世"之说，《公羊传》中并无明文，只是有"所见异辞，所闻异辞，所传闻异辞"的提法，分见于隐公元年、桓公二年、哀公十四年，原义本是指《春秋》书法之依据，即孔子根据时间上的远近不同、史料上的来源不同，用辞有所区别，褒贬尺度有所差异。而董仲舒据此提出了"三等"说，《春秋繁露·楚庄王》云：

> 《春秋》分十二世以为三等，有见，有闻，有传闻。有见三世，有闻四世，有传闻五世。故哀、定、昭，君子之所见也。襄、成、文、宣，君子之所闻也。僖、闵、庄、桓、隐，君子之所传闻也。所见六十一年，所闻八十五年，所传闻九十六年。于所见微其辞，于所闻痛其祸，于传闻杀其恩，与情俱也。是故逐季氏而言又雩，微其辞也。子赤杀，弗忍书日，痛其祸也。子般杀，而书乙未，杀其恩也。屈伸之志，详略之文皆应之。吾以其近近而远远，亲亲而疏疏也，亦知其贵贵而贱贱，重重而轻轻也。有知其厚厚而薄薄，善善而恶恶也。①

这段话，皮锡瑞在《经学通论》中以为"此张三世之义"②。其实董仲舒的这段话明显与"张三世"说还是有距离的。董仲舒认为《春秋》十二公可以分为有见、有闻、有传闻三等，每一等在用辞上所享受的待遇是不同的，系乎亲疏、贵贱、远近、厚薄、善恶，所以文有详略之分，辞有恩杀之义。

虽然何休的"张三世"说与董仲舒的"三等"说表面上很相似，"三世"的划分也完全继承了董仲舒三个阶段的划分，但"张三世"说是一种明确的历史进化理论，何休已经从"所传闻世""所闻世""所见世"中引申出"衰乱世""升平世""太平世"的人类社会发展阶段，已

---

① 董仲舒：《春秋繁露·楚庄王》。苏舆撰，锺哲点校：《春秋繁露义证》卷1《楚庄王》，第9—11页。
② 皮锡瑞：《经学通论》4《春秋》，第7页。

经从书法不同中引申出历史愈往后愈进步的观点，而董仲舒的"三等"说，主要还是为了说明《春秋》前后书法不一的原因，没有脱离《公羊传》文本的字面意义。而且，我们注意到，董仲舒这里，是以鲁国十二公为十二"世"，即以一公为一世，而"张三世"说把鲁国十二公分为三世，在"世"的概念上都有明显的差别。

所以说董仲舒的"三等"说只是"张三世"说的一种雏形。然而，作为"三世"说的雏形，"三等"说的提出有着很重要的意义。

董仲舒将"三世异辞"作为一个专题在《春秋繁露》中作了解说，很可能他也已经觉察出此说所蕴含的巨大价值，更可以吸引后世公羊家的注意。"《春秋》无达辞，从变从义"，董仲舒所点出的这个"变"字，就是后来"张三世"说的生长点。

重要的是，董仲舒将《春秋》所载二百四十二年分为三个阶段，而且每个阶段经历的年数与代数都作了确定。三世的划分其实并不止一种分法，到东汉末年的时候，何休可以看到的至少就有三种。

一种是西汉公羊学家颜安乐所提出的。颜安乐认为，《公羊传》在传解襄公二十三年"邾娄鼻我来奔"与昭公二十七年"邾娄快来奔"时用辞完全一致，都是"邾娄无大夫，此何以书？以近书也"，所以襄公二十三年与昭公二十七年"同宜一世"①。他提出，所见世当从《公羊传》所载的孔子生年，也就是襄公二十一年来划断。

第二种是东汉郑玄所提出的。郑玄根据"九者，阳数之极"以及《孝经援神契》所说的"《春秋》三世，以九九八十一为限"，认为每世应当为八十一年，这样隐公元年至僖公十八年为一世，僖公十九年至襄公十二年又为一世，襄公十三年至哀公十四年又为一世，最后一世少了一年则是因为"人命参差，不可一齐"②。

针对颜安乐与郑玄的说法，徐彦《公羊疏》认为，"颜、郑之说，实亦有途"，但他也指出了二说的不合理之处。颜安乐的这一说法，"分张一公而使两属"，被徐彦批评为任意说经的代表。徐彦还指出，"凡言见者，目睹其事，心识其理，乃可为见"，孔子刚出生，如何可称之为"所

---

① 《春秋公羊传注疏》卷1《隐公》疏，第5页。
② 同上书，第4页。

见"？而郑玄之说以襄公十二年以后为所见之世，"尔时孔子未生焉，得谓之所见乎"？徐彦更认为郑玄引的是"《孝经纬》横说义之言"，不是"正解《春秋》之物"①。所以二说皆不可取。

第三种即是如董仲舒所分，以隐、桓、庄、闵、僖为所传闻世，文、宣、成、襄为所闻世，昭、定、哀为所见世。纬书《春秋说》称"文、宣、成、襄所闻之世不分疏"②，《春秋演孔图》称"文、宣、成、襄，所闻之世也"③，徐彦《疏》也说："孔子亲仕之定、哀，故以定、哀为己时。定、哀既当于己，明知昭公为父时事。知昭、定、哀为所见，文、宣、成、襄为所闻，隐、桓、庄、闵、僖为所传闻者，《春秋纬》文也。"④ 可见《春秋纬》的分法也与董仲舒同。从徐彦的解说中，我们也可以看出，董仲舒的这种划分方式也的确是最为合理的一种。这种划分后来被何休全盘接受，可以说为何休推阐"张三世"之义奠定了基础。

《春秋》所记录二百二十四年历史，事实上都是乱世，而且是越发展越乱，如何可以阐发出"张三世"说那种由衰乱而升平最后到达太平的历史进化论来呢？我们注意到，董仲舒在《春秋繁露》之中，提出了"圣人致太平"⑤，也就是孔子的理想是太平之世。更为重要的是，他还提出了圣人在《春秋》中是如何"致太平"的：

> 周衰，天子微弱，诸侯力政，大夫专国，士专邑，不能行度制法文之礼。诸侯背叛，莫修贡聘，奉献天子。臣弑其君，子弑其父，孽杀其宗，不能统理，更相伐铚以广地。以强相胁，不能制属。……孔子明得失，差贵贱，反王道之本。讥天王以致太平。刺恶讥微，不遗小大。……《春秋》立义：天子祭天地，诸侯祭社稷，诸山川不在封内不祭。有天子在，诸侯不得专地，不得专封，不得专执天子之大夫，不得舞天子之乐，不得致天子之赋，不得适天子

---

① 《春秋公羊传注疏》卷1《隐公》疏，第5页。
② 同上。
③ 《春秋公羊传注疏·序》疏，第5页。
④ 《春秋公羊传注疏》卷1《隐公元年》疏，第32页。
⑤ 董仲舒：《春秋繁露·考功名》。苏舆撰，钟哲点校：《春秋繁露义证》卷7《考功名》，第177页。

之贵。君亲无将，将而诛。大夫不得世，大夫不得废置君命。①

现实中天下是一片乱世，上下陵替，弱肉强食，但在孔子所立的《春秋》义法中，天下仍是井然有序，一切大小罪恶都得到了讥贬，孔子所寄望的理想世界的样貌从而得以展现出来。何休后来为弥合"张三世"说与历史事实之间的巨大矛盾提出了"文致太平"②的说法，我们看到，董仲舒这里已经基本上提出了"文致太平"这个思路。这种"实非太平，但《春秋》之义若治之太平"③的思路，可谓即是"张三世"说得以成立的基石。董仲舒"圣人致太平"的阐述，对"张三世"说的产生应该具有相当大的启发意义。

董仲舒虽然没有提出"太平世"的概念，但他的确有"建太平之道"的理想。在对策中他向汉武帝提出了"兴仁谊之休德，明帝王之法制，建太平之道"④的希望，在《春秋繁露》中他更提供了一段关于理想社会的设想：

> 王正则元气和顺、风雨时、景星见、黄龙下。……五帝三王之治天下，不敢有君民之心。什一而税。教以爱，使以忠，敬长老，亲亲而尊尊，不夺民时，使民不过岁三日。民家给人足，无怨望忿怒之患，强弱之难，无谗贼妒疾之人。民修德而美好，被发衔哺而游，不慕富贵，耻恶不犯。父不哭子；兄不哭弟。毒虫不螫，猛兽不搏，抵虫不触。故天为之下甘露，朱草生，醴泉出，风雨时，嘉禾兴，凤凰麒麟游于郊。囹圄空虚，画衣裳而民不犯。四夷传译而朝。民情至朴而不文。⑤

---

① 董仲舒：《春秋繁露·王道》。苏舆撰，钟哲点校：《春秋繁露义证》卷4《王道》，第107—114页。
② 《春秋公羊传注疏》卷26《定公六年》注，第566页。
③ 《春秋公羊传注疏》卷1《隐公元年》疏，第27页。
④ 《汉书》卷56《董仲舒传》，第2519页。
⑤ 董仲舒：《春秋繁露·王道》。苏舆撰，钟哲点校：《春秋繁露义证》卷4《王道》，第101—103页。

这个理想社会明显是一个太平盛世的景象，君贤民善，赋平人和，海内归向，祥瑞毕至。虽托名于"五帝三王"，其实就是董仲舒对未来社会的一种理想。这种关于太平盛世的追求与想象，是后世公羊家建构"三世"发展宏图的重要内容，何休的"颂声作"社会、康有为的"大同"社会莫不如此。

因此，尽管董仲舒只是提出了一个雏形，但如果没有这个雏形，很难确定后世的公羊学家是否可以发明出"张三世"这个在历史上极具光彩的理论来。

第四节　天人感应的灾异说

灾异说就是以自然灾害和某些特异的自然现象来推断人事吉凶、政治得失、国家兴衰的一种学说，是中国古代"天人感应"观念的一个重要内容，远可追溯到我国上古社会的原始迷信，近可肇端于阴阳五行之说。殷人认为商的统治受命于天，周代发展了殷人的天命思想，认为只有人间帝王施行德政，顺从民意，上天才会维持他的统治，所谓"天命靡常"（《诗·大雅·文王》），"天视自我民视，天听自我民听"（《孟子·万章上》引《尚书·泰誓》）等。于是上天就拥有了赏善罚恶的权力：要是人事得当，政治修明，则天现祥瑞以示嘉奖；如果人事有过失，政治昏乱，则天现灾异以示惩罚。《易·系辞》说："天垂象，见吉凶。"《诗·小雅·十月之交》说："日月告凶，不用其行，四国无政，不用其良。"这就是灾异说的萌芽。

至西周末年，阴阳五行之说逐渐盛行，人们用阴阳二气的消长来解释事物运动变化的原因。早期阴阳家或占星术士据此来推测人事的吉凶祸福，促使了灾异说的形成。早期灾异说多采阴阳五行，其著名例子就是西周末年伯阳甫由地震而得出西周将亡的结论："幽王二年，西周三川皆震。伯阳甫曰：'周将亡矣。夫天地之气，不失其序，若过其序，民乱之也。阳伏而不能出，阴迫而不能烝，于是有地震。今三川实震，是阳失其所而镇阴也。阳失而在阴，川源必塞，源塞，国必亡。夫水土演而民用也；水土无所演，民乏财用，不亡何待！'"（《国语·周语》）

此后，灾异说随着"天人感应"观念的发展而不断丰富完善，先秦诸子对灾异之说也皆有提及。直至董仲舒，灾异说始臻于成熟。

一 董仲舒的"天人感应"说

在董仲舒的手中，古已有之的"天人感应"观念得到了充实和完善，他回答了天人为什么能够互相感应、天人如何感应等问题，使之形成了一套系统的理论。"天人感应"，顾名思义，即天与人能相互感应。这里面包含两层意思：一是天的意念可传到人间，二是人间的意念也可以上通于天，因此这是一种互动的关系。但这种关系不是平等的，天是人的主宰，人只有遵循天的意旨的义务，而没有逆天而行的权利。

董仲舒首先回答了天人为什么能够互相感应的问题。

董仲舒把"天"说成一种至高无上的、主宰一切的神秘力量，而且天有意志、有意识、有目的。他说：

> 天高其位而下其施，藏其形而见其光，序列星而近至精，考阴阳而降霜露。高其位所以为尊也，下其施所以为仁也，藏其形所以为神也，见其光所以为明也，序列星所以相承也，近至精所以为刚也，考阴阳所以成岁也，降霜露所以生杀也。①

不仅如此，董仲舒认为，"天亦有喜怒之气、哀乐之心"②。天按照自己的意志创造了万物，所谓"天者万物之祖，万物非天不生"③。而万物之中以人最为高贵，万物都是天创造出来用以供养人类的，他一再强调：

> 人之超然万物之上，而最为天下贵也。人，下长万物，上参天地。④

---

① 董仲舒：《春秋繁露·天地之行》。苏舆撰，锺哲点校：《春秋繁露义证》卷17《天地之行》，第458页。
② 董仲舒：《春秋繁露·阴阳义》。苏舆撰，锺哲点校：《春秋繁露义证》卷12《阴阳义》，第341页。
③ 董仲舒：《春秋繁露·顺命》。苏舆撰，锺哲点校：《春秋繁露义证》卷15《顺命》，第410页。
④ 董仲舒：《春秋繁露·天地阴阳》。苏舆撰，锺哲点校：《春秋繁露义证》卷17《天地阴阳》，第466页。

> 天地之生万物也以养人，故其可适者以养身体，其可威者以为容服。①

> 人受命于天，固超然异于群生，入有父子兄弟之亲，出有君臣上下之谊，会聚相遇，则有耆老长幼之施；粲然有文以相接，欢然有恩以相爱，此人之所以贵也。生五谷以食之，桑麻以衣之，六畜以养之，服牛乘马，圈豹槛虎，是其得天之灵，贵于物也。故孔子曰："天地之性人为贵。"②

人为什么是最高贵的呢？这是因为天比照自己来创造人，所谓"为人者天也，人之（为）人本于天，天亦人之曾祖父也"③。人之所以为人的根本依据在于天，天既为人之曾祖父，天人自当为同类。董仲舒进一步提出，人的身体构造和精神性情等都是对天的仿效，"上类天"④，人是天的副本。他说：

> 天地之精所以生物者，莫贵于人。人受命乎天也，故超然有以倚。物疢疾莫能为仁义，唯人独能为仁义；物疢疾莫能偶天地，唯人独能偶天地。人有三百六十节，偶天之数也；形体骨肉，偶地之厚也。上有耳目聪明，日月之象也；体有空窍理脉，川谷之象也；心有哀乐喜怒，神气之类也。观人之体一，何高物之甚，而类于天也。……此见人之绝于物而参天地。是故人之身，首妢而员，象天容也；发，象星辰也；耳目戾戾，象日月也；鼻口呼吸，象风气也；胸中达知，象神明也，腹胞实虚，象百物也。……天以终岁之数，成人之身，故小节三百六十六，副日数也；大节十二分，副月数也；内有五藏，副五行数也；外有四肢，副四时数也；乍视乍瞑，副昼夜也；乍刚乍柔，副冬夏也；乍哀乍乐，副阴阳也；心有计虑，副

---

① 董仲舒：《春秋繁露·服制像》。苏舆撰，钟哲点校：《春秋繁露义证》卷6《服制像》，第151页。
② 《汉书》卷56《董仲舒传》，第2516页。
③ 董仲舒：《春秋繁露·为人者天》。苏舆撰，钟哲点校：《春秋繁露义证》卷11《为人者天》，第318页。
④ 同上。

度数也；行有伦理，副天地也。此皆暗肤著身，与人俱生，比而偶之弇合。于其可数也，副数；不可数者，副类。皆当同而副天，一也。①

总之，天与人相副，"以类合之，天人一也"②。这样，董仲舒通过人的身体构造、精神性情和天地四时、日月阴阳进行比附，证明了天人同构同类，而同类当然可以相互感应，"美事召美类，恶事召恶类，类之相应而起也。如马鸣则马应之，牛鸣则牛应之。……物故以类相召也"③，于是以同类相感为由解释了天人可以互相感应的原因。

那么，天人又是如何感应的呢？董仲舒认为天人是通过"阴阳之气"来互相感应的。天人相类，所以"阴阳之气，在上天，亦在人"，在天即表现为"暖清寒暑"，在人则表现为"好恶喜怒"④。既然"天有阴阳，人亦有阴阳"，那么根据"以类相召"的道理，"天地之阴气起，而人之阴气应之而起，人之阴气起，而天地之阴气亦宜应之而起"⑤，天可以感受到人的"阴阳之气"，可以体察到人间的喜怨之情而有所反应，人也可以感受到天的"阴阳之气"，可以由自然变化窥探到上天的意旨。"明阳阴、入出、实虚之处，所以观天之志。辨五行之本末顺逆、小大广狭，所以观天道也。"⑥

当然，天人感应还远不是"动阴以起阴""动阳以起阳"⑦ 这么简单

---

① 董仲舒：《春秋繁露·人副天数》。苏舆撰，锺哲点校：《春秋繁露义证》卷13《人副天数》，第354—357页。

② 董仲舒：《春秋繁露·阴阳义》。苏舆撰，锺哲点校：《春秋繁露义证》卷12《阴阳义》，第341页。

③ 董仲舒：《春秋繁露·同类相动》。苏舆撰，锺哲点校：《春秋繁露义证》卷13《同类相动》，第358—359页。

④ 董仲舒：《春秋繁露·如天之为》。苏舆撰，锺哲点校：《春秋繁露义证》卷17《如天之为》，第463页。

⑤ 董仲舒：《春秋繁露·同类相动》。苏舆撰，锺哲点校：《春秋繁露义证》卷13《同类相动》，第360页。

⑥ 董仲舒：《春秋繁露·天地阴阳》。苏舆撰，锺哲点校：《春秋繁露义证》卷17《天地阴阳》，第467页。

⑦ 董仲舒：《春秋繁露·同类相动》。苏舆撰，锺哲点校：《春秋繁露义证》卷13《同类相动》，第360页。

机械的过程而已。在董仲舒那里，阴阳之气同时还存在于天人之间。他提出，"长天地之间，荡四海之内，毂阴阳之气，与天地相杂"，"天地之间，有阴阳之气，常渐人者，若水常渐鱼也"①，认为天地间充盈着"阴阳之气"，人生活在其中就如同鱼生活在水中一样。而"物愈淖而愈易变动摇荡也，今气化之淖，非直水也"，越柔性的东西越容易引发震荡，气之柔更远胜于水，非常容易引发震荡。所以人事间的活动，会给天地间带来一系列的影响，"治乱之故，动静顺逆之气，乃损益阴阳之化，而摇荡四海之内"②。由此，"治乱之气，邪正之风，是毂天地之化者也"③，气或治或乱，或邪或正，都参与到天地化育之中。也就是说，天人感应，并不是简单的天人之气相感的结果，而且还有人间之气"与天地之化相毂"④的结果。董仲舒明确说，人间之气是"生于化而反毂化"⑤，既是天地之化的产物，又参与到天地之化当中。

天人感应如何可能、如何发生，这些都是纯理论性问题，董仲舒建构"天人感应"说的理论体系，更多的是要为现实的政治活动服务。灾异说便是天人感应由理论走向实践的重要产物。

二 灾异说及其现实意义

董仲舒在阐述天人感应时已经顺势将他的这套理论指向了灾异说："非独阴阳之气可以类进退也，虽不祥祸福所从生，亦由是也。无非己先起之，而物以类应之而动者也。"⑥ 把灾祥祸福解释为由天地"阴阳之气"的感应而生。董仲舒将自然界的奇异现象都归结为上天对人事的反应：

> 臣闻天之所大奉使之王者，必有非人力所能致而自至者，此受命之符也。天下之人同心归之，若归父母，故天瑞应诚而至。《书》

---

① 董仲舒：《春秋繁露·天地阴阳》。苏舆撰，锺哲点校：《春秋繁露义证》卷17《天地阴阳》，第468、467页。
② 同上书，第466页。
③ 同上书，第467页。
④ 同上书，第466页。
⑤ 同上书，第467页。
⑥ 董仲舒：《春秋繁露·同类相动》。苏舆撰，锺哲点校：《春秋繁露义证》卷13《同类相动》，第360页。

曰"白鱼入于王舟,有火复于王屋,流为乌",此盖受命之符也。周公曰"复哉复哉",孔子曰"德不孤,必有邻",皆积善累德之效也。及至后世,淫佚衰微,不能统理群生,诸侯背畔,残贼良民以争壤土,废德教而任刑罚。刑罚不中,则生邪气;邪气积于下,怨恶畜于上。上下不和,则阴阳缪盭而妖孽生矣。此灾异所缘而起也。①

董仲舒认为,上天根据人事的善恶来进行奖惩赏罚,善则赏之以祥瑞,恶则罚之以灾异。"世治而民和,志平而气正,则天地之化精,而万物之美起。世乱而民乖,志僻而气逆,则天地之化伤,气生灾害起。"②天下政治清明,老百姓生活祥和,上天会感受到人们的喜乐之气,从而亦会喜悦而现祥瑞;而国家政治混乱,老百姓生活困苦,怨气冲天,上天则亦会怨怒,从而降下灾异。所以,天现祥瑞,说明政通人和、国泰民安;而天降灾异,说明君主失政、民不聊生。

我们可以看出,灾异说的矛头实际上是指向统治者的,更明确一点说,就是最高统治者——天子。天子受命于天,负有牧民之责,人民安居与否、国家政治清明与否,责任首在天子,董仲舒说"天下和平,则灾害不生。今灾害生,见天下未和平也。天下所未和平者,天子之教化不行也"③,正点明此意。所以,上天降下灾异,主要是对天子的警示。

同是警示,但也有程度轻重之分,《春秋繁露·必仁且智》说:"天地之物有不常之变者,谓之异,小者谓之灾。灾常先至而异乃随之。灾者,天之谴也;异者,天之威也。谴之而不知,乃畏之以威。《诗》云:'畏天之威。'殆此谓也。凡灾异之本,尽生于国家之失。国家之失乃始萌芽,而天出灾害以谴告之;谴告之而不知变,乃见怪异以惊骇之;惊骇之尚不知畏恐,其殃咎乃至。以此见天意之仁而不欲陷人也。"④ 在董

---

① 《汉书》卷56《董仲舒传》,第2500页。
② 董仲舒:《春秋繁露·天地阴阳》。苏舆撰,钟哲点校:《春秋繁露义证》卷17《天地阴阳》,第466页。
③ 董仲舒:《春秋繁露·郊语》。苏舆撰,钟哲点校:《春秋繁露义证》卷14《郊语》,第401页。
④ 董仲舒:《春秋繁露·必仁且智》。苏舆撰,钟哲点校:《春秋繁露义证》卷8《必仁且智》,第259页。

仲舒看来，"灾"的警示程度要轻于"异"，一般上天都是先降"灾"再降"异"，如果人君看到"灾"就能省身改过，上天就达到目的了，而如果人君对"灾"置之不理，那上天就会再降"异"来进行畏吓，促其改过，要是人君再不知改悔，那真正的灾祸就会降临了。

这里，董仲舒区分了"灾"和"异"的不同，一句"凡灾异之本，尽生于国家之失"，可谓道尽对灾异产生缘由的解释。更为重要的是，董仲舒还说明了他的灾异说里的一个很有现实意义的观念，即天现祥瑞固然是奖赏，不过天降灾异，却并非只是惩罚，而是更多地意味着上天的仁慈，意味着上天对人君的拯救。上天对君主的过失并不一棍子打死，而是耐心地再三警示，给予充分的机会让君主改过。董仲舒言道：

> 谨案灾异以见天意。天意有欲也，有不欲也。所欲所不欲者，人内以自省，宜有惩于心；外以观其事，宜有验于国。故见天意者之于灾异也，畏之而不恶也，以为天欲振吾过，救吾失，故以此报我也。《春秋》之法，上变古易常，应是而有天灾者，谓幸国。孔子曰："天之所幸，有为不善而屡极。"楚庄王以天不见灾，地不见孽，则祷之于山川，曰："天其将亡予邪？不说吾过，极吾罪也。"以此观之，天灾之应过而至也，异之显明可畏也。此乃天之所欲救也，《春秋》之所独幸也，庄王所以祷而请也。圣主贤君尚乐受忠臣之谏，而况受天谴也？①

上天降下灾异是为了救君主，说明上天对君主还有信心；要是没有灾异出现，说明上天觉得君主已经无药可救，那君主才真正是大祸临头了，所以能看见灾异对君主来说其实是一件幸事，君主应该畏惧但不应该厌恶，而且应该像乐于纳谏一样乐于见到天谴，及时抓住机会改正自己的过失。由此，董仲舒灾异说的积极意义也就显现出来了，那就是借灾异来对现实政治进行批判，使失德之君有所恐惧，进而反省改过，施行仁政，其目的就是期望能匡正君主，改善国家政治，建立良好秩序。

---

① 董仲舒：《春秋繁露·必仁且智》。苏舆撰，锺哲点校：《春秋繁露义证》卷8《必仁且智》，第260—261页。

他在对策中说:"春者天之所以生也,仁者君之所以爱也;夏者天之所以长也,德者君之所以养也;霜者天之所以杀也,刑者君之所以罚也。"①以春、夏、秋、冬对君之仁、德、刑、罚,强调的就是天象对君主行为的规范。天下一统于天子,只有天能制约天子,董仲舒就是企图利用灾异说来限制君权。"屈民而伸君,屈君而伸天"②,"大一统"说可以说是针对前半句的设计,而灾异说则是为后半句的实现而设计的。

董仲舒将《春秋》所载之灾异,依照灾异说,都和当时的政治现实扯上了关系,皆归为上天的谴告。《春秋繁露·王道》:

> 周衰,天子微弱,诸侯力政,大夫专国,士专邑,不能行度制法文之礼。诸侯背叛,莫修贡聘,奉献天子。臣弑其君,子弑其父,孽杀其宗……强奄弱,众暴寡,富使贫,并兼无已。臣下上僭,不能禁止。日为之食,"星霣如雨","雨螽","沙鹿崩"。夏大雨水,冬大雨雪,霣石于宋五,六鹢退飞。霣霜不杀草,李梅实。正月不雨,至于秋七月。地震,梁山崩,壅河,三日不流。昼晦。彗星见于东方,孛于大辰。鸜鹆来巢,《春秋》异之。以此见悖乱之征。③

《春秋》中虽然记载有日食、地震、陨石、雹、虫灾等很多灾异现象,但却"纪异而说不书"④,并没有对灾异产生的原因进行解释。同样,《公羊传》也不渲染灾异之说,只有僖公十五年"震夷伯之庙",《公羊传》说"天戒之";宣公十五年"冬,蝝生",《公羊传》说"上变古易常,应是而有天灾"⑤。仅此两例而已。可见,董仲舒在确立公羊学的灾异说方面起到了十分重要的作用,《汉书·五行志》说:"董仲舒治《公

---

① 《汉书》卷56《董仲舒传》,第2515页。
② 董仲舒:《春秋繁露·玉杯》。苏舆撰,钟哲点校:《春秋繁露义证》卷1《玉杯》,第32页。
③ 董仲舒:《春秋繁露·王道》。苏舆撰,钟哲点校:《春秋繁露义证》卷4《王道》,第107—108页。本段引文标点较原书有较大改动。
④ 《史记》卷27《天官书》,第1343页。
⑤ 《春秋公羊传注疏》卷11《僖公十五年》,第270、271页;卷16《宣公十五年》,第419页。

羊春秋》，始推阴阳，为儒者宗。"①《史记·儒林列传》说董仲舒"以《春秋》灾异之变推阴阳所以错行，故求雨闭诸阳，纵诸阴，其止雨反是。行之一国，未尝不得所欲"②。《史记》载董仲舒还曾专门著有《灾异之记》③，该书现已不存，《汉书·五行志》记载了大量董仲舒论灾异的言论，或许就是该书的一部分内容。灾异说经过董仲舒的倡导，很快泛滥了起来。而以灾异附会人事也逐渐成为公羊学的特征之一。

董仲舒的灾异说是以天人感应理论为依据的，其基本思路就是以人事失当影响阴阳之气失节。如说火灾：襄公三十年"五月甲午，宋灾"，董仲舒以为"伯姬幽居守节三十余年，又忧伤国家之患祸，积阴生阳，故火生灾也"。昭公九年"夏四月，陈火"，董仲舒以为楚庄王"托欲为陈讨贼，陈国辟门而待之，至因灭陈。陈臣子尤毒恨甚，极阴生阳，故致火灾"。如说水灾：庄公十一年"秋，宋大水"，董仲舒以为"时鲁、宋比年为乘丘、鄑之战，百姓愁怨，阴气盛，故二国俱水"。庄公二十四年"大水"，董仲舒以为"夫人哀姜淫乱不妇，阴气盛也"④。是以《汉书·五行志》说董仲舒"始推阴阳，为儒者宗"。

灾异说的构建，董仲舒可谓煞费苦心。他以《春秋》史事为载体，以孔子作为神圣的依据，而其实质目标则在于现实政治。他说："天人之征，古今之道也。孔子作《春秋》，上揆之天道，下质诸人情，参之于古，考之于今。故《春秋》之所讥，灾害之所加也；《春秋》之所恶，怪异之所施也。书邦家之过，兼灾异之变，以此见人之所为，其美恶之极，乃与天地流通而往来相应。"⑤ 他一再说"古今之道""考之于今"，分明就是在强调，《春秋》所记之灾异批判的虽然是当时的君主和政治，但其理论一样适用于当世，一样可以用来批判现实政治。

董仲舒的设想是完美的，实践起来却并不那么简单。建元六年（前135），辽东高庙、高园便殿相继失火，董仲舒进行了一次以灾异说对现实政治进行批判的尝试。他以《春秋》所载之鲁国定公、哀公时两观、

---

① 《汉书》卷27上《五行志》，第1317页。
② 《史记》卷121《儒林列传》，第3128页。
③ 同上。
④ 《汉书》卷27上《五行志》，第1326、1327、1343—1344页。
⑤ 《汉书》卷56《董仲舒传》，第2515页。

桓宫、釐（僖）宫、亳（蒲）社之灾来比附，建议武帝用人唯贤，诛杀身旁骄奢、佞谀的亲贵大臣，他草拟奏章说：

>今高庙不当居辽东，高园殿不当居陵旁，于礼亦不当立，与鲁所灾同。其不当立久矣，至于陛下时天乃灾之者，殆亦其时可也。昔秦受亡周之敝，而亡以化之；汉受亡秦之敝，又亡以化之。夫继二敝之后，承其下流，兼受其猥，难治甚矣。又多兄弟亲戚骨肉之连，骄扬奢侈恣睢者众，所谓重难之时者也。陛下正当大敝之后，又遭重难之时，甚可忧也。故天灾若语陛下："当今之世，虽敝而重难，非以太平至公，不能治也。视亲戚贵属在诸侯远正最甚者，忍而诛之，如吾燔辽东高庙乃可；视近臣在国中处旁仄及贵而不正者，忍而诛之，如吾燔高园殿乃可"云尔。在外而不正者，虽贵如高庙，犹灾燔之，况诸侯乎！在内不正者，虽贵如高园殿，犹燔灾之，况大臣乎！此天意也。罪在外者天灾外，罪在内者天灾内，燔甚罪当重，燔简罪当轻，承天意之道也。①

董仲舒搬出了"天意"，想借上天之口劝告皇帝，改良弊政、清除佞臣，结果自己却差点被汉武帝诛杀。应当说董仲舒对当时汉王朝的危机是有清醒的认识的，他敏锐地觉察到了那些"骄扬奢侈恣睢"的"亲戚贵属"诸侯对统一的中央王朝的威胁。十余年后，淮南王刘安、衡山王刘赐谋反伏诛，这时汉武帝才想起董仲舒曾经的这番言论。所以，灾异说虽然有其积极作用，但在专制的皇权面前，其力量远没有董仲舒想象的强大。《汉书》载"仲舒死后，功费愈甚，天下虚耗，人复相食"②。人主虽有所戒惧，但指望灾异说能来使政治清明，显然是不现实的。

然而总体而言，在君主专制社会中，灾异说仍然有其正面意义。历史事实证明，灾异说确立以后，当出现日食、地震等灾异时，历代多有皇帝下诏罪己，虽然这些多流于形式，作用非常有限，但多少对皇帝有

---

① 《汉书》卷27上《五行志》，第1332—1333页。
② 《汉书》卷24上《食货志》，第1137页。

一些牵制作用。汉代以后，灾异说不再那么昌盛，不过历代正史《天文志》中仍有大量的篇幅宣扬灾异说。雍正八年（1730）八月，北京附近发生地震，雍正皇帝诏曰："京师本月十九日地震，朕恐惧修省，感激上天垂象示儆之恩。……目今又有地震之异，仰蒙上天垂慈，显示敬戒，惟有夙夜祗惧，切加省改，以戴天恩。"① 这些言语，其思想根据还是来源于两千年前董仲舒的灾异说。可见在中国古代，灾异说一直有着深刻的影响。因此，灾异之说绝对不像一些人想象的那样完全是方士、巫觋之语，在中国古代实际上是政治思想的一部分。如果不是它的内在的积极因素，很难想象它会有这样长久的生命力。

董仲舒大谈阴阳、灾异，并使之成为汉代公羊学的一个显著特征，也推动了汉代此类风气的形成，自此儒生、方士俨然难分。随着谶纬神学在西汉末年大兴之后，董仲舒的形象也被巫觋化甚至神化了。《风俗通义》载："武帝时迷于鬼神，尤信越巫。董仲舒数以为言，武帝欲验其道，令巫诅仲舒。仲舒朝服南面，诵咏经论，不能伤害，而巫者忽死。"②《幽明录》载："董仲舒常下帷独咏，有客来诣，语遂移日，舒知其非常。客又云：'欲雨。'仲舒因此戏之曰：'巢居知风，穴处知雨，卿非狐狸，则是鼷鼠。'客闻此言，色动形坏，化成老狐狸也。"《西京杂记》载："董仲舒梦蛟龙入怀，乃作《春秋繁露》。"③ 这恐怕是董仲舒自己都没想到的。

第五节　推明《公羊》与"独尊儒术"

董仲舒阐明的公羊大义已经充满了"非常异义可怪之论"，什么"亲周、故宋""以《春秋》当新王"、天人感应、天谴，都是一些玄而又玄的东西，不少内容让后人甚至觉得荒唐。但这些理论却为汉人所深信，成为汉武帝推行政治改革的理论武器，亦顺利地将儒学推上了官方哲学的崇隆地位，由此开启了中国长达两千年的经学时代。

---

① 《清实录》第 8 册卷 97《世宗实录》，中华书局 1985 年版，第 302 页。
② 应劭著，王利器校注：《风俗通义校注》卷 9《怪神》，中华书局 1981 年版，第 423 页。
③ 《太平御览》卷 912《兽部二十四》，第 4041 页；卷 930《鳞介部二》，第 4134 页。

一　西汉初期的政治难题

秦灭六国，一统天下，废封建，行郡县，创建了中央集权的统一政权。《公羊传》所渴望的"大一统"局面终于由理想变成了现实。但秦朝国祚浅短，"大一统"的观念未及深入人心，许多问题也未及解决，秦帝国便在农民起义和诸侯国复辟的浪潮中灭亡了。

经过多年战乱，汉帝国建立了。但刘邦立国以后，却走了一个回头路，采取了郡县与封建并行的体制，大封诸侯王。中央直接统治的地区，不过十五郡，仅占全国土地的三分之一，而大的诸侯国，如齐、楚、吴等即有五六郡，数十城。中央对诸侯国的控制方式几乎只有置相权，诸侯王除了拥有自己的军队外，在封国内还拥有独立完整的租税权与行政自主权，《史记·五宗世家》载："高祖时诸侯皆赋，得自除内史以下，汉独为置丞相，黄金印。诸侯自除御史、廷尉正、博士，拟于天子。"[①] 诸侯国的独立性极强，皇权所能触及的范围极为有限。随着诸侯国经济或军事力量壮大，难免会出现"汉法不行"的情况，进而威胁中央政权。可见，所谓的"大一统"帝国，在汉初其实只是流于一种表面形式。

汉初之所以仍然保留了封建制，其中一大原因是与当时人们对分封诸侯的认同分不开的。高帝初年封异姓王，是皇帝对军功利益分配要求的一种妥协，同时也是对民间存有的留恋故国情绪的一种安抚，汉人在赵、楚、齐等地推行郡县制度都遇到的很大的困难，只好设王以"镇抚其国"。但异姓王先后反叛又被平息之后，刘邦对封建制本身却没有产生怀疑，而是效法周代"封建亲戚，以蕃屏周"[②]，广封同姓王，以为可以供奉皇室。但同姓诸侯王势力逐渐坐大，依然成为中央政权的威胁，进而酿成"七国之乱"。乱事虽被弭平，但也没能从根本上动摇封建制，那种冀望以四周藩属的诸侯国为屏障来"承卫天子"的习惯思维还是很有市场。直至汉武帝建元六年（前135）群臣上书议立皇子闳、旦、胥为诸侯王，仍然认为："古者裂地立国，并建诸侯以承天子，所以尊宗庙重社

---

① 《史记》卷59《五宗世家》，第2104页。
② 《春秋左传正义》卷15《僖公二十四年》传，第480页。

稷也。""并建诸侯，所以重社稷者，四海诸侯各以其职奉贡祭。支子不得奉祭宗祖，礼也。封建使守藩国，帝王所以扶德施化。"① 武帝虽多次不允，但最终还是招架不住群臣的一再上书而不得不同意。这足以说明封建诸侯仍是西汉前期许多人根深蒂固的观念。

汉帝国内区域文化的差异则可视为汉初选择郡国并立的另一原因。陈苏镇先生曾对此有一分析："秦以郡县治东方，用秦吏奉秦法'经纬天下'，移风'濯俗'，结果激起东方社会的反抗，其中楚人表现得最激烈，齐人、赵人次之，其间包含着区域文化的差异与冲突。而在刘邦重建帝业的过程中，这种区域文化的差异与冲突又一次显现出来，且仍以楚、齐、赵三地最为明显。由此我们看到，在东西文化尚未充分融合、战国时代的文化布局仍然存在的情况下，刘邦建立汉家帝业，一方面必须'承秦'，包括承秦之制，另一方面又必须尊重东方社会之习俗，特别是楚、齐、赵人之俗。这是历史对刘邦的苛刻要求，也是汉初实行郡国并行制的深层背景。"②

由上可见，汉朝虽为继秦之后中国历史上第二个"大一统"的帝国，但当时的"大一统"格局却远未稳固，还面临着诸如封建观念的残存、大封诸侯王的事实以及思想文化的亟待统一等问题。此外，汉帝国还面临着其他一些问题。汉之前，虽有夏、商、周、秦之朝代更替，但继起者却也是"天潢贵胄"，而刘邦起于草莽之间，无法依靠贵族祖先的权威来进行统治，这样汉政权就面临着前所未有的合法性问题。

汉初虽一再强调吸取秦亡教训，但各种制度却基本承袭秦制，对秦的批判并未深入到制度层面的改革。《史记·礼书》载："至秦有天下，悉内六国礼仪，采择其善，虽不合圣制，其尊君抑臣，朝廷济济，依古以来。至于高祖，光有四海，叔孙通颇有所增益减损，大抵皆袭秦故。"③ 其中问题最大的就是法律，汉法相对秦法虽略有温缓，但依然很苛重，《汉书·刑法志》载："今郡国被刑而死者岁以万数，天下狱二千余所，

---

① 《史记》卷60《三王世家》，第2106、2107页。
② 陈苏镇：《汉代政治与〈春秋〉学》，中国广播电视出版社2001年版，第79页。
③ 《史记》卷23《礼书》，第1159页。

其冤死者多少相覆。"① 徐复观先生指出,"此种刑法之酷,臣民受害之烈,只要一读《汉书·刑法志》及《酷吏传》,稍有人心的人,无不怵目惊心"②。这对于以"伐无道、诛暴秦"起家的汉政权来说多少有些尴尬。

汉初战乱方止,一直采取"休养生息"政策,以黄老无为思想治国,于这些问题并未及时解决。而且这种清净无为的政策,虽然在当时有其积极作用,但也带来了很多的问题,对内导致礼制废弛,严重危害了统治秩序,越来越不能适应社会文化的发展。雄才大略的汉武帝即位后,有鉴于国力日强,意欲改换积极的政策,于是"进用英隽,议立明堂,制礼服,以兴太平"。但他的尝试却遭到"好黄老言,不说儒术"的窦太后的阻挠,"其事又废"③。建元六年窦太后去世,汉武帝终于可以大展宏图了,他一心要实行"改制",加强有效的一统政治,彻底解决困扰汉政权发展的诸多问题。不过,当时朝中仍有一种"祖宗之法不可变"的论调阻障他的雄心,所谓"高皇帝"所定制度"为万世法则,不可易","先帝法则弗改,所以宣至尊也"④。为此,汉武帝急于寻求一种能为强化中央皇权、及时"改制"提供理论支持的思想体系。

二 实现以儒治国的理想

站在时代前沿的董仲舒,怀着一颗忧民济世之心,思考着国家的命运、社会的需求和时代的呼唤。他从自己熟习的《公羊传》中发现了解决当前一系列政治难题的宝贵资源,又经由对经典义理的一番有目的地发挥,创建了一套适应其政治目的和时代要求的公羊学理论体系。在这套董仲舒精心构建的理论体系面前,汉武帝所面临的诸多政治难题迎刃而解。

董仲舒首先以"三统"说论证了汉政权的合法性,并以《春秋》为汉立法为由树立起《春秋》大义的"宪法"地位。按照"三统"说,没有不亡的朝代,朝代的更替是天命转移的结果,所谓"天若不予是家,

---

① 《汉书》卷23《刑法志》,第1109页。
② 徐复观:《两汉思想史》第2卷,第183页。
③ 《汉书》卷22《礼乐志》,第1031页。
④ 《史记》卷60《三王世家》,第2109、2110页。

是家者安得立为天子？立为天子者，天予是家。天予是家者，天使是家。天使是家者，是家天之所予也，天之所使也"①。所以，汉得天下为天子完全是天命之所归。但汉得天命却不是继秦，而是直承周统。鲁哀公十四年"西狩获麟"显示天命已改，孔子乃托《春秋》以立新王之法，是以亲周、故宋、以《春秋》当新王。秦虽灭周，但秦暴而祚短，天命不与，于是灭秦之汉代便顺理成章地成为《春秋》为之立法的新王。所以，汉帝虽然没有神圣的血统，却与前朝的王者一样，都是依"三统"而兴，都是"受命而后王"，这样汉政权的合法性问题也就解决了。

建元六年（前135），庄青翟与张汤等人上书称："昔五帝异制，周爵五等，《春秋》三等，皆因时而序尊卑。高皇帝拨乱世反诸正，昭至德，定海内，封建诸侯，爵位二等。"② 我们看到，当时董仲舒的公羊学已经在社会上产生一定的影响力，所谓"拨乱世反诸正"出自《公羊传·哀公十四年》，所谓"周爵五等，《春秋》三等"则出自《春秋繁露·三代改制质文》："《春秋》曰：'伯子男一也，辞无所贬。'何以为一？曰：周爵五等，《春秋》三等。"③ 这指的是《公羊传》桓公十一年"《春秋》伯子男一也，辞无所贬"④，即《春秋》合伯、子、男为一，将周制五等爵改为三等爵。公羊家认为，孔子作《春秋》是要以《春秋》为代周而兴的一代，所以要变周之制。改五等爵为三等爵就是一项重要的内容。因此这里即含有"通三统"的意思。但庄青翟与张汤等人显然没有汉继周、《春秋》为汉立法的想法，反而强调汉制"爵位二等"，以区别于"《春秋》三等"。

元鼎四年（前113），汉武帝封周后姬嘉"为周子南君，以奉周祀"⑤，"至元帝时，尊周子南君为周承休侯，位次诸侯王。使诸大夫博士求殷后。……至成帝时，梅福复言宜封孔子后以奉汤祀。绥和元年，立

---

① 董仲舒：《春秋繁露·郊祀》。苏舆撰，钟哲点校：《春秋繁露义证》卷15《郊祀》，第409页。
② 《史记》卷60《三王世家》，中华书局1959年版，第2108—2109页。
③ 董仲舒：《春秋繁露·三代改制质文》。苏舆撰，钟哲点校：《春秋繁露义证》卷7《三代改制质文》，第203—204页。
④ 《春秋公羊传注疏》卷5《桓公十一年》，第116页。
⑤ 《汉书》卷6《武帝纪》，第184页。

二王后,……遂下诏封孔子世为殷绍嘉公"①。汉代终于完成了"通三统"立二王后的形式要求。立二王后,自武帝始,至成帝方完成,迁延日久并非汉王朝有所犹豫,而是因为殷之后早已"分散为十余姓"②,找不到合适的人来奉祀。以殷、周为二王后,即意味着承认了"大汉继周"③、《春秋》为汉立法的公羊家说。

而《春秋》既然为汉立法,汉承周之赤统,则汉当正《春秋》之黑统,其历法、服饰、礼乐、制度等都应按《春秋》之法来制定。于是,董仲舒就为《春秋》获取了汉代之根本大法的地位,而经他诠释的《春秋》大义也就自然而然地可以作为武帝施政的依据、万民遵奉的信条。而这样一来,在《春秋》大义的指导下,依照"三统"说进行"改制"也就不再是一个问题了。

在"三统"说里,每当新王朝受命而兴,都要"改正朔,易服色,制礼乐",以表明自己是受命于天,而非继人。夏、商、周三代都曾秉奉天意进行改制,以自己的一"统"来治理天下。董仲舒以天意来为改制获取权威,同时他又是以历史上每个王朝都曾进行改制作为汉代应该改制作辩护的。人们通常习惯以历史上长期存在为由,而认可某种事物的正统与合法,并推论这种事物的永恒性,对其的任何改变都会引来习惯性地反对。历史上能长期存在的事物必然有其存在的合理性,但随着历史的推进,这种合理性可能会逐渐丧失,甚至可能阻碍社会的进步,这时就需要有所改变。改变虽然是合理的,但却不合法,不为人们所接受。为改变寻求合法性最聪明的办法就是遵从人们的习惯性,为这种改变寻求历史的支持。由此而言,董仲舒的"三统"说,亦就是一种"托古改制"论。董仲舒这种"托古改制"的思维不仅瓦解了大臣们对改制的阻挠,同时也为后来的改革家们提供了一条很有吸引力的道路。

董仲舒进而提出了"更化"的主张,他说:"今汉继秦之后,如朽木粪墙矣,虽欲善治之,亡可奈何。法出而奸生,令下而诈起,如以汤止沸,抱薪救火,愈甚亡益也。窃譬之琴瑟不调,甚者必解而更张之,乃

---

① 《汉书》卷67《梅福传》,第2926页。
② 同上。
③ 《汉书》卷22《礼乐志》,第1075页。

可鼓也；为政而不行，甚者必变而更化之，乃可理也。当更张而不更张，虽有良工不能善调也；当更化而不更化，虽有大贤不能善治也。故汉得天下以来，常欲善治而至今不可善治者，失之于当更化而不更化也。……今临政而愿治七十余岁矣，不如退而更化；更化则可善治，善治则灾害日去，福禄日来。"① 明确指出汉代之失在于"当更化而不更化"，未能对秦制之弊有所改革。"三统"之改制论尚停留在理论层面，而"更化"的提出，则是直接针对政治现实的。

最后，"大一统"的理论又为削弱诸侯国，强化中央集权扫清障碍。"《春秋》之法，以人随君，以君随天"，天子受命于天掌理天下万物，天下"一统乎天子"，天子"一统于天下"，天子是世间最高的主宰，包括诸侯在内的万民必须服从天子。董仲舒说：

> 《春秋》立义：天子祭天地，诸侯祭社稷，诸山川不在封内不祭。有天子在，诸侯不得专地，不得专封，不得专执天子之大夫，不得舞天子之乐，不得致天子之赋，不得适天子之贵。君亲无将，将而诛。大夫不得世，大夫不得废置君命。②

董仲舒将《公羊传》尊王之义都汇总起来，强调诸侯与天子的君臣关系，强调诸侯要严守臣礼、不得僭越，而这也正是汉武帝所最为需要的。同时，通过改制、更化的手段，又可以将不利于"大一统"政治的旧有制度统统清除，建立起以天子为至尊、上下等级分明的君主专制制度，达到诸如"各度爵而制服，量禄而用财。饮食有量，衣服有制，宫室有度，畜产人徒有数，舟车甲器有禁"③ 这样一个井然有序的状态。

经过董仲舒的一番创造性的诠释，西汉初期的政治难题的解决都在公羊学里找到了答案。当元光元年（前134）五月，汉武帝诏举贤良对策，寻求治国方略，董仲舒以公羊学为理论依据的对策脱颖而出，得到

---

① 《汉书》卷56《董仲舒传》，第2504—2505页。
② 董仲舒：《春秋繁露·王道》。苏舆撰，钟哲点校：《春秋繁露义证》卷4《王道》，第112—114页。
③ 董仲舒：《春秋繁露·服制》。苏舆撰，钟哲点校：《春秋繁露义证》卷4《服制》，第221—222页。

了武帝的赏识。又经过董仲舒与瑕丘江公的辩论之后，汉武帝于是"尊公羊家，诏太子受《公羊春秋》，由是《公羊》大兴"①。

董仲舒对策之年，《汉书·武帝纪》虽记为元光元年，但一直有争议，素有建元元年等说。徐复观先生指出："《汉书·武帝纪》于元光元年，记武帝策问之文，甚为明备；不以此为断定董生对策之年的基准，而另作摸索，将皆流于穿凿。"②周桂钿先生《董学探微》亦主元光元年，并考辨甚详。③我们从建元六年，群臣还在屡次上书要求封建诸侯，还在讲"先帝法则弗改"，汉武帝最后不得不妥协之事也可以作出判断，董仲舒对策必在此之后。所以元光元年之说应该是可以确立的。

董仲舒在《天人三策》中完满解决了汉武帝悬疑未决的现实问题，他改造的公羊学为汉武帝证明政权合法性、加强中央集权、革除弊政、强化思想控制提供了理论根据和具体政治措施。尤其是"大一统"说极度明确了天子的权威，给皇帝加上了"天"的光环，强调严格等级秩序等，非常对汉武帝的口味。董仲舒的建议为汉武帝所采纳，并逐步得到了实施。而其中"罢黜百家，表章六经"的影响最为深远，不仅在学术与政治思想上树立了儒学的权威，更促使了经学的产生，从而中国历史进入了经学时代。从孔子创立儒家学派以来的三百年里，一代又一代的儒家学者为争取儒学的统治地位付出了艰苦卓绝的努力，而董仲舒以公羊学说终于成功地实现了几代儒者的梦想。

董仲舒先后经历了汉初以黄老无为思想治国以及汉武帝开疆拓土、励精图治的两个时期，遭遇了西汉政治变革和政治思想转换的关键时刻，这是历史赋予董仲舒和儒学的机遇，而董仲舒敏锐地抓住了这一机遇，不仅使自己的思想学术有机会展露于政治舞台，更确立了儒学两千年的官方正统思想的统治地位。

解决政治难题，是董仲舒公羊学经世致用的体现，但他其实还有更深远的政治目的。自孔子以来，儒家梦寐以求的就是让统治者接受他们的治国理念，塑造儒家理念下的和谐的社会秩序。董仲舒作为儒者之首，

---

① 《汉书》卷88《儒林传》，第3617页。
② 徐复观：《两汉思想史》第2卷，第265页。
③ 周桂钿：《董学探微》，北京师范大学出版社1989年版，第9—19页。

实现儒家这一至高梦想是他矢志不渝的追求。他通过宣扬《春秋》为汉立法，树立起《春秋》大义的"宪法"地位；同时又通过顺利解决皇帝的政治难题，来佐证《春秋》为汉立法的可信度。而且董仲舒并不会满意《春秋》只是空享一个尊崇地位，他还要将《春秋》大义真正落实下去，真正用它来指导国家和社会的运行，而这可以借由解决政治难题的过程，推行改制的契机来实现。换言之，以儒家理念治国就是改制、更化所要达到的目标。以儒治国，必须要以儒家思想为国家的统治思想，确立儒学在国家意识形态中的"独尊"地位。这也就是为什么董仲舒在汉武帝策问的题目之外，一定要提出"推明孔氏，抑黜百家"的一个原因。

以儒治国，主要的就是实现儒家的"德治"主张，改制就是要改"任刑"而为"任德"。汉袭秦之"任刑以治"，结果"法出而奸生，令下而诈起"，这就是严刑峻法的遗毒。董仲舒提出："天之任德不任刑也。……王者承天意以从事，故任德教而不任刑。刑者不可任以治世，犹阴之不可任以成岁也。为政而任刑，不顺于天，故先王莫之肯为也。"德教比之刑罚有极大的优势，如"尧、舜行德则民仁寿，桀、纣行暴则民鄙夭"即为显证。因此，汉代治国应该依靠德政、教化为主。德治首先要求最高统治者要有极高的道德修养，皇帝做好表率，就会给全国带来示范效应："为人君者，正心以正朝廷，正朝廷以正百官，正百官以正万民，正万民以正四方。"君王有道既是德政的保障，也是儒家向往的圣贤治国的一种替代。其次，要重视"教化"，通过"兴太学，置明师"，使人民能知礼义、重道德。董仲舒指出："教化立而奸邪皆止者，其堤防完也；教化废而奸邪并出，刑罚不能胜者，其堤防坏也。古之王者明于此，是故南面而治天下，莫不以教化为大务。"再次，废除以门第、血统等授任官吏的办法，改为按德行和才能，由全国各地荐举，如此"遍得天下之贤人，则三王之盛易为，而尧舜之名可及也。毋以日月为功，实试贤能为上，量材以授官，录德而定位，则廉耻殊路，贤不肖异处矣"。①最后，要重民本、宽民力。针对当时"外事四夷，内兴功利，役费并兴，而民去本"的状况，董仲舒上书说："《春秋》它谷不书，至于麦禾不成则书之，以此见圣人于五谷最重麦与禾也。今关中俗不好种麦，是岁失

---

① 《汉书》卷56《董仲舒传》，第2504、2502—2503、2513页。

《春秋》之所重,而损生民之具也。愿陛下幸诏大司农,使关中民益种宿麦,令毋后时。"他提醒汉武帝要重民本,并提出了一系列改善的措施:"古井田法虽难卒行,宜少近古,限民名田,以澹不足,塞并兼之路。盐铁皆归于民。去奴婢,除专杀之威。薄赋敛,省繇役,以宽民力。然后可善治也。"① 由此亦可见董仲舒非常关注现实,他的《公羊》大义背后都包含着对现实政治的关怀。

汉武帝"独尊儒术"以后,公羊学作为西汉统治思想的主体,具有最高的理论权威,渗透到了国家政治的各个角落。唐晏《两汉三国学案》说:"考西汉以来,春秋学以《公羊》为最盛。凡朝廷决大疑,人臣有献替,必引《春秋》为断,而所遵者,公羊家言也。"② 公羊大义经常作为神圣的法则出现在皇帝诏书和百官奏议之中,朝廷遇到大事也常依公羊义来做出抉择。汉武帝甚至曾赐书会稽太守严助要求他必须用《春秋》义理对答回奏。太初四年(前101),汉武帝下诏:"高皇帝遗朕平城之忧,高后时单于书绝悖逆。昔齐襄公复九世之仇,《春秋》大之。"③ 以《公羊传》九世复仇之说作为讨伐匈奴的依据。

不仅如此,《公羊传》居然还直接成了判案的法典,董仲舒则专门著有一本《春秋决狱》。《后汉书·应劭传》载:"故胶西相董仲舒老病致仕,朝廷每有政议,数遣廷尉张汤亲至陋巷,问其得失。于是作《春秋决狱》二百三十二事,动以经对。"④《春秋决狱》今已佚,有赖《通典》《太平御览》《白孔六帖》等书存有若干条。其中,《太平御览》所引一条是这样的:

> 董仲舒《断狱》曰:甲父乙与丙争言相斗,丙以佩刀刺乙,甲即以杖击丙,误伤乙,甲当何论?或曰:殴父也,当枭首。议曰:臣愚以父子至亲也,闻其斗,莫不有怵怅之心。扶杖而救之,非所以欲诟父也。《春秋》之义,许止父病,进药于其父而卒,君子原

---

① 《汉书》卷24上《食货志》,第1137页。
② 唐晏著,吴东民点校:《两汉三国学案》卷8《春秋》,第443—444页。
③ 《史记》卷110《匈奴列传》,第2917页。
④ 《后汉书》卷48《应劭传》,第1612页。

心，赦而不诛。甲非律所谓殴父也，不当坐。①

董仲舒所说的"《春秋》之义，许止父病，进药于其父而卒，君子原心，赦而不诛"见于《公羊传·昭公十九年》。昭公十九年"夏，五月，戊辰，许世子止弑其君买"，"冬，葬许悼公"，《公羊传》："止进药而药杀，是以君子加弑焉尔。曰许世子止弑其君买，是君子之听止也。葬许悼公，是君子之赦止也。"②董仲舒就此还提出了《春秋》"原心定罪"的原则，以甲之动机在救父，原无殴父之心，如同许止进药，原为治父之病，其父服药而死并非出于其本意，因此主张甲无罪。这是一则董仲舒依据公羊大义决狱的非常典型的案例。

以目前所见《春秋决狱》的案例来看，董仲舒都是在用公羊之义为当事人免罪或减轻处罚，这也体现了他"任德不任刑"的主张以及试图对当时刑法之酷的纠正。这些案例许多都是涉及父子、夫妇等民间家庭案件。其实，在汉代以《春秋》经义决断的更有许多朝廷重案。元朔六年（前123），淮南王、衡山王反迹败露，武帝追思董仲舒十几年前借辽东高庙火灾所发的建言，于是"使仲舒弟子吕步舒持斧钺治淮南狱，以《春秋》谊颛断于外，不请"③。胶西王刘端议淮南王刘安之罪说："《春秋》曰'臣无将，将而诛'。安罪重于将，谋反形已定。"④亦是以《公羊传》庄公三十二年"君亲无将，将而诛焉"⑤为据。

隽不疑断假太子案是一则依公羊之义断朝廷重案的著名案例。汉昭帝始元五年（前82），皇宫北阙出现一人自称是卫太子，围观者多达数万人，官员们都不敢表态。京兆尹隽不疑以为："昔蒯聩违命出奔，辄距而不纳，《春秋》是之。卫太子得罪先帝，亡不即死，今来自诣，此罪人也。"遂送诏狱，平息了假卫太子可能引发的政治动荡。汉昭帝与大将军霍光赞叹说："公卿大臣当用经术明于大谊。"⑥由此，汉代以公羊大义决

---

① 《太平御览》卷640《刑法部六》，中华书局1960年版，第2868页。
② 《春秋公羊传注疏》卷23《昭公十九年》，第584—586页。
③ 《汉书》卷27上《五行志》，第1333页。
④ 《史记》卷118《淮南衡山列传》，第3094页。
⑤ 《春秋公羊传注疏》卷9《庄公三十二年》，第217页。
⑥ 《汉书》卷71《隽不疑传》，第3037—3038页。

狱之风日兴。

由于上升为统治思想，与之俱来的神圣性使公羊学走上了绝对化的道路，逐渐出现了过于拘泥家法、思想僵化、缺乏创见的弊病。西汉末年，公羊学又与谶纬结合，越发流于烦琐和妄诞。在古文经学逐渐兴起的背景下，公羊学站在学术高台的顶端，却无可奈何地看着自己逐渐走向了衰落。

公羊学走向衰落恐怕与其逐渐展现出的一些负面影响也有关系。武帝元鼎年间（前116—前111），博士徐偃矫制，允许胶东和鲁国鼓铸盐铁。徐偃以"大夫出疆，有可以安社稷，存万民，颛之可也"的公羊大义来争辩，虽然后来终军亦以"今天下为一，万里同风，故《春秋》'王者无外'"[①]的公羊大义来使徐偃服罪，但由此也暴露了《公羊传》在"上无天子"状态下维护应有秩序的一些论说，在现实中反而可能成为危害君主集权的隐患。昭帝元凤三年（前78），董仲舒弟子眭弘论"大石自立，僵柳复起"之异，以为"此当有从匹夫为天子者"，"公孙氏当复兴者也"，并上书说："先师董仲舒有言，虽有继体守文之君，不害圣人之受命。汉家尧后，有传国之运。汉帝宜谁差天下，求索贤人，禅以帝位，而退自封百里，如殷周二王后，以顺承天命。"[②]后眭弘以妖言惑众伏诛。于是"通三统"对既有统治秩序的潜在威胁也显现了出来。这些都不能不使统治者有所警惕。

---

① 《汉书》卷64下《终军传》，第2818页。
② 《汉书》卷75《眭弘传》，第3154页。

第 三 章

何休：公羊学体系的完善

何休（129—182）是东汉后期很有影响的经学家和思想家，是汉代一位重要的春秋公羊学大师。他一生致力于《春秋公羊传》的研究，历时十几年撰写出《春秋公羊解诂》这部巨著，进一步完善了春秋公羊学的学说，构建了庞大而精深的公羊学理论体系。

第一节 何休的生平及其学术渊源

何休字邵公[①]，生于汉顺帝永建四年（129），任城樊县人[②]。何休出生于一个官宦家庭，其父何豹曾官至少府，位列"九卿"之一。

何休为人质朴，不善言语，但却"雅有心思"[③]，《拾遗记》记载他"木讷多智"，"门徒有问者，则为注记，而口不能说"[④]。这种沉默寡言的性格，更能促使何休安心于学业，再加上他自身的聪慧和努力，何休很快便崭露头角，史称其"精研六经，世儒无及者"[⑤]。

子承父荫，何休成年后"以列卿子诏拜郎中"[⑥]，但不久，何休就托病辞官了，《后汉书》对此的解释是"非其好也"。从何休后来

[①] "邵"多误作"邵"。阮元校勘《公羊传》时指出：何休之字当作邵公，原作"邵"者误，"邵从阝，高也。表德之字，无取于地名"。据改。以下引文中之"邵"亦皆改为"邵"。
[②] 今山东省兖州市西南。
[③] 《后汉书》卷79下《儒林列传》，第2582页。
[④] 王嘉撰，萧绮录，齐治平校注：《拾遗记》卷6《前汉下后汉》，中华书局1981年版，第155页。
[⑤] 《后汉书》卷79下《儒林列传》，第2582页。
[⑥] 同上。

又几次为官的事实，显然"非其好也"不能理解为他不愿为官。郎中在东汉时，属于一种后备性质的官员，并无实权，何休很可能是感到空怀才智而报国无门，不愿意待在郎中这种闲职上浪费光阴。辞官以后，由于才能出众，很多州郡纷纷辟举何休，但都被他一一谢绝了。

但何休绝不是要退隐山林，不问世事。当时已经是东汉末年的"桓灵时期"，"主荒政缪，国命委于阉寺"①，政治非常黑暗。何休对此极为忧虑，他强烈渴望能将自己的才智贡献于社会，实现儒家学者"治国平天下"的政治理想。所以，过了一段家居生活后，当朝中的实权派正直官吏陈蕃辟召他的时候，何休就毅然出山了，也就是《后汉书》所载的"太傅陈蕃辟之，与参政事"。

陈蕃辟何休，当在永康元年（167）十二月以后，因为陈蕃在此之前还是太尉，不可能称之为太傅。据《后汉书·陈蕃传》："永康元年，（桓）帝崩。窦后临朝，诏曰：'……前太尉陈蕃，忠清直亮。其以蕃为太傅，录尚书事'。"而桓帝崩是在十二月。陈蕃就任太傅之后，"与后父大将军窦武，同心尽力，征用名贤，共参政事，天下之士，莫不延颈想望太平"②。何休应该就是在此时被陈蕃辟召为掾吏，"与参政事"的。

汉灵帝建宁元年（168）九月，为终止宦官专权，陈蕃与窦武谋诛宦官，因消息走漏而事败，陈蕃与窦武俱死，陈蕃的"宗族、门生、故吏皆斥免禁锢"③。何休属陈蕃旧吏，受到牵连而"坐废锢"。由此算来，何休第二回从政只有短短的九个月时间，而这以后却是长达十几年的禁锢在家的生涯。

黑暗的政治现实，使众多的儒士扶持社稷的幻想破灭，他们只能转而求助于经学，以期找到"拨乱反正"的济世良方。因此。党锢以后，众多学者纷纷潜心著述，汉代经学在东汉末年出现了一个极盛时期。禁锢在家的何休也没有消沉，全身心地投入到了经学研究中。他"覃思不

---

① 《后汉书》卷 67《党锢列传》，第 2185 页。
② 《后汉书》卷 66《陈蕃传》，第 2168、2169 页。
③ 同上书，第 2170 页。

窥门，十有七年"①，呕心沥血写出了公羊学的集大成之作——《春秋公羊解诂》，奠定了他经学大师的历史地位。他还作《公羊墨守》《左氏膏肓》《穀梁废疾》"以难二传"②，与服虔、郑玄等古文学家展开了论战。论战在社会上引起了很大的轰动，当时"京城谓康成（郑玄）为'经神'，何休为'学海'"③。

直到光和二年（179）四月，汉灵帝宣布"大赦天下，诸党人禁锢小功以下皆除之"④，何休才有机会得以重返仕途，被当朝司徒辟举为官。此时何休已声名远播，因此"群公表休道术深明，宜侍帷幄"，推荐他担任要职，然而"幸臣不悦之，乃拜议郎"⑤。由于宦官的阻挠，何休并没有得到发挥他才干的重要职位。

但何休此时已是五十岁了，他很珍惜这次来之不易的机会。他恪尽"顾问应对"的职守，"屡陈忠言"⑥。《后汉书·史弼传》还记载了何休在议郎任职期间的一件事。河东太守史弼，"为政特挫抑强豪"，得罪了宦官侯览，下狱险些丧命，"刑竟归田里，称病闭门不出"。朝中正直的大臣都为史弼鸣不平，几次向朝廷举荐史弼，身为议郎的何休更是为史弼的复出积极奔走，"讼弼有干国之器，宜登台相"，最后史弼终于被"征拜议郎"。对于史弼的复出，"侯览等恶之"⑦，毫无疑问，何休这样做是必定会触怒宦官的。作为一个被宦官集团禁锢了十几年的人，如此不顾个人安危，仗义执言，其气节也是令人感佩的。

何休任议郎一段时间以后，又升迁为谏议大夫。灵帝光和五年（182），五十四岁的何休卒于谏议大夫任上。

何休公羊学的师承，历来众说纷纭，没有定论。其一固然是因为缺乏详细的记载，其二却也与何休之学兼综各家的特点有关。

---

① 《后汉书》卷79下《儒林列传》，第2583页。学者对何休著作《解诂》的时间存在不同看法，因为从陈蕃事败何休"坐废锢"（168年）到何休去世（182年）为止，总共才十五年。
② 《后汉书》卷79下《儒林列传》，第2583页。
③ 王嘉撰，萧绮录，齐治平校注：《拾遗记》卷6《前汉下后汉》，第155页。
④ 《后汉书》卷8《灵帝纪》，第343页。
⑤ 《后汉书》卷79下《儒林列传》，第2583页。
⑥ 同上。
⑦ 《后汉书》卷64《史弼传》，第2111—2112页。

《后汉书·儒林列传》载何休"与其师博士羊弼，追述李育意以难二传，作《公羊墨守》《左氏膏肓》《穀梁废疾》"①，由此，我们可以知道何休的直接业师是羊弼，并能推知何休远承李育。羊弼是正史上唯一明确的何休的业师，但其生平学术史传未载，不详其事。

李育生平事迹则可见于《后汉书·儒林列传》："字元春，扶风漆人，少习《公羊春秋》，沉思专精，博览书传，知名太学，深为同郡班固所重。……颇涉猎古学。尝读《左氏传》，虽乐文采，然谓不得圣人深意，以为前世陈元、范升之徒更相非折，而多引图谶，不据理体，于是作《难左氏义》四十一事。"②

由于史料的缺乏，我们无从考察何休学术上对羊弼或李育的承袭。不过我们倒可以发现何休与李育的不同。李育反对"多引图谶"，而何休注《公羊传》图谶的运用却很普遍。由此看来，何休"追述李育意"，恐怕重点是在"以难二传"上。李育是今古文第三次论战的主将，"作《难左氏义》四十一事"，"以《公羊》义难贾逵"③，何休则继承了李育捍卫《公羊传》正统地位的事业，"以《春秋》驳汉事六百余条，妙得公羊本意"，"作《公羊墨守》《左氏膏肓》《穀梁废疾》"，④ 成了今古文第四次论战的主将。所以，"追述李育意"应该更多的是从坚守公羊家法方面来讲的。

何休在《春秋公羊解诂》序里，并没有提到李育、羊弼，只提到了自己对胡毋生的承袭："往者略依胡毋生《条例》，多得其正，故逐隐括使就绳墨焉。"徐彦《疏》曰："胡毋生本虽以《公羊》经传传授董氏，犹自别作《条例》，故何氏取之以通《公羊》也。"⑤

据《汉书·儒林传》："胡毋生字子都，齐人也。治《公羊春秋》，为景帝博士。与董仲舒同业，仲舒著书称其德。年老，归教于齐，齐之言《春秋》者宗事之。"⑥ 胡毋生是将《公羊传》著于竹帛的人，并著《公

---

① 《后汉书》卷79下《儒林列传》，第2583页。
② 同上书，第2582页。
③ 同上。
④ 同上书，第2583页。
⑤ 《春秋公羊传注疏》序，第8页。
⑥ 《汉书》卷88《儒林传》，第3615—3616页。

羊条例》，开创了以"例"解说《春秋》的先河。何休的《春秋公羊解诂》以五始、三科九旨、七等、六辅、二类等义例，对公羊学进行了高度的抽象和概括，对胡毋生有所集成，但应当更为精细，有了很大的提升。

何休虽然也没有提到董仲舒，但何休之学与董仲舒的关系是毋庸置疑的，学者一般也都牵合何休与董仲舒的传承关系。董仲舒的很多理论都在何休那里得到了继承和发挥。晁公武《郡斋读书志》说："戴宏序云：'子夏传与公羊高，高传与其子平，平传与其子地，地传与其子敢，敢传与其子寿，至汉景帝时，寿乃共弟子齐人胡毋子都著于竹帛。'其后，传董仲舒，以《公羊》显于朝，又四传至何休，为《经传集诂》，其书遂大传。"① 陈澧《东塾读书记》说："何注多本于《春秋繁露》。"② 皮锡瑞《经学通论》说："存三统明见董子书，并不始于何休。"③

但何休与董仲舒也有不少不同。马勇《汉代春秋学研究》即曾例举若干何休《春秋公羊解诂》与董仲舒《春秋繁露》说法迥异之处，如：

成公六年，郑伯费氏卒。

《繁露·竹林》：生不得称子，去其义；死不得书葬，见其罪也。

《解诂》：不书葬者为中国讳。

哀公四年，蒲社灾。

《繁露·王道》：以蒲社为殷社。

《解诂》：则以为先世之亡国在鲁境者。

哀公八年，吴伐我。

《繁露·奉本》：鲁无鄙疆，诸侯之伐哀者皆言我。

《解诂》：不言鄙者，起围鲁也；不言围者，讳使若伐而去。④

清代江藩《公羊先师考》指出："董子书散佚已久，传于世者仅存

---

① 晁公武撰，孙猛校证：《郡斋读书志校证》卷3《春秋类》，上海古籍出版社1990年版，第101页。
② 陈澧著，杨志刚校点：《东塾读书记（外一种）》十《春秋三传》，中西书局2012年版，第200页。
③ 皮锡瑞：《经学通论》4《春秋》，第6页。
④ 马勇：《汉代春秋学研究》，四川人民出版社1990年版，第157页。

残阙之《繁露》，而其说往往与休说不合。《繁露》言二端、十指，亦与《条例》之三科九旨迥异。仲舒推五行灾异之说，《汉书·五行志》备载焉，休之《解诂》不用董子之说，而取京房之占。其不师仲舒可知矣。"①

董仲舒之后，数传至严彭祖与颜安乐，各立家法，遂形成公羊学的两大基本传授系统。严彭祖字公子，东海下邳人，为宣帝博士，曾任河南太守、东郡太守、太子太傅。颜安乐字公孙，鲁国薛人，官至齐郡太守丞。严彭祖与颜安乐皆从学眭孟，史载"（眭）孟弟子百余人，唯彭祖、安乐为明，质问疑谊，各持所见。孟曰：'《春秋》之意，在二子矣！'孟死，彭祖、安乐各颛门教授。由是《公羊春秋》有颜、严之学。"②

东汉之时，公羊之学非严即颜，何休治《公羊》自然也无法摆脱严、颜的影响。胡玉缙认为何休《解诂》序中的"先师"之谓"当兼严彭祖、颜安乐在内"③。王国维亦称通过《汉石经校记》得知"邵公之本，实兼采严、颜二家"④。惠栋在《九经古义》中把何休归为颜氏学派，他说："《公羊》有严、颜二家，蔡邕石经所定者，严氏《春秋》也；何邵公所注者，颜氏《春秋》也。何以知之？以石经知之。"接着，他具体作了说明：

> 石经载《公羊》云"桓公二年，颜氏有所见异辞，所闻异辞"云云，是严氏《春秋》已见于隐元年，于此不复发传也，今何本有之。又云："卅年，颜氏言'君出则已入'。"此僖三十年传也。又云："颜氏无'伐而不言围者，非取邑之辞也'。"今何氏本亦无。以此知何所注者，盖颜氏《春秋》也。⑤

---

① 江藩：《隶经文》卷4《公羊先师考》，王云五主编《丛书集成初编》第260册，商务印书馆1936年版，第55页。
② 《汉书》卷88《儒林传》，第3616页。
③ 胡玉缙：《许庼学林》卷4《公羊多随二创说》，中华书局1958年版，第93页。
④ 王国维著，彭林整理：《观堂集林》卷4《书〈春秋公羊传解诂〉后》，河北教育出版社2001年版，第80页。
⑤ 惠栋：《九经古义》卷13《公羊古义》，《景印文渊阁四库全书》第191册，台湾商务印书馆1986年版，第469页。

陈立《公羊义疏》则就惠栋所说的何休用颜氏本的说法，提出了反驳："何氏亦不必为颜氏学，其本或偶与石经所记颜氏说合耳。"① 虽纯属猜测，却也不无道理。而惠栋说"颜氏无'伐而不言围者，非取邑之辞也'，今何氏本亦无"，却是完全说错了。何休《解诂》本《公羊传》襄公十二年恰恰就有这句话，②也就是说，这里何休本与颜氏本并不同。其实惠栋也认识到何休与颜氏有异："颜氏说经以襄公廿一年之后孔子生讫即为所见之世，又以为十四日日食，周王为天囚之类，倍经违戾，皆何邵公所不取。"③

而江藩则干脆认为何休之学根本与严氏或颜氏无关："何休之师，则博士羊弼也；传称休与弼追述李育意以难二传，作《公羊墨守》，则休之学出于李育，无所谓严氏、颜氏矣。其为《解诂》，依胡毋生条例，自言'多得其正'。至于严、颜之学，则谓之'时加酿嘲辞'，又曰'甚可闵笑'。则休之学出于育，育之学本之子都。……则其所称先师者，为胡毋生、李育之徒，非仲舒、彭祖、安乐也。"④

综上所述，我们不难看出何休的公羊学的一个特点，它兼有各家之学，又与各家皆不相同。何休师从羊弼习《公羊》，吸收了胡毋生之例与董仲舒之义，兼用严氏、颜氏，而又每创新意，不与各家守文同说，形成了自己的一套独特的完整的学术体系。《博物志》说："何休注《公羊》，云'何氏学'。有不解者，或答曰：'休谦辞受学于师，乃宣此意不出于己。'"⑤

诸家之中，何休对胡毋生与董仲舒承袭得较多，而对严彭祖、颜安乐却是批评得较多。何休在《解诂》序言中批判的"说者疑惑，至有倍（背）经、任意、反传违戾者"等，徐彦《疏》认为指的即是严彭祖、颜安乐之徒。⑥ 我们从何休"三世"说采董仲舒"三等"的划分办法，

---

① 陈立：《公羊义疏》卷76《春秋公羊经传解诂序》，王先谦编《清经解续编》第5册，上海书店1988年版，第497页。
② 《春秋公羊传注疏》卷20《襄公十二年》传，第500页。
③ 惠栋：《九经古义》卷13《公羊古义》，《景印文渊阁四库全书》第191册，第469页。
④ 江藩：《隶经文》卷4《公羊先师考》，第55页。
⑤ 《后汉书》卷79下《儒林列传》注引，第2583页。
⑥ 《春秋公羊传注疏》序，第5页。

而不用颜安乐之说，也可以看出这一点。何休与董仲舒的差异经常是在一些较为细枝末节的地方，而在宏观大旨上却并没有明显的抵牾之处。

汉末的经学家，多为通儒。如作为古文学家的贾逵曾指出《左传》"同《公羊》者什有七八"①，马融曾著《三传异同说》，这说明他们皆能兼通今文。而今文学家李育也乐《左传》之文采，可见也能通古文。至于经学大师郑玄更不必说了。何休"精研六经"，被称为"学海"，他能著《左氏膏肓》《穀梁废疾》，可见在《左传》和《穀梁传》方面也有很深的造诣。从他的代表作《春秋公羊解诂》所征引的书目可见，何休除了《春秋》三传外，还精于五经及《论语》《孝经》和纬书，而且精通阴阳算术、河洛图谶。董仲舒说："能通一经曰儒生，博览群书号曰洪儒。"② 何休可堪称鸿儒。

第二节　《春秋公羊经传解诂》

何休一生学问渊博、著述繁多，从《中国丛书综录》可查得何休著作计有《冠礼约制》《左氏膏肓》《春秋公羊经传解诂》《春秋文谥例》《驳春秋释痾》《春秋汉议》《公羊墨守》《穀梁废疾》《论语何氏注》等九部著作③。此外，何休的著述还应有《春秋公羊传条例》《春秋议》《孝经注训》《风角注训》《七分注训》等。可惜除代表作《春秋公羊解诂》完整留于后世外，其余著作大都湮灭不存。

《后汉书·儒林列传》载何休"坐废锢，乃作《春秋公羊解诂》，覃思不窥门，十有七年"④。十几年中，他心无旁骛，把自己全部的精力和心血倾注在了《春秋公羊解诂》（下文简称《解诂》），终于完成了这部皇皇巨著。以致他完成《解诂》以后不久，就积劳成疾，离开了人世。

---

① 《后汉书》卷36《贾逵传》，第1236页。

② 徐彦《疏》引《春秋繁露》，今本《春秋繁露》不见。见《春秋公羊传注疏》序，第6页。

③ 上海图书馆编：《中国丛书综录》，上海古籍出版社1983年版。同一著作不同书名，此处只录其一。

④ 《后汉书》卷79下《儒林列传》，第2583页。

何休为什么要用十几年的时间去解诂《公羊传》呢？何休在《解诂》序中交代了他的著作动机：

第一，当时公羊学自身存在着严重的问题。何休以为，严、颜以来公羊学者传公羊之学，有"倍（背）经、任意、反传违戾"和"援引他经，失其句读，以无为有"之"二创"①。而之所以会出现这种情况，其原因皆在"守文持论"之弊。当时严、颜之徒，皆为"章句俗儒"。钱穆先生指出："章句必具文，具文者，备具原文而一一说之。遇有不可说处，则不免于饰说矣。"② 这导致公羊之学越来越烦琐，章句浮辞繁长，而义理的阐发却不受注重，公羊学的灵魂被抛在了一边。对于当时章句之繁长，我们可以从《后汉书》里找到一些旁证。例如《儒林列传》载："锺兴……少从少府丁恭受《严氏春秋》，……诏令定《春秋》章句，去其复重。"③ 又《樊鯈传》："鯈删定《公羊严氏春秋》章句，世号'樊侯学'。"④ 又《张霸传》："霸以樊鯈删《严氏春秋》犹多繁辞，乃减定为二十万言，更名为'张氏学'。"⑤ 经过樊鯈删定繁辞，到了张霸那里，《公羊》章句还是"犹多繁辞"，删减之后居然仍有"二十万言"。严、颜章句之盛，可见一斑。这也就是何休所说的"讲诵师言至于百万，犹有不解"。

第二，古文学者对公羊学的攻击。《公羊传》是今文经学的主帅，在今文经学和古文经学之间的斗争中自然首当其冲。自西汉末年，古文经学不断发展壮大，实力与影响逐渐增强。而在古文经学兴起的同时，公羊学却逐步陷入困境，走向衰落。公羊学自身所存在的问题，也给了古文学者以可乘之机，频频向公羊学发难。何休叹曰："至使贾逵缘隙奋笔，以为《公羊》可夺，《左氏》可兴。"摆在何休面前的公羊学正是居于这样一种尴尬的处境之中，何休不由发出了"余窃悲之久矣"的感慨。他

---

① 据徐彦《疏》说。见《春秋公羊传注疏》序，第7页。
② 钱穆：《两汉经学今古文平议·两汉博士家法考》，台湾东大图书公司1983年版，第202页。
③ 《后汉书》卷79下《儒林列传》，第2579页。
④ 《后汉书》卷32《樊鯈传》，第1124页。
⑤ 《后汉书》卷36《张霸传》，第1242页。

"恨先师观听不决，多随二创"，不断总结"败绩失据之过"①，决心要整顿公羊学、振兴公羊学，从而反击古文经学，维护公羊学的正统地位。因此，他除了积极与古文经学家展开论战外，用十几年的时间，精心著述，终于完成了公羊学的集大成之作——《春秋公羊经传解诂》。

当然，还有一个著作动机是何休没有说也不敢说的，那就是他企图通过《公羊传》来达到拨乱反正、经世救敝的目的。当时正值东汉末年，皇帝昏庸，外戚与宦官长期争权，政治黑暗，统一的帝国行将分崩离析。而众多幻想扶持社稷的儒家学者，又遭宦官陷害，被禁锢在家，不能参与政事。他们只能在黑暗的现实中摸索"拨乱反正"的济世良方。何休作为公羊家学者，首先想到的就是从《春秋公羊传》中寻求答案。何休《左氏膏肓》批评《左传》"尤非衰世救失之宜"②，可见"衰世救失"，服务于现实的政治需要，是何休整顿公羊学的出发点和重要原则。六百多年前，"世衰道微，邪说暴行有作，臣弑其君者有之，子弑其父者有之，孔子惧，作《春秋》"（《孟子·滕文公》），类似的情形在东汉末年又重现了。何休知道自己被禁锢终身，可能一辈子都没有机会实现自己的政治抱负。他深深体会到了孔子当时的那种心情，油然而生一种沉重的责任感。于是他以全部精力解诂《公羊传》，要像孔子一样，为后世立法，以俟后圣。

从学术渊源上看，何休直接师承羊弼，博采了汉初胡毋生、董仲舒和西汉中期严彭祖、颜安乐的公羊学，融汇了诸家学说，创建了自己独特的学术体系。

《解诂》表面上是何休注解《公羊传》的著作，实质上何休通过注解《公羊传》，系统地阐述了他的政治、历史、民族和灾异等思想和观念，构筑了一个庞大的公羊学思想体系。《解诂》"借事托义"，与当世政治相对应，表现出强烈的经世致用的特色。何休将公羊学的思想内涵提高到了一个前所未有的高度。

除了在内容上丰富公羊学的主要思想外，何休《解诂》最大的功绩

---

① 《春秋公羊传注疏》序，第 7 页。
② 引自刘逢禄《箴膏肓评》，阮元、王先谦等编《清经解》第 7 册，上海书店 1988 年版，第 442 页。

就是在形式上规范了公羊学的基本框架。何休在《解诂》序里说："往者略依胡毋生《条例》，多得其正，故遂隐括，使就绳墨。"这段话表明他是以"例"为准绳去整顿、规范公羊学。

关于"例"的内涵及其意义，历代学者多有论述。章权才先生在《何休〈公羊解诂〉研究》一文中，将"例"总结为三个方面的内容：1. "文例"。文例即行文，同类相归，书法一样。这是"例"的表现形式，是立例的手段。2. "义例"。这是"例"的内容和实质所在。"义例"是立例的根据。3. "法"。法是法则，是行为规范。"法"是立例的目的。这是对"例"所作的一个很好的阐述。

综观何休的《解诂》，它的"例"约可分为三大类：一类是承袭先师的；一类是对已有的义例加以畅通的；一类是何休自设的。第二、第三类比重更大[1]。可见，何休对传统义例有继承，但主要是创新。就像何休自己说的"略依胡毋生《条例》"，"略依"，也就表明何休在《解诂》里，是很注意自己的创设的。

何休为公羊学制定了新的义例，注入了新的思想内容。他的创新主要表现在他所归纳的"五始、三科九旨、七等、六辅、二类"等义例中。他骄傲地宣称："此《春秋》五始、三科九旨、七等、六辅、二类之义，以矫枉拨乱，为受命品道之端，正德之纪也。"对于这些义例的基本含义，何休都有简明扼要的归纳与提示。所谓"五始"，即"元年、春、王、正月、公即位"。所谓"三科九旨"，即"新周，故宋，以《春秋》当新王"（"一科三旨"）、"所见异辞，所闻异辞，所传闻异辞"（"二科六旨"）、"内其国而外诸夏，内诸夏而外夷狄"（"三科九旨"）。所谓"七等"，即"州、国、氏、人、名、字、子"。所谓"六辅"，即"公辅天子，卿辅公，大夫辅卿，士辅大夫，京师辅君，诸夏辅京师"。所谓"二类"，即"人事与灾异"[2]。

在上述义例中，"三科九旨"又是主旨之所在。这里所说的"三科"，是指孔子作《春秋》时所遵循的三条基本原则；所谓"九旨"，则是指这

---

[1] 参见章权才《何休〈公羊解诂〉研究》，《广东社会科学》1984年第1期。
[2] 以上皆据徐彦《疏》引何休《春秋公羊文谥例》。见《春秋公羊传注疏》卷1《隐公》疏，第5—6页。

三条原则所包含的九个概念。其中"所见异辞,所闻异辞,所传闻异辞"和"内其国而外诸夏,内诸夏而外夷狄"出自《公羊传》原文;而"新周,故宋,以《春秋》当新王"则是何休根据董仲舒的总结所作的创新。"新周"见于《公羊传》,"故宋"见于《穀梁传》,"以《春秋》当新王"见于董仲舒《春秋繁露·三代改制质文》;何休将三者贯穿到一起,益以新意,归纳为"一科三旨"。虽然"三科九旨"的用语大多见于《公羊传》原文,其思想也有来自公羊先师的,但何休经过归纳总结,使之系统化、理论化,上升到了一种抽象的哲理高度。

孔子曰:"知我者其惟《春秋》乎!罪我者其惟《春秋》乎!"(《孟子·滕文公下》)对于何休来说,知、罪则皆在《解诂》。《解诂》奠定了何休公羊学大师的地位,同时也使他遭到了很多指责。指责《解诂》其实是出于对何休的一种误解。很多人看到《解诂》中大量地运用谶纬以及存在着曲解《公羊传》或歪曲历史的现象,就认为何休学说怪诞,有负于《公羊》。其实,对何休来说,谶纬、历史都只不过是一种手段,他更关心的是"借事托义",阐发自己的思想。何况,指责他多用谶纬也是很不公平的,东汉谶纬之风极盛,何休也无法摆脱整个社会思潮的影响。贾逵将谶纬加之于《左传》而《左传》兴,李育反对谶纬而未能挽救《公羊》的颓势,这对何休也是一个前车之鉴①。

总之,瑕不掩瑜,何休通过《解诂》,将自己的公羊学的思想体系按照一定的逻辑完整地建立了起来,使传统的公羊学理论得以系统化、哲理化,这是对公羊学发展做出的重要贡献。何休的《解诂》对后世影响很大,成为后世《公羊传》的标准注本。《解诂》在公羊学乃至经学的发展史上的作用是无法抹杀的。

---

① 贾逵奏称《左传》合于图谶,有利于统治,"(章)帝嘉之","令逵自选《公羊》严、颜诸生高才者二十人,教以《左氏》"。今文家李育奋起反击,以为"多引图谶,不据理体,于是作《难左氏义》四十一事"。然而最后的结果却是章帝"皆拜逵所选弟子及门生为千乘王国郎,朝夕受业黄门署,学者皆欣欣羡慕焉",古文经学势力大张。事见《后汉书》卷36《贾逵传》,第1237—1239页;卷79下《儒林列传》,第2582页。

第三节　强调社会进化的历史哲学

何休将公羊家的"张三世"说与"通三统"说加以新的整合与融会，提出了"衰乱世—升平世—太平世"的社会进化发展模式及其实现的步骤和方法，这也是中国思想史上第一个明确的历史进化理论。

一　"张三世"的历史进化论

"三世"说是何休对公羊学的一大发明，其雏形来自董仲舒的"三等"说。何休首先全盘接受了董仲舒关于春秋三个阶段的划分，然后对三世异辞的情况作了详细的分析：

> 所见者，谓昭、定、哀，己与父时事也；所闻者，谓文、宣、成、襄，王父时事也；所传闻者，谓隐、桓、庄、闵、僖，高祖曾祖时事也。异辞者，见恩有厚薄，义有浅深，时恩衰义缺，将以理人伦，序人类，因制治乱之法。故于所见之世，恩己与父之臣尤深，大夫卒，有罪无罪，皆日录之，"丙申，季孙隐如卒"是也。于所闻之世，王父之臣恩少杀，大夫卒，无罪者日录，有罪者不日，略之，"叔孙得臣卒"是也。于所传闻之世，高祖曾祖之臣恩浅，大夫卒，有罪无罪皆不日，略之也，公子益师、无骇卒是也。①

何休在这里还指出了三世异辞的意义，即"见恩有厚薄，义有浅深，时恩衰义缺，将以理人伦，序人类，因制治乱之法"。随着时代远近不同，"恩有厚薄，义有浅深"，这实际上包含着某种历史变易的观点。何休以此为逻辑起点，进一步推演出一个"衰乱世—升平世—太平世"的历史进化论。他说：

> 于所传闻之世，见治起于衰乱之中，用心尚麤觕，故内其国而外诸夏，先详内而后治外。录大略小，内小恶书，外小恶不书；大

---

① 《春秋公羊传注疏》卷1《隐公元年》注，第31页。

国有大夫,小国略称人;内离会书,外离会不书是也。于所闻之世,见治升平,内诸夏而外夷狄,书外离会,小国有大夫。……至所见之世,著治太平,夷狄进至于爵,天下远近小大若一,用心尤深而详,故崇仁义,讥二名。①

何休的这个历史进化论,实际上包含着两个层面:

第一个层面是从时间上说的,即随着时间的推移,社会越来越发展,人类越来越进步。何休这里以"所传闻世"为"衰乱世",以"所闻世"为"升平世",以"所见世"为"太平世",其实是借鲁国的历史来阐释人类社会的发展规律,即由乱到治,从低级到高级,从野蛮到文明,从落后到进步,从而论证了人类社会发展是不断进化的。这是中国思想史上第一个明确的历史进化论。

第二个层面是从空间上说的,随着时间的推移,"王化"会向周围扩散,越来越多的地域会得到发展,先进文化所覆盖的范围会越来越广。何休设想以鲁国为王化的中心,一步步地向外扩张,最后达到天下"大同"。

历史是进化的,但社会并不会自己发展,需要人们按一定的步骤和方法去推动它的发展。何休的方法就是"异内外",简单言之,就是由内而外、由己及人,先从内部和自身做起,进而影响外部和他人,最后带动整个社会的发展。在何休看来,即使"见治于衰乱之中",只要不放弃努力,锲而不舍地推行"王化""德教",最终一定会到达"太平世"的。这样,何休的"三世"说里就含有了强调人类主观能动性对社会发展的推动作用的意味,从而可以激励人们对生活的信心和奋斗的勇气,去努力实现儒家所倡导的政治理想。

何休对于"异内外"也有详细的阐述。成公十五年《公羊传》:"《春秋》内其国而外诸夏,内诸夏而外夷狄。王者欲一乎天下,曷为以外内之辞言之?言自近者始也。"《解诂》:"内其国者,假鲁以为京师也。诸夏,外土诸侯也。……明当先正京师,乃正诸夏。诸夏正,乃正夷狄,

---

① 《春秋公羊传注疏》卷1《隐公元年》注,第31—32页。

以渐治之。"① 何休认为《春秋》王鲁,所以以鲁为内,诸夏为外;以诸夏为内,则夷狄为外,故曰"异内外"。何休在《解诂》中为我们拟定了一幅"三世"发展的规划图:

当"所传闻之世",治起衰乱之中,主要任务就是安内,"自正而后正人","详内而后治外",故以鲁为王化之首,治道之端。隐公二年《解诂》:"所传闻之世,外离会不书,书内离会者,《春秋》王鲁,明当先自详正,躬自厚而薄责于人,故略外也。"② 隐公十年《解诂》:"于内大恶讳,于外大恶书者,明王者起当先自正,内无大恶,然后乃可治诸夏大恶,因见臣子之义,当先为君父讳大恶也。内小恶书,外小恶不书者,内有小恶,适可治诸夏大恶,未可治诸夏小恶,明当先自正然后正人。"③襄公九年《解诂》:"《春秋》以内为天下法,动作当先自克责。"④

当"所闻之世",鲁之王化见治升平,进而开始影响诸夏,此时的任务就是使华夏诸国崇礼尚义,平等交睦,而严夷夏之防,也就是以诸夏为内、夷狄为外。宣公十一年《解诂》:"所闻世治近升平,内诸夏而详录之,殊夷狄也。"⑤ 襄公二十三年《解诂》:"所传闻世,见治始起,外诸夏,录大略小,大国有大夫,小国略称人。所闻之世,内诸夏,治小如大,廪廪近升平,故小国有大夫,治之渐也。见于邾娄者,自近治也。独举一国者,时乱实未有大夫,治乱不失其实,故取足张法而已。"⑥

至"所见世",夷狄被华夏文化所同化,以仁义为尚,终至"天下远近小大若一",不复有内外之别;"王化"自近而远,一乎天下。昭公十六年《解诂》:"戎曼称子者,入昭公,见王道大平,百蛮贡职,夷狄皆进至其爵。"⑦ 定公六年《解诂》:"《春秋》定、哀之间,文致太平,欲见王者治定,无所复为讥,唯有二名,故讥之,此《春秋》之制也。"⑧

由此可见,由"衰乱世"而至"升平世",由"升平世"而至"太

---

① 《春秋公羊传注疏》卷18《成公十五年》,第462—463页。
② 《春秋公羊传注疏》卷2《隐公二年》注,第35页。
③ 《春秋公羊传注疏》卷3《隐公十年》注,第75页。
④ 《春秋公羊传注疏》卷19《襄公九年》注,第493页。
⑤ 《春秋公羊传注疏》卷16《宣公十一年》注,第402页。
⑥ 《春秋公羊传注疏》卷20《襄公二十三年》注,第518页。
⑦ 《春秋公羊传注疏》卷23《昭公十六年》注,第581页。
⑧ 《春秋公羊传注疏》卷26《定公六年》注,第651页。

平世"的历史进化论,是何休对公羊学的创造性发展,从中也反映出何休身处乱世,而心怀远大。他对人类的前景抱有充分的信心,相信国家的治理必定会越来越好,民众的生活必定会日益得到改善,社会必定会越来越安定和谐。

那人类发展到"太平世"是什么样子的呢？他说:"尧、舜当古历象日月星辰,百兽率舞,凤皇来仪,《春秋》亦以王次春,上法天文,四时具然后为年,以敬授民时,崇德致麟,乃得称大平。"① 与董仲舒一样,关于"太平世"何休首先想到的也是各种的祥瑞,这既是汉人的特征,也是汉人的局限。在解释《公羊传·宣公十五年》"颂声作"时,何休更是描绘了一幅堪称详尽的"太平世"的景象,计有七百五十余字。他说:

> 颂声者,大平歌颂之声,帝王之高致也。《春秋》经传数万,指意无穷,状相须而举,相待而成。至此独言颂声作者,民以食为本也。夫饥寒并至,虽尧、舜躬化,不能使野无寇盗;贫富兼并,虽皋陶制法,不能使强不陵弱,是故圣人制井田之法而口分之:一夫一妇受田百亩,以养父母妻子,五口为一家,公田十亩,即所谓十一而税也。庐舍二亩半,凡为田一顷十二亩半,八家而九顷,共为一井,故曰井田。庐舍在内,贵人也。公田次之,重公也。私田在外,贱私也。井田之义:一曰无泄地气,二曰无费一家,三曰同风俗,四曰合巧拙,五曰通财货。因井田为市,故俗语曰市井。种谷不得种一谷,以备灾害。田中不得有树,以妨五谷。还庐舍种桑荻杂菜,畜五母鸡两母豕,瓜果种疆畔,女上蚕织,老者得衣帛焉,得食肉焉,死者得葬焉。多于五口名曰余夫,余夫以率受田二十五亩。十井共出兵车一乘。司空谨别田之高下善恶,分为三品:上田一岁一垦,中田二岁一垦,下田三岁一垦;肥饶不得独乐,墝埆不得独苦,故三年一换土易居,财均力平,兵车素定,是谓均民力,强国家。在田曰庐,在邑曰里。一里八十户,八家共一巷。中里为校室,选其耆老有高德者名曰父老,其有辩护伉健者为里正,皆受倍田,得乘马。父老此三老孝弟官属,里正比庶人在官之吏。民春

---

① 《春秋公羊传注疏》卷28《哀公十四年》注,第720页。

夏出田，秋冬入保城郭。田作之时，春，父老及里正旦开门坐塾上，晏出后时者不得出，莫不持樵者不得入。五谷毕入，民皆居宅，里正趋缉绩，男女同巷，相从夜绩，至于夜中，故女功一月得四十五日作，从十月尽正月止。男女有所怨恨，相从而歌，饥者歌其食，劳者歌其事。男年六十，女年五十无子者，官衣食之，使之民间求诗，乡移于邑，邑移于国，国以闻于天子，故王者不出牖户尽知天下所苦，不下堂而知四方。十月事讫，父老教于校室，八岁者学小学，十五者学大学，其有秀者移于乡学，乡学之秀者移于庠，庠之秀者移于国学。学于小学，诸侯岁贡小学之秀者于天子，学于大学，其有秀者命曰造士，行同而能偶，别之以射，然后爵之。士以才能进取，君以考功授官。三年耕余一年之畜，九年耕余三年之积，三十年耕有十年之储，虽遇唐尧之水，殷汤之旱，民无近忧，四海之内莫不乐其业，故曰颂声作矣。①

这个理想社会的设计，远较《礼记·礼运》中关于"大同"社会的描述要详备得多，也令董仲舒设想的祥瑞毕至的社会相形见绌。何休这里详细描述了理想社会的政治、经济、文化等各方面，这个社会重公轻私，讲求公平公正，耕者有其田，居者有其屋，经济生产井然有序，物质富有，人人辛勤劳动，人人享受良好的教育，选贤举能，百姓安乐。

作为一种美好的理想和理性的启示，何休的"三世"说，也深深地鼓舞了后世追求社会进步的儒家学者，尤其是启发了清代进步的公羊学者。然而，何休的"三世"说，与春秋的史实实不相合。按何休的说法，鲁国十二公的历史应该是由"衰乱"而"升平"而"太平"，而事实是整个春秋都是衰乱的时代，而且世道每况愈下，自隐公至哀公，二百四十二年，愈后愈乱。

对于这样显著的矛盾，何休不可能看不到。即使是"借事托义"，但如何可以在每况愈下的历史事实中阐发出历史进步论呢？何休吸取了董

---

① 《春秋公羊传注疏》卷16《宣公十五年》注，第417—419页。

仲舒"圣人致太平"①之说，提出了"《春秋》定、哀之间文致太平"的说法，以弥合理论和事实的差距。徐彦《疏》解释说："文致太平者，实不太平，但作太平文而已。"②"当尔之时，实非大平，但《春秋》之义，若治之大平于昭、定、哀也。犹如文、宣、成、襄之世，实非升平，但《春秋》之义，而见治之升平然。"③世道是愈后愈乱，然而在《春秋》的文字之中，越往后讥贬的罪恶越少，因为该讥贬的都讥贬过了，"无所复为讥"，显现出一种愈后愈治的样子。于是何休认为这是孔子"欲见王者治定"，体现了《春秋》义法所要寄托的理想制度。"太平"和"升平"同样都是虚构的，"张法而已"，只是借此表达一种理想。

二 "通三统"的改制理想

何休继承了董仲舒"通三统"的说法，并将之与"张三世"结合，赋予了"通三统"历史进化论的色彩，创建了自己的历史哲学。

《春秋》除了例行的"王正月"外，还有"王二月"和"王三月"的书法，何休认为这是由于"二月，殷之正月也；三月，夏之正月也"的缘故，他借此阐发了"通三统"之义："王者存二王之后，使统其正朔，服其服色，行其礼乐，所以尊先圣，通三统。师法之义，恭让之礼，于是可得而观之。"④他揭示了"通三统"的意义在于"尊先圣"，表明"师法之义"，提倡"恭让之礼"。于此，何休同时也为将"通三统"引入公羊学找到了更多的文本依据，此后"通三统"作为公羊学的基本大义的地位便无可动摇。

何休秉承公羊先师之说，认为新王受命而兴，"必徙居处，改正朔，易服色，殊徽号，变牺牲，异器械"，这是为了表明新王是受命于天，而非受命于人。如夏"以斗建寅之月为正，平旦为朔，法物见、色尚黑"，而殷则"以斗建丑之月为正，鸡鸣为朔，法物牙、色尚白"，至周则"以

---

① 董仲舒：《春秋繁露·考功名》。苏舆撰，钟哲点校：《春秋繁露义证》卷7《考功名》，第177页。
② 《春秋公羊传注疏》卷26《定公六年》疏，第651页。
③ 《春秋公羊传注疏》卷1《隐公元年》疏，第33页。
④ 《春秋公羊传注疏》卷2《隐公三年》注，第42页。

斗建子之月为正,夜半为朔,法物萌,色尚赤"①。他认为新王还当封前二代子孙以大国,为二王后,并存其旧典,待之以客。

何休的"通三统"当然不是对公羊先师之说的简单重复,他着重阐发了董仲舒所提出的"《春秋》上绌夏,下存周,以《春秋》当新王"与"绌夏,亲周,故宋"②之义。何休将之总结为"新周,故宋,以《春秋》当新王",并作为其"三科九旨"中的"一科三旨",这是对"通三统"的一个精练的总结。董仲舒提出"以《春秋》当新王"是为了说明汉直承周统,来证明汉政权的合法性。因为《春秋》当新王,也就是汉当新王。而何休之时,东汉政权日趋腐朽,行将崩溃。何休此时提"以《春秋》当新王"则是寄托了自己于乱世中重建秩序的期望,企图以理想王代替现实王。桓公三年《解诂》:"《春秋》之道,亦通于三王,非主假周以为汉制而已。"③因此,何休对"以《春秋》当新王"进行了极大的发挥。

何休认为《春秋》既当新王,则当绌周、殷为二王后,故有"新周""故宋"之说。"新周"就是"绌周"。宣公十六年"成周宣谢灾",《公羊传》:"外灾不书,此何以书?新周也。"《解诂》:"新周故分别有灾,不与宋同也。孔子以《春秋》当新王,上绌杞,下新周而故宋,因天灾中兴之乐器,示周不复兴,故系宣谢于成周,使若国文,绌而新之,从为王者后记灾也。"④何休明确指出周不复兴,当绌而新之,应由新统取代。"故宋"也就是"故殷",宋本殷后。隐公三年"宋公和卒",《解诂》:"宋称公者,殷后也。王者封二王后,地方百里,爵称公,客待之而不臣也。"⑤

周、宋既为二王之后,与《春秋》新王并列为三统,则夏杞当绌退。庄公二十七年"杞伯来朝",《解诂》:"杞,夏后,不称公者,《春秋》绌杞,新周而故宋,以《春秋》当新王。绌而不称侯者,方以子贬,杞

---

① 《春秋公羊传注疏》卷1《隐公元年》注,第10页。
② 《春秋繁露·三代改制质文》。苏舆撰,锺哲点校:《春秋繁露义证》卷7《三代改制质文》,第198、189页。
③ 《春秋公羊传注疏》卷4《桓公三年》注,第89页。
④ 《春秋公羊传注疏》卷16《宣公十六年》,第420—421页。
⑤ 《春秋公羊传注疏》卷2《隐公三年》,第47页。

伯为黜。"① 又僖公二十三年"杞子卒",《解诂》:"《春秋》,伯、子、男一也,辞无所贬。贬称子者,《春秋》黜杞不明,故以其一等贬之,明本非伯,乃公也。又因以见圣人子孙有诛无绝,故贬不失爵也。"②

何休所言的"以《春秋》当新王"有些类似于柏拉图的"哲学王",都是企图以哲学家对国家理念的知识来治国。以《春秋》当新王,就是要用《春秋》所创之义法来治理天下。而何休的《解诂》就是《春秋》的代言人,亦可以实现褒贬进退之权,寄寓何休自己的政治理想。但《春秋》毕竟只是一本书,而不可能真正成为王者。所以何休又提出了"王鲁"说。所谓"王鲁",就是隐公元年《解诂》说的"《春秋》托新王受命于鲁"③,这样就为《春秋》王找到了一个现实的承担者。

"王鲁"之说在何休"通三统"理论中居于核心地位。综观整部《解诂》,"王鲁"之义随处可见,光是清代刘逢禄《公羊何氏释例·王鲁例》所录的就达三十处。④ 如隐公七年"滕侯卒",《解诂》:"所传闻之世未可卒。所以称侯而卒者,《春秋》王鲁,托隐公以为始受命王。"⑤ 僖公三年"公子友如齐莅盟",《解诂》:"《春秋》王鲁,故言莅以见王义,使若王者遣使临诸侯盟,饬以法度。"⑥ 成公二年《解诂》:"《春秋》托王于鲁,因假以见王法,明诸侯有能从王者征伐不义,克胜有功,当褒之,故与大夫。"⑦

皮锡瑞《经学通论》指出:"黜周王鲁,亦是假借。""止是借当时之事,做一样子,其事之合与不合,备与不备,本所不计。借事明义,是一部《春秋》大旨。"⑧ 实际上,整部《春秋》根本找不到"王鲁"二字。隐公元年出现过"内鲁"的提法,宣公十六年也出现过"新周"的提法,但跟"王鲁"的含义相去甚远。"王鲁"最初见于《春秋繁露》,

---

① 《春秋公羊传注疏》卷8《庄公二十七年》,第206页。
② 《春秋公羊传注疏》卷12《僖公二十三年》,第288—289页。
③ 《春秋公羊传注疏》卷1《隐公元年》注,第7页。
④ 刘逢禄著,郑任钊校点:《春秋公羊经何氏释例》卷6《王鲁例》,第106—109页。
⑤ 《春秋公羊传注疏》卷3《隐公七年》,第66页。
⑥ 《春秋公羊传注疏》卷10《僖公三年》,第246页。
⑦ 《春秋公羊传注疏》卷17《成公二年》,第428页。
⑧ 皮锡瑞:《经学通论》4《春秋》,第23、21页。

但只一见①，董仲舒并未展开细说，只有《春秋繁露·奉本》中"《春秋》缘鲁以言王义"②大概可作注脚。何休则比董仲舒说得更直白——"因假以见王法"，说明"托王于鲁"的实质就是"借事明义"。何休自己在隐公元年《解诂》中还有"譬若隐公受命而王"的话，"譬若受命"云云，直接点明"王鲁"就是一个假设。徐彦《疏》说："隐公实非受命之王，但欲托之以为始也。"③这种假设寄寓春秋公羊学的一种理想——历史应该是这样的！因而他们所谓的历史乃是理想化的历史，还不是实际的历史。

《解诂》在隐公元年、隐公七年和隐公八年等处多次提到"《春秋》王鲁，托隐公为始受命王"，既有"始受命王"，自然就还会有第二个"受命王"、第三个"受命王"，这样《春秋》王鲁就落实到了自隐公至哀公的鲁国十二公身上。而何休又分此十二公为"三世"，由"衰乱世"至"升平世"至"太平世"，从"始受命"的隐公以鲁为王化的中心，"先自详正"，至鲁之王化影响诸夏而严夷夏之防，最后夷狄亦得鲁之王化，"天下远近小大若一"，于是"三统"说和"三世"说就巧妙地结合到了一起。

因此，何休言"通三统"就是要寄寓自己的改制理想，期望重建社会秩序，并建立起以《春秋》当新王，托命于鲁之理论基础，从而通过"异内外""张三世"之王化过程，制作拨乱之法，最终上达"人道浃、王道备"④之理想境界。"通三统"和"张三世"结合在一起，就构成了何休的历史哲学，一种强调变易、改制和人类社会进步的历史哲学。

第四节　"衰世救失"的政治思想

"经世致用"是公羊学的传统，何休公羊学思想的经世色彩尤为明

---

① 《春秋繁露·三代改制质文》："故《春秋》应天，作新王之事，时正黑统，王鲁，尚黑，绌夏，亲周，故宋。"苏舆撰，锺哲点校：《春秋繁露义证》卷7《三代改制质文》，第187页。
② 董仲舒：《春秋繁露·奉本》。苏舆撰，锺哲点校：《春秋繁露义证》卷9《奉本》，第279页。
③ 《春秋公羊传注疏》卷1《隐公元年》注、疏，第18页。
④ 《春秋公羊传注疏》卷28《哀公十四年》注，第718页。

显,"衰世救失"、服务于现实的政治需要,是何休解诂《公羊传》的重要原则。东汉末年,外戚、宦官争相专权,政治极为黑暗。劳动人民生活困苦,农民起义此起彼伏,东汉王朝陷入风雨飘摇之中。何休明知回天乏力,仍是煞费苦心地寻求解决危机的出路,借解诂《公羊传》反对统治者的种种弊政,阐述自己的政治理想和主张。

一 "大一统"说的推进

《公羊传》的"大一统"经过董仲舒的阐发,内容已经大大丰富。何休基于东汉末年的现实考虑,对"大一统"说亦极为重视,在《解诂》中将"大一统"说进一步理论化。首先,他论证了"大一统"的合理性和神圣性。

何休将"元年春,王正月"再加上"公即位"总结为"五始",即后来颜师古注《汉书》时所说的:"元者气之始,春者四时之始,王者受命之始,正月者政教之始,公即位者一国之始。"① 何休认为在"五始"中"元"应该是第一位的,有着极深刻的意义。他认为,"元年"本为"一年",孔子修《春秋》改"一"为"元",特明元以统天。他说:"变一为元。元者,气也。无形以起,有形以分,造起天地,天地之始也。"② 何休把"元"也就是"气"作为世界物质性的基础,由此天地起、四时分而万物生。"元"既然是天地万物的本源,那天地万物一统于"元"也就是非常自然的事了。

但"元"在何休那里只是个"虚位君主",他的最终目的并不是要证明万物一统于"元"。何休进而提出"王者当继天奉元,养成万物"③,也就是说,王才是"大一统"的真正承担者,他作为最高权力的代表,被赋予了"养成万物"的职责和统理一切的至高无上的权力。何休又说:"统者始也,总系之辞。夫王者,始受命改制,布政施教于天下,自公侯至于庶人,自山川至于草木昆虫,莫不一一系于正月,故云政教之始。"④

---

① 《汉书》卷64下《王襃传》注,第2824页。
② 《春秋公羊传注疏》卷1《隐公元年》注,第7页。
③ 同上。
④ 同上书,第11—12页。

他在这里指出，王者自受命伊始，就以王正月的名义统领天下，不论是有等级差别的人类社会，还是包括山川及动植物在内的自然界，都必须一统于王。天下一统于王，王拥有统理一切的至高无上的权力。他又说"《春秋》以元之气，正天之端；以天之端，正王之政；以王之政，正诸侯之即位；以诸侯之即位，正竟内之治"，"五者同日并见，相须成体"①，王者上承天命而统领天下，诸侯上承王命而统领一国，"王者以天下为家"，诸侯"以一国为家"②。诸侯尊王，大夫尊君，上下各安其位，各守其礼，这也就是何休所提的"大一统"的政治秩序。何休强调这是"天人之大本，万物之所系"③。

"元、春、王、正月、即位"五者既然如此重要，因此《春秋》关于某公的记载里，此五者如果有所缺失，在何休看来，那一定不是疏漏，而必定有深刻含义。定公元年"春，王"，明显少了"正月"两个字，《公羊传》就此提出了"定何以无正月"的问题，指明这里孔子寓有深意。何休《解诂》说："今无正月者，昭公出奔，国当绝，定公不得继体奉正，故讳为微辞。"④ 鲁定公是鲁昭公的弟弟，昭公被权臣打得出逃，最后死在晋国，所以定公的即位不正，不配有正月。

除了没"正月"的，还有没"王"的。如桓公三年"春，正月，公会齐侯于嬴。"这里又少了"王"字，何休说："无王者，以见桓公无王而行也。"⑤ 不写"王正月"只写"正月"，是因为要揭露鲁桓公目中无王。

东汉末年皇权旁落，外戚、宦官两大集团争权不止，血雨腥风，政治昏乱，社会动荡，民变四起，统一的国家面临分崩离析，这也是何休汲汲于"大一统"的现实原因。他极为重视"大一统"说的"尊王"之义，强调"政不由王出，则不得为政"⑥，主张强化君主集权。

何休认为，虽然"大一统"是"天人之大本，万物之所系"，但最终

---

① 《春秋公羊传注疏》卷1《隐公元年》注，第12页。
② 《春秋公羊传注疏》卷1《隐公元年》，第29页；卷26《定公十二年》注，第667页。
③ 《春秋公羊传注疏》卷1《隐公元年》，第12页。
④ 《春秋公羊传注疏》卷25《定公元年》，第625页。
⑤ 《春秋公羊传注疏》卷4《桓公三年》，第89页。
⑥ 《春秋公羊传注疏》卷1《隐公元年》注，第12页。

还必须落实到社会政治领域，做到"一法度，尊天子"①。天子受命于天，是"大一统"的体现者，"尊天子"就是尊"一统"。因此，何休在《解诂》中利用各种机会褒扬"尊天子"和突出"尊天子"的重要性：

桓公五年"蔡人、卫人、陈人从王伐郑"，《解诂》："美其得正义也，故以从王征伐录之，盖起时天子微弱，诸侯背叛，莫肯从王者征伐，以善三国之君，独能尊天子死节。"②

成公十三年"三月，公如京师"，《解诂》："月者，善公尊天子。"③

僖公八年传"王人者何？微者也。曷为序乎诸侯之上？先王命也"，《解诂》："衔王命会诸侯，诸侯当北面受之，故尊序于上。"④ 天子至尊无上，派遣臣子和诸侯相会，虽然地位微贱，也要序列于诸侯之上。

僖公九年"春，王三月，丁丑，宋公御说卒"，《解诂》："襄公背殡出会宰周公，有不子之恶，后有征齐忧中国尊周室之心，功足以除恶，故讳不书葬，使若非背殡也。"⑤ 诸侯只要有"尊天子"之心，虽有过恶，也要为之隐讳。同样地，文公十三年"夏，五月，壬午，陈侯朔卒"，《解诂》："不书葬者，盈为晋文讳也。晋文虽霸，强会人孤以尊天子，自补有余，故复盈为讳。"⑥

何休之时，外戚、宦官专权，皇权旁落的现实与春秋时周室衰微的局势十分相似，何休大声疾呼"尊天子"实际上饱含了对现实的忧虑和期望，他说："时庶孽并篡，天王失位徙居，微弱甚，故急著正其号，明天下当救其难而事之。"⑦ 表面上是在说春秋之事，但何尝不能用到桓灵之时呢？联想到现实，何休在宣扬"尊天子"的同时，对不尊王者大加鞭挞，并表达了一种渴望天下志士豪杰能奋起挽救东汉王朝的愿望。如：

隐公八年"郑伯使宛来归邴"，《解诂》："归邴书者，甚恶郑伯无尊事天子之心，专以汤沐邑归鲁，背叛当诛也。"⑧

---

① 《春秋公羊传注疏》卷3《隐公七年》注，第67页。
② 《春秋公羊传注疏》卷4《桓公五年》，第98页。
③ 《春秋公羊传注疏》卷18《成公十三年》，第455页。
④ 《春秋公羊传注疏》卷11《僖公八年》，第257页。
⑤ 《春秋公羊传注疏》卷11《僖公九年》，第259页。
⑥ 《春秋公羊传注疏》卷14《文公十三年》，第350页。
⑦ 《春秋公羊传注疏》卷24《昭公二十三年》注，第597页。
⑧ 《春秋公羊传注疏》卷3《隐公八年》，第69页。

桓公元年"郑伯以璧假许田",《解诂》:"桓公无尊事天子之心,专以朝宿之邑与郑,背叛当诛。"①

庄公三年"溺会齐师伐卫",《解诂》:"天子新立卫公子留,齐、鲁无惮天子之心而伐之,故明恶重于伐。"②

僖公十五年"震夷伯之庙",《解诂》:"僖公蔽于季氏,季氏蔽于陪臣,陪臣见信得权,僭立大夫庙,天意若曰蔽公室者,是人也,当去之。"③

昭公二十二年"王室乱",《解诂》:"宫谓之室。刺周室之微,邪庶并篡,无一诸侯之助,匹夫之救,如一家之乱也,故变京师言王室。不言成周,言王室者,正王以责诸侯也。……不为天子讳者,方责天下不救之。"④

何休借《春秋》史事对外戚和宦官的专权也多有指斥。僖公二十五年"宋杀其大夫",《解诂》:"宋以内娶,故公族以弱,妃党益强,威权下流,政分三门,卒生篡弑,亲亲出奔。疾其末,故正其本。"⑤ 文公八年"宋司城来奔",《解诂》:"宋以内娶,故威势下流,三世妃党争权相杀,司城惊逃,子哀奔亡,主或不知所任,朝廷久空。"⑥ 妃党也就是外戚,何休将宋国的一系列祸乱都归于外戚争权所生。襄公二十九年"阍弑吴子余祭",《解诂》:"以刑人为阍,非其人。……刑人不自赖,而用作阍,由之出入,卒为所杀,故以为戒。"⑦ 指出以刑余之人充当阍寺,近君左右的危险性。

何休通过解诂《公羊传》抨击了桓灵时期君权旁落的情况,强烈主张强化君权,抑制臣权。何休认为"卿大夫任重职大,不当世,为其秉政久,恩德广大,小人居之,必夺君之威权",强调"大夫不得专执"⑧。这里的"不当世""不专执"都体现了何休强化君权、打破外戚和宦官专

---

① 《春秋公羊传注疏》卷4《桓公元年》,第79页。
② 《春秋公羊传注疏》卷6《庄公三年》,第139页。
③ 《春秋公羊传注疏》卷11《僖公十五年》,第270—271页。
④ 《春秋公羊传注疏》卷23《昭公二十二年》,第590页。
⑤ 《春秋公羊传注疏》卷12《僖公二十五年》,第291—292页。
⑥ 《春秋公羊传注疏》卷13《文公八年》,第338—339页。
⑦ 《春秋公羊传注疏》卷21《襄公二十九年》,第531—533页。
⑧ 《春秋公羊传注疏》卷2《隐公三年》注,第45页;卷25《定公元年》注,第629页。

国局面的迫切心情，突出了他维护"大一统"的强烈愿望。

何休还通过阐发自己的"三世"说，描绘了一幅"大一统"发展的蓝图，即"于所传闻之世……内其国而外诸夏，先详内而后治外"；"于所闻之世……内诸夏而外夷狄"；"至所见之世……夷狄进至于爵，天下远近小大若一"。也就是以鲁国为中心，一步步统一中原，统一天下，在实现民族之间平等、和睦相处理想的基础上，达到"夷狄进至于爵，天下远近小大若一"①的空前大一统。

《公羊传》的"大一统"完全以西周分封制为原型，维护以周王为代表的分封制政局的合理性。在分封制下追求"大一统"，最多只能是文化观念上的大一统，是通过文化层面上的一统来维护周王天下共主的地位。董仲舒进而将"大一统"扩大为政治和思想的全面统一，来维护汉帝国的一统。到了何休这里，我们看到"大一统"又发展到了"天下远近小大若一"的最高境界，即使到了今天，这也是很多人不敢想象的。何休视野之广阔，实是令人叹服。

何休的"大一统"既包括政治上的统一，也包括思想、文化上的统一，给予中国的传统文化以重大而深远的积极影响，对中华民族的精神亦有重大而深远的积极影响。

二 "守正"的政治原则

何休极为尊尚守正，强调正当、正道。《公羊传·隐公三年》提出了"君子大居正"，何休解释说："修法守正，最计之要者。"② 又说："得正道尤美。"③ 只有一切遵循正道，才可能有稳定的"大一统"的政治秩序。

一是"君臣之义正"。

君臣关系是君主政治结构的核心，又居于"五伦"之首位，这注定君臣之大伦是维护政治秩序重中之重的问题。因此何休提出"君臣之义正，则天下定矣"，"君臣和则天下治"④，认为君臣关系关乎国家的盛

---

① 《春秋公羊传注疏》卷1《隐公元年》注，第31—32页。
② 《春秋公羊传注疏》卷2《隐公三年》，第49页。
③ 《春秋公羊传注疏》卷12《僖公二十二年》注，第287页。
④ 《春秋公羊传注疏》卷9《庄公二十九年》注，第210页；卷2《隐公二年》注，第39页。

衰、社会的稳定，如何摆正和处理君臣关系至为关键。

"君臣之义正"首先要"别君臣"，"别尊卑，理嫌疑"①，明确君臣的上下分际，确立君尊臣卑的政治伦理。东汉末年臣强君弱，皇帝受制于权臣，甚至有弑君之祸，汉质帝即为梁冀毒杀。感于时局，何休对"君道微，臣道强"极为警惕，疾呼"国君当强"和"抑臣道"，有针对性地提出"臣顺君命"，"君不可见挈于臣"，"臣不得壅塞君命"，甚至"君虽不君，臣不可以不臣"②，主张为人臣者应该尽忠君主，不得心怀异志。他表彰荀息"一受君命，终身死之"；称赞公孙归父在宣公死后，"不以家见逐怨怼"，还尽臣子哭君之礼，"终臣子之道"；称赞蔡季在蔡侯封人死后，"归反奔丧，思慕三年"，对蔡侯封人曾欲疾害自己"卒无怨心"③。

何休继承《公羊传》"君弑，臣不讨贼，非臣也；子不复仇，非子也"④的主张，以复君父之仇为臣子不可推卸的责任和义务。隐公四年"卫州吁弑其君完"，而后"卫人杀州吁于濮"，《解诂》："国中人人得讨之，所以广忠孝之路。"⑤ 隐公十一年"公薨"，《解诂》："臣子不讨贼当绝，君丧无所系也。"⑥ 宣公五年"孙叔得臣卒"，《解诂》："知公子遂欲弑君，为人臣知贼而不言，明当诛。"⑦ 非但弑君，作为臣子知道有弑君的事情要发生而不揭发检举的，即与弑君同罪。

何休之时，"三纲"之义已确立两百多年，且东汉末年皇帝时见挈于外戚、宦官，何休宣扬"君虽不君，臣不可以不臣"之义是完全可以理解的，这也是他"大一统"政治模式的要求。但何休并没有像

---

① 《春秋公羊传注疏》卷9《庄公二十九年》注，第210页；卷9《闵公二年》注，第229页。

② 《春秋公羊传注疏》卷16《宣公十七年》注，第422页；卷7《庄公十年》注，第167页；卷21《襄公三十年》注，第541页；卷15《宣公元年》注，第373页；卷12《僖公二十五年》注，第292页；卷12《僖公二十八年》注，第299页；卷15《宣公六年》注，第387页。

③ 《春秋公羊传注疏》卷11《僖公十年》注，第264页；卷16《宣公十八年》注，第424页；卷5《桓公十七年》注，第127页。

④ 《春秋公羊传注疏》卷3《隐公十一年》，第77页。

⑤ 《春秋公羊传注疏》卷2《隐公四年》，第53页。

⑥ 《春秋公羊传注疏》卷3《隐公十一年》，第76—77页。

⑦ 《春秋公羊传注疏》卷15《宣公五年》，第380页。

董仲舒那样认为"《春秋》君不名恶,臣不名善,善皆归于君,恶皆归于臣"①,完全取消臣子的独立人格,他还是主张君臣之间能建立起一种较为平等的关系。从这个方面来讲,何休的伦理思想更接近于原始儒家。如他提出君主要"贵臣""尊贤"②,强调"臣拜然后君答拜""天子为三公下阶,卿前席,大夫兴席,士式几"以及"臣于君而不名者有五"③等先秦君臣古礼,都是要求君主对臣子尊重和礼敬的一种体现。他提出"君臣相与言不可负"④,也或多或少地把君臣关系摆在相对平等的位置上。

何休明确地主张,臣子对待君主的态度以君主对待臣子的态度为前提,以为"君敬臣则臣自重,君爱臣则臣自尽"⑤。这明显保留了孟子的"君之视臣如手足,则臣视君如腹心;君之视臣如犬马,则臣视君如国人;君之视臣如土芥,则臣视君如寇仇"(《孟子·离娄下》)的君臣观念,只是没有孟子那般激烈。

何休还非常可贵地提到了君臣之间的"朋友之道"。《公羊传》在讲伍子胥复仇时有"复仇不除害,朋友相卫,而不相迿,古之道也"之文,本来讲的是先秦时期人们复仇的一条规则,即复仇的对象只能限于仇人本身,而且复仇的主体也只能是被害者的儿子,朋友可以帮忙但却不能抢在孝子的前面。而何休却由此作了发挥:"时子胥因仕于吴为大夫,君臣言朋友者,阖庐本以朋友之道为子胥复仇。孔子曰:'益者三友,损者三友:友直,友谅,友多闻,益矣;友便辟,友善柔,友便佞,损矣。'"⑥伍子胥为臣,阖庐为君,阖庐为伍子胥出兵楚国居然是为了帮朋友复仇。也就是说,君臣之间是可以像朋友一样相处的。何休还引述孔子的朋友交往之道作注脚,更烘托了阖庐与伍子胥君臣之间的朋友关系。将君臣与朋友相提并论,这即使在先秦也是相当罕见的,唯有埋藏地下

---

① 董仲舒:《春秋繁露·阳尊阴卑》。苏舆撰,钟哲点校:《春秋繁露义证》卷11《阳尊阴卑》,第325页。
② 《春秋公羊传注疏》卷4《桓公四年》注,第95页;卷15《宣公元年》注,第371页。
③ 《春秋公羊传注疏》卷15《宣公六年》注,第384页;卷4《桓公四年》注,第95页。
④ 《春秋公羊传注疏》卷11《僖公十年》注,第264页。
⑤ 《春秋公羊传注疏》卷1《隐公元年》注,第32页。
⑥ 《春秋公羊传注疏》卷25《定公四年》,第646—647页。

两千多年的郭店楚简中有"君臣、朋友,其择者也","友,君臣之道也"① 这样的说法。这无疑是何休君主论中的一大闪光点。

何休更坚持了孔子"以道事君"(《论语·先进》)的观念,以道义来统摄君臣之间的关系,提出"仕为行道,道不行,义不可以素餐",也就是臣子事君是为了实践儒家的道义,是以君讲道义为前提的,如果君不讲道义,那臣就可以选择结束彼此之间的君臣关系,弃君而去。庄公二十四年曹羁"三谏不从,遂去之",《解诂》:"孔子曰:'所谓大臣者,以道事君,不可则止。'此之谓也。谏必三者,取月生三日而成魄,臣道就也。不从得去者,仕为行道,道不行,义不可以素餐,所以申贤者之志,孤恶君也。"② 认为对待恶君,臣子三次进谏就尽到了臣子的责任,然后可以"谏不从而去之"③。

宣公十七年"公弟叔肸卒",《解诂》:"称字者,贤之。宣公篡立,叔肸不仕其朝,不食其禄,终身于贫贱。故孔子曰'笃信好学,守死善道。危邦不入,乱邦不居。天下有道则见,无道则隐',此之谓也。"④ 对于无道之君,可以选择保持距离,不合作,隐居不仕。

何休进而提出,对于无道之君,臣民甚至可以奋起反抗,肯定了人民诛除"失众"的无道之君的正义性和合理性。如他评论鲁桓公的所作所为时说"若桓公之行,诸侯所当诛,百姓所当叛"⑤,所谓"百姓所当叛",就是承认臣民有革命的权力。何休评论晋灵公之死是"灵公无道,民众不悦,以致见杀",评论莒纪公之死是"一人弑君,国中人人尽喜,故举国以明失众,当坐绝也",评论薛伯比之死是"失众见弑,危社稷宗庙",评论莒犁比公密州之死是"为君恶,民所贱,故称国以弑之"⑥。"无道""为君恶""危社稷宗庙""民众不悦""民所贱"的君主必定"失众",丧失民心支持,也就失去了统治的合法性,这样的君主被弑,

---

① 荆门市博物馆编:《郭店楚墓竹简·语丛一》、《语丛二》,文物出版社1998年版,第197、209页。
② 《春秋公羊传注疏》卷8《庄公二十四年》,第197页。
③ 《春秋公羊传注疏》卷26《定公八年》注,第654页。
④ 《春秋公羊传注疏》卷16《宣公十七年》,第423页。
⑤ 《春秋公羊传注疏》卷4《桓公三年》注,第91页。
⑥ 《春秋公羊传注疏》卷15《宣公六年》注,第387页;卷14《文公十八年》注,第368页;卷26《定公十二年》注,第664页;卷21《襄公三十一年》注,第542页。

结果是"国中人人尽喜"。可见，何休把无道之君排除在了臣子尽忠的范围之外。对于祸国殃民的无道之君，何休认为人人得而诛之，这与孟子的"闻诛一夫纣，未闻弑君也"（《孟子·梁惠王下》）的思想也是基本一致的。

此外，在"国重君轻"思想的指导下，何休主张臣子对国家的责任要高于对君主的责任。桓公十一年，郑国权臣祭仲受宋国胁迫，拥立厉公突，逼走昭公忽。何休赞赏祭仲"虽病逐君之罪"，但"能保有郑国，犹愈于国亡"，是"罪不足而功有余，故得为贤也"，存国之功大于逐君之罪。所以"君子以存国，除逐君之罪"。何休还将祭仲逐昭公比作伊尹放太甲，他说："汤孙大甲骄蹇乱德，诸侯有叛志，伊尹放之桐宫，令自思过，三年而复成汤之道。前虽有逐君之负，后有安天下之功，犹祭仲逐君存郑之权是也。"① 可见，在何休的考虑中，国家利益、天下的安定，远在君位和君主个人的安危荣辱之上。

毋庸置疑，作为公羊学大师的何休，其君臣观念很多是承袭自《公羊传》的。《公羊传》的君臣观念大体上反映的还是先秦儒家的观念。而随着君主专制的逐渐强化，到了何休那里，显然已经无法完全秉持《公羊传》的君臣观念了。我们知道，《公羊传》有一个很特异的主张就是臣可向君复仇，明确对伍子胥向楚王报杀父之仇表示赞同，表示"父不受诛，子复仇可也"。而何休在这个问题上明显与《公羊传》产生了距离，何休在解释《公羊传》这句话时说："诸侯之君与王者异，于义得去，君臣已绝，故可也。"② 把臣可对君复仇限定为了诸侯君臣间的特例。由此我们也看出，何休所说的臣子于义可去的对象实际上是不包括天子在内的。与天子的君臣关系既然是不可解除的，我们也可以进一步想见，在何休那里，臣民革命的对象实际上也是不包括天子在内的，而只是限于诸侯之君。

孟子说"闻诛一夫纣"，纣就是天子；《公羊传》讲"子复仇可也"，也是没有区分天子、诸侯。何休自己也曾说："王者、诸侯皆称君，所以

---

① 《春秋公羊传注疏》卷5《桓公十一年》注，第113—115页。
② 《春秋公羊传注疏》卷26《定公四年》，第646页。

通其义于王者。"① 但他在君臣关系问题上却编织了一道防护网,将作为天子的君主与作为诸侯的君主作了区隔。这是何休在历史条件已经改变的情况下,一种不得已的选择,同时也是一种精心设计。借由这道防护网,何休可以不用顾虑太多政治束缚,继续阐述先秦儒家的那种君臣观念,又不会对中央集权的君主专制制度产生冲击,为理想在现实之中找到栖身之所。而且,我们也看到,何休在《解诂》里也并没有放弃对天子恶行的抨击与批判。如庄公元年《解诂》:"义不可以天子之尊,绝人继嗣之路。主书者,恶天子也。"宣公十五年《解诂》:"恶天子不以礼尊之而任以权,至令杀尊卿二人。"襄公三十年《解诂》:"恶天子重失亲亲。"②

二是"立嗣以正"。

君位传承是君主政治的一项重要内容,直接关系到政局的稳定和国家的安定。很多王朝到了末年,都会在君位传承方面出现问题,引发政局动荡,恶化本已经弊乱丛生的政治环境。东汉末年亦是如此,质帝、桓帝、灵帝皆为外戚所擅立,以支庶而登帝位,从而母后称制、权奸秉政伴随东汉王朝走向衰亡。

何休目睹东汉末年的这一乱局,非常渴望能建立起一套运行良好的君位传承制度。首先,他认为最理想的君位传承应该是坚持嫡长子继承制。在解释《公羊传》"立适(嫡)以长不以贤,立子以贵不以长"的原则时,他说:

> 适,谓适夫人之子,尊无与敌,故以齿。子,谓左右媵及侄娣之子,位有贵贱,又防其同时而生,故以贵也。礼,嫡夫人无子,立右媵;右媵无子,立左媵;左媵无子,立嫡侄娣;嫡侄娣无子,立右媵侄娣;右媵侄娣无子,立左媵侄娣。质家亲亲,先立娣;文家尊尊,先立侄。嫡子有孙而死,质家亲亲,先立弟;文家尊尊,先立孙。其双生也,质家据见立先生,文家据本意立后生:皆所以

---

① 《春秋公羊传注疏》卷1《隐公元年》注,第7页。
② 《春秋公羊传注疏》卷6《庄公元年》注,第134页;卷16《宣公十五年》注,第415页;卷21《襄公三十年》注,第539页。

防爱争。①

何休详细叙述了君位继承人的顺位，最为关键的是他深刻地指出了这套制度背后的意义所在——"皆所以防爱争"，就是为了防止君位继承过程中可能产生的纷争，消弭可能引发的政治动乱，使权力能够顺利传承，维护统治秩序。这正像王国维先生所指出的，嫡长子继承制的意义在于"求定而息争也"。王国维还指出何休叙述的这套制度过于详密，"顾皆后儒立类之说，当立法之初，未必穷其变至此"②。也就是说，何休所说的很可能并非真是古礼，他这种几乎穷尽各种可能的继承人身份的叙述，更突显了他对一套严密的传承制度的渴望。越严密的制度，可以越明确地把继承人限制在一个人的身上。

他还在解释《公羊传·庄公十九年》所讲的"诸侯娶一国，则二国往媵之，以侄娣从"的制度时说："必以侄娣从之者，欲使一人有子，二人喜也。所以防嫉妒，令重继嗣也。"③认为这也是从维护继嗣稳定的角度所做的安排。

当然，最好状况是"国有正嗣"④，即存在嫡长子。这样依据"立嫡以长"⑤，可以非常明确大位所属，一步就解决传承过程。桓公六年"子同生"，何休说："本所以书庄公生者，感隐、桓之祸生于无正，故喜有正。……礼，世子生三日，卜士负之寝门外，以桑弧蓬矢射天地四方，明当有天地四方之事；三月，君名之，大夫负朝于庙，以名遍告之。"⑥鲁惠公没有嫡子，这埋下了后来桓公弑隐公的祸根，因此桓公的嫡长子公子同（庄公）的诞生，使鲁国在相当长的一段时间内避免了因君位传承引发的动荡。何休强调这对鲁国来说是非常大的喜事，也是一件非常隆重的事情。

其次，君主应该在生前尽早确立储嗣，这样可以最大限度地减少因

---

① 《春秋公羊传注疏》卷1《隐公元年》，第16页。
② 王国维著，彭林整理：《观堂集林》卷10《殷周制度论》，第234页。
③ 《春秋公羊传注疏》卷8《庄公十九年》，第184页。
④ 《春秋公羊传注疏》卷4《桓公六年》注，第102页。
⑤ 《春秋公羊传注疏》卷23《昭公二十年》注，第588页。
⑥ 《春秋公羊传注疏》卷4《桓公六年》，第102页。

名分不定产生的纷争。文公十四年"齐侯潘卒""齐公子商人弑其君舍",何休认为:"潘立储嗣不明,乍欲立舍,乍欲立商人,至使临葬更相篡弑。"① 指出商人弑舍篡位,就是因为齐昭公潘在立嗣问题上犹豫不决,未能在生前确立储嗣。

尤其很多时候潜在的继承人之间尊卑贵贱的身份差异很小,先后次序并不好确定,则会更容易引起纷争。文公十三年,邾娄文公薨,其二子貜且、接菑争位。何休指出,貜且、接菑"俱不得天之正性",皆非嫡子,而"二子母尊同体敌",难分贵贱。最后虽然以"以年长故"② 貜且获立,但邾娄还是经历了一场动荡,晋国甚至出兵逼邾娄纳接菑,国家一度陷于危机之中。

鲁隐公和鲁桓公兄弟之间也属于这种"尊卑也微"③ 的情况,他们的母亲只是左、右媵的区别,尊卑并不明显。按制度是桓公应继位,但他们的父亲鲁惠公死的时候,桓公尚年幼,于是诸大夫"废桓立隐",终致十几年后桓公弑隐公之祸。何休指出,真正的祸根即在于"惠公不早分别也",是惠公没有在生前确立嗣君。他提出:"男子年六十闭房,无世子,则命贵公子。将薨亦如之。"④ 在没有当然的嫡长子的情况下,君主必须在年满六十岁或临终之时指定好嗣君。

君主如果生前未能指定嗣君,除了有潜在的继承人争位的危险,往往还会使君位废立之权沦于臣子之手,进而造成君权旁落等一系列更大的政治祸乱,而这也是何休更为警惕的。他评论卫襄公说:"世子辄有恶疾,不早废之,临死乃命臣下废之。自下废上,鲜不为乱。"⑤ "自下废上,鲜不为乱",这是何休对历史经验的深刻总结,同时也是对现实政治的忧愤感慨。

我们从何休对隐公四年"卫人立晋"的态度更可以发现他对"自下废上"的防范。何休说:"晋得众,国中人人欲立之。……凡立君为众,众皆欲立之,嫌得立无恶,故使称人,见众言立也,明下无废上之义,

---

① 《春秋公羊传注疏》卷14《文公十四年》,第354、358页。
② 《春秋公羊传注疏》卷14《文公十四年》注,第356—357页。
③ 《春秋公羊传注疏》卷1《隐公元年》传,第14页。
④ 《春秋公羊传注疏》卷1《隐公元年》注,第13—14页。
⑤ 《春秋公羊传注疏》卷22《昭公七年》注,第559页。

听众立之，为立篡也。"① 州吁被诛后，卫人迎立公子晋。何休认为，虽然公子晋有民意，被立为君没有什么过恶，但臣子立君从根本上讲是不能允许的，即便是人心所向，也跟篡位一样是没有合法性的。

最后，君主立嗣一定要遵循正当、正道。君主早定储嗣，固然可以减少纷争，但如果不坚持"立嫡以长不以贤，立子以贵不以长"的原则，一样会招来祸患。何休指出："废正当有后患。"② 君主如果背离嫡长子继承制的正道，一定会后患无穷。僖公五年，晋献公为立骊姬之子，杀世子申生，庶子重耳、夷吾逃亡。献公死后，晋国大乱，骊姬之子奚齐、卓子虽先后得立，但先后被弑，于是惠公夷吾立，惠公死后文公重耳又返国与侄子怀公圉争位。晋国祸乱一直延续到十几年后，晋献公杀嫡立庶真可谓后患无穷。

宋国之乱也是一个典型的事例。宋宣公以其弟缪公贤能，不传子而传弟。缪公也不传子而传位于宣公之子与夷，导致缪公之子庄公冯弑殇公与夷。何休评论说"言死而让，开争原也""死乃反国，非至贤之君不能不争也"③。他认为，缪公虽贤，但宣公破坏了传承制度，不传子而传弟，相当于开启了一个纷争的开关，缪公又递相沿袭，以致酿成了宋国的祸乱。被剥夺了继承权的嗣子，除非是圣贤，很难不去夺回本属于自己的位置，这样祸乱也就终难避免。

三 "德治"的政治主张

孔子曰："为政以德，譬如北辰，居其所而众星共之。"（《论语·为政》）儒家认为道德为政治之本，以三代圣王的"德治"为理想的政治，主张用道德教化来维持统治。何休虽然没有明确提出"德治"的概念，但《解诂》中处处体现着儒家的这种"德治"的思想。

（一）君主实行"德治"是建立在君主有"德"的基础之上的。在君主专制之下，君主的圣明与否直接决定国家的治理良否。东汉末年的桓、灵二帝就是骄奢淫逸之主的典型代表，他们的统治使东汉王朝直接

---

① 《春秋公羊传注疏》卷2《隐公四年》，第53—54页。
② 《春秋公羊传注疏》卷11《僖公十年》注，第264页。
③ 《春秋公羊传注疏》卷2《隐公三年》注，第49页。

走向崩溃的边缘。何休极为重视统治者的德行，他说：

> 或言王，或言天王，或言天子，皆相通矣，以见刺讥是非也。王者，号也。德合元者称皇。孔子曰："皇象元，逍遥术，无文字，德明谧。"德合天者称帝，河洛受瑞可放。仁义合者称王，符瑞应，天下归往。天子者，爵称也，圣人受命，皆天所生，故谓之天子。①

王者的合法性虽然是来自天，但其落脚点显然在于"德"，强调的是"德合元者""德合天者""仁义合者"，实际上是将君德置于核心地位，最终君权的合法性来自以德赢取民心而天下归往。

何休强调君主身先天下的表率作用，他糅合大小戴《礼记》之文指出"上敬老则民益孝，上尊齿则民益弟，是以王者以父事三老，兄事五更，食之于辟雍，天子亲袒而割牲，执酱而馈，执爵而酳，冕而总干，率民之至也"②。认为君主的德行对民众具有非常巨大的感召力，对社会风气起着决定性的作用。何休继承了孔子"政者正也，子帅以正，孰敢不正"（《论语·颜渊》）的思想，主张君主应当"先自详正，躬自厚而薄责于人"③，又说："王者起当先自正，内无大恶，然后乃可治诸夏大恶，……内有小恶，适可治诸夏大恶，未可治诸夏小恶，明当先自正然后正人。"④ 即要求君主在道德上做出表率，在各方面都要为民之先。

具体而言，君主首先要做到"躬行孝道以先天下"⑤。

何休在《解诂》自序里称："昔者孔子有云：吾志在《春秋》，行在《孝经》。此二学者，圣人之极致，治世之要务也。"⑥《孝经》以孝为"德之本"（《孝经·开宗明义》），孝道是何休在君德中最为重视的内容之一。孝是何休评价君主的一大标准。如他盛赞"文王之祭，事死如事

---

① 《春秋公羊传注疏》卷17《成公八年》注，第447页。
② 《春秋公羊传注疏》卷4《桓公四年》注，第95页。
③ 《春秋公羊传注疏》卷2《隐公二年》注，第35页。
④ 《春秋公羊传注疏》卷3《隐公十年》注，第75页。
⑤ 《春秋公羊传注疏》卷5《桓公十四年》注，第121页。
⑥ 《春秋公羊传注疏·序》，第3—4页。

生，孝子之至也"，指责周襄王"出居于郑"是"不能事母，罪莫大于不孝"①。

何休认为，基于孝的要求，君主应当严格执行三年之丧，做到"子未三年，无改于父之道"，三年之中"孝子疾痛，吉事皆不当为"②。对君主的不守丧行为，何休都予以指斥。文公二年"公子遂如齐纳币"，为鲁文公聘妇，何休谴责文公"丧娶"，指出"僖公以十二月薨，至此未满二十五月，又礼先纳采、问名、纳吉，乃纳币，此四者皆在三年之内……有人心念亲者，闻有欲为己图婚，则当变恸哭泣矣，况乃至于纳币成婚哉"③。僖公九年，宋桓公去世不久，刚即位的宋襄公就赴葵丘会诸侯，何休指责宋襄公"背殡出会宰周公，有不子之恶"④。

何休对孝的推崇与汉代标榜以孝治天下是分不开的。他在《解诂·庄公二十五年》借《孝经》之文明确提出了君主"以孝治天下"的主张："礼，七十，虽庶人，主字而礼之。《孝经》曰'昔者明王之以孝治天下也，不敢遗小国之臣'是也。"⑤ 以孝治天下，孝不仅限于事亲，更扩展为社会伦理、政治伦理，要求君主推其爱敬之心及于臣民百姓。他提出："先王之所以治天下者有五：贵有德，为其近于道也；贵臣，为其近于君也；贵老，为其近于父也；敬长，为其近于兄也；慈幼，为其近于子弟也。"何休这里提出了王者治理天下的五大原则：贵有德、贵臣、贵老、敬长、慈幼，就是要以爱敬之心对待臣民百姓。于是贵有德、贵臣、贵老、敬长、慈幼，"上敬老则民益孝，上尊齿则民益弟"，"父事三老，兄事五更"⑥ 也都经由孝道贯穿起来。

其次，君主要做到"以至廉无为，率先天下"。廉而不贪、俭约轻利也是何休在君德中非常重视的内容，《解诂》中再三致意。何休评论桓公十五年"天王使家父来求车"一事说：

---

① 《春秋公羊传注疏》卷5《桓公八年》注，第107页；卷12《僖公二十四年》注，第289页。
② 《春秋公羊传注疏》卷9《闵公二年》注，第230页；卷13《文公二年》注，第328页。
③ 《春秋公羊传注疏》卷13《文公二年》、《文公七年》注，第327—328、336页。
④ 《春秋公羊传注疏》卷11《僖公九年》注，第259页。
⑤ 《春秋公羊传注疏》卷8《庄公二十五年》注，第199页。
⑥ 《春秋公羊传注疏》卷4《桓公四年》注，第95页。

王者千里，畿内租税，足以共费，四方各以其职来贡，足以尊荣，当以至廉无为率先天下，不当求。求则诸侯贪，大夫鄙，士庶盗窃。①

君主一旦贪利，上行下效，最终就会使人人唯利是图，吏治腐败，民间盗贼横行，造成整个社会贪鄙成风、物欲横流、道德沦丧的恶果，必然会导致社会危机的产生。因此何休主张，君主有正常的租税和贡品足以满足需求，除此之外不应该再索取财物。何休非常强调俭约的重要性，其称"约俭之卫，甚于重门击柝，孔子曰'礼与其奢也，宁俭'，此之谓也"②。层层防卫，还是难以完全防止盗贼，而上下俭约，却可以从根本上斩断贪利之欲。所以他奉劝君主要"厚于礼义，而薄于财利"，尤其不要与百姓争利，强调"天地自然之利，非人力所能加，故当与百姓共之"③，不要把君权变成牟取私利的工具。

隐公五年"公观鱼于棠"，对鲁隐公跑到很远的地方去张网捕价值不菲的鱼，何休痛斥隐公"去南面之位，下与百姓争利，匹夫无异"。文公七年，鲁文公伐邾娄，取须朐，何休指责文公"贪利取邑，为诸侯所薄贱"。昭公十一年"楚子虔诱蔡侯般，杀之于申"，楚灵王以蔡灵公弑父为由，诱杀蔡灵公，进而灭蔡，何休揭露楚灵王"内怀利国之心，而外托讨贼"，声明"不与其讨贼，而责其诱诈也"④。僖公二十年"新作南门"、成公十八年"筑鹿囿"，何休也都责之以"奢泰"。⑤

再次，君主"当以至信先天下"⑥。

文公三年"晋阳处父帅师伐楚救江"，楚师围江国，晋军伐楚以救江，却遇楚师不敢战即撤还，次年江国被灭。就此何休认为："救人之道，当指其所之，实欲救江而反伐楚，以为其势必当引围江兵当还自救也，

---

① 《春秋公羊传注疏》卷5《桓公十五年》，第122页。
② 《春秋公羊传注疏》卷15《宣公六年》注，第385页。
③ 《春秋公羊传注疏》卷16《宣公十二年》注，第408页；卷5《桓公十六年》注，第126页。
④ 《春秋公羊传注疏》卷3《隐公五年》，第55页；卷13《文公七年》，第336页；卷22《昭公十一年》，第564页。
⑤ 《春秋公羊传注疏》卷11《僖公二十年》，第281页；卷18《成公十八年》，第474页。
⑥ 《春秋公羊传注疏》卷5《桓公十四年》注，第121页。

故云尔。孔子曰：'自古皆有死，民无信不立。'"① 何休认为，晋国说是救江实质上却没有救江，这是一种欺诈，于是他借孔子之言提出了"信"的重要性。

何休将宋襄公树立为君主守信的典范。僖公二十二年宋楚泓水之战，宋襄公坚持等楚军列阵完毕之后再发动攻击，结果大败。何休称赞宋襄公"得正道尤美"，"若襄公所行，帝王之兵也"，认为这是"王德"的表现，并感伤宋襄公"有王德而无王佐也"，"守正履信，属为楚所败"②。僖公二十一年宋襄公与楚成王盟会，宋公守信而来，楚王却执宋公以伐宋，何休以宋公"守信见执"而直斥楚王"无耻"③。

对诸侯的背信失信，何休也都给予了贬斥。成公三年"及孙良夫盟"，何休说："《诗》曰：'君子屡盟，乱是用长。'二国既修礼相聘，不能相亲信，反复相疑。"④ 指出诸侯之间屡屡盟会，恰恰反映了当时诸侯屡屡失信，互相之间不信任的现实。成公六年"取鄟"，鄟乃邾娄之邑，而上年十二月鲁刚与邾娄有虫牢之盟，何休谴责鲁成公"背信亟也，属相与为虫牢之盟，旋取其邑"⑤。襄公二十七年"卫杀其大夫宁喜。卫侯之弟鱄出奔晋"，卫献公让公子鱄与宁喜缔约，宁喜迎献公回国，献公复位后却杀了宁喜，何休一再谴责"献公无信""卫侯衎不信"⑥。

最后，君主还应有纳谏和自省之德。

何休要求君主要善于纳谏，他批评宋襄公"欲行霸事，不纳公子目夷之谋，事事耿介自用，卒以五年见执，六年终败"，惋惜鲁昭公不从子家驹所谏"当先去以自正"之言，"卒为季氏所逐"⑦。君主还应当保持自省，经常自我检视："政不一与？民失职与？宫室荣与？妇谒盛与？苞苴行与？谗夫倡与？"⑧ 君主还要善于悔过。何休夸赞秦缪公说："秦缪公

---

① 《春秋公羊传注疏》卷13《文公三年》，第330页。
② 《春秋公羊传注疏》卷12《僖公二十二年》《僖公二十三年》注，第287—288页。
③ 《春秋公羊传注疏》卷11《僖公二十一年》注，第283页。
④ 《春秋公羊传注疏》卷17《成公三年》，第438页。
⑤ 《春秋公羊传注疏》卷17《成公六年》，第443页。
⑥ 《春秋公羊传注疏》卷21《襄公二十七年》，第527、528、529页。
⑦ 《春秋公羊传注疏》卷11《僖公十六年》注，第274页；卷25《定公二年》注，第636页。
⑧ 《春秋公羊传注疏》卷4《桓公五年》注，第98页。

自伤前不能用百里子、蹇叔子之言，感而自变悔，遂霸西戎，故因其能聘中国，善而与之，使有大夫。子贡曰：'君子之过也，如日月之食焉。过也，人皆见之；更也，人皆仰之。'此之谓也。"又夸赞鲁僖公说："僖公得立，欣喜不恤庶众，比至三年，即能退辟正殿，饬过求己，循省百官，放佞臣郭都等，理冤狱四百余人，精诚感天，不雩而得澍雨，……善其应变改政。"①

在何休那里，国家的盛衰安危首先就维系在君德上，他非常鲜明地指出："不肖之君为国尤危。"②认为君主如果无德，又不肯修德，那就不配统治天下。僖公元年"邢迁于陈仪"，何休认为："时邢创畏狄兵，更欲依险阻。……王者封诸侯，必居土中，所以教化者平，贡赋者均，在德不在险。"③德比险阻更可凭恃，这里更有一种"德者天下无敌"的意味。他提醒君主在日常生活中"当修文德"④，注重自身道德修养，崇礼乐、养仁义。他说："礼乐接于身，望其容而民不敢慢，观其色而民不敢争，故礼乐者，君子之深教也，不可须臾离也。君子须臾离礼，则暴慢袭之；须臾离乐，则奸邪入之，是以古者天子诸侯，雅乐钟磬未曾离于庭，卿大夫御琴瑟未曾离于前，所以养仁义而除淫辟也。"⑤

（二）何休要求强化君主集权，但他强调君主不要事必躬亲，以为"天下之君，海内之主，当秉纲撮要"⑥，要君主注意掌控全局，把持关键，避免舍本逐末。在何休那里，君主所要专注的主要就是"德治"。强调君德的最终目的就是要落实到社会政治上。

他明确提出了"贵教化而贱刑罚"⑦的德治主张，认为统治者如果不注重德治，而试图一味依靠刑罚治理天下，那就会刑愈繁而世愈乱，法愈多而治愈恶。他说："古者肉刑：墨、劓、膑、宫，与大辟而五。孔子曰：'三皇设言民不违，五帝画象世顺机，三王肉刑揆渐加，应世黜巧奸

---

① 《春秋公羊传注疏》卷14《文公十二年》注，第249页；卷10《僖公三年》注，第244页。
② 《春秋公羊传注疏》卷4《桓公三年》注，第92页。
③ 《春秋公羊传注疏》卷10《僖公元年》，第233—234页。
④ 《春秋公羊传注疏》卷12《僖公二十八年》注，第298页。
⑤ 《春秋公羊传注疏》卷3《隐公五年》注，第60页。
⑥ 《春秋公羊传注疏》卷4《桓公五年》注，第98页。
⑦ 《春秋公羊传注疏》卷25《定公元年》注，第634页。

伪多。'"① 三皇、五帝根本不用刑罚而天下太平，后世刑罚繁多却仍是"黠巧奸伪多"，孰优孰劣，一目了然。何休谴责鲁隐公"设苛令急法以禁民"②，将僖公十九年梁"鱼烂而亡"说成是"隆刑峻法"的后果。他说："梁君隆刑峻法，一家犯罪，四家坐之，一国之中，无不被刑者。百姓一旦相率俱去，状若鱼烂。鱼烂从内发，故云尔。著其自亡者，明百姓得去之，君当绝者。"③ 君主治国当以道德感召百姓，严刑峻法只能使民心背离，使国家陷于危机，这与孔子所说的"子为政，焉用杀"（《论语·颜渊》）的"德治"主张是相当一致的。

以德治国，首在"重爱民命"④。何休把民众看成国家兴亡的根本力量和治国的关键所在，提出了"诸侯国体，以大夫为股肱，士民为肌肤"的思想，表明了"恶国家不重民命"⑤ 的态度。他谴责君主"无恻痛于民之心""视百姓之命若草木，不仁之甚也"，认为君主有"怀保其民"和使"百姓安土乐业"的政治责任，民心向背直接关系到国家的兴衰存亡，一旦"民人将去，国丧无日"⑥。因此君主应当多为百姓着想，要"忧民之急"⑦，不要一味只顾自己享乐。庄公三十一年"筑台于郎"，何休说："登高远望，人情所乐，动而无益于民者，虽乐不为也。"⑧ 他告诫君主不要"奢泰妨民"和"动扰不恤民""费重不恤民"⑨。

何休提出了"民食最重"⑩ 的政策主张，以民食为国家安定的根本要素。他指出："民以食为本也。夫饥寒并至，虽尧、舜躬化，不能使野无

---

① 《春秋公羊传注疏》卷 21《襄公二十九年》注，第 532 页。
② 《春秋公羊传注疏》卷 3《隐公五年》注，第 61 页。
③ 《春秋公羊传注疏》卷 11《僖公十九年》，第 281 页。
④ 《春秋公羊传注疏》卷 10《僖公四年》注，第 247 页。
⑤ 《春秋公羊传注疏》卷 10《僖公七年》注，第 256 页；卷 12《僖公二十五年》注，第 292 页。
⑥ 《春秋公羊传注疏》卷 5《桓公十四年》注，第 121 页；卷 12《僖公二十六年》注，第 296 页；卷 5《桓公十一年》注，第 116 页；卷 4《桓公三年》注，第 91—92 页。
⑦ 《春秋公羊传注疏》卷 4《桓公五年》注，第 99 页。
⑧ 《春秋公羊传注疏》卷 9《庄公三十一年》，第 212 页。
⑨ 《春秋公羊传注疏》卷 18《成公十八年》注，第 474 页；卷 19《襄公八年》注，第 492 页；卷 26《定公七年》注，第 652 页。
⑩ 《春秋公羊传注疏》卷 6《庄公七年》注，第 155 页。

寇盗。"又说："民食不足，百姓不可复兴，危亡将至。"① 民以食为天，民食出了问题，国家必乱。他呼吁君主"当奉顺四时之正"②，不夺农时；注意分别土地，教民因地制宜地耕稼，所谓"地势各有所生，原宜粟，隰宜麦，当教民所宜，因以制贡赋"③，保证和促进农业生产。在保证农业生产的同时，还要关注粮食储备和荒政。他说："三年耕余一年之畜，九年耕余三年之积，三十年耕有十年之储，虽遇唐尧之水，殷汤之旱，民无近忧，四海之内莫不乐其业。"④ 国家有充足的粮食储备，有能力抵御灾害，同时统治者再"当自省减，开仓库，赡振之"⑤，这样"虽遇凶灾，民不饥乏"，民众仍然可以安居乐业；而如果没有储备，像鲁庄公那样"享国二十八年，而无一年之畜"，国家则必然"危亡切近"⑥。

　　针对东汉末年主要的耕地都控制在官僚地主和豪强地主手中的状况，何休说："贫富兼并，虽皋陶制法，不能使强不陵弱。"他认为解决土地兼并严重的问题唯有实行井田制。他推崇井田制的优越性有："一曰无泄地气，二曰无费一家，三曰同风俗，四曰合巧拙，五曰通财货。"他还设计了按井平均授田，平均承担赋税的方案："一夫一妇受田百亩，以养父母妻子，五口为一家，公田十亩，即所谓十一而税也。庐舍二亩半，凡为田一顷十二亩半，八家而九顷，共为一井。"⑦ 何休这种井田制终究只是一种美好的理想，毫无实现的可能，但其对现实中土地兼并的批判意义却不容否定。

　　何休主张"税民公田，不过什一"⑧，要求君主薄赋敛，减轻人民负担。他讥刺鲁宣公"初税亩"超出什一是"奢泰多取于民，比于桀也"，批评鲁哀公"空尽国储，故复用田赋，过什一"⑨。他说："赋者，敛取其

---

① 《春秋公羊传注疏》卷16《宣公十五年》《宣公十年》注，第417、401页。
② 《春秋公羊传注疏》卷3《隐公六年》注，第64页。
③ 《春秋公羊传注疏》卷22《昭公元年》注，第548页。
④ 《春秋公羊传注疏》卷16《宣公十五年》注，第418—419页。
⑤ 《春秋公羊传注疏》卷16《宣公十年》注，第401页。
⑥ 《春秋公羊传注疏》卷9《庄公二十八年》注，第209页。
⑦ 《春秋公羊传注疏》卷16《宣公十五年》注，第417页。
⑧ 《春秋公羊传注疏》卷28《哀公十二年》注，第702页。
⑨ 《春秋公羊传注疏》卷16《宣公十五年》注，第417页；卷28《哀公十二年》注，第702页。

财物也。言用田赋者,若今汉家敛民钱,以田为率矣。"① 可见,说的是鲁国的事情,矛头却直指东汉之世。当时,桓、灵二帝后宫彩女数千人,衣食之费日数千金,"内府"贮存了大量财宝珍异,专供宫廷挥霍。统治者为了维持他们的奢华生活,竭泽而渔地搜刮百姓,苛捐杂税可谓繁多,诚如灵帝时吕强所云:"天下之财,莫不生之阴阳,归之陛下。"② 即使这样,统治者仍嫌不足用,还要卖官鬻爵,指使宦官多方搜刮。统治者过于贪婪和挥霍无度,导致国库空虚和百姓经济负担沉重,何休既愤慨又忧心。他引《论语》"百姓足,君孰与不足?百姓不足,君孰与足"③ 之言,提醒君主,减轻对人民的赋税搜刮,只有百姓富足了,君主之用才能有保证。当然对正常的赋税,何休还是予以肯定的,认为是"社稷宗庙百官制度之费"所必需的,"赋敛不足,国家遂虚"④。

何休提出,君主还要关心民众疾苦,倾听下层意见,懂得"刍荛之言不可废"⑤。他主张君主为了解民情,应该亲自巡守:"王者所以必巡守者,天下虽平,自不亲见,犹恐远方独有不得其所,故三年一使三公绌陟,五年亲自巡守。"⑥ 他甚至还为君主设计了一个体察民情的机制:"男女有所怨恨,相从而歌,饥者歌其食,劳者歌其事。男年六十,女年五十无子者,官衣食之,使之民间求诗,乡移于邑,邑移于国,国以闻于天子,故王者不出牖户尽知天下所苦,不下堂而知四方。"⑦

桓灵之时,"天下饥馑,帑藏虚尽"⑧,国库空虚,连年灾荒,国家无力赈济,饿殍遍地,而统治者不顾百姓死活,依旧挥霍无度,"百姓莫不空单",又"告冤无所",纷纷"聚为盗贼"⑨,一场全国性的农民起义已经暗流涌动。何休这一系列主张具有相当的现实意义。

---

① 《春秋公羊传注疏》卷28《哀公十二年》注,第702页。
② 《后汉书》卷78《宦者列传》,第2532页。
③ 《春秋公羊传注疏》卷16《宣公十年》注,第401页。
④ 《春秋公羊传注疏》卷16《宣公十五年》《宣公十三年》注,第417、410页。
⑤ 《春秋公羊传注疏》卷17《成公二年》注,第433页。
⑥ 《春秋公羊传注疏》卷3《隐公八年》注,第69页。
⑦ 《春秋公羊传注疏》卷16《宣公十五年》注,第418页。
⑧ 《后汉书》卷38《冯绲传》,第1283页。
⑨ 《后汉书》卷31《贾琮传》,第1111—1112页。

其次，德治的一个重要内容就是尊贤、用贤，无德小人当道政治不会稳定。何休强烈主张"达贤者之心""通贤者之心，不使壅塞"和"深抑小人"①。他提出，君主应当礼敬贤者，为人才提供宽松的环境，这样才能吸引各种贤才，使天下诚心归附。他说："古者刑不上大夫，盖以为摘巢毁卵，则凤凰不翔；刳胎焚夭，则麒麟不至。刑之则恐误刑贤者，死者不可复生，刑者不可复属，故有罪放之而已，所以尊贤者之类也。"②又说："礼，盛德之士不名，天子上大夫不名。《春秋》公子不为大夫者不卒，卒而字者，起其宜为天子上大夫也。孔子曰：'兴灭国，继绝世，举逸民，天下之民归心焉。'"③

东汉末年，"正直废放，邪枉炽结"④，包括何休本人在内的正直贤臣纷纷遭到禁锢，不得进用，而佞幸小人却窃据高位，朋比为奸擅权祸国。对此何休有着切肤之痛，他说："当春秋时，废选举之务，置不肖于位，辄退绝之以生过失，至于君臣忿争出奔，国家之所以昏乱，社稷之所以危亡。"⑤何休极言不选贤举能、"置不肖于位"的危害，强调这是导致国家昏乱、社稷危亡的祸根。

何休大力宣扬选举制，提倡"公卿大夫、士皆选贤而用之"和"士以才能进取，君以考功授官"⑥，并借《尚书大传》所说的"诸侯三年一贡士于天子，天子命与诸侯辅助为政，所以通贤共治，示不独专，重民之至。大国举三人，次国举二人，小国举一人"⑦强调选贤的重要性。

对于那种父子相承官职的世卿现象，何休非常痛恨，认为这造成了"贤者失其所，不肖者反以相亲荣"⑧的恶果。他秉承《公羊传》"讥世

---

① 《春秋公羊传注疏》卷19《襄公七年》注，第490页；卷12《僖公二十八年》注，第298页；卷4《桓公二年》注，第89页。
② 《春秋公羊传注疏》卷15《宣公元年》注，第371页。
③ 《春秋公羊传注疏》卷16《宣公十七年》注，第423页。
④ 《后汉书》卷67《党锢列传》，第2187页。
⑤ 《春秋公羊传注疏》卷1《隐公元年》注，第29页。
⑥ 《春秋公羊传注疏》卷2《隐公三年》注，第45页；卷16《宣公十五年》注，第418页。
⑦ 《春秋公羊传注疏》卷6《庄公元年》注，第133页。徐彦《疏》指出："皆《书传》文。"
⑧ 《春秋公羊传注疏》卷4《桓公二年》注，第89页。

卿"的立场，对世卿现象进行了激烈的抨击："卿大夫任重职大，不当世，为其秉政久，恩德广大。小人居之，必夺君之威权，故尹氏世，立王子朝；齐崔氏世，弑其君光，君子疾其末则正其本。"① 认为世卿必然导致君权衰落，最终引发臣子擅立君上乃至篡弑君上之祸。他还彰显世卿的危害说："王者尊莫大于周室，强莫大于齐国，世卿尤能危之。"②

何休指出，世卿之所以能在春秋之时造成那么大的危害，主要就在于当时"天子诸侯，不务求贤而专贵亲亲"③。我们注意到，何休提出的王者治理天下的五大原则：贵有德、贵臣、贵老、敬长、慈幼，实际上原本为曾子之说，其原始面貌为"先王之所以治天下者五：贵有德、贵贵、贵老、敬长、慈幼"④。何休把曾子原先所说的"贵贵"转换成了"贵臣"，抽离了其中爱敬贵戚的内容，由此也突显出何休对血缘贵族政治的警惕。

此外，何休继承孔子"远人不服，则修文德以来之"（《论语·季氏》）的思想，主张以德服天下，而反对以力服天下，表明了"深为霸者耻之"⑤ 的态度。这其实也是何休对如何实现"大一统"所作的一个回答。他虽然热切追求"大一统"的局面的实现，但他认为"兵，凶器；战，危事；不得已而用之尔"⑥，强调战争只有在迫不得已的情况下才能使用，反对"不先以文德来之，而便以兵取之"⑦，认为最好的办法是"不顿兵血刃，以文德优柔服之"。僖公四年《解诂》："时楚强大，卒暴征之，则多伤士众。桓公先犯其与国，临蔡，蔡溃，兵精威行，乃推以伐楚，楚惧，然后使屈完来受盟，修臣子之职，不顿兵血刃，以文德优柔服之，故详录其止次待之，善其重爱民命，生事有渐，故敏则有功。"⑧

---

① 《春秋公羊传注疏》卷2《隐公三年》注，第45页。
② 《春秋公羊传注疏》卷16《宣公十年》注，第400页。
③ 《春秋公羊传注疏》卷13《文公元年》注，第319页。
④ 吕不韦撰，许维遹集释，梁运华整理：《吕氏春秋集释》卷14《孝行览》，中华书局2009年版，第308页。
⑤ 《春秋公羊传注疏》卷12《僖公二十八年》注，第306页。
⑥ 《春秋公羊传注疏》卷12《僖公二十六年》注，第294页。
⑦ 《春秋公羊传注疏》卷22《昭公元年》注，第546页。
⑧ 《春秋公羊传注疏》卷10《僖公四年》注，第247页。

何休对齐桓公不通过武力而以文德服楚，大加赞叹。而同样是齐桓公，当他于僖公六年伐郑的时候，何休则毫不留情地予以抨击："恶桓公行霸，强而无义也。郑背叛，本由桓公过陈不以道理，当先修文德以来之，而便伐之，强非所以附疏。"① 庄公十三年"齐人灭遂"，何休则说得更为清楚："不讳者，桓公行霸，不任文德而尚武力，又功未足以除恶。"② 何休以齐桓公"不任文德而尚武力"为大恶，认为即使曾有"尊王攘夷"的功德也不足以抵消。

对晋文公不修德而企图用武力征服许国，何休也同样给予斥责，甚至认为晋文公的霸业也是因此而衰的：僖公二十八年"遂会诸侯围许"，《解诂》："霸兵不月者，刺文公不偃武修文以附疏，仓卒欲服许，卒不能降，威信自是衰，故不成其善。"③ 何休主张以德服人是一贯的，即使对遭季氏驱逐的鲁昭公也是一样：昭公二十六年"公围成"，《解诂》："书者，恶公失国，幸而得运，不修文德以来之，复扰其民围成。"④ 何休认为鲁昭公失国而能有幸居于运邑，应当吸取教训提高自身道德修养，以安定运邑和感召国人，而不能再动用暴力试图征服成邑。由此可见，何休主张任文德而黜武力的态度是十分鲜明的。

最后，何休提出统治者应当承担起教民的责任，要重教化、兴学校，建立起从中央到地方的完整教育体系："十月事讫，父老教于校室，八岁者学小学，十五者学大学，其有秀者移于乡学，乡学之秀者移于庠，庠之秀者移于国学。学于小学，诸侯岁贡小学之秀者于天子，学于大学，其有秀者命曰造士，行同而能偶，别之以射，然后爵之。"⑤

前面提到过，何休"大一统"思想要求"自公侯至于庶人，自山川至于草木昆虫"均一统于王。人间秩序要以"德治"来维持，人与物之间的秩序自然也要推行"德治"。桓公四年《解诂》："冬时禽兽长大，遭兽可取。不以夏田者，《春秋》制也。以为飞鸟未去于巢，走兽未离于穴，恐伤害于幼稚，故于苑囿中取之。……狩例时，此月者，讥不时也。

---

① 《春秋公羊传注疏》卷10《僖公六年》注，第255页。
② 《春秋公羊传注疏》卷7《庄公十三年》，第176页。
③ 《春秋公羊传注疏》卷12《僖公二十八年》，第306页。
④ 《春秋公羊传注疏》卷24《昭公二十六年》，第609页。
⑤ 《春秋公羊传注疏》卷16《宣公十五年》注，第418页。

周之正月，夏之十一月，阳气始施，鸟兽怀任，草木萌牙，非所以养微。"① 主张爱惜大地万物。

何休对"德治"的倡导，是与他的"大一统"思想紧密相关的，其目的就是维护和巩固"大一统"局面。而他在"桓灵时期"提出这一思想，更是具有强烈的时代性和针对性，其进步作用是不言而喻的。

四 "进夷狄"的民族观

与其"大一统"说相适应，何休在民族关系上主张"进夷狄"，认为随着社会的进化，"大一统"局面的逐步形成，落后民族也将逐渐进化，最终实现"夷狄进至于爵，天下远近小大若一"②，即"夷狄"与"诸夏"民族平等、和睦相处，达到天下一家的境界。

何休在《解诂》中将《公羊传》"夷夏之辨"是文化之辨的思想发扬光大。隐公七年《解诂》："中国者，礼义之国也。"③ 昭公二十三年《解诂》："中国所以异乎夷狄者，以其能尊尊也。"④ 可见，何休明确以文化修养来区分夷、夏，具体而言，何休认为行为之合不合礼义，有没有仁义道德，才是诸夏与夷狄的真正差异所在。

从这个立场出发，何休提出了"进夷狄"的民族观，认为夷狄可以接受教化，逐步进化到诸夏。联系其"三世"说和"大一统"说，何休设计了一个夷狄进化程序：在所传闻世，"内其国而外诸夏"，此时的任务主要是正己，诸夏尚且为外，对夷狄的教化还不在讨论的范围内，所谓"王者不治夷狄"，"来者勿拒，去者勿追"⑤；至所闻世，"内诸夏而外夷狄"，诸夏一统，而以夷狄为对立面，夷狄逐渐受中国影响，偶尔也会有"君子之行"⑥；至所见世，夷狄亦受王化，与诸夏无异，各民族平等、和睦相处，天下一家。总而言之，对夷狄教化的原则就是"当先正

---

① 《春秋公羊传注疏》卷4《桓公四年》注，第93—94页。"《春秋》制"，原书"春秋"无书名号，不从。按公羊家以《春秋》为继周之一代，改周之文，从殷之质。
② 《春秋公羊传注疏》卷1《隐公元年》注，第31—32页。
③ 《春秋公羊传注疏》卷3《隐公七年》注，第68页。
④ 《春秋公羊传注疏》卷24《昭公二十三年》注，第595页。
⑤ 《春秋公羊传注疏》卷2《隐公二年》注，第35页。
⑥ 《春秋公羊传注疏》卷1《隐公元年》注，第31页；卷18《成公十五年》注，第462页。

京师，乃正诸夏。诸夏正，乃正夷狄，以渐治之"①。

《春秋》称呼褒贬的原则是"州不若国，国不若氏，氏不若人，人不若名，名不若字，字不若子"②。何休将之总结为"七等"，并认为，夷狄的进化实际上就是从"州"到"子"的过程，"七等"其实就是其进化程度的一个标尺。

庄公十年"荆败蔡师于莘"，以"州"称楚，《解诂》："夷狄谓楚。不言楚言荆者，楚强而近中国，卒暴责之，则恐为害深，故进之以渐，从此七等之极始也。"③ 这里又提出了"进之以渐"的原则，更明确说进化的过程"从此七等之极始"。

庄公二十三年"荆人来聘"，以"荆人"称楚，《解诂》："《春秋》王鲁，因其始来聘，明夷狄能慕王化，修聘礼，受正朔者，当进之，故使称人也。称人当系国，而系荆者，许夷狄不一而足。"④

僖公元年"楚人伐郑"，以"人"称楚，《解诂》："楚称人者，为僖公讳与夷狄交婚，故进使若中国，又明嫁娶当慕贤者。"⑤

文公九年"楚子使椒来聘"，又以"子"称楚，"子"乃爵称，楚已"进至于爵"了，但《解诂》以为"夷狄质薄，不可卒备"，还不能"纯以中国礼责之"，"故且以渐"⑥。

至宣公十一年"楚子、陈侯、郑伯盟于辰陵"，《解诂》："庄王行霸约诸侯，明王法，讨征舒，善其忧中国，故为信辞。"⑦

楚终于从最初的"夷狄"，到最后因为"卓然有君子之信"，终于"德进行修，同于诸侯"⑧ 了。何休认为这种进化不是一蹴而就的，而是一个非常缓慢的进程，强调要"进之以渐"。所以始称楚以"人"和"子"的时候，都留了一个小尾巴，不承认其能一下子进化到这个程度。

楚能进至于中国，那其他夷狄自然也可以进化。因此对夷狄能向慕

---

① 《春秋公羊传注疏》卷18《成公十五年》注，第463页。
② 《春秋公羊传注疏》卷7《庄公十年》传，第169页。
③ 《春秋公羊传注疏》卷7《庄公十年》，第168、170页。
④ 《春秋公羊传注疏》卷8《庄公二十三年》，第192页。
⑤ 《春秋公羊传注疏》卷10《僖公元年》，第236页。
⑥ 《春秋公羊传注疏》卷13《文公九年》，第342、343页。
⑦ 《春秋公羊传注疏》卷16《宣公十一年》，第402页。
⑧ 《春秋公羊传注疏》卷16《宣公十二年》疏，第405页。

中国，行礼义，接受教化而主动提升自己，何休皆予以褒扬：

僖公十八年"邢人、狄人伐卫"，《解诂》："狄称人者，善能救齐，虽拒义兵，犹有忧中国之心，故进之。"①

僖公二十年"齐人、狄人盟于邢"，《解诂》："狄称人者，能常与中国也。"②

僖公二十九年"介葛卢来"，《公羊传》："介葛卢者何？夷狄之君也。"《解诂》："介者，国也。葛卢者，名也。进称名者，能慕中国，朝贤君，明当扶勉以礼义。"③

宣公十五年"晋师灭赤狄潞氏，以潞子婴儿归"，《公羊传》："潞何以称子？潞子之为善也，躬足以亡尔。"《解诂》："疾夷狄之俗而去离之，故称子。"④ 褒扬潞氏躬自为善，能去夷狄之俗而欲归中国。

昭公二十三年"吴败顿、胡、沈、蔡、陈、许之师于鸡父。胡子髡、沈子楹灭，获陈夏啮"，《春秋》之义本是"不与夷狄之获中国"，而此处却许吴"获"陈夏啮，《解诂》："能结日偏战，行少进，故从中国辞治之。"⑤ "结日偏战"就是两军对阵，约期定地，"鸣鼓而战，不相诈"⑥。何休以为吴能改变夷狄不合礼义的偷袭作战方式，而采用文明的约期对阵，有所进化，所以褒之以中国之辞。

夷狄虽然能"进至于爵"，但那是"太平世"的事，"衰乱世"和"升平世"夷狄尚未开化，仍然落后野蛮而会危害中国，因此，对于夷狄的恶行也还必须加以贬斥，还必须"严夷夏之防"，坚持"降夷狄，尊天子"⑦。因此，何休多次褒扬齐桓公"尊王攘夷"的功绩，以为"累次桓公之功德，莫大于服楚，明德及强夷最为盛"，并说"桓公先治其国以及诸夏，治诸夏以及夷狄，如王者为之"⑧。而诸夏如果混淆夷、夏，与夷狄结盟，背弃中国的则要加以贬斥，所谓"以诸夏之众，冠带之国，反

---

① 《春秋公羊传注疏》卷11《僖公十八年》，第278页。
② 《春秋公羊传注疏》卷11《僖公二十年》，第283页。
③ 《春秋公羊传注疏》卷12《僖公二十九年》，第307页。
④ 《春秋公羊传注疏》卷16《宣公十五年》，第414页。
⑤ 《春秋公羊传注疏》卷24《昭公二十三年》，第594—596页。
⑥ 《春秋公羊传注疏》卷5《桓公十年》注，第112页。
⑦ 《春秋公羊传注疏》卷3《隐公七年》注，第68页。
⑧ 《春秋公羊传注疏》卷10《僖公四年》注，第249页。

背天子而事夷狄，耻甚不可忍言"①。宣公十七年"葬蔡文公"，《解诂》："不月者，齐桓、晋文没后，先背中国与楚，故略之。"② 又成公三年"郑伐许"，《解诂》："谓之郑者，恶郑襄公与楚同心，数侵伐诸夏，自此之后，中国盟会无已，兵革数起，夷狄比周为党，故夷狄之。"③

其实"夷狄进至于爵"对何休来说只是一种理想，以"所见世"为"太平世"也只不过是托事言义而已。从春秋到东汉"太平世"从来就没有实现过，所以坚持"夷夏之防"仍是极其必要的。而何休提"夷夏之防"也有更为深刻的现实意义。桓灵之时，檀石槐统一了鲜卑各部，尽据匈奴故地，控地相当辽阔，"称兵十万，才力劲健"，"兵利马疾，过于匈奴"④。檀石槐依仗强大的军事力量，不断掠夺东汉缘边郡县。灵帝时，幽、并、凉三州缘边诸郡，连年遭受鲜卑攻击和掳掠，致使人口减少，生产萎缩。同时，羌人起义不断，《后汉书·西羌传》载："永初之间，群种蜂起，……东犯赵、魏之郊，南入汉、蜀之鄙，塞湟中，断陇道，烧陵园，剽城市，伤败踵系，羽书日闻。并、凉之士，特冲残毙，壮悍则委身于兵场，女妇则徽纆而为虏，发冢露胔，死生涂炭。自西戎作逆，未有陵斥上国若斯其炽也。"⑤ 可见，当时夷、夏关系仍然是东汉政权面临的重大政治问题，边境民族对东汉的侵扰给汉族人民带来了极大的痛苦，使本来就岌岌可危的东汉政权雪上加霜。因此，何休疾呼"尊王攘夷"也是针对现实世界而作出的一种必然反应。

但何休所主张的攘斥夷狄并非要对夷狄进行残暴的征伐杀戮，"但可驱逐之而已"。而东汉政权在镇压羌人时，多推行屠杀剿灭政策，光是灵帝建宁二年（169）段颎在射虎谷一役就屠杀了近两万羌人。何休因此借齐桓公伐山戎之事说："戎亦天地之所生，而乃迫杀之甚痛。……恶不仁也。"⑥ 主张对来犯的夷狄击退而止，反对迫杀过甚的做法。夷狄并非异类，而是"亦天地之所生"，同样具有生存和进化的权利，这个思想与张

---

① 《春秋公羊传注疏》卷28《哀公十三年》注，第705页。
② 《春秋公羊传注疏》卷16《宣公十七年》，第422页。
③ 《春秋公羊传注疏》卷17《成公三年》，第439页。
④ 《后汉书》卷90《鲜卑传》，第2991页。
⑤ 《后汉书》卷87《西羌传》，第2899—2900页。
⑥ 《春秋公羊传注疏》卷9《庄公三十年》注，第212页。

载的"民吾同胞,物吾与也"的思想极其相似,具有明显的平等色彩。

在何休心目中,攘斥也是不得已的办法,他的理想还是"进夷狄"。既然诸夏与夷狄只是文化德行之间的差别,若能使其浸渐于礼义而进于诸夏,也就用不着攘夷了,所以何休更主张教化夷狄,即所谓"君子所以贵教化而贱刑罚也"。

总之,何休的"进夷狄"思想体现了一种进步的民族观。何休认为随着王化的普及,夷狄的文明程度逐渐提高,进而达到与诸夏平等的地位,最后必然会实现"远近小大若一"的民族大融合的局面,这其实是何休"大一统"理想在民族关系上的体现。何休发展了公羊学以文化进步程度而非种族或血缘来区分"诸夏"和"夷狄"的思想,向往民族融合,其民族观具有明显的平等意识。

维护政治稳定和社会秩序,总结治乱盛衰之由,一直是历代公羊学家最为关注的问题之一。何休生当末世,天下板荡,因此他对社会安定用意尤深。在《解诂》中,何休借助经典资源,总结《春秋》史事的历史经验教训,阐发了具有公羊学特色的政治思想。他呼唤"大一统"的政治秩序,警惕君权旁落和权臣专政的风险,提倡德政,反对暴政,强调重民恤民和选贤举能。他要求君主注重自身道德修养,以道德感召和安定天下,尤其注重君主在孝、廉、信等方面表率天下的德行。他尊尚守正,渴望君臣之间能建立一种良性和谐的关系,在明确君臣上下分际的前提下,主张"以道事君",强调君臣之间互相的责任与义务,甚至提出君臣之间存在"朋友之道"。他坚持以嫡长子继承制为君位传承的正道,主张早定名分消弭纷争,反对"自下废上"。他主张"进夷狄",明确以文化修养来区分夷、夏,向往民族融合,其民族观具有明显的平等色彩。何休的政治思想饱含了深沉的历史责任感和强烈的现实关怀。

第五节　何休的灾异说

援引谶纬、侈言灾异,是何休公羊学的特点之一,灾异说在何休的思想体系里占有很大的比重。何休还将"人事与灾异"总结为"二类",列为公羊学的"义例"之一。《春秋》共记录各种灾异一百四十次,除了庄公二十五年"秋，大水，鼓用牲于社于门"和宣公十六年"冬，大有年"之外，何休皆加以引申发挥①。甚至一些《春秋》未明言为灾异的，何休也作灾异解，如昭公五年"戊辰，叔弓帅师败莒师于濆泉"，濆泉本是地名②，而《解诂》却说："盖战而涌为异也。不传异者，外异不书。此象公在晋，臣下专为莒叛臣地以兴兵战斗，百姓悲怨叹息，气逆之所致，故因以著战处，欲明天之与人相报应之义。"③ 何休真可谓公羊学灾异说的集大成者。

一　以阴阳、谶纬说灾异

灾异说经过董仲舒的倡导，很快泛滥起来，而以灾异附会人事也逐渐成为公羊学的特征之一。而谶纬虽然汉以前就已经产生，但至西汉末年始大量出现。"谶者，诡为隐语，预决吉凶"，"纬者，经之支流，衍及旁义"④，谶纬实质上就是一种神学预言。东汉光武帝因以图谶起兵，得天下之后，便"宣布图谶于天下"⑤，谶纬成为东汉统治思想的重要组成部分，于是"儒者争学图纬"⑥。由于谶纬与灾异说皆基于"天人感应"观念之上，其形式上也雷同，很快谶纬就融入了灾异说。而谶纬多借圣人及经书的权威神化自己，又被统治者所提倡，公羊学者当然也乐于借谶纬丰富自己的理论，提高自己学说的地位。此后，多言谶纬灾异便成了东汉公羊家的传统。其时，不仅公羊学者热衷于谶纬灾异，就是贾逵、郑玄等古文学者也都大谈灾异，不废谶纬，可以说这是东汉经学的一个普遍特征。章帝亲自主持制定《白虎通义》，进一步以"国宪"的形式肯定了谶纬和灾异说之后，谶纬和灾异之说更是盛行。

何休是公羊学大师，而又生活在桓、灵之间，其受谶纬灾异之说的

---

① 襄公二十一年"九月庚戌朔，日有食之""冬，十月庚辰朔，日有食之"、二十三年"春，王二月癸酉朔，日有食之"下无说，其说由襄公二十年《解诂》"自溴梁之盟，臣恣日甚，故比年日食"统领。见《春秋公羊传注疏》卷20《襄公二十年》注，第516页。
② 濆泉，《左传》作"蚡泉"；《穀梁传》作"贲泉"，云"狄人谓贲泉'失台'"。
③ 《春秋公羊传注疏》卷22《昭公五年》，第556页。
④ 《四库全书总目》卷6《易类六》，第47页中。
⑤ 《后汉书》卷1下《光武帝纪》，第84页。
⑥ 《后汉书》卷59《张衡列传》，第1911页。

第三章 何休:公羊学体系的完善 / 185

影响可想而知。他秉承公羊家言灾异之传统,大量援引阴阳、谶纬之言,对公羊先师之说,尤其是董仲舒的灾异说加以改造和发展,将公羊学的灾异说推向极致。

同董仲舒一样,何休亦首先强调"天人感应"。僖公三年《解诂》:"天人相与报应之际,不可不察其意。"僖公十六年《解诂》:"天之与人,昭昭著明,甚可畏也。"昭公五年《解诂》:"欲明天之与人相报应之义。"① 为自己的灾异说打下了理论上的依据。在此基础上,何休又对"灾"和"异"作了界定:

隐公五年"螟",《公羊传》:"何以书?记灾也。"《解诂》:"灾者,有害于人物,随事而至者。先是隐公张百金之鱼,设苛令急法以禁民之所致。"②

隐公三年"日有食之",《公羊传》:"何以书?记异也。"《解诂》:"异者,非常可怪,先事而至者。是后卫州吁弑其君完,诸侯初僭,鲁隐系获,公子翬进谄谋。"③

定公元年"冬,十月,陨霜杀菽",《公羊传》:"何以书?记异也。此灾菽也,曷为以异书?异大乎灾也。"《解诂》:"异者,所以为人戒也。重异不重灾,君子所以贵教化而贱刑罚也。"④

何休凡注解"灾"时,多有"先是"之语,说明所以有灾,是因为君王先有失德之行,政治昏乱,故天降灾以伤其人与物。凡注解"异",则多有"是后"之语,说明天地所以先示异象,是为了警诫君王当修德自省。何休的说法与董仲舒有所不同,董仲舒以为"灾"的威力小而"异"的威力大,上天一般先降"灾",如不奏效,才会再降"异","以此见天意之仁而不欲陷人也"⑤。而何休认为"灾"发生在已然之后,而"异"发生在未然之前,而非"异"随"灾"后;二者相较,上天更重

---

① 《春秋公羊传注疏》卷10《僖公三年》注,第245页;卷11《僖公十六年》注,第274页;卷22《昭公五年》注,第556页。
② 《春秋公羊传注疏》卷3《隐公五年》,第61页。
③ 《春秋公羊传注疏》卷2《隐公三年》,第42—43页。
④ 《春秋公羊传注疏》卷25《定公元年》,第633—634页。
⑤ 董仲舒:《春秋繁露·必仁且智》。苏舆撰,锺哲点校:《春秋繁露义证》卷8《必仁且智》,第259页。

视"异"，以示"贵教化而贱刑罚"之意。① 何休的"上天"显然更具有灵活性，不是一味在事后谴告、畏吓，而是偏好于事前加以警告和劝诫。这实际上更有利于灾异说在现实中的应用。

何休的"灾""异"之分，虽有别于董仲舒，但其以灾异附会人事及"天人感应"的说法，承之于董仲舒却是没有疑问的。而且《春秋》所载一百四十条灾异，何休有注解的一百三十八条，其中略同于董仲舒的凡七十五条，占54%②，可见何休灾异说深受董仲舒之影响。《拾遗记》载何休"《三坟》《五典》，阴阳算术，河洛谶纬，及远年古谚，历代图籍，莫不咸诵"③，并曾亲自注训《风角》《七分》等阴阳纬候之书，可见何休在阴阳、谶纬方面有着很高的造诣。因此，《解诂》中阴阳、谶纬之言俯拾皆是，则远非董仲舒等公羊先师可比。

以阴阳说灾异是何休注解灾异时常用的手段，如：

隐公九年"三月，癸酉，大雨震电"，《解诂》："震雷电者，阳气也。……周之三月，夏之正月，雨当水雪杂下，雷当闻于地中，其雉雏，电未可见，而大雨震电，此阳气大失其节，犹隐公久居位不反于桓，失其宜也。"④

隐公九年"庚辰，大雨雪"，《解诂》："盖师说以为平地七尺雪者，盛阴之气也。八日之间，先示隐公以不宜久居位，而继以盛阴之气大怒，此桓将怒而弑隐公之象。"⑤

桓公八年"十月，雨雪"，《解诂》："周之十月，夏之八月，未当雨雪，此阴气大盛，兵象也。是后有郎师、龙门之战，流血尤深。"⑥

桓公十四年"无冰"，《解诂》："周之正月，夏之十一月，法当坚冰。

---

① 何休对"灾""异"的区分，或来自《春秋纬》。《春秋潜潭巴》："灾之为言伤也，随事而诛。异之为言怪也，先发动之也。"（班固撰，陈立疏证，吴则虞、沈啸寰点校：《白虎通疏证》卷6《灾变》引，中华书局1994年版，第268页。）
② 据张广庆《何休〈春秋公羊解诂〉研究》，台湾师范大学国文研究所硕士论文，1989年。
③ 王嘉撰，萧绮录，齐治平校注：《拾遗记》卷6《前汉下后汉》，第155页。
④ 《春秋公羊传注疏》卷3《隐公九年》，第72—73页。
⑤ 同上书，第73页。
⑥ 《春秋公羊传注疏》卷5《桓公八年》，第108页。

无冰者,温也。此夫人淫泆,阴而阳行之所致。"①

成公十六年"甲午,晦",《解诂》:"此王公失道,臣代其治,故阴代阳。"②

以上仅略征几例。还有很多注解表面上并无阴阳之言,而实际上却是以阴阳之说为根据的。如隐公三年"日日食之",《解诂》:"异者,非常可怪,先事而至者。是后卫州吁弑其君完,诸侯初僭,鲁隐系获,公子翚进诣谋。"徐彦《疏》指出:"此等诸事皆是阴阳之象,故取之日食。"③ 据《晋书·天文志中》:"日为太阳之精,主生养恩德,人君之象也。……日蚀,阴侵阳,臣掩君之象,有亡国。"④ 何休用阴阳之说解灾异,凡弑君、君弱臣强、亡国之事,多归之于日食。如:

文公十五年"六月,辛丑,朔,日有食之",《解诂》:"是后楚人灭庸,宋人弑其君处臼,齐人弑其君商人,宣公弑子赤,莒弑其君庶其。"⑤

宣公十七年"六月,癸卯,日有食之",《解诂》:"是后邾娄人戕鄫子,四国大夫败齐师于鞌,齐侯逸获,君道微,臣道强之所致。"⑥

襄公十四年"二月,乙未,朔,日有食之",《解诂》:"是后卫侯为强臣所逐出奔,溴梁之盟,信在大夫。"⑦

而以谶纬说灾异,更是何休灾异说的一大特色。何休囿于风气,大量援引谶纬注经,《解诂》中计引《书纬》一条,《礼纬》五条,《乐纬》两条,《易纬》两条,《春秋纬》四十四条,《孝经纬》四条,共五十八条。⑧ 而灾异说又是援引谶纬最集中之处。如:

僖公三十三年"陨霜不杀草,李梅实",《解诂》:"周之十二月,夏之十月也。《易中孚记》:'阴假阳威之应也。早陨霜而不杀万物,至当陨霜之时,根生之物复荣不死,斯阳假与阴威,阴威列索,故阳自陨霜而反

---

① 《春秋公羊传注疏》卷5《桓公十四年》,第120页。
② 《春秋公羊传注疏》卷18《成公十六年》,第465页。
③ 《春秋公羊传注疏》卷2《隐公三年》,第42—43页。
④ 《晋书》卷12《天文志中》,第317页。
⑤ 《春秋公羊传注疏》卷14《文公十五年》,第361页。
⑥ 《春秋公羊传注疏》卷16《宣公十七年》,第422页。
⑦ 《春秋公羊传注疏》卷20《襄公十四年》,第504页。
⑧ 据张广庆《何休〈春秋公羊解诂〉研究》。

不能杀也。'此禄去公室，政在公子遂之应也。"① 此引《易中孚记》。

桓公三年"秋，七月，壬辰，朔，日有食之，既"，《解诂》："是后楚灭榖、邓，上僭称王，故尤甚也。"徐彦《疏》："《春秋说》云'桓三年壬辰朔，日有食之，既。其后楚僭号称王，灭榖、邓，政教陵迟'是也。"② 此引《春秋纬》。

庄公十七年"冬，多麋"，《解诂》："麋之为言，犹迷也。象鲁为郑瞻所迷惑也。"徐彦《疏》："《感精符》文。"③ 此引《春秋感精符》。

哀公十四年"春，西狩获麟"，《解诂》："上有圣帝明王，天下大平，然后乃至。……《援神契》曰：'德至鸟兽，则凤皇翔，麒麟臻'。……得麟之后，天下血书鲁端门曰：'趋作法，孔圣没，周姬亡，彗东出，秦政起，胡破术，书记散，孔不绝。'子夏明日往视之，血书飞为赤乌，化为白书，署曰《演孔图》，中有作图制法之状。"④ 此引《孝经援神契》《春秋演孔图》，"趋作法，孔圣没"等语当为《演孔图》中的谶言。

以阴阳、谶纬赘说灾异，凡此种种不胜枚举。何休发展了公羊学的灾异说，成为公羊学灾异说的集大成者，而这却也成为他最受争议之处。

二　何休灾异说中的政治主张

灾异说可以说完全是一种荒诞的理论，而谶纬更是荒谬离奇。因此，何休多谈谶纬灾异，给自己的公羊学蒙上了一层神秘怪异、荒诞不经的色彩，成了其思想体系最致命的创伤。后世学者指责何休也多缘于此，如苏轼说："三家之传，迂诞奇怪之说，《公羊》为多，而何休又从而附成之。"⑤ 章太炎说何休"乃瞀乱之人，不足与辩说也"⑥。所谓"迂诞奇怪""瞀乱之人"显然与何休援引谶纬而侈言灾异有关。而晋代王嘉在《拾遗记》里说何休之作"言理幽微，非知机藏往，不可通焉"⑦，则是

---

① 《春秋公羊传注疏》卷12《僖公三十三年》，第318页。
② 《春秋公羊传注疏》卷4《桓公三年》，第90页。徐彦所言之《春秋说》即《春秋纬》。
③ 《春秋公羊传注疏》卷7《庄公十七年》，第182页。
④ 《春秋公羊传注疏》卷28《哀公十四年》，第709、712、719页。
⑤ 孔凡礼点校：《苏轼文集》卷3《论春秋变周之文》，中华书局1986年版，第76页。
⑥ 章太炎：《春秋左氏疑义答问》，《章太炎全集》六，上海人民出版社1986年版，第292页。
⑦ 王嘉撰，萧绮录，齐治平校注：《拾遗记》卷6《前汉下后汉》，第155页。

一种比较委婉的说法了。

但灾异说并非何休所独有，以灾异附会人事早已有之，多言谶纬又是当时风气使然。我们今天研究何休的灾异说，当然不是要去弄清楚他那些荒诞的说法，而是要去探究其荒诞外表之下所隐藏的理性成分。不可否认，在古代科学水平落后的前提下，灾异说是人们可以寻找到的对灾异现象比较完美的一种解释，其中实际上寄托了人们的某种期望，蕴含了大量古代思想家的智慧与政治理念。即使是谶纬也不是一无是处，像"君为臣纲，父为子纲，夫为妻纲"作为两千年中国君主专制社会的最高伦理规范，其最初的确切表达即是《白虎通义》从礼纬《含文嘉》中引来的。像《河图》所说的"地恒动不止"，《春秋纬元命苞》所说的"阴阳激为电"，甚至还包含了宝贵的古代自然科学知识。因此，对待谶纬灾异之言，只要我们揭开其怪诞、虚幻的面纱，还是可以发现很多有价值的内容。

皮锡瑞在《经学历史》里曾指出："汉有一种天人之学，……当时儒者以为人主至尊，无所畏惮，借天象以示儆，庶使其君有失德者犹知恐惧修省。此《春秋》以元统天、以天统君之义，亦《易》神道设教之旨。汉儒借此以匡正其主。其时人主方崇经术，重儒臣，故遇日食地震，必下诏罪己，或责免三公。虽未必能如周宣之遇灾而惧，侧身修行，尚有君臣交儆遗意。此亦汉时施行孔教之一证。后世不明此义，谓汉儒不应言灾异，引谶纬，于是天变不足畏之说出矣。"① 在秦以后的君主专制制度下，皇帝拥有至高无上、不受限制的权力。然而，无限膨胀的君权，对于国家和人民又是危险的，所以必须对君权施加一点限制。在皇帝的绝对权威下，只有抬出"天"的神秘力量才可能对皇帝有所威慑。汉代的思想家即利用灾异说作为与暴政做斗争的合法工具，用灾异恐吓皇帝，要求他反省错误，施行仁政。其实，灾异说的功能并不仅仅限于对皇帝的恐吓，而常常是对整个国家的政治进行批判。上天赏善罚恶的标准，实际上就在汉儒手中的灾异说里，汉儒往往借灾异说寄寓自己的政治理想，批判现实，期望建立良好的政治秩序。这即是灾异说在当时具有积极意义的一面。

---

① 皮锡瑞：《经学历史》4《经学极盛时代》，中华书局1959年版，第106页。

何休的公羊学"经世致用"的特点尤为明显，其灾异说亦是积极为他的政治主张服务。就像前面多次提到过的，何休所注重的是思想的表达，谶纬、灾异对他来说都只不过是一种手段。所以，只要我们稍加注意，便能发现何休的灾异说中充满了他的政治思想，他是在借灾异来神化自己的主张，使之更具有权威性。

"大一统"说是何休政治思想的中坚，因此何休的灾异说里"尊王攘夷"的主张最为显著。对于诸侯不尊王室，臣下弑君篡立、专权僭主以及夷狄犯中国，何休皆以天意斥之。如：

文公元年"二月，癸亥，朔，日有食之"，《解诂》："是后楚世子商臣弑其君，楚灭江、六，狄比侵中国。"①

昭公十九年"己卯，地震"，《解诂》："季氏稍盛，宋南里以叛，王室大乱，诸侯莫肯救，晋人围郊，吴胜鸡父，尹氏立王子朝之应。"②

昭公三十一年"十有二月，辛亥，朔，日有食之"，《解诂》："是后昭公死外，晋大夫专执，楚犯中国围蔡也。"③

僖公十五年"己卯，晦，震夷伯之庙"，《解诂》："此象桓公德衰，强楚以邪胜正。僖公蔽于季氏，季氏蔽于陪臣，陪臣见信得权，僭立大夫庙，天意若曰蔽公室者，是人也，当去之。"④

对于季氏之流专权僭主，何休简直忍无可忍，将一直藏在幕后的"天"也拉了出来，借其口直接表达了自己的主张。联系到东汉末年皇权旁落、外戚和宦官专权的政治现实，我们就不难理解他这种急切的心态了。

桓灵之时，自然灾害频繁，百姓生活疾苦，流民遍地，农民起义此起彼伏，东汉政权岌岌可危。何休针对这一现状，将自然灾害与统治者的奢靡腐化、敲骨吸髓地盘剥劳动人民联系起来，他借灾异痛心疾首地指出，统治者"不恤民"，不行"德治"，等待他们的只能是"民人将去，国丧无日"⑤的命运。从而反映出何休宽民力、薄赋敛的主张。

---

① 《春秋公羊传注疏》卷13《文公元年》，第319页。
② 《春秋公羊传注疏》卷23《昭公十九年》，第584页。
③ 《春秋公羊传注疏》卷24《昭公三十一年》，第622页。
④ 《春秋公羊传注疏》卷11《僖公十五年》，第270—271页。
⑤ 《春秋公羊传注疏》卷4《桓公三年》，第91页。

僖公十三年"秋,九月,大雩",《解诂》:"由阳谷之会不恤民,复会于咸,城缘陵,烦扰之应。"①

成公三年"大雩",《解诂》:"成公幼少,大臣秉政,变乱政教,先是作丘甲,为鞌之战,伐郑围棘,不恤民之所生。"②

宣公十五年"秋,螽",《解诂》:"从十三年之后,上求未已,而又归父比年再出会,内计税亩,百姓动扰之应。"③

桓公十四年"秋,八月,壬申,御廪灾",《解诂》:"先是龙门之战,死伤者众,桓无恻痛于民之心,不重宗庙之尊,逆天危先祖,鬼神不飨,故天应以灾御廪。"④

何休继承了董仲舒的"天人感应"说,把董仲舒的人格化的"天"也接收过来。但上文说过,何休的"天"更具有灵活性,不是一味在事后谴告、畏吓,而是偏好于事前加以警告和劝诫。而且何休还强调君王如果面对灾异能思过自省,改弦更张,实行"德治",上天还会及时对君王的这一良好姿态作出反应,对其予以嘉奖。如:

僖公三年"春,王正月,不雨。夏,四月,不雨",《解诂》:"一月书者,时僖公得立,欣喜不恤庶众,比致三年,即能退辟正殿,饬过求己,循省百官,放佞臣郭都等,理冤狱四百余人,精诚感天,不雩而得澍雨,故一月即书,善其应变改政。"⑤

宣公十五年"冬,蝝生",《解诂》:"蝝即螽也,始生曰蝝,大曰螽。……言宣公于此天灾饥后,能受过变寤,明年复古行中,冬有大年,其功美过于无灾,故君子深为喜而侥幸之。变螽言蝝,以不为灾书,起其事。"⑥ 受上天警告之后,能及时改过,"其功德"甚至要"美过于无灾",可见何休对改过的推崇。这其实正是何休的聪明之处,灾异总是难以避免的,不能每次都敲打统治者,也要给统治者一些甜头和希望,做到赏罚并用,这样既使统治者乐于接收灾异说,也符合何休"贵教化而

---

① 《春秋公羊传注疏》卷11《僖公十三年》,第266页。
② 《春秋公羊传注疏》卷17《成公三年》,第438页。
③ 《春秋公羊传注疏》卷16《宣公十五年》,第416页。
④ 《春秋公羊传注疏》卷5《桓公十四年》,第121页。
⑤ 《春秋公羊传注疏》卷10《僖公三年》,第244页。
⑥ 《春秋公羊传注疏》卷16《宣公十五年》,第419—420页。

贱刑罚"的主张。如果统治者能利用每一次灾异修正错误，整饬政治，太平盛世岂不指日可待？这也正是何休灾异说的真正目的之所在。

何休在桓、灵期间大倡灾异说，并非空谈。事实证明，灾异之说在当时还是有一定现实作用的。极度荒淫的桓、灵二帝，在遇到日食、地震等灾异时，也不得不诏举贤良、纳谏，象征性地自责一下，采取一些缓和阶级矛盾的措施。永兴二年（154）二月京师地震，桓帝诏曰："比者星辰谬越，坤灵震动，灾异之降，必不空发。敕已修政，庶望有补。其舆服制度有逾侈长饰者，皆宜损省。郡县务存俭约，申明旧令，如永平故事。"延熹九年（166）正月日食，桓帝诏曰："灾异日食，谴告累至。政乱在予，仍获咎征。其令大司农绝今岁调度征求，及前年所调未毕者，勿复收责。其灾旱盗贼之郡，勿收租，余郡悉半入。"① 建宁元年（168）五月日食，灵帝"诏公卿以下各上封事，及郡国守相举有道之士各一人；又故刺史、二千石清高有遗惠，为众所归者，皆诣公车"②。这些措施虽然大多都是一些表面文章，但总的来说对平民百姓和国家政治是有好处的。所以，对何休的灾异说，不要光看到它荒诞的一面，更应该发掘其合理内核，注重它在历史上所发挥的积极作用。

总之，何休灾异说实质上是其政治思想的工具，其出发点就是对现实政治的批判。何休通过上天的神圣性来抬高自己的政治主张的权威，企图利用灾异说促使统治者推行"德治"，实现社会的秩序化，这也就是其灾异说的合理性和积极性之所在。当然，我们同样也不能否认其灾异说中援引谶纬，无节制地宣扬神怪之说的弊端。像哀公十四年"春，西狩获麟"，何休援引谶纬说："夫子素案图录，知庶姓刘季当代周，见薪采者获麟，知为其出，何者？麟者，木精。薪采者，庶人燃火之意，此赤帝将代周居其位，故麟为薪采者所执。西狩获之者，从东方王于西也，东卯西金象也；言获者，兵戈文也：言汉姓卯金刀，以兵得天下。不地者，天下异也。又先是螺虫冬踊，彗金精扫旦置新之象。夫子知其将有六国争强，从横相灭之败，秦项驱除，积骨流血之虐，然后刘氏乃帝，深闵民之离害甚久，故豫泣也。"从"西狩获麟"硬是牵强附会出刘氏将

---

① 《后汉书》卷7《桓帝纪》，第299、317页。
② 《后汉书》卷8《灵帝纪》，第329页。

得天下，继而又是什么血书端门、赤乌白书，将孔子描绘成一个预知后世、占卜作法的神怪式的人物："得麟之后，天下血书鲁端门曰：'趋作法，孔圣没，周姬亡，彗东出，秦政起，胡破术，书记散，孔不绝。'子夏明日往视之，血书飞为赤乌，化为白书，署曰《演孔图》，中有作图制法之状。孔子仰推天命，俯察时变，却观未来，豫解无穷，知汉当继大乱之后，故作拨乱之法以授之。"① 皮锡瑞就此指出："或疑获麟制作，出自谶纬家言；赤乌端门，事近荒唐，词亦鄙俚；《公羊传》并无明说，何休不应载入《解诂》。"②

灾异说是一柄双刃剑，当儒家学者拿它来企图达到"经世救敝"的目的时，总是无法摆脱它的荒诞性。灾异说虽然在历史上起到过一定的积极作用，但它毕竟是对客观世界的一种歪曲的反映，阻碍人类进一步认识世界和改造世界。而何休又不幸过于扩大了灾异说的荒诞性，致使其整个思想体系被一种错误的外在形式所覆盖，湮没了它的精深的内涵，这不能不说是何休的悲哀。

第六节　何休公羊学的影响

何休生当东汉末年，正值公羊学因"章句碎义""守文持论"而陷于衰微之际。何休上承公羊先师，汇整两汉以来公羊学之义理与条例，又多加以发展和发明，公羊学派之理论、义例，至此已臻完密。他的公羊学思想同时又与当世政治相对应，表现出汉儒今文家经世致用的特色。

在何休之前，习公羊之学者，非严即颜，而何休《解诂》一出，严、颜之说顿失颜色，逐渐消亡。唐晏在《两汉三国学案》中说："逮至东汉之末，何邵公以后起而夺前人之席，一时风尚喜新，翕然从之，亦如《易》《书》《诗》之从马、郑，而西汉古说从此亡矣。虽何氏说中，不无参用严、颜之一二，无如淄渑不别、萧艾难分，而西汉《春秋》旧说亦如杞宋之无征矣。"③

---

① 《春秋公羊传注疏》卷28《哀公十四年》，第713—714、719页。
② 皮锡瑞：《经学历史》4《经学极盛时代》，第122页。
③ 唐晏著，吴东民点校：《两汉三国学案》卷8《春秋》，第444页。

何休《公羊解诂》集两汉公羊学之大成，是十三经注疏中唯一完整保留下来的汉代今文经说。钱穆说："晚清今文经师之所以张大其说者，尤恃何休之《春秋公羊解诂》，以为今文博士微言大义所赖以存。"[1] 熊十力亦说："使两汉无董、何，则公羊之学遂绝，而《春秋》一经之本意，终不得明于后世矣。"[2] 正为何休对于两汉公羊学贡献之评价。

何休殚精竭虑注疏《公羊传》，他的《公羊解诂》"廓开众说，整齐传义"[3]，也的确解决了公羊学"章句碎义""守文持论"的弊病，但他还是没能改变公羊学衰败的命运。东汉以后，公羊学陷入了衰落，晋时，虽然"《公羊》何休注"与"《左氏》服虔、杜预注"等"俱立国学"，不过已经"但试读文，而不能通其义"。至隋，《公羊》"浸微"，更是"殆无师说"[4]。晋代王接说："任城何休训释甚详，而黜周王鲁，大体乖硋，且志通《公羊》而往往还为《公羊》疾病。"[5] 可见至晋代，何休阐发的公羊大义的确已经不被世人理解。

在清代中期以前的一千余年里，《公羊传》虽然仍被列为儒家重要经典之一，但长期无人问津，潜心研习的学者更是屈指可数。正如皮锡瑞所言，"《春秋公羊》《穀梁传》，汉后已成绝学"[6]。由于公羊学的消沉，《公羊》大义晦而不明，何休之说往往被目为"迂诞"，乃至其被批评为"《公羊》之罪人"[7]。朱熹也责备说："何休注甚谬。"[8]

一千多年中，只有唐代徐彦接绪何休《公羊解诂》作《公羊疏》[9]。徐彦《公羊疏》堪称千年之中公羊学的重要著作，对后人了解公羊义例、术语以及何休某些注说的出处提供了很多资料，只是其内容平平，文繁

---

[1] 钱穆：《东汉经学略论》，《中国学术思想史论丛》（三），台湾东大图书公司1985年版，第46页。
[2] 熊十力：《读经示要》卷3，台湾明文书局1984年版，第768—769页。
[3] 刘逢禄：《公羊春秋何氏解诂笺叙》，阮元、王先谦等编《清经解》第7册，第418页。
[4] 《隋书》卷32《经籍一》，第933页。
[5] 《晋书》卷51《王接传》，第1435—1436页。
[6] 皮锡瑞：《经学历史》8《经学变古时代》，第250页。
[7] 孔凡礼点校：《苏轼文集》卷3《论春秋变周之文》，第76页。
[8] 黎靖德编，王星贤点校：《朱子语类》卷83《春秋》，第2153页。
[9] 《公羊疏》的作者与时代，历来有争议，暂本传统之说。

语复,在思想上缺乏创见,梁启超批评它"于何义一无发明"①。

经何休大力发展的公羊学,有着宏大的思想体系、精深的思想内涵,注定是不可能永远被历史的尘埃所湮没的。到了清代中期,公羊学又重新受到人们重视。18世纪中晚期,常州学派的出现,标志着公羊学的重新崛起。常州学派第一位代表人物庄存与拉开了公羊学复兴的序幕,而后再经刘逢禄的发展壮大,龚自珍和魏源的改造发展,直至康有为空前发挥公羊学思想,公羊学成为指导维新变法的理论武器,实现了历史上的第二次高峰,成为当时中国学术的主流思想。从章太炎所说的"自清道光以来,董、何之学,雾塞一时"②,也可看出何休学说在当时的影响。

何休的公羊学思想是与东汉末年的现实紧密联系的,但其中丰富、深邃的内涵,对后世影响深远。何休发扬光大的"大一统"义理,千百年来始终深入人心,成为我国民族融合、国家统一的巨大精神凝聚力;他的"三世"说和"三统"说在近代更是焕发出强劲的活力。他的政治主张、民族观中也体现了很强的人民性和进步性,其意义与价值不容低估。我们甚至可以想象,何休的"大一统"和"进夷狄"的思想里,可能还蕴含着解决全球化所带来的文明冲突的人文资源。

---

① 梁启超:《清代学术概论》22《清代今文学与龚魏》,上海古籍出版社1998年版,第74页。
② 章太炎:《〈公羊榷论〉题辞》,汤志钧编《章太炎年谱长编》(增订本),中华书局2013年版,第840页。

第 四 章

赵汸：千年沉寂存"火种"

赵汸（1319—1469），是元末明初的理学家、经学家。钱谦益称赞赵汸"于《春秋》发明师说，本经会传，度越汉、宋诸儒，当为本朝儒林第一"[1]。明初宋濂对赵汸更是推崇备至，以为赵汸之春秋学独能"直探圣人之心于千载之上"，"世之说《春秋》者至是亦可以定矣"[2]。宋濂之说未免过誉，但由此也可见赵汸说《春秋》确实有独特卓绝之处。

中唐以后，春秋学开经学革新之先，然经学革新之成果又颇为学者訾议，清人纳兰成德指出："《春秋》之传五，邹氏无师，夹氏未有书，列于学官者三焉。《汉志》二十三家，《隋志》九十七部，《唐志》六十六家，未有舍三传而别自为传者。自啖助、赵匡稍有去取折衷，至宋诸儒各自为传，或不取传注，专以经解经；或以传为案，以经为断；或以传有乖谬，则弃而信经。往往用意太过，不能得是非之公。"[3] 宋、元之儒虽然对春秋学研究都甚为重视，但大都不信传注，舍传求经或援经驳传，欲直探孔子原意，但其研究方法，不过空言说经或随事发义、凭私臆决。赵汸就此批评道："自唐啖、赵以来，……《春秋》之义愈晦"[4]，"后世学者舍三传则无所师承，故主《左氏》则非《公》《穀》，主《公》《穀》则非《左氏》，二者莫能相一。其有兼取三传者，则臆决无据，流

---

[1] 钱谦益：《列朝诗集小传》甲集，上海古籍出版社1959年版，第94页。
[2] 宋濂：《春秋属辞序》，赵汸《春秋属辞》，《景印摛藻堂四库全书荟要》第42册，第3页。
[3] 朱彝尊撰，林庆彰等主编：《经义考新校》卷191《春秋二十四》，上海古籍出版社2010年版，第3491页。
[4] 赵汸：《春秋左氏传补注》序，《景印文渊阁四库全书》第164册，第328页。

遁失中。其厌于寻绎者，则欲尽舍三传，直究遗经，分异乖离，莫知统纪，使圣人经世之道，暗而不明，郁而不发，则其来久矣"①。

赵汸于此弃传、驳传或疑传风气的影响下，并未随波逐流，而是在对当时学风进行省察和思索的基础上，重新审思春秋学的研究方法，合三传之长以求《春秋》本意，提出了一套很有价值的方法和见解，在春秋学研究的历史上占据了一席之地。更为重要的是，赵汸的春秋学在公羊学消沉千年以后，明确春秋学研究应以探求《春秋》微言大义为旨归，并肯定《公羊传》"得学《春秋》之要"，启发后人复兴公羊学，于公羊学可谓有承前启后之功。皮锡瑞《经学历史》说："元、明人之经说，惟元赵汸《春秋属词》，义例颇明。孔广森治《公羊》，其源出于赵汸。"②即指出了赵汸对清代公羊学的先导意义。

第一节　赵汸生平及其学术渊源

赵汸，字子常，生于元仁宗延祐六年（1319），卒于明太祖洪武二年（1369），徽州休宁（今安徽省休宁县）人，因筑东山精舍，人称"东山先生"。

徽州古为新安，自朱子之后，儒风炽盛，名儒辈出，素有东南邹鲁之称。赵汸生于此乡，再加上其天资卓绝，自孩提时便能闻读书而成诵。他从小就好疑多思，初读《四书》，便多有疑难，虽然老师告诉他，刚开始学不必太深究其意，但他还是连夜翻读《文公大全集》《朱子语录》等朱学著作，一直到天亮。他励志向学，不事科举，"求程朱之余绪，诵习经训"③。后来，他又遍访当地名儒求教，甚至想游历四方求学，为此还要卖掉家里的产业，面对亲友的非议他也不以为然。

至元三年（1337），十八岁的赵汸拜九江黄泽为师。黄泽（1260—1346），字楚望，向以明经学道为志，好为苦思，于六经深造有得，而尤

---

① 赵汸：《春秋集传》序，《景印摛藻堂四库全书荟要》第 42 册，第 331 页。
② 皮锡瑞：《经学历史》9《经学积衰时代》，第 284 页。
③ 詹烜：《东山赵先生汸行状》，赵汸《东山存稿》附录，《景印文渊阁四库全书》第 1221 册，第 366 页。

长于《春秋》之学。黄泽之学以积思自悟为主,而且他为人"雅自慎重,未尝轻与人言"①,所以赵汸一再登门,方"得授六经疑义千余条以归"。至正元年(1341)秋,赵汸复往黄泽处,并从学两年,"得口授六十四卦义与学《春秋》之要"②。二十岁出头的赵汸此时在学业上已小有成就,当他在杭州拜谒硕儒黄溍时,黄溍对其大加赞赏,"待以殊礼"③。

至正四年(1344),赵汸又"从临川虞集游,获闻吴澄之学"④。虞集、吴澄皆为当时巨儒,赵汸自是受益匪浅。吴澄解说《春秋》以《左氏》为主,兼采诸家传注而参之以己见,旨在使读者知道《春秋》史笔有一定之法,相信经文无不通之例。赵汸春秋学受黄泽、吴澄的影响很大,其所著书中经常有"黄先生曰""吴先生曰"等语。

学成回乡,赵汸筑起了东山精舍,"读书著述其中,鸡初鸣辄起,澄心默坐"。有宿儒名师的指导,加之他自身的潜心钻研,很快赵汸在经学上"造诣精深,诸经无不通贯,而尤邃于《春秋》"⑤,由是声名远播。

至正十六年(1356),朱元璋的军队打下了休宁,其主将仰慕赵汸人品学术,礼邀赵汸,被赵汸谢绝。此后由于兵祸连连,赵汸不得不"转侧干戈间,颠沛流离"⑥。至正十七年,赵汸迁居到衢州之烂柯山,十九年又"结茅于星溪之古阆山,山深阒寥,人事几绝,潜心著述,虽当颠沛流离,而进修之功不少辍"⑦。

至正二十二年(1362)春,赵汸回到了阔别已久的故乡。此时休宁归附朱元璋已有六年之久了。当地的官员奉命多次征辟,继又以议礼召,赵汸皆托病得辞。

---

① 《元史》卷189《儒学一》,中华书局1976年版,第4324页。
② 詹烜:《东山赵先生汸行状》,赵汸《东山存稿》附录,《景印文渊阁四库全书》第1221册,第365页。
③ 据詹烜《东山赵先生汸行状》:"继如杭,谒黄文献公于官署,公以师道自居,不少借辞色,及诵所进书,大异之,待以殊礼。"按黄文献公即为黄溍,字晋卿,曾任江浙等处儒学提举,累官至中奉大夫,谥文献。见赵汸《东山存稿》附录,《景印文渊阁四库全书》第1221册,第365页。
④ 《明史》卷282《儒林一》,中华书局1974年版,第7226页。
⑤ 《明史》卷282《儒林一》,第7226页。
⑥ 同上书,第7227页。
⑦ 詹烜:《东山赵先生汸行状》,赵汸《东山存稿》附录,《景印文渊阁四库全书》第1221册,第367—368页。

洪武二年（1369），明太祖朱元璋为修《元史》诏起山林逸士，赵汸亦在召中。从二月到八月，《元史》修了六个月，除顺帝一朝史外皆已成。赵汸随即请还，赐赍遣归。回到家没多久，赵汸旧病复发，于十一月去世，时年五十一岁。

赵汸一生为学，著述颇丰，其著作现存七部，均收入《四库全书》，其中除一部易学著作《周易文诠》和一部诗文书信集《东山存稿》以外，余下五部皆为春秋学著作，计有《春秋师说》三卷、《春秋集传》十五卷、《春秋属辞》十五卷、《春秋左氏传补注》十卷、《春秋金锁匙》一卷。由此足见赵汸于《春秋》之学实有功底，难怪四库馆臣称其"于《春秋》用力至深"①。

第二节　赵汸研究《春秋》的目的

赵汸在六经之中"仅守《春秋》一经"②，独"于《春秋》用力至深"，是有其原因的。

首先，赵汸认为《春秋》在六经中占据着独特的地位。他说："《诗》《书》《礼》《乐》者，帝王盛德成功已然之迹，《易》观阴阳消息以见吉凶，圣人皆述而传之而已。《春秋》断截鲁史，有笔有削，以寓其拨乱之权，与述而不作者事异。"③他认为与孔子"述而传之"的其他五经不同，《春秋》是孔子借鲁史加以笔削而成，其中寄寓了"拨乱反正"的微言大义，包含了维系社会秩序的根本准则，因此《春秋》是"圣人经世之书也"。他论证道："西狩获麟，则夫子老矣，嘉瑞既应，而天下莫能宗，子虽圣人，亦无以见其志矣，乃即鲁史成文，断自隐公，加之笔削，列伯者之功过，以明尊天王、内中国之义，贬诸侯、讨大夫，诛其乱臣贼子，以正人心、示王法，盖天之所命也。是岁之夏，齐陈恒弑其君，孔子沐浴而朝，请讨之，适当修书之际，夫岂欲托诸空言者哉！故曰：

---

① 《四库全书总目》卷28《春秋类三》，第228页中。
② 赵汸：《东山存稿》卷3《答蔡参政书》，《景印文渊阁四库全书》第1221册，第243页。
③ 赵汸：《春秋属辞》序，《景印摛藻堂四库全书荟要》第42册，第2页。

圣人经世之书也。"①

其次，赵汸对当时《春秋》的研究状况极不满意。赵汸于《春秋属辞》自序中指出："六经同出于圣人，《易》《诗》《书》《礼》《乐》之旨，近代说者皆得其宗，《春秋》独未定于一。"他认为当时六经之中，唯有《春秋》之旨众说纷纭，还未能形成一种有说服力的定说。他分析这里既有《春秋》自身的原因，也有历史遗留的原因。《春秋》自身的原因是《春秋》不仅在六经中有独特的地位，而且《春秋》教法也与众不同，他说"昔者圣人既作六经，以成教于天下，而《春秋》教有其法，独与五经不同，所谓'属辞比事'是也"②。《春秋》采用"属辞比事"的手法，将孔子拨乱大义寓于微言之中，后人自是不易揣测。历史的原因是《春秋》成书仅一年，孔子便辞世，因此当时"高第弟子盖仅有得其传者"，于是"历战国、秦、汉以及近代说者，殆数十百家，其深知圣人制作之原者，邹孟氏而已矣"，而"自孟氏以来鲜有能推是说以论《春秋》者"③。后世的学者不是"知不足以知圣人，而又不由《春秋》之教者"，便如"程、张、邵、朱四君子者，可谓知足以知圣人矣，而于属辞比事有未暇数数焉者"，这最终导致了"五经微旨所以暗而复明，《春秋》独郁而不发"④状况的出现。

由此看来，赵汸认为《春秋》承载圣人经世之道，但长期以来诸经研究中却以《春秋》为薄弱，致使"圣人经世之道，暗而不明，郁而不发"⑤，因此他义无反顾地致力于《春秋》研究，承担起揭示《春秋》微旨的重任。

此外，赵汸"虽雅志不苟于仕"，但他对社会仍怀有一颗强烈的责任心。时值元末，当时民族矛盾、社会矛盾交织在一起，各地起义不断爆发，而朝中权臣把持朝政，皇权斗争也日趋激烈，英宗、明宗先后被弑，致和元年（1328）泰定帝死后，五年间居然出了五个皇帝。赵汸曾为躲避战乱而与家人逃至他乡，亦曾亲身参与保卫本乡的活动。因此，他对

---

① 赵汸：《春秋集传》序，《景印摛藻堂四库全书荟要》第42册，第330页。
② 赵汸：《春秋属辞》序，《景印摛藻堂四库全书荟要》第42册，第4页。
③ 赵汸：《春秋集传》序，《景印摛藻堂四库全书荟要》第42册，第330—331页。
④ 赵汸：《春秋属辞》序，《景印摛藻堂四库全书荟要》第42册，第4—5页。
⑤ 赵汸：《春秋集传》序，《景印摛藻堂四库全书荟要》第42册，第331页。

乱世的痛恨、对治世的渴望也就极为强烈。他批评"为国家者不能举天下大势以定攻守之宜，而所在浪战"，对"诛求劫夺之弊，反复坏烂之由，朝廷终无自知之"痛心不已，以为"郡邑一切以矫假病民，而上官方且守故常，不知通变长久之道，赏罚不明，故是非淆混"。他责问统治者："治安拨乱之术，行军克敌之方皆废不讲，徒欲以岁月削平安，可得哉？"① 明代学者汪玄锡于《春秋集传》后序有言："东山先生，圣人之徒也，愤胡元之乱甚于春秋，筑居东山，《集传》诸书之作，固吾夫子修经之意也。中尝一出与左丞起兵保捍乡井，十有余年，一郡晏然，此吾夫子相鲁会齐夹谷却莱兵之时也。先生其善学夫子者乎！"② 可谓道出了赵汸探求《春秋》的现实意义。

第三节 "鲁史书法"与"圣人书法"

"徒欲守先哲之见以为己见，诵先哲之言以为己言，则小子虽陋亦未忍自画于斯。"③ 诚如斯言，赵汸治《春秋》，极力反对墨守、因袭前人成说。他勇于突破，一改中唐以降春秋学研究之流弊，提出了一套独到的研究方法。

赵汸自己在《春秋集传》序中说："汸自早岁获闻资中黄楚望先生论五经旨要，于《春秋》以求书法为先，谓有鲁史书法、有圣人书法，而妙在学者自思而得之，乃为善也。于是思之者十有余载，卒有得于孟氏之言，因其说以考三传及诸家、陈氏之书，而具知其得失异同之故，反复推明，又复数载，然后一经之义始完。属辞比事，莫不灿然，各有条理。"④ 这其实是赵汸对自己如何进行《春秋》研究的一个交代和自我评价。

---

① 詹烜：《东山赵先生汸行状》，赵汸《东山存稿》附录，《景印文渊阁四库全书》第1221册，第367页。
② 汪玄锡：《春秋集传后序》，赵汸《春秋集传》，《景印摛藻堂四库全书荟要》第42册，第584页。
③ 赵汸：《东山存稿》卷3《与袁诚夫先生论〈四书日录〉疑义书》，《景印文渊阁四库全书》第1221册，第252页。
④ 赵汸：《春秋集传》序，《景印摛藻堂四库全书荟要》第42册，第333—334页。

一 "因孟子之言而反求之"

"自唐啖、赵以来，说者莫不曰兼取三传，而于《左氏》取舍尤详，则宜有所发明矣，而《春秋》之义愈晦，何也？……盖未有能因孟子之言而反求之者。"[1] 赵汸将啖、赵以来春秋学弊病产生的缘由归结为"未有能因孟子之言而反求之"。

赵汸强调的"孟子之言"，就是指孟子所说的"王者之迹熄而《诗》亡，《诗》亡然后《春秋》作。……其事则齐桓、晋文，其文则史。孔子曰：'其义则丘窃取之矣'"。（《孟子·滕文公下》）他指出，这就是"孔门传《春秋》学者之微言"[2]。

他说："当《春秋》成时，孔子恐门人不得其意，故告以制作之原，曰：其事则齐桓、晋文，其文则史，其义则某窃取之矣。此曾子以授子思而孟子述之，实千万世学《春秋》者之指南也。"[3] 赵汸认为孟子之言正是孔子口传之《春秋》制作之原，这实质上是后世研究《春秋》的指南，因此研究《春秋》必当从此而入，后世之诸多谬误，皆"由不考于孟氏，而昧夫制作之原故也"[4]。

由此，我们看出，"孟子之言"实际上成了赵汸春秋学研究工作的一个逻辑起点，"因孟子之言而反求之"也就成了赵汸从事春秋学研究的一个指导方针。

在赵汸的春秋学体系中，"孟子之言"如此重要，那么孟子这段话到底都说了些什么呢？赵汸解释说：

> 周虽失政，而先王《诗》《书》《礼》《乐》之教，结于民心者未泯，故善有美而恶有刺，人情犹不能忘于其上也。迨其极也，三纲五常颠倒失序，而上下相忘怨刺不作，则文武成康治教之迹始湮灭无余矣。夫世变如此，而《春秋》不作，则人心将安所底止乎？

---

[1] 赵汸：《春秋左氏传补注》序，《景印文渊阁四库全书》第164册，第328—329页。
[2] 赵汸：《春秋集传》序，《景印摛藻堂四库全书荟要》第42册，第330页。
[3] 赵汸：《春秋属辞》卷15《辞从主人》，《景印摛藻堂四库全书荟要》第42册，第309页。
[4] 赵汸：《春秋集传》序，《景印摛藻堂四库全书荟要》第42册，第331页。

故曰"《诗》亡然后《春秋》作"。隐、桓之世,王室日卑,齐伯肇兴,《春秋》之所由始也。定、哀之世,中国日衰,晋伯攸废,《春秋》之所由终也。方天命在周未改,而上无天子,下无方伯,桓、文之事不可诬也。是以圣人详焉,故曰"其事则齐桓、晋文"。古者列国皆有史官掌记一国之事。《春秋》,鲁史策书也,事之得书、不得书有周公遗法焉,太史氏掌之,非夫人之所得议也。吾鲁司寇也,一旦取太史氏所职而修之,鲁之君臣其能无惑志欤?然则将如之何?凡史所书,有笔有削,史所不书,吾不加益也。故曰"其文则史"。主实录而已。《春秋》志存拨乱,笔则笔,削则削,游、夏不能赞一辞,非史氏所及也,故曰"其义则丘窃取之矣"。此制作之原也。①

根据赵汸的分析,孟子这段话指出了三点:第一,孔子作《春秋》的目的。周室衰微,礼崩乐坏,孔子为了整纲纪、正人心、拨乱世,所以修《春秋》。第二,《春秋》乃孔子笔削鲁史而成。孔子截断鲁史,以诸侯霸主的兴衰为《春秋》之始终,并在原来史官所载之史文的基础上加以删改而作成《春秋》。第三,《春秋》寄寓孔子微言大义。《春秋》虽因鲁史之事、文,但孔子借笔削寓大义于其中,这就有了质的飞跃,不再单纯是史,而已经跃升为经了。赵汸将这三点进一步作了总结:"《春秋》,鲁史记事之书也,圣人就加笔削,以寓其拨乱之权,惟孟子为能识其意,故曰其事则齐桓、晋文,其文则史,其义则孔子曰窃取之矣。此三者述作之源委也。"② 也就是说,《春秋》之事、文皆本自鲁史,是史书;而《春秋》又经孔子笔削而有寓义,又是经书。他以为《春秋》有经有史,历史上只有孟子能够洞察,"其事""其文""其义"的说法,正恰如其分地揭示了经史之关系。

赵汸一再强调"孟子之言"揭示了孔子作《春秋》的意义所在,他主张"因孟子之言而反求之"就是要从孟子这席话,返本溯源,回到孔子,直探孔子作《春秋》的原委,再从原委出发,去找寻《春秋》中的大义。

---

① 赵汸:《春秋集传》序,《景印摛藻堂四库全书荟要》第42册,第330页。
② 赵汸:《春秋左氏传补注》序,《景印文渊阁四库全书》第164册,第328页。

二　先考史法，再求经义

黄泽曾语于赵汸曰："楚杀其大夫得臣，此书法也当求之二百四十二年之内；夫人姜氏如齐师，此书法也当求之二百四十二年之外。"① 黄泽提出研究《春秋》应当区分鲁史之法和圣人之法，他所说的"二百四十二年之外"就是指鲁史之法，所说的"二百四十二年之内"就是指圣人之法，即如赵汸所说，"盖二百四十二年之外者，自伯禽至鲁国亡之《春秋》，史官相承之法也。二百四十二年之内者，隐公元年至获麟之《春秋》，圣人之法也"。黄泽认为《春秋》是孔子在鲁史的基础上加以笔削，寄托政治理想而成的经书，其中有"鲁史书法"和"圣人书法"之别，即包含史和经两部分内容，区别二者的不同是研究《春秋》的前提。他还认为"凡一事皆具此二义"，并"以为单传密付，尽于此矣"②。

赵汸得其师教诲，退而自思，但很长一段时间内并未参透其深意，"思之者十有余载，卒有得于孟氏之言"③，最后终于由孟子之言，理解了黄泽的深意。赵汸认为黄泽之《春秋》说可能也是"因孟子之言而致"④，其见解与孟子之言正好契合，都是主张《春秋》有"鲁史书法"与"圣人书法"，必通过"考史法"而追求"圣人之法"，最后以明"圣人之法"为旨归，这正是一条探寻《春秋》之旨的康庄大道。他感慨道："呜呼！使非先生积思通微，因先哲之言以悟不传之秘，学者亦将何所置力乎？"⑤

沿着这条"先生"与"先哲"指出的大道，赵汸推出了一套独特的春秋学研究路径。他主张研究《春秋》，首先就要厘清经、史，即对"鲁史之法"和"圣人之法"作一个区分，而这二者之间，赵汸主张应"先考史法，再求经义"。因为史法既明，就可以弄清孔子对鲁史作了哪些改

---

① 詹烜：《东山赵先生汸行状》，赵汸《东山存稿》附录，《景印文渊阁四库全书》第 1221 册，第 368—369 页。
② 赵汸：《东山存稿》卷 3《春秋纂述大意——寄宋景濂王子充》，《景印文渊阁四库全书》第 1221 册，第 257—258 页。
③ 赵汸：《春秋集传》序，《景印摛藻堂四库全书荟要》第 42 册，第 334 页。
④ 赵汸：《春秋左氏传补注》序，《景印文渊阁四库全书》第 164 册，第 329 页。
⑤ 同上。

动,而一旦知道孔子对鲁史的改动,那么孔子到底要在《春秋》中寄托什么微言大义也就可得而窥之了,经义也就自现了。这种推论在逻辑上是没什么问题的,但在实际操作中却有一个难题,赵汸借朱熹之口提出了这个问题:"子朱子尝谓,惜乎不修《春秋》不存,不知孰为夫子所笔,孰为夫子所削。最得书法失传之由。"① 未经孔子删改过的鲁史,也就是"不修《春秋》"已经无从得见了,已经失去了原始的参照系。赵汸"昼夜以思,忽有所得,稽之《左传》杜注,备见鲁史旧法,粲然可举"②,他伏案苦读"《左氏》传注诸书"多年,终于发现"鲁史旧章犹赖《左氏》存其梗概"③。由此赵汸以为,在《左传》中"鲁史遗法大略可见"④,在对《左传》进行考察的基础上,参照系是可以重建的,区分经史也是完全可能的。

赵汸将这套理论在自己的春秋学研究中切实加以贯彻。宋濂在为《春秋属辞》作序时,即批评了以往研习《春秋》者往往将鲁史史官之法与圣经孔子笔削之旨"混为一涂,莫能致辩","不知经文、史法之殊",而对赵汸大加赞叹,谓其"独能别白二者",其《春秋属辞》能做到"何者为史策旧文,何者是圣人之笔削,悉有所附丽",认为这样一来,"凡暗昧难通,历数百年而弗决者,亦皆迎刃而解矣"⑤。

但厘清经、史之别对赵汸来说只是第一步,他认为,欲通《春秋》不仅要能"区以别之",而且还要"会而同之"。他说《春秋》"有笔有削,以行其权;有笔无削,以存其实。实存而权益达,权达而实愈明,相错以畅其文,相易以成其义者也"⑥,认为经、史在《春秋》中各自起到重要作用,二者相辅相成,不可偏废。他指出《春秋》三传在这个问

---

① 赵汸:《春秋属辞》卷8《假笔削以行权》,《景印摛藻堂四库全书荟要》第42册,第171页。
② 宋濂:《春秋属辞序》,赵汸《春秋属辞》,《景印摛藻堂四库全书荟要》第42册,第3页。
③ 赵汸:《春秋左氏传补注》序,《景印文渊阁四库全书》第164册,第329页。
④ 赵汸:《春秋属辞》目录序,《景印摛藻堂四库全书荟要》第42册,第19页。
⑤ 宋濂:《春秋属辞序》,赵汸《春秋属辞》,《景印摛藻堂四库全书荟要》第42册,第2—3页。
⑥ 赵汸:《春秋属辞》卷1《存策书之大体》,《景印摛藻堂四库全书荟要》第42册,第21页。

题上各有其得失，其得在于《左传》"有见于史，其所发皆史例也"，保留了鲁史遗法，《公羊》《穀梁》"有见于经，其所传者犹有经之佚义焉"，提供了圣人笔削之旨；而其失则在于《左传》"常主史以释经，是不知笔削之有义也"，《公羊》《穀梁》"常据经以生义，是不知其文之则史也"①。赵汸批评三传"各得一偏，不能无弊"，认为应当"合而求之，具见得失"，《春秋》"不传之旨"才能"焕然复明"②。

当然，这种"会而同之"不是齐头并举的，仍然要遵循"先考史法，再求经义"的原则，因为"夫得其事、究其文，而义有不通者有之；未有不得其事，不究其文而能通其义者也。故三传得失虽殊，而学《春秋》者必自《左氏》始"③。他提出，应当先从《左传》中求得"鲁史之法"，然后借助《公羊传》《穀梁传》求得"圣人之法"。

三 "属辞比事"之法

赵汸说："黄先生论春秋学以左丘明、杜元凯为主，所谓鲁史遗法既于《左氏》传注中得之，而笔削微旨殊未能潜窥其罅隙。后思《礼记·经解》，始悟《春秋》之学只是属辞比事法。"④ 赵汸按照黄泽的教导，切实开辟了一条先求史法，再求经义的《春秋》研究道路，但经过长期的研究实践，赵汸认识到史法易求而经义难得，关键是如何从史事中窥探出孔子的微言大义。由此，赵汸又提出了"属辞比事"的方法。

"属辞比事"是赵汸经过对《春秋》二十余年"竭精毕虑、几废寝食"⑤ 的苦心钻研，从《礼记·经解》"属辞比事，《春秋》教也"一语中领悟出来的。所谓"属辞比事"，孔颖达《礼记·经解》疏："《春秋》聚合会同之辞，是属辞；比次褒贬之事，是比事也。"赵汸正是通过对《春秋》所载史事的排比，比较用辞的异同，来探求《春秋》之旨的。四

---

① 赵汸：《春秋集传》序，《景印摛藻堂四库全书荟要》第 42 册，第 331 页。
② 詹烜：《东山赵先生汸行状》，赵汸《东山存稿》附录，《景印文渊阁四库全书》第 1221 册，第 369 页。
③ 赵汸：《春秋左氏传补注》序，《景印文渊阁四库全书》第 164 册，第 328 页。
④ 赵汸：《东山存稿》卷 3《春秋纂述大意——寄宋景濂王子充》，《景印文渊阁四库全书》第 1221 册，第 258 页。
⑤ 宋濂：《春秋属辞序》，赵汸《春秋属辞》，《景印摛藻堂四库全书荟要》第 42 册，第 3 页。

库馆臣述赵汸诸书"撮举圣人之特笔与《春秋》之大例,以事之相类者互相推勘,考究其异同,而申明其正变"①,可谓正合赵汸春秋学研究之特点。

赵汸认为"属辞比事"是《春秋》独特的教法,欲寻《春秋》之旨,也必须从"属辞比事"入手,舍此则无他途。赵汸称,《春秋》"全以一笔一削见义,苟不属辞比事,考其异同之故以求之,未有得其说者"②。"尝谓圣人作经虽不可测,以今观之,二百四十二年简重如山,亦必属辞比事而后可施笔削,所以学《春秋》者,若非属辞比事亦不能达笔削之权。故其间纪纲义例皆是以此法求之于经的有证据,然后取先儒之说以实之,殊与臆断无绳墨者不同,此属辞之所以名也。"③他相信孔子作《春秋》是按属辞比事的方法施以笔削的,所以后世研习《春秋》也必须按照属辞比事之法才能探明《春秋》笔削之旨,援此法而得的《春秋》义例也就确有证据。

《春秋》记事简略,历代研习《春秋》的学者,为了发掘圣人垂教万世的大义,归纳出种种所谓"例",也就是孔子作《春秋》的各种法则。以求义为先的公羊学派首开以"例"说《春秋》之先河,汉代胡毋生作《公羊条例》、董仲舒作《春秋决事比》,而何休承其绪作《公羊文谥例》。其后,以"例"说《春秋》遂为后世所师法,如晋代杜预注《左传》作《春秋释例》,唐代陆淳作《春秋集传纂例》、宋代崔子方作《春秋本例》等。但《春秋》体例繁杂,很难找到统摄全经的"例",往往此合彼不合,彼合此不合,因此很多学者也对《春秋》究竟有没有"例"表示怀疑。这是一个很严重的问题,而《春秋》作为经典的绝对要求是要解经者发明大义!《春秋》其事言史,其文主简,无例无义,岂非"断烂朝报"?

赵汸在发明属辞比事之法后确信,《春秋》不仅有"例",而且这些"例"是确实可得的。但赵汸所说的"例"却与先儒有所不同,他在

---

① 《四库全书总目》卷28《春秋类三》,第229页上。
② 詹烜:《东山赵先生汸行状》,赵汸《东山存稿》附录,《景印文渊阁四库全书》第1221册,第369页。
③ 赵汸:《东山存稿》卷3《春秋纂述大意——寄宋景濂王子充》,《景印文渊阁四库全书》第1221册,第259页。

《与朱枫林先生允升学正书》中说："《春秋》随事笔削，决无凡例。前辈言此亦多，至丹阳洪氏之说出，则此件公案不容再举矣。其言曰'《春秋》本无例，学者因行事之迹以为例，犹天本无度，历家即周天之数以为度'，此论甚当。至黄先生则谓'鲁史有例，圣贤无例，非无例也，以义为例，隐而不彰'，则又精矣。"① 可见，赵汸认为，鲁史之例可从字里行间寻之，而圣人之例却不在字里行间，因为圣人"以义为例"，其"义例"蕴含在《春秋》经中，隐而不彰。而若将蕴藏的"义例"发明出来，则只有通过属辞比事之法才能实现，最后《春秋》笔削之旨亦可援例而得。他自己亦说："今汸所纂述，却只是属辞比事法，其间异同详略，触类贯通，自成义例，与先儒所纂所释者殊不同。"②

在《春秋属辞》中，赵汸"离经辨类，析类为凡，发其隐蔽，辩而释之"③，共总结了二百九十五条义例，而每条义例都是循"属辞比事"之法，从《春秋》中零零碎碎觅出的。今举第一条义例为例。

赵汸总结的第一条义例为"嗣君逾年即位，书元年春王正月公即位；不行即位礼不书即位；告朔朝正书王正月"。他先排列出了从隐公至哀公的鲁国十二公"元年春王正月"的记载，统计得出"书元年春王正月、不书即位者四，书元年春王正月公即位者七"。然后他分别对后七者与前四者展开了分析："诸侯薨，既殡，嗣子定位于柩前，逾年正月朔日乃先谒庙，以明继祖，还就阼阶之位，见百官，以正君臣，国史因书'元年春王正月公即位'，若《春秋》书桓、文、宣、成、襄、昭、哀是也。或有故不行即位礼，则不书即位，犹朝庙告朔，故书王正月，若《春秋》书隐、庄、闵、僖是也。"赵汸通过对《春秋》关于鲁国十二公"即位"记载的排比，得出"元年春王正月"后书不书"公即位"只是行不行即位礼的不同，这是据实而书，是存策书之大体，而非圣人笔削。然后他据此对三传进行批判，以为《左传》于此有曰"摄也是矣"，有曰"公出故也"等，皆是"不举其大而举其细，随事为说，而义不相通"，而赞

---

① 赵汸：《东山存稿》卷3《与朱枫林先生允升学正书》，《景印文渊阁四库全书》第1221册，第236—237页。
② 同上。
③ 赵汸：《春秋属辞》序，《景印摛藻堂四库全书荟要》第42册，第5页。

同《穀梁传》"继故不称即位"之说，以为"正也"。①

对每条义例的阐述，赵汸基本都按这种方式展开：先排比统计，得出结论，然后详细分析，点评三传及前人传注。而有的义例的寻出，居然是排比了六十条史事后才得出的，真可谓用力至深。

赵汸将通过"属辞比事法"而得出的这二百九十五条义例又进一步归类为八个大例，他说："间尝窃用其法（属辞比事法）以求之，而得笔削之大凡有八，盖制作之原也。"② 这八大例是：存策书之大体、假笔削以行权、变文以示义、辩名实之际、谨华夷之辨、特笔以正名、因日月以明类、辞从主人。他解释道：

> 《春秋》，鲁史也，虽有笔有削，而一国之纪纲本末未尝不具，盖有有笔而无削者，以为犹鲁《春秋》也，故其一曰存策书之大体。圣人拨乱以经世，而国书有定体，非假笔削无以寄文，故其二曰假笔削以行权。然事有非常，情有特异，虽笔削有不足以尽其义者，于是有变文、有特笔，而变文之别为类者，曰辩名实、曰谨华夷，故其三曰变文以示义，其四曰辩名实之际，其五曰谨华夷之辨，其六曰特笔以正名。上下内外之殊分，轻重浅深之弗齐，虽六者不能自见，则以日月之法区而别之，然后六义皆成，无微不显，故其七曰因日月以明类。自非有所是正，皆从史文。然特笔亦不过数简，故其八曰辞从主人。③

他还指出，这八大例实际上是《春秋》的"制作之原"。这样，孔子的一笔一削皆能获知其原委，《春秋》笔削之旨也就呼之欲出了。所以他说："由《春秋》之教以求制作之原，制作之原既得，而后圣人经世之义可言矣。"④

所以赵汸对于自己发明的"属辞比事"甚为自负，认为运用"属辞

---

① 赵汸：《春秋属辞》卷1《存策书之大体》，《景印摛藻堂四库全书荟要》第42册，第21—22页。
② 赵汸：《春秋属辞》序，《景印摛藻堂四库全书荟要》第42册，第5页。
③ 同上书，第5—6页。
④ 同上书，第6页。

比事之法，细推之，则凡滞碍胶结处皆涣然冰释，因之以考日月之法，亦昭若发蒙，如有神助矣。盖属辞比事之法，至是愈见其妙"①。他更是断言自己"无一义出于杜撰"②。而这也大致得到后人的承认，四库馆臣称"其论义例颇确"，"顾其书淹通贯穿，据传求经，多由考证得之，终不似他家之臆说。故附会穿凿，虽不能尽免，而宏纲大旨则可取者为多"③。

第四节　总结《春秋》要义

以程朱为代表的理学家很重视对《春秋》的研究，他们基于究明义理的需要，对"《春秋》大义"大加发挥。程颐著《春秋传》，批评"后世以史视《春秋》，谓褒善贬恶而已，至于经世之大法则不知也"④。朱熹也批评"近时言《春秋》者，皆是计较利害，大义却不曾见"⑤。他们都强调从义理的角度去认识《春秋》。赵汸生朱子之乡，自幼受程朱之教，为元代理学名家，他认定《春秋》是"圣人经世之书"，他的春秋学研究也必然以探寻《春秋》大义为旨归，区分经史、属辞比事都是为明经旨服务的，而他的春秋学也呈现出了更多的理学色彩。

一　尊王

"尊王"之义，历代研习《春秋》的学者皆用重笔。北宋孙复特著《春秋尊王发微》，认为孔子作《春秋》，主旨首在"尊王"。

赵汸则进而提出："《春秋》为忧王室而作。"他说："《春秋》之所以始也，为天下之无王也。《春秋》之所以终也，为天下之无伯也。……《春秋》之所以得为《春秋》之初者，以王室犹能自立于天下，而诸侯犹

---

① 赵汸：《东山存稿》卷3《春秋纂述大意——寄宋景濂王子充》，《景印文渊阁四库全书》第1221册，第259页。
② 赵汸：《东山存稿》卷3《答赵伯友书》，《景印文渊阁四库全书》第1221册，第238页。
③ 《四库全书总目》卷28《春秋类三》，第228页上。
④ 《河南程氏经说》卷4《春秋传序》，《二程集》，中华书局2004年版，第1125页。
⑤ 黎靖德编，王星贤点校：《朱子语类》卷83《春秋》，第2174页。

知以臣从君之义也。《春秋》之所以遂为《春秋》之终者，以王室不能自立于天下，而不能不有赖于臣下之扶持也。始则从王，终则以王，亦可见为《春秋》世变之始终矣。"他认为，《春秋》始于隐公元年，是因为是年"郑伯不朝至勤王之伐"，始有"天下无王之祸"，从此"王室之势日微于一日"，终至"不可复扶持"，"至于麟出"，然后孔子"知王道之无征也"，乃深忧王室失正，故作《春秋》以明"天下不可以无王"①。

《春秋》既为"忧王室"而作，赵汸认为孔子于《春秋》首句书"元年春王正月"就深含"尊王"之义，就是要"以王道正《春秋》之始也"。"元年云者，谨人君继世体元之始也。王正月者，谨天下奉周正朔之始也。一则存一国之体，一则存一王之体，《春秋》严矣。"②《春秋》如此书法，就是希望天下奉周之正朔，"存一王之体"，充分表达了对周天子的尊崇之义。

相较《春秋》三传，赵汸对尊王之义的阐发更为注重，即使三传未解以尊王的史事，在赵汸的笔下却都成了对诸侯不尊王的声讨。

桓公十五年"天王使家父来求车"，《春秋属辞》："平王崩而鲁人遂不复会葬，求车以桓王将崩，备丧具也。而桓王七年始葬。"③《春秋集传》："俄而天王崩，七年而后克葬，则诸侯不王之罪大矣。"④关于"天王使家父来求车"，《春秋》三传都是从天王求车非礼的角度去讲的，《公羊传》："何以书？讥。何讥尔？王者无求，求车非礼也。"何休注："王者千里，畿内租税，足以共费；四方各以其职来贡，足以尊荣，当以至廉无为率先天下，不当求。"⑤《穀梁传》："古者诸侯时献于天子，以其国之所有，故有辞让，而无征求。求车，非礼也。"⑥《左传》："非礼也。诸

---

① 赵汸：《春秋金锁匙》，《景印文渊阁四库全书》第 164 册，第 438、416—417、434、416、438 页。
② 赵汸：《春秋金锁匙》，《景印文渊阁四库全书》第 164 册，第 415 页。
③ 赵汸：《春秋属辞》卷 5《存策书之大体》，《景印摛藻堂四库全书荟要》第 42 册，第 116 页。
④ 赵汸：《春秋集传》卷 2《桓公十五年》，《景印摛藻堂四库全书荟要》第 42 册，第 363 页。
⑤ 《春秋公羊传注疏》卷 5《桓公十五年》，第 122 页。
⑥ 《春秋穀梁传注疏》卷 4《桓公十五年》，第 66 页。

侯不贡车服，天子不私求财。"① 而赵汸却将批判的矛头指向了诸侯，认为这是诸侯不王之罪的体现。

桓公十八年"葬我君桓公"，《春秋集传》："岁首必书王月，桓曷为无王？见伯者之所由兴也。伯者之兴则何以于桓见之？诸侯无王莫甚于桓之世也。桓弑隐，督弑宋公，陈佗杀太子而立，郑突篡其君兄，宋、郑之乱诸侯不能讨，又从而利之，而皆不事天子，不王之罪莫斯为甚矣，而未至于无王也。郑庄不臣，繻葛之战，三纲绝矣，而诸侯不为变，则天下遂至于无王矣。"②《公羊》《穀梁》二传此条之下，都是在解释为什么弑君之贼未讨却书葬。《公羊传》："贼未讨，何以书葬？仇在外也。仇在外，则何以书葬？君子辞也。"③《穀梁传》："葬我君，接上下也。君弑，贼不讨，不书葬，此其言葬，何也？不责逾国而讨于是也。"④《左传》无传。而赵汸则直接跳出桓公之葬，总结了桓公之世诸侯不王的罪行，并提出"诸侯无王莫甚于桓之世也"。

庄公二十八年"齐人伐卫。卫人及齐人战，卫人败绩"，《春秋集传》："此齐侯也，其称人何？桓公不以王命讨罪也。卫侯朔叛天子，纳子颓，其身虽已死，而天讨不可以终废也。而齐侯战败卫师，取赂而还，以天子之命命方伯伐卫，不能正其罪，而苟焉以自私，桓公为不职矣。故虽齐侯自将，而夺其恒称，以罪桓也。"⑤ 此事《春秋》三传皆无尊王之义。《公羊传》："伐不日，此何以日？至之日也。战不言伐，此其言伐何？至之日也。《春秋》伐者为客，伐者为主。故使卫主之也。曷为使卫主之？卫未有罪尔。败者称师，卫何以不称师？未得乎师也。"⑥《穀梁传》："于伐与战，安战也？战卫，战则是师也。其曰人，何也？微之也。何为微之也？今授之诸侯，而后有侵伐之事，故微之也。其人卫，何也？以其人齐，不可不人卫也。卫小齐大，其以卫及之，何也？以其微之，

---

① 《春秋左传正义》卷7《桓公十五年》，第236页。

② 赵汸：《春秋集传》卷2《桓公十八年》，《景印摛藻堂四库全书荟要》第42册，第366页。

③ 《春秋公羊传注疏》卷5《桓公十八年》，第128页。

④ 《春秋穀梁传注疏》卷4《桓公十八年》，第69页。

⑤ 赵汸：《春秋集传》卷3《庄公二十八年》，《景印摛藻堂四库全书荟要》第42册，第390页。

⑥ 《春秋公羊传注疏》卷9《庄公二十八年》，第207—208页。

可以言及也。其称人以败，何也？不以师败于人也。"①《左传》："齐侯伐卫，战，败卫师，数之以王命，取赂而远。"②《公羊》《穀梁》二传都在纠缠书日、称人不称师等问题，且以卫本无罪。《左传》只述及齐责卫以王命并取贿而归的事实。而赵汸则认为，卫侯背叛天子，虽死仍得天讨，可见叛天子之罪刑罚甚为严厉。而齐桓公以诸侯霸主，受王命讨逆却取赂而还，因而亦有不尊王之罪。

赵汸认同《公羊传》天下无王，则王室有赖诸侯霸主扶持之说，而进一步提出霸主虽有攘夷狄、安中国之功，但亦须以能否尊王以进退之。如：

讥在齐也。……夫桓公率诸侯以攘夷狄，安中国，而尊天子，诸侯实有赖焉。则曰以"讥齐"，何也？桓公无尊周救患之诚也。桓公以尊王为名，以怗荆为绩，而朝觐归于己，狱讼归于己，礼乐征伐自我而出，其所以从诸侯于盟会者，皆以自为而已。……使桓公诚不私其国以自为，而合诸侯以事天子，朝觐归于天子，狱讼归于天子，礼乐征伐必自天子出，而躬率方伯之职以讨其不庭，则虽以复文、武、周公之竟土可也。天下诸侯其孰非天子之臣，而敢有二心也？③

齐桓于洮所盟者，实王朝之下士也，非王朝之卿士也，《春秋》以王人书者，直其辞以著其实也，以桓公为能尽尊王之礼也。晋文翟泉之所盟者，实王朝之卿士也，《春秋》亦以王人书者，婉其辞以隐其实也，以文公不能尽尊王之礼也。④

总之，赵汸于解《春秋》时处处张大天子之权，而贬抑诸侯，强调"诸侯无专执之道也""非天子不得削人土地""非天子不得废置诸侯"⑤

---

① 《春秋穀梁传注疏》卷6《庄公二十八年》，第111页。
② 《春秋左传正义》卷10《庄公二十八年》，第329页。
③ 赵汸：《春秋集传》卷5《僖公十七年》，《景印摛藻堂四库全书荟要》第42册，第415页。
④ 赵汸：《春秋金锁匙》，《景印文渊阁四库全书》第164册，第426页。
⑤ 赵汸：《春秋集传》卷2《桓公十一年》、卷6《僖公三十一年》、卷9《成公十八年》，《景印摛藻堂四库全书荟要》第42册，第359、433、490页。

"天下大权不可不自天子出也""王室之大尽乎天下,而诸侯之大止于一国"① "王者之政当出于一,所以涣群疑而尊王室也"② 等。成公元年"王师败绩于茅戎",赵汸又引《公羊传》《穀梁传》而强调王者无敌:"王师败绩于茅戎,何以不月?王师天下莫得较,故异之于诸侯也。……《公羊传》曰:'曷为不言败之者?王者无敌,莫敢当也'。《穀梁传》曰:'不言战,莫之敢敌也'。"③

二 谨华夷之辨

赵汸总结的《春秋》笔削之八大例,其第五例即为"谨华夷之辩(辨)"。他说:"中国之视夷狄,犹天地冠履也,而又何谨焉?信大义于天下也。孔子曰:'管仲相桓公,霸诸侯,一匡天下,民到于今受其赐。微管仲,吾其被发左衽矣。'此《春秋》外夷狄之义也。……楚至东周始强于四夷,僭王其国,志吞中夏,故伯者之兴得以攘却为功。世虽无桓、文,而中国之大义不可一日而不信也。"④

可见,赵汸在夷夏问题上高举"中国大义",他一再强调,《春秋》"大中夏""《春秋》为忧中国而作"⑤"《春秋》为夷夏而作",甚至认为"《春秋》拨乱世、反之正,莫先于攘夷狄、安中国"⑥。

赵汸认为《春秋》谨华夷之辨,首先表现在"书楚事无一不致其严者"⑦,即《春秋》书楚及吴、越、徐皆与中国异辞。僖公元年"楚人伐郑",《春秋集传》:"荆始改号曰楚,自是有事于诸侯皆称人。其称人何?以楚僭王猾夏,方中国有伯能声其罪,则其侵伐皆人之,不使与中国君

---

① 赵汸:《春秋金锁匙》,《景印文渊阁四库全书》第 164 册,第 422、433 页。
② 赵汸:《春秋属辞》卷 11《辩名实之际》,《景印摛藻堂四库全书荟要》第 42 册,第 254 页。
③ 赵汸:《春秋集传》卷 9《成公元年》,《景印摛藻堂四库全书荟要》第 42 册,第 474 页。
④ 赵汸:《春秋属辞》卷 12《谨华夷之辩》,《景印摛藻堂四库全书荟要》第 42 册,第 268 页。
⑤ 赵汸:《春秋金锁匙》,《景印文渊阁四库全书》第 164 册,第 417、438 页。
⑥ 赵汸:《春秋集传》卷 3《庄公十年》《庄公十五年》,《景印摛藻堂四库全书荟要》第 42 册,第 378、381 页。
⑦ 赵汸:《春秋属辞》卷 12《谨华夷之辩》,《景印摛藻堂四库全书荟要》第 42 册,第 268 页。

将称君者同文,所以谨华夷之辩也。必中国无伯,而后称君大夫,著其强也。虽著其强,然《春秋》书楚事无一不致其严也,与待中国诸侯伯主君将称君不同。"① 定公四年"吴入郢",《春秋集传》:"熊绎事周,至成王始以子、男田封诸荆山;入春秋,犹称荆;僖公之时,始称楚。盖荆其本号,楚乃僭王后自改之号也。《春秋》从其自号,始终称楚无异辞,于是特书'入郢'而不言'入楚',以其僭王猾夏,不得与三代建国无辜见入者同文也。故凡夷狄入中国不月,其自相入则又不月。"②

其次,夷狄"扰夏",侵害中国,《春秋》一律斥之。僖公二十七年"楚人、陈侯、蔡侯、郑伯、许男围宋",《春秋集传》:"此楚子也,其称人何?……但人之,正其猾夏之罪也。楚强甚矣,虽桓公盛时,楚犹未尝一日而忘诸夏。桓公卒,楚得卫、得曹、得鲁,而从陈、蔡、郑、许之君以围宋,楚之得志于诸夏未有甚于此时者。……虽序于诸侯之上,犹人之,信中国之大义以正其罪也。"③

而对所发生的夷狄"内侮威中国"④的事实,《春秋》则一概不予承认,所谓"不与夷狄之获中国也""不以夷狄执诸夏""夷狄败中国不日"⑤。总之是中国可以俘夷狄,夷狄不可以俘中国。如"《春秋》于齐献捷而书戎",赵汸认为这是中国俘夷狄,所以要"著其实","以齐可以俘戎也";而"于楚献捷不书宋",就要"没其实",因为这是夷狄俘中国,要表明"不以楚得俘宋也"⑥。

最后,诸侯应当团结一致跟从霸主攘夷,如果霸主不攘夷或诸侯背叛中国,与夷狄盟会甚或与夷狄一起伐诸夏,《春秋》皆予以贬斥。如:

---

① 赵汸:《春秋集传》卷5《僖公元年》,《景印摛藻堂四库全书荟要》第42册,第400页。
② 赵汸:《春秋集传》卷14《定公四年》,《景印摛藻堂四库全书荟要》第42册,第556页。
③ 赵汸:《春秋集传》卷6《僖公二十七年》,《景印摛藻堂四库全书荟要》第42册,第426页。
④ 赵汸:《春秋金锁匙》,《景印文渊阁四库全书》第164册,第428页。
⑤ 赵汸:《春秋集传》卷3《庄公十年》、卷6《僖公二十一年》、卷9《成公元年》,《景印摛藻堂四库全书荟要》第42册,第378、431、474页。
⑥ 赵汸:《春秋金锁匙》,《景印文渊阁四库全书》第164册,第428页。

晋虽不竞，犹称盟主。楚合诸侯于申，伐吴、灭陈、诱蔡侯般杀之、灭蔡，而晋人方以诈灭肥、伐鲜虞，甘心于群狄，故伐鲜虞称国，责其弃中国于楚，听其吞灭，非复诸侯之盟主也。是皆笔削之旨也。①

又如僖公二十八年"卫元咺出奔晋"，《春秋集传》："《春秋》举重卫侯之罪，莫重于叛中国。"②

哀公十年"五月，公至自伐齐"，《春秋集传》："凡会伐而书至，恒不月，此其月之何？以会蛮夷伐中国，故月以异之。"③

哀公十一年"五月，公会吴伐齐。甲戌，齐国书帅师及吴战于艾陵，齐师败绩，获齐国书"，《春秋集传》："诸侯以兵属夷狄，皆不序也。既书公会吴伐齐而战，则从其恒辞，鲁人屈于强夷而求伸于中国，其罪不可掩矣。"④

赵汸所讲的"谨华夷之辨"虽然亦强调"严夷夏之防"，但远没有宋儒那样狭隘。胡安国《春秋传》说"中国而夷狄则夷狄之，夷狄猾夏则膺之，此《春秋》之旨也"⑤，毫无夷狄可进为中国的内容，且动辄以"夷狄"与"禽兽"并举。赵汸在夷夏问题上还是采取了类似于公羊家"进夷狄"的观念，不仅主张中国不义可退为夷狄，而且夷狄为善则可进于中国。他说："《春秋》内诸夏而外四裔，……昭公五年，伐吴之役，於越在焉，《春秋》骤进于中国。……后是越人之善与中国无以大异也，……《春秋》盖曰：所为恶，则中国不殊于外裔；所为善，则外裔

---

① 赵汸：《春秋属辞》卷11《辨名实之际》，《景印摛藻堂四库全书荟要》第42册，第264页。
② 赵汸：《春秋集传》卷6《僖公二十八年》，《景印摛藻堂四库全书荟要》第42册，第429页。
③ 赵汸：《春秋集传》卷15《哀公十年》，《景印摛藻堂四库全书荟要》第42册，第579页。
④ 赵汸：《春秋集传》卷15《哀公十一年》，《景印摛藻堂四库全书荟要》第42册，第580页。
⑤ 胡安国撰，郑任钊校点：《春秋传》卷1《隐公二年》，《儒藏》精华编第91册，北京大学出版社2016年版，第423页。

可进于中国也。"①

昭公十五年"晋荀吴帅师伐鲜虞",《春秋集传》:"当楚人灭中国,而晋不能救,则狄之以示义。"② 成公三年"郑伐许",《春秋集传》:"何休氏曰:谓之郑者,恶郑与楚,比周侵伐诸夏,故夷狄之也。"③ 明确采纳何休中国亦可夷狄之的观念。

定公四年"蔡侯以吴子及楚人战于柏举,楚师败绩",《春秋集传》:"吴以号举,君臣同辞,有自来矣。此其称爵何?进之也。楚为中国患久矣,……能为中国复仇讨罪,摅神人之积愤者,吴也。是故特称其爵,所谓夷而进于中国则中国也。"④

"楚,南方之夷也,其始聘也以荆人书也,一变而书其臣之名,再变而书其名氏,何也?大抵楚虽僭王,其行也以礼,则可与中国齿,每进每善,圣人予之,故再进其法以示褒。"⑤ 明显认同何休"夷狄进至于爵"之说。

此外,赵汸以为,"《春秋》拨乱世、反之正,莫先于攘夷狄、安中国",似乎暗示《春秋》诸义中,以攘夷为先,这实是一种比较独特的看法。这大概与赵汸所处的特殊时代有关。春秋、宋代之时,尊王与攘夷是统一的,而于赵汸却是矛盾的。时值元末,群雄蜂起抗元。欲尊天子,天子却是"夷狄";欲攘夷,则必背叛天子。赵汸处于此二难选择中,实在无法作出选择,只好对朝廷和朱元璋的多次礼聘都一概谢绝。以攘夷为先,可能恰恰反映了赵汸的内心倾向,说明其内心还是坚持"中国之大义不可一日而不信"的。

三 正名分

赵汸曰:"《春秋》之为书,所以正名而定分者也。"⑥ 笔削八例中即

---

① 赵汸:《春秋金锁匙》,《景印文渊阁四库全书》第164册,第433页。
② 赵汸:《春秋集传》卷12《昭公十五年》,《景印摛藻堂四库全书荟要》第42册,第535页。
③ 赵汸:《春秋集传》卷9《成公三年》,《景印摛藻堂四库全书荟要》第42册,第477页。
④ 赵汸:《春秋集传》卷14《定公四年》,《景印摛藻堂四库全书荟要》第42册,第555页。
⑤ 赵汸:《春秋金锁匙》,《景印文渊阁四库全书》第164册,第436页。
⑥ 同上书,第429页。

有"特笔以正名",为第六例。赵汸解释说:"特笔者,所以正名分、决嫌疑也。……卫君辄待孔子而为政,子曰'必也正名乎',而又推极名不正之害至于使民无所措手足,此经世之先务也。春秋世变极矣,父子、君臣之间,人所难言者多矣,岂史氏恒辞所能尽其分哉?今考《春秋》凡辞旨卓异与史文弗类者,皆人事之变,恒辞不足以尽义,而后圣人特笔是正之,非史氏所及也。然所是正者,不过片言,而三纲五常赫然复正,故曰:非圣人其孰能修之?庄周氏曰'《春秋》以道名分',盖亦得其大意云。"①

春秋之时君臣之道陵替,名分之坏至极,而名不正之害又极大,因此孔子作《春秋》必有所正。正名就是要恢复君臣父子的上下分际,维护三纲五常在人们心目中的地位,这其中首先是要明确标示上下尊卑的名分等级。赵汸认为"君臣父子之分明,而祸乱息矣"②,所以于解经时甚为留意尊卑等级:

"公子遂之如京师,遂如晋。……公子遂之如京师,本以如晋之后,而后有行也。而《春秋》不以如京师为遂事,而以如晋为遂事者,以明聘王之事为大于聘伯,所以为人臣之礼也。"③ 明伯下于王,王尊于伯。

"及晋处父盟,公孙敖会晋士縠盟于垂陇。……处父及盟不书公,所以存望国之君之体也,不使晋大夫强于望国之君也。……士縠书于诸侯之下,所以存列国之君之体也,不使晋大夫加于外国之君也。以宋书公、陈书侯、郑书伯,其尊君卑臣也可知矣。"④ 明大夫下于诸侯,诸侯尊于大夫,并明示《春秋》尊君卑臣之义。

其次,赵汸认为《春秋》强调名分规范不可逾越,要君臣父子各安其位,遵守各自的名分,各尽其应尽之责。所以凡君不君、臣不臣、父不父、子不子,皆罪之:

"僖九年冬,晋里克杀其君之子奚齐。……史于里克杀奚齐当书弑其

---

① 赵汸:《春秋属辞》卷13《特笔以正名》,《景印摛藻堂四库全书荟要》第42册,第283页。
② 赵汸:《春秋集传》卷8《宣公四年》,《景印摛藻堂四库全书荟要》第42册,第463页。
③ 赵汸:《春秋金锁匙》,《景印文渊阁四库全书》第164册,第425页。
④ 同上书,第424页。

君，与齐舍同，而乃书杀其君之子，与恒辞异者，里克弑逆之罪易见，而献公首恶之名难知，故孔子特笔是正之，……见里克之不臣由献公之不父也。"① 恶里克之不臣，亦恶晋献公不君不父，无罪而杀其世子申生。

闵公二年"吉禘于庄公"，赵汸曰："禘者，三年大祭之名也。礼，不王不禘，诸侯三年丧毕，致新死者于祖庙，合群庙之主而祭之谓之祫。……当时诸侯僭天子以禘为丧毕大祭，不惟鲁也，故曰禘，东迁诸侯之僭礼也。……以详事变，而僭窃之罪因可见矣。"② 以诸侯不守臣礼，僭越天子，讨以僭窃之罪。

"大夫不可以先诸侯也。《春秋》以士縠序诸侯之下者，不以会盟之权予大夫。……《春秋》以苟偃序郑伯之下者，不以征伐之权予大夫。"③ 不予大夫僭君之权。

僭窃犹罪之，而弑君则更是罪无可赦，赵汸曰："弑君，天下之大恶也。"④ "孟子曰：'世衰道微，邪说暴行有作，臣弑其君者有之，子弑其父者有之，孔子惧，作《春秋》。'又曰：'孔子成《春秋》而乱臣贼子惧。'此《春秋》书弑君之义也。是故凡弑君皆有笔而无削，以弑逆之罪，无分轻重。"⑤

赵汸推极弑君之罪，庄公十二年"宋万出奔陈"，《春秋集传》："大夫出奔不月，此其月何？佚贼也。于是宋人请万于陈，以赂卒杀之，不书，蔽罪于陈也。弑君之贼无所逃于天地之间者也，其谁可受之？天下有无君之国，而后可也。"⑥ 赵汸强调，弑君之罪根本是无法逃脱的，为天地间所不容。所谓"无君之国"，在赵汸看来是不可能出现的，所以概

---

① 赵汸：《春秋属辞》卷13《特笔以正名》，《景印摛藻堂四库全书荟要》第42册，第286页。

② 赵汸：《春秋集传》卷4《闵公二年》，《景印摛藻堂四库全书荟要》第42册，第396—397页。

③ 赵汸：《春秋金锁匙》，《景印文渊阁四库全书》第164册，第429页。

④ 赵汸：《春秋集传》卷7《文公十六年》，《景印摛藻堂四库全书荟要》第42册，第456页。

⑤ 赵汸：《春秋集传》卷1《隐公四年》，《景印摛藻堂四库全书荟要》第42册，第342页。

⑥ 赵汸：《春秋集传》卷3《庄公十二年》，《景印摛藻堂四库全书荟要》第42册，第379页。

无例外的可能。

理学家于君臣父子之伦，更强调的是臣子对君父的绝对义务和服从，因此赵汸明显对臣子之罪的谴责要严厉得多。如昭公十九年"许世子止弑其君买"，赵汸以为止进药于病中的许悼公而公薨，止虽非有意为之，但《春秋》仍书弑，这是因为"《春秋》之法一施之者，以臣子于君父不可过也。……《春秋》于臣子之狱察矣"①。臣子即使由于过失也不可以被原谅，而对君父之罪赵汸却常常略而不论。如桓公十五年"天王使家父来求车"，三传皆以王非礼，而赵汸不采此说，反而谴责诸侯，强调"诸侯不王之罪大矣"②。

最后，尊卑贵贱有等，确立继承人当以贵不以长，如有以庶夺嫡，赵汸提出《春秋》皆正其名，不予承认：

> 昭二十二年夏，刘子、单子以王猛居于皇。秋，刘子、单子以王猛入于王城。冬，十月，王子猛卒。……居皇、入王城，王下皆当称子称名，今但称名不称子，与下文异者，盖所称与群王子无别，特去其"子"字，乃夫子深意也。景王穆后大子寿早夭，猛与丐皆其同母弟也。王宠庶长子朝，欲立之。单旗、刘狄欲立王子猛。……会王崩，子朝作乱，鲁史书曰"王室乱"而已，诸侯未知孰为正也。……夫子以王猛实宜立者，而其在丧之称疑于群王子，与后书王子朝无异辞，故于二简特去"子"而称"王猛"。则猛当为王，朝实为逆，不待加一辞矣。③

赵汸以为王子猛为嫡子，王子朝为庶子，故《春秋》于前两段经文中故意去掉"王子猛"三字中的"子"字，直称"王猛"，以猛为正，正之以王名，而王子朝虽得立，犹为篡逆。

---

① 赵汸：《春秋集传》卷13《昭公十九年》，《景印摛藻堂四库全书荟要》第42册，第538页。

② 赵汸：《春秋集传》卷2《桓公十五年》，《景印摛藻堂四库全书荟要》第42册，第363页。

③ 赵汸：《春秋属辞》卷13《特笔以正名》，《景印摛藻堂四库全书荟要》第42册，第284—285页。

> 郑世子忽复归于郑。忽，嗣君也，其出也名之，则其归称世子何？特笔以正名也。世子者，未嗣位之称也，忽君郑五月而出奔，四年于外而复归于郑，于史文不得复称世子。鲁人于突一则曰郑伯，二则曰郑伯，则鲁史必不称忽为世子，探其本，正其名，书曰"郑世子忽"，修《春秋》之特笔也。……《春秋》别嫌疑，明是非，以谓忽尝为君之世子矣。若庶孽得而夺之，则天下之适（嫡）庶乱矣。故正其名，与之继世，深恶乱臣贼子之意也。①

赵汸以为郑忽已君而称"世子"，乃是《春秋》特笔，欲强调郑忽的嫡子身份，而以郑突为不正。

理学重视"三纲"，赵汸不仅欲正君臣、父子，对夫妇亦正之。他多次强调"妇人从一之义""妇人之义从一者也"②。庄公二十四年"夫人姜氏入"，《春秋集传》："夫人不从公而入，失妇道也，妇人从夫者也。"③此段经文《公羊传》以"夫人不偻，不可使入，与公有所约，然后入"④解，《穀梁传》以"入者，内弗受也。……其以宗庙弗受，何也？娶仇人子弟，以荐舍于前，其义不可受也"⑤解，《左传》无传，可见以"妇人从夫"之"三纲"之义来解释，实非旧义。

四 重义重德

程朱理学判断是非善恶，皆以义理为标准，于《春秋》研究亦如此。朱熹尝曰："今理会得一个义理后，将他事来处置，合于义理者为是，不合于义理者为非。……只是《春秋》却精细，也都不说破，教后人自将义理去折衷。"他还批评《左传》说："左氏之病，是以成败论是非，而

---

① 赵汸：《春秋集传》卷2《桓公十五年》，《景印摛藻堂四库全书荟要》第42册，第363页。
② 赵汸：《春秋集传》卷3《庄公十二年》、卷9《成公五年》，《景印摛藻堂四库全书荟要》第42册，第379、478页。
③ 赵汸：《春秋集传》卷3《庄公二十四年》，《景印摛藻堂四库全书荟要》第42册，第387页。
④ 《春秋公羊传注疏》卷8《庄公二十四年》，第195页。
⑤ 《春秋穀梁传注疏》卷6《庄公二十四年》，第104页。

不本于义理之正。尝谓左氏是个猾头熟事，趋炎附势之人。"① 这体现了程朱理学重义轻利的价值取向。赵汸继程朱绪余，于《春秋》中亦极为强调"义利之辨"②。他明确宣称："《春秋》正其义不谋其利，明其道不计其功。"③ 基于这一立场，赵汸于解《春秋》时，全力揭露诸侯因私利而坏公义，单纯计较功利得失之行。如桓公十五年"公会宋公、卫侯、陈侯于袲，伐郑"，《春秋集传》：

> 于是谋伐郑，将纳厉公，弗克而还。……昭公复国，非宋、鲁之利也。故又相与释怨而为会以谋之，反覆皆以私也。④

定公十三年"晋荀寅、士吉射入于朝歌以叛"，《春秋集传》引胡安国之言：

> 晋卿始祸，缘卫贡也。乐祈见执，献杨楯也。蔡侯从吴，荀吴（寅）货也。昭公弗纳，范鞅赂也。而晋室不复能主盟矣。故为国以义不以利。⑤

赵汸对"私利"的声讨是非常严厉的，他还提出"《春秋》诛利心"⑥，以诛心之说来揭批人们灵魂深处的私念利心。"诛利心"也就是只要是动机不是纯从大义出发，存有私利的成分，即使实际行动的情形

---

① 黎靖德编，王星贤点校：《朱子语类》卷83《春秋》，第2152—2153、2149页。
② 《春秋集传》卷6《僖公二十二年》引陈傅良《春秋后传》："《春秋》严义利之辨。"见《景印摛藻堂四库全书荟要》第42册，第421页。
③ 赵汸：《春秋集传》卷8《宣公元年》，《景印摛藻堂四库全书荟要》第42册，第460页。"正其义不谋其利，明其道不计其功"本为董仲舒语（《汉书》卷56《董仲舒传》，第2524页），朱熹认为："《春秋》大法正是如此。"（《朱子语类》卷83《春秋》，第2174页）
④ 赵汸：《春秋集传》卷2《桓公十五年》，《景印摛藻堂四库全书荟要》第42册，第364页。
⑤ 赵汸：《春秋集传》卷14《定公十三年》，《景印摛藻堂四库全书荟要》第42册，第566—567页。原文见胡安国《春秋传》卷28，实为胡安国转录自唐代陈惇修《贿赂公行论》（董诰等编：《全唐文》卷948，中华书局1983年版，第9844页）。
⑥ 赵汸：《春秋集传》卷3《庄公八年》，《景印摛藻堂四库全书荟要》第42册，第375页。

和结果都是好的、善的，也认定有罪。如：

庄公二十二年"公如齐纳币"，《春秋集传》："庄公志不在于从伯，而欲继其世昏（婚），耻于朝齐而假他事以往，非有公天下之心也，亦以其私而已。"①

哀公十年"吴救陈"，《春秋集传》："楚比岁伐陈，争陈于吴也。故吴救陈，吴非能以存中国为义者，利陈之私于我而已。"②

理学是一种道德至上论，始终与功利主义相对立。③赵汸以理学家的身份研究《春秋》，必然会高扬道德精神，必然会重义轻利，也必然会重德轻力，强调德治。赵汸主张《春秋》重德不重力，对诸侯不修德行，而企图以力服人予以谴责。如：

庄公十年"公侵宋"，《春秋集传》："恶其不度德量力，而兴戎构乱，故变其文以讥之也。"④

庄公十年"齐师灭谭，谭子奔莒"，《春秋集传》："齐方图伯，则其灭谭何？桓公不能以义属诸侯也。桓公欲合诸侯而再不得志于鲁，不思德之不修，而患力之不足。姑务广其土以众其民，于是灭谭，又灭遂也。"⑤

赵汸还指出，力的作用是有限的，以力服人虽然能一时见效，但最终只能归于失败。如：庄公十七年"郑詹自齐逃来"，《春秋集传》："外逃不书，逃来何以书？以病齐也。詹以大夫见执，苟宜受命专之可也，而逾三时，终不服，则伯国新令必有不即乎人心者矣。齐知不能诎而缓之，使逃，盖以力服人者，力有时而穷也。"⑥此盖本孟子"以力服人者，非心服也，力不赡也；以德服人者，中心悦而诚服也"（《孟子·公孙丑

---

① 赵汸：《春秋集传》卷3《庄公二十二年》，《景印摛藻堂四库全书荟要》第42册，第385页。
② 赵汸：《春秋集传》卷15《哀公十年》，《景印摛藻堂四库全书荟要》第42册，第579页。
③ 见姜广辉《理学与中国文化》，上海人民出版社1994年版，第5页。
④ 赵汸：《春秋集传》卷3《庄公十年》，《景印摛藻堂四库全书荟要》第42册，第378页。
⑤ 同上书，第379页。
⑥ 赵汸：《春秋集传》卷3《庄公十七年》，《景印摛藻堂四库全书荟要》第42册，第382—383页。

上》)之义。

同时,赵汸强烈要求统治者施行德治,认为凡诸侯行德治、重民命《春秋》皆予以褒扬,而不重民命《春秋》则加以谴责,如:"春王正月不雨,夏四月不雨,自正月不雨至于秋七月。不雨每时而一书者,闵雨也;不雨历时而总书者,不忧雨也。《春秋》喜其有志乎民,故春不雨而书,夏不雨而书,辞繁而不削者,以著其勤于民也。《春秋》恶其无志乎民,故自正月不雨至秋七月而书,辞简而不赘者,以著其慢于民也。"①

第五节 对公羊学的肯定

皮锡瑞说"孔广森治《公羊》,其源出于赵汸"②,又说"赵汸说《春秋》策书、笔削近是,孔广森深取其书"③。孔广森《春秋公羊通义叙》:"孔子之修《春秋》也,至于上下内外之无别,天道人事之反常,史之所书或文同事异、事同文异者,则皆假日月以明其变、决其疑。……将使学者属辞比事以求之。其等衰势分甚严,善恶浅深奇变极乱,皆以日月见之,如示诸掌。善哉。自唐迄今,知此者唯赵汸一人哉!"④

其实不仅孔广森,庄存与写《春秋正辞》也直接受到了赵汸的影响⑤。庄存与在《春秋正辞》中写道:"存与读赵先生汸《春秋属辞》而善之,辄不自量,为骙括其条,正列其义,更名曰《正辞》。"⑥ 申明自己受了赵汸的影响。而从庄存与《春秋正辞》掀开了清代公羊学复兴的序幕这一事实来看,若说赵汸之春秋学是清代公羊学之远祖也未尝不可。

一 赵汸对三传的态度

公羊"汉后已成绝学"⑦,由汉后至清中叶间的一千多年中,《公羊

---

① 赵汸:《春秋金锁匙》,《景印文渊阁四库全书》第164册,第420页。
② 皮锡瑞:《经学历史》9《经学积衰时代》,第284页。
③ 皮锡瑞:《经学通论》4《春秋》,第84页。
④ 孔广森撰,崔冠华校点:《春秋公羊通义》叙,《儒藏》精华编第85册,北京大学出版社2010年版,第303页。
⑤ 参见陈其泰《清代公羊学》,第61页。
⑥ 庄存与:《春秋正辞》叙目,《续修四库全书》第141册,第2页。
⑦ 皮锡瑞:《经学历史》8《经学变古时代》,第250页。

传》虽仍为儒家的重要经典，但公羊大义却几乎无人能通。宋儒注重经义，与公羊可谓同旨，所以宋儒对《公羊传》侧重阐述经义表示赞赏，如朱熹认为《公羊传》较之《左传》，"考事甚疏，然义理却精"，"于义理上有功"，"说道理及礼制处不甚差"①，但他同时也指出《公羊传》"皆得于传闻，多讹谬"，虽"亦有是处"，但感觉"甚不好"②。

赵汸认为："历战国、秦、汉以及近代说者，殆数十百家，其深知圣人制作之原者，邹孟氏而已矣。……然自孟氏以来鲜有能推是说以论《春秋》者，盖其失由三传始。《左氏》有见于史，其所发皆史例也，故常主史以释经，是不知笔削之有义也。《公羊》《穀梁》有见于经，其所传者犹有经之佚义焉，故常据经以生义，是不知其文之则史也。后世学者舍三传则无所师承，故主《左氏》则非《公》《穀》，主《公》《穀》则非《左氏》，二者莫能相一。其有兼取三传者，则臆决无据，流通失中。其厌于寻绎者，则欲尽舍三传，直究遗经，分异乖离，莫知统纪，使圣人经世之道，暗而不明，郁而不发，则其来久矣。至永嘉陈君举始用二家之说，参之《左氏》，以其所不书实其所书，以其所书推其所不书，为得学《春秋》之要，在三传后卓然名家。"③

可见，他认为三传都不知《春秋》制作之原，《左传》只知史例而不知经义，《公羊传》《穀梁传》只知经义而不知史例，对三传各打了五十大板。但他又强调研究《春秋》离不开三传，否则就"莫知统纪"。三传虽然都有缺点，但《左传》的缺点恰恰是《公》《穀》的优点，《公》《穀》的缺点也恰恰是《左传》的优点，主此非彼或主彼非此都只能各得一偏，所以最好就是兼取三传，即"以其所不书实其所书，以其所书推其所不书"。他既排斥了前人那种"臆决无据"的所谓"兼取三传"，又否定了前人"尽舍三传"的做法，而是采取了一种三传并重，各有所取的态度。赵汸对三传的评论基本都是基于这一立场：

---

① 黎靖德编，王星贤点校：《朱子语类》卷83《春秋》、卷63《中庸二》，第2152、1555页。
② 黎靖德编，王星贤点校：《朱子语类》卷83《春秋》，第2153页。
③ 赵汸：《春秋集传》序，《景印摛藻堂四库全书荟要》第42册，第330—331页。"后世学者舍三传则无所师承"，"舍"字原脱，据《东山存稿》卷3补。

《春秋》之学只是属辞比事法。《公》《穀》所发书不书之义，陈止斋因之以考《左传》，正是暗合此法，故其笔削义例独有根据，所可惜者，偏于《公》《穀》，与杜元凯正是吾（各）得一边。……然前辈知《左氏》义例之背谬而不知其事实之可据。①

为了切实做到三传并重，赵汸评论三传得失时总是力图做到一碗水端平，不偏不倚。但是，我们从另一些地方还会发现，赵汸在三传中似乎还是有所偏重的，那就是《左传》。他认为虽然《左传》得事，《公》《穀》得义，各有所得，但是，"夫得其事、究其文，而义有不通者有之；未有不得其事，不究其文而能通其义者也"，因此"三传得失虽殊，而学《春秋》者必自《左氏》始"。这样，《左传》就被推到了三传"排头兵"的位置上。他还赞同黄泽的《春秋》"本原脉络则尽在《左传》"的说法，他著作中无前文的"传曰"也都是特指《左传》而言，他还对《左传》"经唐宋诸儒诋毁之余，几无一言可信"②表示痛心，这些都可以说明《左传》在他的春秋学中有特殊的地位。

二 《公羊》得学《春秋》之要

赵汸研究《春秋》不专主《公羊》，甚至倾向《左传》，而且他对公羊学还多有微词，如："然自《左氏》不知有笔削之旨，为《公羊》学者遂以《春秋》为夫子博采众国之书，通修一代之史者，于是褒贬之说盛行。又有以为有贬无褒者，又有以一经所书皆为非常，而常事不书者，有谓黜周王鲁者，有谓用夏变周者，其失在不知有存策书大体之义而已。"③ 反对公羊学家的许多说法，尤其是否定公羊学的核心命题之一的"王鲁"说。那为什么清代公羊学家，从庄存与到孔广森到皮锡瑞都称誉赵汸，而且庄、孔还深受其影响，甚至在其著作的启发下而推动公羊学的复兴呢？笔者认为主要原因有四：

---

① 赵汸：《东山存稿》卷3《春秋纂述大意——寄宋景濂王子充》，《景印文渊阁四库全书》第1221册，第258页。
② 赵汸：《春秋左氏传补注》序，《景印文渊阁四库全书》第1221册，第328—329页。
③ 赵汸：《春秋属辞》卷1《存策书之大体》，《景印摛藻堂四库全书荟要》第42册，第21页。

首先，赵汸指出《公羊》"得学《春秋》之要"。

赵汸推重《左传》只是一种表面现象，他主张"学《春秋》者必自《左氏》始"，其实这是和他"先考史法、再求经义"的研究路径密切相关的，因为"鲁史旧章犹赖《左氏》存其梗概"①，考史法必离不开《左传》，所以研究《春秋》只能从《左传》入手。而赵汸的春秋学又明确是以求经义为旨归的，同公羊家治《春秋》可谓同道，所以他指出《公羊》发掘《春秋》笔削大义为"得学《春秋》之要"。他说："孔子作《春秋》以寓其拨乱之志，而国史有恒体，无辞可以寄文，于是有书、有不书，以互显其义，其所书者则笔之，不书者则削之。《史记·世家》论孔子'为《春秋》，笔则笔、削则削，子夏之徒不能赞一辞'，正谓此也。……而夫子于《春秋》独有知我、罪我之言者，亦以其假笔削以寓拨乱之权事，与删《诗》定《书》异也。自《左氏》不明此义，为其徒者遂不知圣人有不书之法。《公羊》《穀梁》每设不书之问，盖其所承犹得学《春秋》之要，而无所考据，不能推见全经。"②明确说明孔子寓大义于《春秋》，并指责《左传》"不明此义"。因此，赵汸再推重《左传》，也只是为进一步深入探寻《春秋》大义打基础，《公羊传》的治经方向才是他最终的目标。况且，对他来说，《左传》既然只是史学，而《公羊传》却是经学，这样，实质上《左传》的地位反而要低于《公羊传》了。

其次，赵汸所发明的"属辞比事"法，是通过史事来探求《春秋》之旨，即以史事中蕴含微言大义，这正暗合公羊家"借事明义"之说。当然二者还是有所区别，赵汸"属辞比事"要求史事要准确，而公羊学却是"事之合与不合，备与不备，本所不计"③。不过，赵汸对公羊学的这种"借事明义"说也有所采用，如说："诸侯城缘陵，大夫盟溴梁。缘陵之城，伯主在也，《春秋》以伯主书也，盖未害也，乃以诸侯自城书而不以伯主列序者，以为天下于是而后无伯主也。天下非果无伯主也，而所以为

---

① 赵汸：《春秋左氏传补注》序，《景印文渊阁四库全书》第 164 册，第 329 页。
② 赵汸：《春秋属辞》卷 8《假笔削以行权》，《景印摛藻堂四库全书荟要》第 42 册，第 170—171 页。
③ 皮锡瑞：《经学通论》4《春秋》，第 21 页。

伯主者皆天下之诸侯也。溴梁之盟诸侯在也,《春秋》以诸侯书也,亦未害也,乃以大夫书而不系于诸侯者,以为天下于是而后无诸侯也。天下非果无诸侯也,而所以为诸侯者皆天下之大夫也。"① 他认为当时天下的事实并非无霸主、无诸侯,但为了谴责霸主不像霸主、诸侯不像诸侯的乱象,《春秋》却硬要说成无霸主、无诸侯。可见赵汸其实也是深谙"借事明义"的。

而且,赵汸厘清经、史,以为孔子因鲁史笔削而成《春秋》,也合于公羊学的主张。庄公七年"夏,四月,辛卯,夜,恒星不见,夜中,星霣如雨",《公羊传》:"恒星者何?列星也。列星不见,则何以知夜之中?星反也。如雨者何?如雨者非雨也。非雨则曷为谓之如雨?不修《春秋》曰:'雨星不及地尺而复。'君子修之曰:'星霣如雨。'"② 明确指出了"不修《春秋》"的存在以及孔子对"不修《春秋》"的修改。孔子修订鲁史,借鲁史寓大义,这是整个公羊学的立言之基,明确这一点,对公羊学意义非常重大。因此,皮锡瑞说"赵氏分别策书、笔削,语多近是,《春秋属辞》本此立说"③。

再次,赵汸采《公》《穀》日月之法而成其笔削八例之第七例"因日月以明类",四库馆臣明指赵汸《春秋属辞》"日月一例,不出《公》《穀》之窠臼"④。赵汸以为《春秋》有日月之法,"上下内外之无别,天道人事之反常",都要通过是否记录日、月来"明其变、决其疑"。这样,"将使学者属其辞比其事以求之,则事之存乎笔削者既各以类明,而日月之法又相为经纬,以显其文,成其义,凡灾祥祸福礼乐政刑盟誓战争,天下之故,一国之事,一人之辞,无微不显"。日月之法与属辞比事法配合起来,《春秋》大义就"如示诸掌"了。赵汸指出,日月之法如此重要,《左传》却"不知日月有义",而《公羊传》虽然有"随事穿凿"之弊,但"显发斯例,必有所受"⑤。

---

① 赵汸:《春秋金锁匙》,《景印文渊阁四库全书》第164册,第423页。
② 《春秋左传正义》卷6《庄公七年》,第153—154页。
③ 皮锡瑞:《经学通论》4《春秋》,第86页。
④ 《四库全书总目》卷28《春秋类三》,第228页下。
⑤ 赵汸:《春秋属辞》卷14《因日月以明类》,《景印摛藻堂四库全书荟要》第42册,第294页。

最后，赵汸对公羊之义颇有发明。赵汸要探寻经义，又不离三传，其必然会受到《公羊传》的许多影响，而事实上赵汸的著作中的确可以看到不少公羊义理的影子，兹举若干显例说明：

1. 天下无王，霸主可兴

《公羊传》主张大一统，尊天子、贬诸侯，但如果天下无王，则主张要依靠现实权威来维系一统的秩序，可以默许诸侯霸主的某些僭越行为。如《春秋》宣公十一年"楚人杀陈夏征舒"，《公羊传》曰："实与而文不与。文曷为不与？诸侯之义，不得专讨也。诸侯之义不得专讨，则其曰实与之何？上无天子，下无方伯，天下诸侯有为无道者，臣弑君，子弑父，力能讨之，则讨之可也。"①《公羊传》认为"上无天子，下无方伯"，致使夏征舒弑君得不到应有的讨伐与惩处，如果霸主"力能讨之，则讨之可也"，明确表示在天下无王的情况下，允许诸侯霸主来维系王室和一统秩序。

赵汸说"中国无伯，王室之忧也"②，明确霸主是维系王室一统天下的保障力量。他认为在天下无王的情况下，《春秋》是赞同霸主兴起的，只有霸主才能安王室、定中国。庄公十五年"齐侯、宋公、陈侯、卫侯、郑伯会于鄄"，《春秋集传》："盖《春秋》予齐以伯。……诸侯无王久矣，汉阳诸姬，楚实尽之，蔡既折而入楚，郑厉公失国，亦自通于楚。中国一日不可无伯矣。……《春秋》拨乱世，反之正，莫先于攘夷狄、安中国，以为非桓公莫能任其事者。……《春秋》之予齐，不徒以其名也，予之以其名者，所以责其实也。……王室之赖于伯者如斯而已乎。上无天子，下无方伯，桓公假天子之命以统诸侯。"③ 闵公元年"齐人救邢"，《春秋集传》："书救邢，予伯者以救中国也。"④

2. "《春秋》假鲁以扶持世道之变"

赵汸虽然反对公羊学"黜周王鲁"说，但他却有一种"王鲁"说"修订版"。他在《春秋金锁匙》中言道：

---

① 《春秋公羊传注疏》卷16《宣公十一年》，第402—403页。
② 赵汸：《春秋集传》卷9《成公十七年》，《景印摛藻堂四库全书荟要》第42册，第489页。
③ 赵汸：《春秋集传》卷3《庄公十五年》，《景印摛藻堂四库全书荟要》第42册，第381页。
④ 赵汸：《春秋集传》卷4《闵公元年》，《景印摛藻堂四库全书荟要》第42册，第395页。

《春秋》假鲁以扶持世道之变者也。以伯主而主诸侯，前乎齐桓未之闻也，而肇于幽之盟。以荆蛮而与是盟，前乎楚未始有是也，而始于齐之役。以诸侯大夫而上盟王臣，前乎晋文未之闻也，而创自翟泉之欼。使鲁而不与，则犹足以为世变中流之砥柱；使鲁而与，则世变盖有靡然纪极之忧。此《春秋》所以于是三盟没公不纪，使鲁之为不与是盟者也。①

　　庄公十六年幽之盟、僖公十九年齐之盟、僖公二十九年翟泉之盟，鲁公皆与盟，但《春秋》于幽之盟记为"会齐侯、宋公、陈侯、卫侯、郑伯、许男、滑伯、滕子同盟于幽"，于齐之盟记为"会陈人、蔡人、楚人、郑人盟于齐"，于翟泉之盟记为"会王人、晋人、宋人、齐人、陈人、蔡人、秦人盟于翟泉"，②都不似平常记为"公会某于某地"，在"会"前皆省略"公"字。赵汸认为，这是由于"《春秋》假鲁以扶持世道之变"。春秋世衰道微，邪说暴行有作，"天下之乱极矣"③，孔子忧道之不行，作《春秋》，以鲁为"世变中流之砥柱"，寄托了自己于乱世中重建秩序的期望。而上述三盟分别是"以伯主而主诸侯""以荆蛮而与是盟""以诸侯大夫而上盟王臣"的开端，是王室日卑、中国日衰的祸源，《春秋》既以鲁为"世变中流之砥柱"，自是不能允许鲁君与盟的，所以只能"没公不纪"。

　　赵汸的这种"《春秋》假鲁以扶持世道之变"的说法，同公羊学"假鲁以为京师"④说法有些接近，可以说是对公羊学"王鲁"说的一种修订，即将何休所说的"《春秋》托王于鲁，因假以见王法"⑤中的以鲁为王改为以鲁为中流砥柱，去除了"黜周王鲁"的内容。

　　3. 世道三变

　　《春秋属辞》《春秋集传》《春秋金锁匙》中凡述说春秋历史进程，

---

① 赵汸：《春秋金锁匙》，《景印文渊阁四库全书》第164册，第439—440页。
② 赵汸采《左传》经文，《公羊传》此三盟"会"前皆有"公"，《穀梁传》则翟泉之盟"会"前有"公"。
③ 赵汸：《春秋集传》序，《景印摛藻堂四库全书荟要》第42册，第329页。
④ 《春秋公羊传注疏》卷18《成公十五年》注，第462页。
⑤ 《春秋公羊传注疏》卷17《成公二年》注，第428页。

赵汸通常都划分为三个阶段,以为春秋"世道三变",如:

> 桓王讨郑之举,虽不能无赖于陈、蔡之师,而征伐之权犹自王室出也,是世道之一变也,王室犹可为也。迨至襄王之时,不能自靖其国之难,而有待于伯主诸侯之谋,于是征伐之权降自诸侯出矣,是世道之再变也,然而靖之而已耳,王室犹可扶持也。迨至敬王之时,王室实蠢蠢焉,不惟不能自立,而京师之城且以伯主为焉依之主矣,是世道之三变也,于是王室为不可复扶持也。观乎王室之势日微于一日,可以见《春秋》之世变日下于一日也。①

这种"三变"论被他反复强调,不止出现一次两次,可见并非随意而划,而是精思而成的一种较为系统的理论,这种理论很容易让人联想到公羊学的"三世说"。不过,公羊"三世"说是"愈变愈治",而赵汸之说却是"愈变愈乱"。但这也不能完全割断二者的联系,因为即使是公羊学家,如龚自珍、魏源,也曾表述过这种倒退式的"三世"说。重要的是,赵汸通过"世道三变"说将公羊学的历史变易的观点传达给了后人,对欲树起变革旗帜的思想家有一定的启发意义。

4. 三统、复仇、权变、灾异

"三统"说、"复仇"说、"权变"说、灾异说等皆为公羊学的标志性理论,赵汸对这些理论都有所阐述。

(1) 论"三统"

赵汸《周正考》曰:"《汲冢竹书》有《周月解》,亦曰:'夏数得天,百王所同,商以建丑为王(正),亦越我周作正,以垂三统,至于敬授民时,巡狩烝享,犹自夏焉。'其言损益之意甚明。经书'春烝''春狩''夏蒐',以此盖三正之义备矣。……何氏《公羊注》曰'夏以斗建寅之月为正,平旦为朔;殷以斗建丑之月为正,鸡鸣为朔;周以斗建子之月为正,夜半为朔'是也。"②"三正"即为"三统"。赵汸以为历史上确有

---

① 赵汸:《春秋金锁匙》,《景印文渊阁四库全书》第164册,第434页。
② 赵汸:《东山存稿》卷2《周正考》,《景印文渊阁四库全书》第1221册,第183—184页。

三统，并赞同何休的三正之分，更点明了三正之中所蕴含的"损益之意"，可谓抓住了公羊"三统"说的本质。虽然他没有进一步对"三统"进行阐述和发挥，但这已实属难能可贵了。

（2）论"复仇"

定公四年"蔡侯以吴子及楚人战于柏举，楚师败绩"，《春秋集传》："蔡为楚所虐，请师于晋，晋人大合诸侯之师，沍以王官，不能绌楚而反为蔡致寇，于是蔡人告急于吴，吴人因之收攘楚救蔡之功。……楚为中国患久矣，……能为中国复仇讨罪，摅神人之积愤者，吴也。是故特称其爵，所谓夷而进于中国则中国也。……于是特书日以详之，盖许蔡侯以复世仇。"① 称赞吴能为中国复仇，并肯定蔡侯"复世仇"的正当性，而尤以"复世仇"之观念更近于《公羊》之说。

（3）论"权变"

经权说是公羊学的一个重要理论。公羊家认为《春秋》有常有变，当常辞、常义无法评价一些具有特殊的历史事件和人物时，《春秋》就会采用权变的方法。赵汸于此义深有所得，多次以权变之说释经。如隐公四年"卫人立晋"，《春秋集传》："书曰'卫人立晋'，而讨贼、立君之义信于天下矣。然则千乘之国皆擅置其君可乎？为诸侯受之天子，正也。州吁弑其君而立，上无天子，下无方伯，诸侯又为之会伐以定之，国人讨贼立君，而《春秋》与之者，权也。权非圣人莫能与也。"② 僖公五年"郑伯逃归不盟"，《春秋集传》："《春秋》道名分。夫义者，权名分之中而当其可之谓也。诸侯会王世子，虽衰世之事，而《春秋》与之者，是变之中也。郑伯虽承王命，而制命非义，《春秋》逃之者，亦变之中也。天下之大伦有常有变。……贤者守其常，圣人尽其变。"③

（4）灾异说

灾异说是公羊学常为后人诟病的一种理论，主要特点是以灾异附会

---

① 赵汸：《春秋集传》卷14《定公四年》，《景印摛藻堂四库全书荟要》第42册，第555—556页。

② 赵汸：《春秋集传》卷1《隐公四年》，《景印摛藻堂四库全书荟要》第42册，第343页。

③ 赵汸：《春秋集传》卷5《僖公五年》，《景印摛藻堂四库全书荟要》第42册，第405页。此段赵汸实引自胡安国《春秋传》卷11，第505页。

人事，虽然历史上有过借天象警示君主的积极作用，但终究属于一种荒诞的理论。有鉴于此，赵汸对灾异说借力不多，但也有所涉及，如他在释哀公十三年"有星孛于东方"时就有一段比较集中的发挥："《春秋》所书星变者四，皆为天下纪异也。庄公七年'四月，辛卯，夜，恒星不见，夜中，星陨如雨'，是时诸侯无王而伯者兴，虽曰假尊王以示义，而天下大权由此实归齐、晋，人情绝望于周矣。……此天下一大变也。文公十四年'孛入北斗'，是时晋君少不在诸侯，而楚图北方，中国罢于战伐，齐商人弑其君，执天子之使，诸侯不为之变，王室益已微矣。……又一大变也。昭公十七年'有星孛于大辰'，平丘而后，晋不复能主夏盟，子朝之乱，诸侯无勤王之师，而《春秋》治在夷狄矣。哀公之时，东方诸侯制于吴、越，天下将变为战国而春秋终焉。以其时考之，皆非常之异也。"① 赵汸以为凡彗星出现皆预示天下之大变，不是王室无权就是中国大乱。更有甚者，他以为"孛入北斗"就是"楚图北方"，"有星孛于东方"就是"东方诸侯制于吴、越"，这与董仲舒的"人副天数"说也有一比了。

此外，赵汸所总结的《春秋》要义，如尊王、谨华夷之辨、正名、义利之辨、德力之辨等，其中皆有许多类似公羊学的思想，前文已有论及，兹不赘述。另赵汸《春秋集传》的行文，经常采用自问自答的形式，很难说没有受到《公羊传》的影响。

由上文可见，赵汸的春秋学著作中，的确吸收了许多公羊学的命题和思想，并向后世传达了一些公羊学的积极内容。赵汸的《春秋集传》甚至还以《公羊传》之结尾为结尾："《公羊传》曰：'麟者，仁兽也。有王者则至，无王者则不至。有以告者曰：'有麇而角者。'孔子曰：'孰为来哉！孰为来哉！'君子曷为为《春秋》？拨乱世，反之正，莫近诸《春秋》。制《春秋》之义以俟后圣，以君子之为，亦有乐乎此也。'"②

但必须指出的是，赵汸终究不是公羊学家，他反对公羊学"黜周王

---

① 赵汸：《春秋集传》卷15《哀公十三年》，《景印摛藻堂四库全书荟要》第42册，第582—583页。
② 赵汸：《春秋集传》卷15《哀公十四年》，《景印摛藻堂四库全书荟要》第42册，第583页。

鲁"之说，对许多在历史上发生过或将要发生重大影响的公羊学核心命题，如"张三世""通三统"等都没有按照公羊学的理路进行阐发，更没有发掘出其中的深刻含义，可见他对公羊学思想的理解和运用还是停留在浅表层次。

总之，赵汸肯定《公羊》"得学《春秋》之要"，为公羊学在千年的沉沦中建起了一座灯塔，使后世的公羊学家能在迷雾之中寻得一个明确的方向，这对公羊学实在有着非常重大的意义。

陈其泰先生在《清代公羊学》中说："赵汸《春秋属辞》是在长期湮灭无闻之中为公羊学说保存了'火种'。"[①] 正可谓对赵汸及其著作的适当评价。

[①] 陈其泰：《清代公羊学》，第62页。

第 五 章

庄存与：公羊学复兴的序幕

18世纪中期，沉寂一千多年的公羊学开始悄然走上了复兴之路。常州学派的诞生，标志着公羊学重新站在了历史舞台之上。

庄存与（1719—1788），清代经学家，常州学派创始人，在清代首先树立起了公羊学的旗帜，为清代中叶公羊学的复兴揭开了序幕。杨向奎先生说："清乾嘉时代，当朴学发皇垄断一时的时候，公羊经学奇峰突起，晚清康有为大张其帜，枝叶扶疏，倡变法以图强，今文经学又家喻户晓。溯源导流，清代公羊学的首倡者当推庄存与。"[①] 庄存与对于公羊学的再度崛起，功不可没。

梁启超《清代学术概论》曾宏观地论及清代以公羊学为中心的今文经学的发展路线："今文学启蒙大师，则武进庄存与也。存与著《春秋正辞》，……其同县后进刘逢禄继之，著《春秋公羊经传何氏释例》，凡何氏所谓非常异义可怪之论，如'张三世''通三统''绌周王鲁''受命改制'诸义，次第发明。……段玉裁外孙龚自珍，既受训诂学于段，而好今文，说经宗庄、刘，……往往引《公羊》义讥切时政，诋排专制，……今文学派之开拓，实自龚氏。夏曾佑赠梁启超诗云：'瑰人（龚）申受（刘）出方耕（庄），孤绪微茫接董生（仲舒）。'此言'今文学'之渊源最分明。……道光末，魏源著《诗古微》，始大攻《毛传》及《大小序》，谓为晚出伪作。……将两汉今古文之全案，重提覆勘，则康有为其人也。"[②] 清代公羊学的复兴正是由庄存与发其端，再经刘逢禄

[①] 杨向奎：《清代的今文经学》，《清史论丛》第1辑，中华书局1979年版，第177页。
[②] 梁启超：《清代学术概论》22《清代今文学与龚魏》，第74—76页。

发明公羊学非常异义可怪之论，至道光年间龚自珍、魏源引公羊义讥切时政，终于实现了公羊学的全面复兴。逮晚清康有为以公羊学说为变法改制之蓝本，使公羊学在历史上再度写下了辉煌的篇章。

第一节　庄存与生平及其学术特点

庄存与，字方耕，号养恬，江苏武进（今常州市）人，生于清康熙五十八年（1719）。乾隆十年（1745）一甲二名进士（榜眼）。

庄存与出身于官宦世家、书香门第。仅清代，庄氏子弟中就有九十人考中举人，二十九人考中进士，十一人任职翰林院。雍正五年（1727），庄存与的父亲庄柱考取二甲一名进士，后任翰林院庶吉士、温州知府。而庄柱的四个兄弟也都先后中举，其中两个还中了进士，时人有联赞道："几乎状元及第，也算五子登科。"① 庄存与从小生长在这样的家庭环境之中，幼承家学，受到儒学的严格训练。受家学熏陶，"幼诵六经"②，博览群经，拥有深厚的文学素养和经学功底。乾隆九年（1744），庄存与中举，时年二十五岁。次年，他第一次参加会试即中式，殿试一甲二名，授翰林院编修。三十四岁升侍讲，曾入值南书房及上书房，教授皇家子弟，"以经术传成亲王于上书房十有余年，讲幄宣敷，茹吐道谊"③。历任翰林院侍读学士，湖南、直隶、山东、河南学政，内阁学士，四任乡试考官、一任会试考官。晚年出任礼部左侍郎、礼部右侍郎。六十八岁时，乾隆皇帝以庄存与"年力就衰，难以供职"，予以"原品休致"。两年后，即乾隆五十三年（1788），庄存与在常州去世，享年七十岁。

庄存与为人"方正耿介"④，其任翰林院编修时，笃志好学，不善应酬，不能得到上级的欢心，几乎罢官。即使在皇帝面前，他的这种性格

---

① 见《毗陵庄氏族谱》卷18。转引自王裕明《庄存与经学思想渊源简论》，《学海》1999年第4期。
② 龚自珍：《龚自珍全集》第2辑《资政大夫礼部侍郎武进庄公神道碑铭》，上海人民出版社1975年版，第141页。
③ 魏源：《魏源集》上册《武进庄少宗伯遗书叙》，中华书局2009年版，第237页。
④ 支伟成：《清代朴学大师列传》，上海泰东图书局1925年版，第237页。

也表露无遗,龚自珍《资政大夫礼部侍郎武进庄公神道碑铭》载:"为讲官日,上御文华殿,同官者将事,上起,礼仪毕矣,公忽奏:讲章有舛误,臣意不谓尔也。因进,琅琅尽其指,同官皆大惊,上竟为少留,领之。"他屡迁至高位,但一直保持清廉作风,他典试浙江时,"浙巡抚馈以金,不受,遗以二品冠,受之。及涂,从者以告曰:冠顶真珊瑚也,直千金。公惊,驰使千余里而返之"①。

庄存与著作很多,有《春秋正辞》《春秋举例》《春秋要指》《尚书既见》《尚书说》《彖传论》《毛诗说》《周官说》《乐说》《四书说》等,诸经皆有所涉猎,后人辑为《味经斋遗书》。阮元在《庄方耕宗伯经说序》中评论庄存与诸经之学说:

> 《易》则贯串群经,虽旁涉天官、分野、气候,而非如汉、宋诸儒之专衍术数、比附史事也。《春秋》则主《公羊》董子,虽略采《左氏》《穀梁氏》及宋、元诸儒之说,而非如劭公所讥倍经任意,反传违戾也。《尚书》则不分今、古文文字同异,而剖析疑义,深得夫子序《书》、孟子论世之意。《诗》则详于变雅,发挥大义,多可陈之讲筵;《周官》则博考载籍有道术之文,为之补其亡阙,多可取法致用。《乐》则谱其声,论其理,可补古《乐经》之阙。《四书说》敷畅本旨,可作考亭争友,而非如姚江王氏、萧山毛氏之自辟门户,轻肆诋诘也。②

可见庄存与学术的最大特点,就是不分汉、宋,不别今、古,而重发挥大义。阮元亦提及业师李晴川之语:"宗伯(庄存与)践履笃实,于六经皆能阐抉奥旨,不专专为汉宋笺注之学,而独得先圣微言大义于语言文字之外,斯为昭代大儒。心窃慕之。"③ 所谓"不专专为汉宋笺注之学,而独得先圣微言大义于语言文字之外",此当为对庄存与迥异于乾嘉

---

① 龚自珍:《龚自珍全集》第 2 辑《资政大夫礼部侍郎武进庄公神道碑铭》,第 142 页。
② 阮元:《庄方耕宗伯经说序》,庄存与《味经斋遗书》卷首,光绪八年(1882)重刊阳湖庄氏藏板。
③ 阮元:《庄方耕宗伯经说序》,庄存与《味经斋遗书》卷首。

汉学的学术特点的一个概括。

庄存与"在乾隆诸儒中，实别为一派"①。他"践履笃实"，自然反对宋学空言游谈的弊端；他"研经求实用"，自然也不赞成如汉学那般沉埋于故纸堆中。他明确表达了对乾嘉学术的不满："征实事，传故训者，为肤为末，岂足以知之于是乎！"② 对于那些辨古籍真伪，考证字句之事，他很是不屑，以为不足以知圣人之道，甚至使圣人之道暗而不彰。因此，庄存与跳出汉、宋之争与古、今之争，"但期融通圣奥，归诸至当"③，而采汉代今文经学之学风，将注重发挥大义与强调"经世致用"结合起来。

第二节　树立公羊学的旗帜

何休的《公羊传》注解是十三经注疏中唯一完整保留的汉代今文经说，公羊学又是今文经学的中坚，在历史上产生过重大影响，庄存与注重汉代今文经学之学风，注目公羊学是很自然的事。庄存与公羊学主要体现在《春秋正辞》（十一卷）以及《春秋举例》（一卷）、《春秋要指》（一卷）中。《春秋举例》与《春秋要指》篇幅很小，难以独立成书，其实相当于《春秋正辞》的附录而已。

包括《春秋正辞》在内的《味经斋遗书》迟至道光八年（1828）才刊刻，而此时上距庄存与去世已经四十年了。《春秋正辞》在庄存与生前未刊刻，可能如阮元所说，是因为庄存与觉得"所学与当时讲论或枘凿不相入，故秘不示人"④，但很可能也与庄存与一直未暇完成书稿有关。通观《春秋正辞》，明显可以看出此书多有缺失。卷一《奉天辞》叙目中总结有建五始、宗文王、大一统、通三统、备四时、正日月、审天命废兴、察五行祥异、张三世、俟后圣等十例，但张三世、俟后圣二例文中未见。"察五行祥异"例下列有"金木水火沴土"一条，亦是有目无文。卷二《天子辞》叙目亦列有王伐、王守、王出、王居、王入、王崩葬、

---

① 徐世昌等编纂，沈芝盈、梁运华点校：《清儒学案》卷73《方耕学案上》，中华书局2008年版，第2793页。
② 庄存与：《味经斋遗书·四书说》。
③ 徐世昌等编纂，沈芝盈、梁运华点校：《清儒学案》卷73《方耕学案上》，第2793页。
④ 阮元：《庄方耕宗伯经说序》，庄存与《味经斋遗书》卷首。

王世子、王子、王后、王姬、王母弟、王臣内难、王臣外难、王使、王臣会诸侯、王臣会陪臣、王臣卒葬、王臣私交、王师、王都邑土田、畿内侯国邑、王命伐国、朝王、锡命、大夫见天子等二十五例，但王守、王出、王居、王入、王世子、王子、王姬、王母弟、王臣内难、王命伐国、朝王、锡命等十二例文中皆未见。卷三《内辞上》叙目列有公继世、公继故、为君薨葬、君薨故葬故、君孙、子卒、子卒故、夫人、夫人薨葬、夫人绝、妾母、子生、内女、夫人宁、夫人逾竟、绝夫人逾竟等十六例，但为君薨葬、君孙、子卒、子卒故、夫人宁、夫人逾竟等六例文中未见。凡此不必一一罗列，已可见缺失之状颇为严重。不过，文虽有缺，各例之旨皆已在叙目中阐发清楚，全书整体框架亦已完具，因此并不影响由是书把握庄存与之春秋学。

《春秋正辞》是庄存与的代表作，也是清代公羊学的开山之作。[1] 庄存与主张"《春秋》记事以义为从。……《春秋》非记事之史也，所以约文而示义也"[2]。基于这样的《春秋》观，他在《春秋正辞》里鲜明地树立起了公羊学的旗帜，明确宣称："《公羊》奥且明矣，不可不学。""《公羊》奥且明矣，烦烦如繁诸，百世之变，尽在《春秋》矣。"[3] 称赞《公羊传》及何休说："公羊子之义，纳入立皆纂也，何休氏传之矣，允哉！允哉！"[4] 批评《穀梁传》《左传》："《穀梁》《左邱》眊乎瞽哉。"[5] "获罪圣人者，传左邱氏者也。"[6]

朱珪为《春秋正辞》作序，称该书"义例一宗《公羊》，起应寔述何氏，事亦兼资《左氏》，义或拾补《穀梁》。条例其目，属比其词，若网在纲，如机省括，义周旨密，博辨宏通，近日说经之文，此为卓绝"[7]。

---

[1] 陈其泰：《庄存与：清代公羊学的开山——兼论孔广森的〈公羊通义〉》，《中国哲学》第 25 辑《经学今诠四编》，辽宁教育出版社 2004 年版。
[2] 庄存与：《春秋要指》，《续修四库全书》第 141 册，第 120—121 页。
[3] 庄存与：《春秋正辞》卷 7《诸夏辞》，《续修四库全书》第 141 册，第 69、77 页。
[4] 庄存与：《春秋要指》，《续修四库全书》第 141 册，第 123 页。
[5] 庄存与：《春秋正辞》卷 7《诸夏辞》，《续修四库全书》第 141 册，第 69 页。
[6] 庄存与：《春秋正辞》卷 10《诛乱辞》，《续修四库全书》第 141 册，第 98 页。
[7] 朱珪：《春秋正辞序》，庄存与《春秋正辞》卷首，《续修四库全书》第 141 册，第 2 页。

阮元也说庄存与"《春秋》则主《公羊》董子"①。

庄存与在《春秋正辞》叙目中写道:"存与读赵先生汸《春秋属辞》而善之,辄不自量,为曩括其条,正列其义,更名曰'正辞'。"② 庄存与在《春秋正辞》卷首就交代了自己受赵汸的影响。赵汸分别策书、笔削,认为《春秋》乃孔子删改鲁史而成,其中寄寓有孔子的微言大义,此说给予庄存与很大的启发。庄存与说:"《春秋》以辞成象,以象垂法,示天下后世以圣心之极,观其辞必以圣人之心存之,史不能究,游、夏不能主,是故善说《春秋》者止诸至圣之法而已矣。""《春秋》非记事之史,不书多于书,以所不书知所书,以所书知所不书。"③ 完全认同赵汸的说法。《春秋正辞》的结构与《春秋属辞》的结构也类似,都是以义例统摄史事,由义例见义旨。但二者存在着关键的不同点,赵汸治《春秋》虽然肯定《公羊》"得学《春秋》之要",但他并没有按照公羊学的理路来阐发《春秋》经义,甚至还反对公羊学的一些重要命题;而庄存与归纳的义例基本上都是公羊学固有之义,庄存与所谓的"正辞"就是以公羊义来"正"赵汸总结的《春秋》微旨。

庄存与用属辞比事之法,将《春秋》史事"正"为九"辞":奉天辞、天子辞、内辞、二伯辞、诸夏辞、外辞、禁暴辞、诛乱辞和传疑辞。除了最后的"传疑辞"讲《春秋》阙疑之例外,其他八辞基本按照天、王、鲁国、齐晋二方伯、诸夏、夷狄、拨乱反正的思路排列,恰与公羊学所说的"以天之端正王之政,以王之政正诸侯之即位,以诸侯之即位正竟内之治"④"内其国而外诸夏,内诸夏而外夷狄"⑤ 的治乱之法相合。每一辞之下则又总结出若干例目。

翻开《春秋正辞》,"大一统""通三统""张三世"等久违的公羊学命题立时映入人们的眼帘。《春秋正辞》卷一《奉天辞》叙目:

---

① 阮元:《庄方耕宗伯经说序》,庄存与《味经斋遗书》卷首。
② 庄存与:《春秋正辞》叙目,《续修四库全书》第 141 册,第 2 页。
③ 庄存与:《春秋要指》,《续修四库全书》第 141 册,第 120 页。
④ 董仲舒:《春秋繁露·玉英》。苏舆撰,钟哲点校:《春秋繁露义证》卷 3《玉英》,第 70 页。
⑤ 《春秋公羊传注疏》卷 18《成公十五年》传,第 462 页。

大一统：天无二日，民无二王，郊社宗庙，尊无二上，治非王则革，学非圣则黜。

通三统：三代建正，受之于天，文质再复，制作备焉，师法在昔，恭让则圣，矧乃有监，匪独一姓。

张三世：据哀录隐，隆薄以恩，屈信之志，详略之文，智不危身，义不讪上，有罪未知，其辞可访，拨乱启治，渐于升平，十二有象，大平以成。①

这里，庄存与用极为简要的语句对公羊学的几个关键命题作了一个概括，寥寥几句，就基本把握住了这些命题的义蕴。

庄存与不仅从历史的尘埃中重新发掘出了"大一统""通三统""张三世"等公羊学最重要的命题，而且他对其他一些公羊家特有的术语或理论也有阐述。如论"五始"："元正天端，自贵者始，同日并建，相须成体，天人大本，万物所系，《春秋》上之，钦若丕指。"② 论经权："臣之行可乎？曰权也。社稷宗庙诚重矣，有故则可，无故则不可。"论复仇："仇在外也，不可以不志葬。葬则具其尊亲之辞，举谥谒诸天子者也，不忍以为无臣，不敢以为无子。子同生矣，不复仇而后痛之。"③

庄存与对公羊学之灾异说尤为感兴趣，其称："天乎与人甚可畏也，欲止其乱，心仁爱也，上下之间，匪虚而实，元气澹澹，殷撰相易，神乎难知，勿谓不然，所贬所讥，惟圣同天。"④ 在《春秋正辞·奉天辞》中，他专列有"察五行祥异"例，篇幅甚巨，约有一万一千字，而《奉天辞》全篇只约一万四千字，占了3/4还多。他以超乎寻常的篇幅详细分析了《春秋》记载的各种灾异，分门别类，总结出木不曲直、火不炎上、稼穑不成、水不润下、恒雨、雷、恒阳、恒燠、恒寒、恒风、草妖华孽、蠃虫之孽、眚、祥、牛祸、下人伐上之痾、金沴木、金木水火沴土等灾异范畴之义例。灾异说本是公羊学中最荒诞的理论，庄存与对灾

---

① 庄存与：《春秋正辞》卷1《奉天辞》，《续修四库全书》第141册，第3—4页。
② 同上书，第3页。
③ 庄存与：《春秋正辞》卷3《内辞上》，《续修四库全书》第141册，第37页。
④ 庄存与：《春秋正辞》卷1《奉天辞》，《续修四库全书》第141册，第3页。

异说的热衷不能不说是一件憾事，但由此却也体现了他对公羊学说的服膺。

庄存与在《春秋正辞》的行文中，大量地征引董仲舒与何休的公羊说，而且经常是不吝篇幅地大段摘录，如论"建五始"，庄存与共写了四百余字，全为转引何休与董仲舒之相关言论而成。庄存与对董、何之说达到了非常稔熟的地步，据刘逢禄载："越岁大考（乾隆十七年），翰詹拟董仲舒天人策第三篇，公素精《董子春秋》，且于原文'册曰'以下四条，一字不遗。上大嘉叹，即擢侍讲。"[1]

其《春秋举例》，所举"《春秋》贵贱不嫌同号，美恶不嫌同辞""《春秋》辞繁而不杀者，正也""一事而再见者，先目而后凡也""《春秋》见者不复见也""《春秋》不待贬绝而罪恶见者，不贬绝以见罪恶也""贬绝然后罪恶见者，贬绝以见罪恶也""择其重者而讥焉""贬必于其重者""讥始，疾始""书之重，辞之复，呜呼！不可不察，其中必有美者焉"十例，更是全部出自《公羊传》原文或何休《解诂》原文[2]。

从庄存与对公羊命题的阐发，对灾异说之热衷，对董、何之推崇，人们就完全可以看出，庄存与作《春秋正辞》就是要阐发公羊之义，其春秋学就是董仲舒与何休阐发的公羊学的接绪。正如《清史稿·儒林传》所指出的，"时公羊何氏学久无循习者，所谓五始、三科、九旨、七等、六辅、二类之义，不传于世，惟武进庄存与默会其解"[3]。

庄存与在千年之后，远绍董仲舒、何休的公羊学的统绪，在"人人许郑，家家贾马"的考据学占统治地位的学术界中鲜明地树立起了公羊学的旗帜，使得这一拥有丰富内涵的绝学重新焕发出蓬勃的生命力。庄存与使湮没千余年的公羊学又重新出现在人们的视线之中，后世公羊学家，从刘逢禄到龚自珍、魏源到康有为，沿着他开创的道路，不断将清

---

[1] 刘逢禄：《刘礼部集》卷10《记外王父庄宗伯公甲子次场墨卷后》，《续修四库全书》第1501册，第184页。

[2] 庄存与：《春秋举例》，《续修四库全书》第141册，第118—119页。按此十例分别出自《公羊传》隐公七年、僖公二十二年、僖公五年、哀公三年、昭公元年、昭公元年、庄公四年、僖公元年、隐公二年、何休《解诂》僖公四年。"讥始，疾始"《公羊传》中多见，原注"《公羊》隐二年、四年传"，实初见于隐公二年。

[3] 《清史稿》卷481《儒林二》，中华书局1977年版，第13190页。

代公羊学向前推进，终至走向全面复兴，进而影响了晚清的学术风尚和政治格局。

第三节　拱奉王室与"讥世卿"

作为清代公羊学的发端，庄存对公羊学的阐发应该说还是比较粗浅的，尚未把握住公羊学的精髓。与其后继者们在清朝江河日下、危机四伏的境况下以公羊学讥切时政、主张变法革新不同，生活在"康乾盛世"的庄存与没有意识到潜在的危机。因此他虽然也提及了"大一统""通三统""张三世"等公羊学的核心概念，但都没有作深入阐发。"张三世"更是只有叙目中的五十来字而已，而且主要还停留在三世异辞的层面上，据乱、升平、太平只是一语带过。尤其对于公羊学最核心、最有活力的"改制"思想，庄存与完全视而不见，与之相关的公羊学思想也都被他回避了。

如宣公十六年"夏，成周宣榭灾"，《公羊传》："成周宣榭灾，何以书？记灾也。外灾不书，此何以书？新周也。"何休更是据此说："新周故分别有灾，不与宋同也。孔子以《春秋》当新王，上黜杞，下新周而故宋，因天灾中兴之乐器，示周不复兴，故系宣榭于成周，使若国文，黜而新之，从为王者后记灾也。"① 而庄存与只是将此事列入"察五行祥异"例目下，纯以火灾解之，引《公羊传》文只有"宣榭者何？宣宫之榭也。何以书？记灾也"②，戛然而止，刻意删掉了后面的"新周"的内容。"新周"二字颇为重要，无此二字，则《春秋》当新王，黜杞、新周、故宋等一系列内容都没有了着落。

对于"王鲁"说，庄存与更是明确予以否定。隐公三年"八月，庚辰，宋公和卒"，何休说："不言薨者，《春秋》王鲁，死当有王文。圣人之为文辞孙顺，不可言崩，故贬外言卒，所以褒内也。"③ 何休认为鲁公卒称"薨"，其他诸侯卒称"卒"，是因为《春秋》托王于鲁，所以要将

---

① 《春秋公羊传注疏》卷16《宣公十六年》，第420—421页。
② 庄存与：《春秋正辞》卷1《奉天辞》，《续修四库全书》第141册，第12页。
③ 《春秋公羊传注疏》卷2《隐公三年》，第47页。

鲁公与其他诸侯区别开来。而庄存与却说："《春秋》之辞，于我君曰公薨，于人之君爵之而皆曰卒。尊己卑人，本臣子之恩自致于君。亲而不贰，其敬义之大者也，岂曰托王于鲁哉?"① 将何休关于此条的解释全面推翻，生生把"王鲁"给瓦解掉了。

尽管如此，庄存与毕竟是服膺公羊学，讲求经世致用的。龚自珍《资政大夫礼部侍郎武进庄公神道碑铭》中说庄存与"自顾以儒臣遭世极盛，文名满天下，终不能有所补益时务，以负庥隆之期"②，可见庄存与的公羊学必定是面向当世的，他期望能以经义补益时务，以为盛世锦上添花。

庄存与在《奉天辞》叙目中说："《春秋》应天受命作制，孟子舆有言天子之事，以托王法，鲁无惕焉，以治万世，汉曷觊焉。"③《春秋》受命作制，托以王法，由此可见，庄存与虽然不提"以《春秋》当新王"，但对于其中的部分内涵还是有所认同的。"鲁无惕焉"，"汉曷觊焉"，既无"王鲁"，亦无所谓"《春秋》为汉立法"，《春秋》是为万世立法。他的这种取舍，可能也与后来龚自珍以"《春秋》当兴王"代替"《春秋》当新王"，强调《春秋》为后王立法的初衷相似，突出以《春秋》指导当世的含意。

一 强化尊王的"大一统"

庄存与利用公羊学来拱奉王室的倾向十分明显，其"大一统"说就明显显示出配合朝廷强化君主专制的要求。汉后，公羊学成绝学，但"大一统"说并没有随之而消沉，反而越来越发挥重大影响。"大一统"说之所以能在公羊学诸说中待遇特殊，并不是它比较幸运，而是它有能为君主专制所利用之处。"大一统"所宣扬的"王者一统天下"的观念，实际上成了历代君主维护君主专制统治的有力工具。清中叶适逢中国君主专制空前强化。乾隆《御制书春秋元年春王正月事》称："《春秋》圣人尊王之经也，元年春王正用开宗明义之第一也。……所谓大一统，足

---

① 庄存与：《春秋正辞》卷7《诸夏辞》，《续修四库全书》第141册，第77页。
② 龚自珍：《龚自珍全集》第2辑《资政大夫礼部侍郎武进庄公神道碑铭》，第142页。
③ 庄存与：《春秋正辞》卷1《奉天辞》，《续修四库全书》第141册，第4页。

以一天下之心，而不可任其纷，有不能行之叹矣。兹为开宗始义，乃贯《春秋》之本末。"①《春秋》以"尊王"为第一大义，"大一统"则被阉割为"一天下之心，而不可任其纷"，这样的"尊王一统"是清王朝钦定的《春秋》大义。

我们看到，庄存与的"大一统"完全是为这种钦定"尊王一统"张目的。他说：

> 公羊子曰："何言乎王正月，大一统也。"《记》曰："天无二日，土无二王，国无二君，家无二尊，以一治之也。"……王阳曰："《春秋》所以大一统者，六合同风，九州共贯也。"董生曰："《春秋》大一统者，天地之常经，古今之通谊也。今师异道，人异论，百家殊方，指意不同，是以上亡以持一统；法制数变，下不知所守。臣愚以为诸不在六艺之科、孔子之术者，皆绝其道，勿使并进。邪辟之说灭息，然后统纪可一而法度可明，民知所从矣。"②

天下只有一尊，即为天子，全天下必须尊奉和服从天子。庄存与强调："《春秋》之义，务全至尊而立人纪焉。""奉至尊，而立中国之人纪也。"③ 树立起皇帝普天之下绝对的、单一的、至高无上的权威。庄存与援引董仲舒《天人三策》中奏请汉武帝"罢黜百家"的言论，主张统一思想，强调全国必须统一于君主专制的一统政教之下。他还特意在董仲舒之语后加注强调说："此非春秋事也，治《春秋》之义莫大焉。"④ 庄存与的这套主张与清朝统治者强化专制、钳制思想的要求是一致的。难怪朱珪说庄存与"以经学受主知"⑤，能得乾隆皇帝的赏识。

庄存与《春秋正辞》虽然将"奉天辞"置于"天子辞"之上，虽然

---

① 弘历：《御制书春秋元年春王正月事》，傅恒等《御纂春秋直解》卷首，《景印文渊阁四库全书》第174册，第4页。
② 庄存与：《春秋正辞》卷1《奉天辞》，《续修四库全书》第141册，第5页。
③ 庄存与：《春秋正辞》卷2《天子辞》，《续修四库全书》第141册，第25、26页。
④ 庄存与：《春秋正辞》卷1《奉天辞》，《续修四库全书》第141册，第5页。
⑤ 朱珪：《春秋正辞序》，庄存与《春秋正辞》卷首，《续修四库全书》第141册，第1—2页。

也讲"天乎与人，甚可畏也"，但在他那里，却绝无董仲舒所说的"屈君而伸天"①，借天来制约王权之义。何休说："或言王，或言天王，或言天子，皆相通矣，以见刺讥是非也。"② 于庄公元年"王使荣叔来锡桓公命"又说："不言天王者，桓行实恶，而乃追锡之，元悖天道。"③ 可见，公羊家认为不称"天王"而只称"王"是对天王的贬斥。至胡安国则又有"王不称天以示讥"④之说。庄存与也认可"不称天，何也？贬。天子可贬乎？曰：以天道临之可也"⑤，但又说："诸侯不知有天子，此可忍言孰不可忍言！以天下言之曰天王，王承天也，系王于天，一人匪自号曰天王也。自侯氏言之，从王焉，朝于王焉，至尊者王也，不上援于天。"⑥ 王称"天"是"以天下言之"，不称"天"是以"自侯氏言之"，只是角度不同而已。而且称"天"是"系王于天"，不称"天"则是对臣子而言王已是至尊，因此"不上援于天"。经过庄存与这样的一番解释，王不称"天"，实际上不仅没有了讥贬王的意思，反而更凸显了王于天下的至尊地位。

《公羊传》有"实与而文不与"之说，并以为在"上无天子，下无方伯"的状况下，"天下诸侯有为无道者，臣弑君，子弑父，力能讨之，则讨之可也"⑦，有条件地默许诸侯霸主为恢复秩序而进行的"专讨"或"专封"。而庄存与也说"诸侯无伯，亦《春秋》之所恶也"，虽然也认可"实与而文不与"的说法，但却认为只限于齐桓公和晋文公的霸业："桓、文作，而《春秋》有伯辞，实与而文不与也。桓、文没，而《春秋》无伯辞，以为是诸侯之力正者尔，未之狄也，则以诸夏之辞录之，有与人为善之志焉。夫位在藩臣，见人之不朝事己，而辄伐之，非所以安臣节而奉帅天子也。于是乎以人从欲而专行中国者，累世焉，卒以卑

---

① 董仲舒：《春秋繁露·玉杯》。苏舆撰，钟哲点校：《春秋繁露义证》卷1《玉杯》，第32页。
② 《春秋公羊传注疏》卷17《成公八年》注，第447页。
③ 《春秋公羊传注疏》卷6《庄公元年》注，第136—137页。
④ 胡安国撰，郑任钊校点：《春秋传》卷4《桓公四年》，《儒藏》精华编第91册，第448页。
⑤ 庄存与：《春秋正辞》卷1《奉天辞》，《续修四库全书》第141册，第7页。
⑥ 庄存与：《春秋正辞》卷2《天子辞》，《续修四库全书》第141册，第25—26页。
⑦ 《春秋公羊传注疏》卷16《宣公十一年》，第403页。

周室而启吴、楚之心，晋襄公始为之也。"① 对于齐桓、晋文之后的霸主，庄存与一概以为"非所以安臣节而奉帅天子"，实有"卑周室而启吴、楚之心"的恶果。

由此，庄存与也必然反对《公羊传》借"公子结媵陈人之妇于鄄，遂及齐侯、宋公盟"之事阐发的"大夫受命，不受辞。出竟有可以安社稷利国家者，则专之可也"② 之义。《春秋正辞·内辞下》说：

> 大夫有出疆之事，必君命也，必王事也。……奉君命以往，则不可以私见。……聘礼受命不受辞，结以聘行乎？国利乎？大夫而与诸侯之盟始于此，恶其以浅事将君命，而坏天下之大防。不贬绝，不待贬绝也。③

公子结私与齐、宋盟会，在《公羊传》看来是"安社稷利国家"之举，而在庄存与看来，不仅不能"安社稷利国家"，反而是"坏天下之大防"的恶行。《公羊传》"上无天子，下无方伯""出竟有可以安社稷利国家者，则专之可也"等说法，在汉代即已经引起帝王的警惕与压制，至清代早已经失去了生存空间。

在鲁隐公与桓公孰正的问题上，庄存与也从尊王的立场予以解释："惠公之命在隐公，不在桓公也。南面而临其臣民，必尊君父之命，以立乎其位。是故至尊在，不敢伸其私尊。……废君父之命，不可以定身。"又说："君位，国之本也，南面者无君国之心，北面者有二君之志，位又焉在矣？十年无正，隐不自正，国以无正也。元年有正，正隐之宜为正，而不自为正，不可一日而不之正也"④。他认为隐公有君父之命而得立，因而隐公"宜为正"，是以元年予以书"正月"而有正。"南面者无君国之心，北面者有二君之志，位又焉在"，则与其述大一统"国无二君"之义一致。《公羊传》推崇嫡长子继承制，主张"立适（嫡）以长不以贤，

---

① 庄存与：《春秋正辞》卷7《诸夏辞》，《续修四库全书》第141册，第75页。
② 《春秋公羊传注疏》卷8《庄公十九年》，第184—185页。
③ 庄存与：《春秋正辞》卷5《内辞下》，《续修四库全书》第141册，第59页。
④ 庄存与：《春秋正辞》卷3《内辞上》，《续修四库全书》第141册，第39、35页。

立子以贵不以长","子以母贵,母以子贵"①,并据此认为隐公不宜立,并称赞其让国之贤。而庄存与全然反之。清代自立国始,至于乾隆朝,所有即位的皇帝均非嫡子、长子,庄存与哪里还会提什么嫡长子继承制。

二 "兼容并包"的夷夏观

公羊学摒弃了那种以血缘或地域来区分夷夏的思维,而以文化的先进与否来作为区分夷夏的标准。公羊学认为夷夏之称无常定,夷狄可以进为中国,中国也可以退为夷狄。庄存与可谓完全继承了这一思想。

《春秋正辞·外辞》说晋:"阴败王师,生居父爵,晋之为狄久矣。因其甚而后加之,伤之也。辞人之君,受人之臣,委陈、蔡而不恤,恣荀、范而不遏,平公没而晋益无君焉,则不得有大夫焉。国之也者,无君无大夫之辞也。"②贬晋为夷狄而以"人"称之。此外郑、杞也同晋一样,被庄存与列入《外辞》而与夷狄同列。

说楚:"楚有四称,自本逮末,无过曰子。犯中国甚,与中国并,以至下者本之,恶其僭名也。人之在僖之篇,齐桓同好,内王贡也。子之自成之身,晋景不正,楚讨陈也。襄、昭往焉,外之奈何?夫子适焉,谓诸夏何?言曰:'夷狄之有君,不如诸夏之亡也。'楚子轸知大道矣。"说诸戎:"曼氏,子爵;嘉、赤,名。若是乎详之,以当楚子、晋人,而晋、楚伏其罪,不以外而忽之。重人之死,哀族之亡,而凡有血气者莫不尊亲矣,而非驰骛乎,兼容并包也。"③楚、戎则皆可称"子"。楚由"州""国"之称,进而称"人",最后进之以爵而称"子",同于诸夏。

庄存与还说:"杞用夷礼则夷之,曾般也而中国之,与《春秋》之讨贼也。"④显然,庄存与主张,夷夏之间并无明显界限,诸夏行为不正则退为夷狄,夷狄德修行进则进为中国,公羊学的夷夏观得到了鲜明的体现。依此类推,满汉之间也没有绝对的夷夏之分,只要接受了中国文化,自当同为中国,与华夏无别。就思想本身而言,庄存与的民族观无疑是

---

① 《春秋公羊传注疏》卷1《隐公元年》传,第15—16页。
② 庄存与:《春秋正辞》卷8《外辞》,《续修四库全书》第141册,第83页。
③ 同上书,第82、83页。
④ 庄存与:《春秋正辞》卷10《诛乱辞》,《续修四库全书》第141册,第104页。

进步的，尤其是他引《中庸》"凡有血气者莫不尊亲"为说，强调夷夏在人性上是相同的，并明确提出了"兼容并包"的主张。

清朝以"夷狄"入主中原，遭到汉人的抵制，虽历百年，但汉人反抗斗争不断。清政府以残酷镇压、兴文字狱的强硬措施和尊儒崇经的怀柔政策都没有完满地解决这个问题，雍正皇帝甚至还撰了一部《大义觉迷录》来宣扬清朝的合法性，但显然也没有收到好的效果，乾隆皇帝一即位，就将此书禁毁了。庄存与宣扬公羊学的夷夏观，确可以为清王朝的正统地位作辩护。

庄存与还通过"通三统"之"匪独一姓"之义来进一步支持清朝的合法性。他引刘向之言曰："王者必'通三统'，明天命所授者博，非独一姓也。"[①]"天命所授者博"，刘、李、赵、朱既可得天命，爱新觉罗自然亦可得天命。他更借《尚书》之义说："天不僭，大命不至。"[②] 天是不会有差错的，所以爱新觉罗氏之有天下，也完全是天命之所归。

三 为士人呐喊的"讥世卿"

庄存与没有改变政治体制的要求，顶多想对政治生活中存在的一些弊端有些许改良。隋唐以降，寒门之士皆可借助科举而进入最高权力核心。但在清朝晚期以前，汉人很难进入权力核心，而满人却可不由科举而取得高官厚禄，这在庄存与看来，完全是以血缘而不是以贤能取才。因此，他对本不算公羊学核心思想的"讥世卿"进行了大力阐发。他借《公羊传》"讥父老子代从政也"之语对"贤者之路绝矣"[③] 的现象进行了严厉的批判，试图以"讥世卿"之义来改变满洲贵族世官世爵的特权。他说：

> 公羊子曰："讥世卿，世卿非礼也。"其圣人之志乎！制《春秋》以俟后圣。后世之变，害家凶国，不皆以世卿故，圣人明于忧患与故，岂不知之，则何以必讥世卿？告为民上者，知天人之本，笃君

---

① 庄存与：《春秋正辞》卷1《奉天辞》，《续修四库全书》第141册，第5页。
② 庄存与：《春秋正辞》卷3《内辞上》，《续修四库全书》第141册，第36页。
③ 庄存与：《春秋正辞》卷2《天子辞》，《续修四库全书》第141册，第28页。

臣之义也。告哀公曰："义者，宜也，尊贤为大。"述汤、武之书曰："帝臣不蔽，简在帝心"，"虽有周亲，不如仁人"。是故非贤不可以为卿。君不尊贤则失所以为君。彼世卿者，失贤之路，蔽贤之蠹也。不然好贤如《缁衣》，岂曰世卿而讥之乎？伊陟、巫贤非保乂有殷之臣乎？世卿非礼，讥不尊贤养贤，不必其害家凶国。则凡国家之大患，靡不禁于未然之前矣，其善志哉。世禄，文王之典也，世卿，非文王之典也，无故无新，惟仁之亲，尊贤养贤之家法也。保其宗庙，守其祭祀，卿大夫士之孝也，圣人诲之矣。如曰仕者不可世禄，国可以无世臣，则非讥世卿之指矣。①

鲁无异姓大夫，则贤贤之义缺矣。见成、襄而下公子无复为大夫，则亲亲之道缺。而世卿之害家凶国，为王法所必禁矣。②

庄存与引《中庸》与《尚书》之文，力证举贤的重要性，痛陈世卿是"失贤之路，蔽贤之蠹"。庄存与也不是一味反对贵族为官，他只是强调"非贤不可以为卿"，不管是否贵族，都要通过考察其贤能来委任官职，其实是为汉族知识分子争取一种平等的机会。而且他只反对世卿而不反对世禄，显然是主张贵族宜由国家厚养，却不宜径授官职。庄存与还强调，世卿必定会成为国家大患，一定要在其危害显露出来之前予以解决。这也是庄存与对现实政治弊端认识最为深远之处。他高喊"鲁无异姓大夫"，岂非对现实有感而发？

"讥世卿"之义在《春秋正辞》中多发，文公十年"臧孙辰卒"，庄存与也以"讥世卿"解："享卿禄者，又五十年矣，不为不久矣。噫！后之君子，钦念之哉！以臧孙辰之为良大夫，当世谓之不朽，而闵、僖、文之《春秋》削之无一事可录者，则知蔽贤之罪大，而小善不足以自赎也，甚绝之也。义在指矣，曷不读乎《春秋》！"③ 臧孙辰于鲁立下不少功绩，亦有良政，鲁人多有称颂，即使这样，庄存与也指责其为卿日久，不足以除蔽贤之大罪。由此看来，"讥世卿"在庄存与那里的确有着非常

---

① 庄存与：《春秋正辞》卷2《天子辞》，《续修四库全书》第141册，第30页。
② 庄存与：《春秋正辞》卷5《内辞下》，《续修四库全书》第141册，第62页。
③ 同上书，第63页。

重要的地位。

庄存与还曾亲自实施了相关的改革。在任直隶学政期间，他对旗人科举考试严格管理，清除严重的作弊现象，试图改变旗人考试的走过场性质。《清史稿·庄存与传》载："（乾隆）二十一年，督直隶学政。按试满洲、蒙古童生，严，不得传递，群哄。御史汤世昌论劾，命夺存与官。上恶满洲、蒙古童生纵恣，亲覆试，搜得怀挟文字。临鞫，童生海成最狡黠，言：'何不杀之？'上怒，立命诛之。哄堂附和者三人，发拉林种地；四十人令在旗披甲；不得更赴试。并以存与督试严密，仍命留任。"[①]改革取得了一定的效果，最终获得了乾隆皇帝的支持，后来规定所有三级以上满蒙旗人及其世袭军职的子孙们必须用汉文参加考试，通过后才能得到相应的官位。[②]

第四节　引发今文经学的回归

庄存与是清代公羊学派的开创者，但公羊学思想的精深之处他几乎都没有涉及，严格说来，他并没有固守今文门墙，也不能算是今文学家。我们从庄存与的著作书目也可以看出来，其中不仅有主公羊说的《春秋正辞》《春秋举例》《春秋要指》，还有论说古文经籍的《毛诗说》《周官记》等。即使是《春秋正辞》，虽以公羊义立论，但却不全然用公羊义，而是博采诸家，不仅用《穀梁传》之说，还用《左传》之说，并间采二程、胡安国等诸家之说，甚至以《周礼》来解说。蔡长林先生乃认为："从今、古经学的立场观之，存与之学理应是古文学的成分更多。"[③]

庄存与关心的不是今文经学本身，而是今文经学的学术风尚，他看重的只是"发挥大义"，而并不在乎今文经还是古文经的。自阎若璩《尚书古文疏证》出后，伪《古文尚书》之面目大白于天下。而庄存与《尚书》之学却不辨今、古。李慈铭责其《尚书既见》"无一字辩证其真伪"，

---

① 《清史稿》卷305《庄存与传》，第10522页。
② 据艾尔曼《经学、政治和宗族——中华帝国晚期常州今文学派研究》，赵刚译，江苏人民出版社1998年版，第73—74页。
③ 蔡长林：《从文士到经生——考据学风潮下的常州学派》，台湾中研院文哲所2010年版，第33页。

"乾隆间诸儒经说,斯最下矣"①。龚自珍曾述及此中原委称:

> (公)自语曰:辨古籍真伪,为术浅且近者也;且天下学僮尽明之矣,魁硕当弗复言。古籍坠湮十之八,颇借伪书存者十之二,帝胄天孙,不能旁览杂氏,惟赖幼习五经之简,长以通于治天下。昔者《大禹谟》废,"人心道心"之旨、"杀不辜宁失不经"之诫亡矣;《太甲》废,"俭德永图"之训坠矣;《仲虺之诰》废,"谓人莫己若"之诫亡矣;《说命》废,"股肱良臣启沃"之谊丧矣;《旅獒》废,"不宝异物贱用物"之诫亡矣;《冏命》废,"左右前后皆正人"之美失矣。今数言幸而存,皆圣人之真言,言尤疴痒关后世,宜贬须臾之道,以授肄业者。②

庄存与认为,辨古籍真伪为浅近之术,明经义以求通治天下之道方是大儒所当为。因此他明知《古文尚书》之伪,却因其中大义犹存,不忍殄废。可见其心中唯大义是求,而绝无今、古门户之念。

庄存与主要生活在乾隆时代,年龄比戴震还要大几岁。在推崇"训诂明,六经乃可以明"③的乾嘉时期,庄存与实堪称异类。梁启超称其"刊落训诂名物之末,专求其所谓'微言大义'者,与戴、段一派所取途径全然不同"④。但在庄存与生活的年代,其学术却并未引起人们的注意。当时学界纷纷整理传统文献,从儒家经典扩及诸子百家等其他传统文献,如果有人在此时整理有关春秋公羊学的传统文献,也并不是一件唐突的事情,更何况何休的《春秋公羊解诂》早已被列为十三经注疏之一。因而当时学者也只是将庄存与的《春秋正辞》看作"说经之文"⑤,并未将庄氏学术视为乾嘉汉学范围之外。即如魏源所说,"君所为真汉学者,庶

---

① 李慈铭:《越缦堂读书记》,上海书店2000年版,第19、20页。
② 龚自珍:《龚自珍全集》第2辑《资政大夫礼部侍郎武进庄公神道碑铭》,第142页。
③ 戴震:《说文解字注序》,段玉裁《说文解字注》,上海古籍出版社1981年版,第801页。
④ 梁启超:《清代学术概论》22《清代今文学与龚魏》,第74—75页。
⑤ 朱珪:《春秋正辞序》,庄存与《春秋正辞》卷首,《续修四库全书》第141册,第2页。

几在是；所异于世之汉学者，庶几在是"①，也只是标榜庄存与之学为真汉学而已。而庄存与自己，也因"所学与当时讲论或枘凿不相入，故秘不示人"。因此他的学术思想在当时也并不为学界所重，就像阮元所指出的，"通其学者，门人邵学士晋涵、孔检讨广森及子孙数人而已"②。

但正是这部看上去像是普通"说经之文"、在当时并无影响的《春秋正辞》，却开创了一个在晚清影响极大的常州今文学派。庄存与并没有重建今文经学的意识，这一任务是由其外孙刘逢禄完成的。他自己也没有预料到，他对今文经学的瞩目、对公羊学的推崇，会给后世带来那么大的影响。但他的这种选择，如一颗石子投入平静的湖水中一样，沉寂千年的今文经学由此重返历史舞台，终至"翻腾一度"，成为晚清学术思想的主流。庄存与的学术风尚影响了周围的一批人，其侄庄述祖，外孙刘逢禄、宋翔凤等都追随他走上了今文经学的道路，由此形成了推崇今文公羊学、讲求经世致用的常州学派。刘逢禄之后，常州学派的影响遂扩展至全国，刘逢禄的学生龚自珍、魏源虽然都不是常州人，但由于他们的学术趋向，通常也被归入常州学派。

今文经学的重现，是学术发展的内在理路的必然要求，庄存与的学术追求只是促成了它的实现。儒家思想的本源在于儒家经典，其发展是以不断对经典作出新的诠释而展开的。宋明理学注重义理的发挥，而不注重经典章句，朱熹说："借经以通乎理，理得，则无俟乎经。"③这种倾向发展到极致，其弊端愈显，不免陷于"游谈无根"，从而使其对经典的解释力下降。为了挽救儒学，使儒学不因宋学的衰落而衰落，就必须纠正这种倾向，使学术回归经典。于是清代兴起的汉学由此又走向另一个极端，强调考据训诂，彻底钻进了经典的字和词当中。但经典之为经典，在于经典有意义，经学研究不探究经典的意义就是舍本逐末，经典的存在也就失去了价值。

儒学的发展离不开对经典意义的追求，当时很多学者也认识到这一点，章学诚就对考据学风进行了批判："近日学者风气，征实太多，发挥

---

① 魏源：《魏源集》上册《武进庄少宗伯遗书叙》，第238页。
② 阮元：《庄方耕宗伯经说序》，庄存与《味经斋遗书》卷首。
③ 黎靖德编，王星贤点校：《朱子语类》卷11《学五》，第192页。

太少，有如吞食桑叶而不能抽丝。"① 认为考据只是治学的手段，而不是目的。庄存与也曾说："自分析文字，繁言碎辞，日益以滋，圣人大训，若存若亡，道不足而强言，似是之非，习以为常，而不知其倍以过言。"② 因此，当考据学如日中天的时候，也正逐渐孕育着自身的反动力量。而对清儒而言，又不可能再退回到空谈心性的宋学那里去，于是走经世致用之途逐渐成为时代的要求。而这一任务的完成，就由庄存与首开局面。

表面上看，这是由宋学返回到东汉古文，再返回到西汉今文，梁启超称之为"节节复古"③。其实这完全是人们回到经典、回到孔子的追求在学术形式上的一种外在表现，而这种复古的内在诉求是"开新"，即所谓"返本开新"。因此，清代的今文经学的实质是借助西汉今文经学的思想资源和历史地位（离孔子更近），来解决清人的现实政治问题，而这也恰恰正是今文经学的一贯风气。

---

① 章学诚：《章氏遗书》卷9《文史通义·外篇三·与汪龙庄书》，吴兴刘氏嘉业堂1922年刊本。
② 庄存与：《味经斋遗书·四书说》。
③ 梁启超：《清代学术概论》21《清学分裂的导火线》，第74页。

第 六 章

刘逢禄：清代公羊学的奠基人

刘逢禄，清代经学家，清代公羊学的奠基人。刘逢禄进一步发展了庄存与开创的清代公羊学，重新整理了公羊学的统绪，为公羊学注入了不少新的内容，予人耳目一新之感觉。他上承董仲舒、何休，下启龚自珍、魏源，将公羊学推向了全面复兴，并为近代维新变法准备了初步的理论基础，在清代公羊学的发展过程中发挥着举足轻重的作用，对晚清的学术和政治局面都有相当的影响。

第一节 刘逢禄学术渊源与学术特点

刘逢禄（1776—1829），字申受，又字申甫，号思误居士，江苏武进人，乾隆四十一年生人，嘉庆十九年进士。刘逢禄是文渊阁大学士、军机大臣刘纶之孙，礼部侍郎、常州公羊学派创始人庄存与之外孙。其父刘召扬，曾应乾隆皇帝南巡召试，得乾隆亲置第一，尝主湖南、陕西、山东讲席。母庄氏，庄存与之女，熟通经史。刘逢禄从小在母亲身边受到了良好的教育，其母"每当晚课毕，或塾师岁时解馆，即亲授以《楚辞》《文选》及唐宋人诗文，曰：'家学不可废也。'"[1]

刘逢禄秉承家学，自幼熟读诗书，十余岁即遍阅十三经及周秦古籍。刘逢禄从小就对外家所传之公羊学表现出浓厚的兴趣。"余年十二，读《左氏春秋》，疑其书法是非多失大义。继读《公羊》及董子书，乃恍然

---

[1] 刘逢禄：《刘礼部集》卷10《先妣事略》，《续修四库全书》第1501册，第192页。

于《春秋》非记事之书，不必待《左氏》而明。"① 十三岁那年，"尝读《汉书·董江都传》而慕之，乃求得《春秋繁露》，益知为七十子微言大义，遂发愤研《公羊传何氏解诂》，不数月，尽通其条例"②。

从这些叙述来看，刘逢禄的公羊学当属自学，亦正如其子刘承宽所说："大抵府君于《诗》《书》大义及六书小学，多出于外家庄氏，《易》《礼》多出于皋文张氏，至《春秋》则独抱遗经，自发神悟。"③ 刘逢禄自己也说"余自童子时，癖嗜二君（董仲舒、何休）之书，若出天性"④，"禄束发受经，善董生、何氏之书若合符节"⑤。

当然，这并不否定外家庄氏的学统对刘逢禄的影响。首先是幼时母亲的熏陶。刘逢禄曾回忆说："余幼时，先妣诲之，学必举所闻于宗伯公（庄存与）经史大义以纠俗师之谬。"⑥ 其次是外祖父庄存与的鼓励。十一岁时，刘逢禄随母亲归省见到外祖父庄存与，庄存与问其学业，刘逢禄对答如流，庄存与高兴地说："此外孙必能传吾学！"⑦ 在外祖父"传学"的期冀下，刘逢禄疑《左传》、读《董子》、研《公羊》，逐渐走上了公羊学的治学之路。最后，也是最重要的，则是从舅庄述祖的影响。刘逢禄曾从庄述祖"受《夏时》等例及六书古籀之学，尽得其传"⑧。庄述祖对公羊学颇有心得，其"《公羊》家诚非《穀梁》所能及""《左氏》不传《春秋》"等思想对刘逢禄多有影响，刘逢禄自己也说："从舅氏庄先生治经，始知两汉古文、今文流别。"⑨ 尤其是庄述祖《夏小正经传考释》以"《夏时》之等"比附"《春秋》之义"，以公羊条例来治《夏小

---

① 刘逢禄著，顾颉刚校点：《左氏春秋考证》卷上，朴社1933年版，第2页。
② 刘承宽：《先府君行述》，刘逢禄《刘礼部集》附录，《续修四库全书》第1501册，第209页。
③ 同上书，第211页。
④ 刘逢禄：《公羊春秋何氏解诂笺叙》，阮元、王先谦等编《清经解》第7册，第418页。
⑤ 刘逢禄著，郑任钊校点：《春秋公羊经何氏释例》叙，第1—2页。
⑥ 刘逢禄：《刘礼部集》卷10《记外王父庄宗伯公甲午次场墨卷后》，《续修四库全书》第1501册，第184页。
⑦ 刘承宽：《先府君行述》，刘逢禄《刘礼部集》附录，《续修四库全书》第1501册，第209页。
⑧ 同上。
⑨ 刘逢禄：《刘礼部集》卷9《跋杜礼部所藏汉石经后》，《续修四库全书》第1501册，第177页。

正》，更是启发刘逢禄后来以《公羊》统摄群经。庄述祖对刘逢禄非常赞赏，有"刘甥可师"①之誉，据说他本有意深研公羊学，见到刘逢禄的成就后，竟然放弃了。李慈铭评价刘逢禄说："专究心于《公羊》，著书至十余种，皆深造有得，精深博大，不专事章句，可谓经纬典谟，不与守文同说者。"②

刘逢禄长期潜心研究公羊学，然而公羊学在当时并不是应试之学，这使他的科场之路变得有些坎坷。刘逢禄于嘉庆五年（1800）拔贡生，十年（1805）中举。乡试应试时，刘逢禄以公羊义应答，使阅卷者大为震惊。此后，他接连两次考进士落第，直至嘉庆十九年（1814），三十九岁的刘逢禄才考中进士，授庶吉士。嘉庆二十二年（1817）散馆，授礼部主事，道光四年（1824）补仪制司主事。道光九年（1829）卒于任上，年五十四。

刘逢禄在官十余年，"以经义决疑事"③为世称道，"凡有大疑，辄援古事据经义以决之，非徒簿书期会如胥吏所职而已"④。嘉庆二十五年（1820），嘉庆皇帝崩，刘逢禄据经义制定丧仪，"自始事以迄奉安山陵，典章备具"。道光四年（1824），越南使臣对敕书称其"外夷"不满，刘逢禄又据经义说明"夷"非蔑称而解决此事。刘逢禄还多次引春秋公羊义来解决民间法律纠纷，"皆卓卓表见，所谓通经而能致诸实用者也"⑤。刘逢禄的经学研究在政治活动中的作用愈加明显，体现了公羊家"经世致用"的治学特点。

第二节 《春秋公羊经何氏释例》

刘逢禄学识广博，著述宏富，有《刘礼部集》十二卷。他对《周易》《诗经》《尚书》等都有阐述，其学遍涉群经，但以《春秋》为重，以何休公羊学为本。其春秋学相关著述有《春秋公羊经何氏释例》十卷、《公

---

① 刘承宽：《先府君行述》，刘逢禄《刘礼部集》附录，《续修四库全书》第1501册，第209页。
② 李慈铭：《越缦堂读书记》，第1105页。
③ 《清史稿》卷482《儒林三》，第13267页。
④ 支伟成：《清代朴学大师列传》，第245页。
⑤ 同上书，第245—246页。

羊何氏解诂笺》一卷、《箴膏肓评》一卷、《发墨守评》一卷、《穀梁废疾申何》一卷、《左氏春秋考证》二卷、《论语述何》二卷等。这些著作光从名称即可显见其学术立场。

《春秋公羊经何氏释例》（下称《释例》）一书，系刘逢禄的代表作，也是清代公羊学的奠基之作，书成于嘉庆十年（1805）六月，时年刘逢禄三十岁，正值他主山东兖州讲席之时。该书是刘逢禄十几年研究公羊学的心血结晶，前后三易其稿。① 刘逢禄有诗《闰六月，三十重度，时〈春秋释例〉成，题四章示诸生》，其言"窥园未免惭前哲，驻景方知绝几编"②，自比董仲舒"三年不窥园"和孔子"韦编三绝"。在书中，刘逢禄通过对何休解诂《公羊传》义例的归纳，阐发了自己的公羊学思想，建立起了严密的公羊学理论体系。梁启超评价说："其书亦用科学的归纳研究法，有条贯，有断制，在清人著述中，实最有价值之创作。"③

《释例》共分为十卷，三十章，"凡何氏所谓非常异义可怪之论，如'张三世''通三统''绌周王鲁''受命改制'诸义，次第发明"④。共总结有"例"二十六，分为：张三世例、通三统例、内外例、时日月例、名例、褒例、讥例、贬例、诛绝例、律意轻重例、王鲁例、建始例、不书例、讳例、朝聘会盟例、崩薨卒葬例、公终始例、娶归终始例、致公例、内大夫卒例、侵伐战围入灭取邑例、地例、郊禘例、阙疑例、主书例、灾异例；"表"四，分为：大国卒葬表、小国进黜表、秦楚吴进黜表、公大夫世系表。⑤ 每"例"皆先罗列举证《春秋》经传及何休解诂条文，最后以"释"来阐述该"例"之主旨要义。⑥ "表"则是"例"的一种变形，通过纵横比对相关内容来使义例清晰，而阐述主旨之文字则移于每"表"之首，以序的形式出现。⑦

---

① 《刘礼部集》卷11《闰六月三十重度时春秋释例成题四章示诸生》下有注："撰此书凡三易藁。"
② 《刘礼部集》卷11《闰六月三十重度时春秋释例成题四章示诸生》，《续修四库全书》第1501册，第206页。
③ 梁启超：《清代学术概论》22《清代今文学与龚魏》，第75页。
④ 同上。
⑤ 另以《十七诸侯终始表》总摄《大国卒葬表》、《小国进黜表》、《秦楚吴进黜表》。
⑥ 《盟薨卒葬例》无"释"。另《贬例》与《诛绝例》合释。
⑦ 《公大夫世系表》无序，其内容也只是考证鲁公及鲁大夫世系。

同当时乾嘉汉学的大部分著作一样，《释例》也采取了考据的形式，而且在考据上下了很大的功夫。如《时日月例》下，刘逢禄又详分了"朝例时""聘例时""来盟例时""战例时，偏战日，诈战月""入例时，伤害多则月""灭例月""定哀灭例日""夷狄灭微国不月""溃例月"等五十余小"例"，搜求举证近三百条，不厌其烦。但刘逢禄并没有只停留在罗列资料上，他考据的目的在于研求"微言大义"、通经致用，与当时的汉学家们旨趣大异。

刘逢禄为什么要在汉学盛行的时代，做这样一个工作呢？刘逢禄对此有一番解释。在《释例》序中，他回顾了千年来春秋学的历史，认为"传《春秋》者，言人人殊"，只有董仲舒、何休所传之《公羊》才是正传，尤其是何休，"修学卓识，审决白黑而定，寻董、胡之绪，补庄（严）、颜之缺，断陈、范之讼，针明、赤之疾，研精覃思十有七年，密若禽墨之守御，义胜桓文之节制，五经之师罕能及之"。但何休之后，春秋学逐渐迷失方向，"或以弃置师法，燕说郢书，开无知之妄；或以和合传义，断根取节，生歧出之途"，终至"支离错迕，千喙一沸，而圣人之微言大义盖尽晦矣"。当乾嘉之时，"人耻乡壁虚造，竞守汉师家法"，在这样的学术氛围环境下，显然春秋学也到了应该回复正途、回到汉代公羊家法的时候了。这既是春秋学的历史机遇，同时也是汉学深化发展的内在要求。他说："先汉师儒略皆亡阙，唯《诗》毛氏、《礼》郑氏、《易》虞氏有义例可说，而拨乱反正莫近《春秋》，董、何之言受命如响，然则求观圣人之志、七十子之所传，舍是奚适焉？"① 乾嘉之时，"家家许郑，人人贾马"，学者莫不推崇汉儒经说，而公羊学是所剩无几的真正传承有自的汉学，汉代经学昌明，也正是公羊大师董仲舒推动的，因此公羊学才是汉代学术的正统和精髓，尊汉显然不可不尊《公羊》。这样，刘逢禄也巧妙地为公羊学在以古文学为主流的乾嘉汉学的学术堡垒中找到了滋生的土壤。

"一月重寻翰墨缘，温城绝业得珠联"，"经神绝业如相待，一瓣心香奉董何"②，《闰六月，三十重度，时〈春秋释例〉成，题四章示诸生》

---

① 刘逢禄著，郑任钊校点：《春秋公羊经何氏释例》叙，第1—2页。
② 《刘礼部集》卷11《闰六月三十重度时春秋释例成题四章示诸生》，《续修四库全书》第1501册，第206页。

中的这几句诗正道出了刘逢禄以复兴公羊绝学为己任，接续董仲舒和何休统绪的心声。

刘逢禄在《释例》中说："何氏生东汉之季，独能囊括两家（董仲舒、胡毋生），使就绳墨，于圣人微言奥旨推阐至密。惜其说未究于世，故竟其余绪，为成学治经者正焉。"① 何休的《解诂》是公羊义例的集大成之作，构建起了公羊学理论体系，但受文体所限，却只能随文夹注，所有义例都散见于注文之中。而何休所撰《春秋文谥例》又已失传。因此，公羊学虽以"义例"说《春秋》闻名，但却一直缺乏系统的总结性的归纳，以致后世对公羊义例多有误解和争议。刘逢禄清醒地认识到，要想复兴公羊学，必须解决这一瓶颈问题。而在清代公羊学序幕初揭之时，孔广森作《公羊通义》，又否定何休"黜周王鲁"之说，别立"三科九旨"，自乱公羊家法，于是解决这一问题显得尤为急迫。所以，刘逢禄要"寻其条贯，正其统纪"，用力十余年，"为《释例》三十篇"②，第一次系统归纳了公羊学繁杂的义例，为清代公羊学日后的辉煌发展铺平了道路。

第三节　立足变革的公羊学

杨向奎先生说：刘逢禄出而公羊学的"局面为之一变"③。在刘逢禄之前，清代公羊学已出现了庄存与的《春秋正辞》和孔广森的《公羊通义》等专门著作，但只有刘逢禄的《春秋公羊经何氏释例》才被称为清代公羊学的奠基之作，因为只有到了刘逢禄这里，才是真正坚守公羊家法，才算是真正接上了董仲舒、胡毋生至何休一脉相承的公羊统绪。刘逢禄的公羊学正是在力申董、何之说的基础上，阐述自己之经说及对时局之主张，他对公羊学的全面阐发及适度的改造，奠定了清代公羊学的基础。

一　重树"三科"的核心地位

公羊家有所谓"三科九旨"之说，而尤以"三科"为核心，以为是

---

① 刘逢禄著，郑任钊校点：《春秋公羊经何氏释例》卷9《主书例》，第193页。
② 刘逢禄著，郑任钊校点：《春秋公羊经何氏释例》叙，第2页。
③ 杨向奎：《清代的今文经学》，《清史论丛》第1辑，第185页。

孔子作《春秋》的三大基本原则。"三科九旨",何休认为是"新周,故宋,以《春秋》当新王"("一科三旨")、"所见异辞,所闻异辞,所传闻异辞"("二科六旨")、"内其国而外诸夏,内诸夏而外夷狄"("三科九旨")。徐彦《公羊疏》还提到宋衷之说:"案宋氏之注《春秋说》:'三科者,一曰张三世,二曰通三统,三曰异外内,是三科也。九旨者,一曰时,二曰月,三曰日,四曰王,五曰天王,六曰天子,七曰讥,八曰贬,九曰绝。'"宋衷所说"三科"与何休"三科"并无矛盾,"张三世"就是"所见异辞,所闻异辞,所传闻异辞","通三统"就是"新周,故宋,以《春秋》当新王","异外内"就是"内其国而外诸夏,内诸夏而外夷狄",只是顺序有所调整。差别在于何休以为"三科九旨正是一物",即"三个科段之内,有此九种之意"①,而宋衷则别立"九旨"。

刘逢禄洞悉"三科九旨"是公羊学的精髓,他明确宣称:"无三科九旨则无《公羊》,无《公羊》则无《春秋》,尚奚微言之与有?"他批评孔广森"三科九旨不用汉儒之旧传,而别立时、月、日为天道科,讥、贬、绝为王法科,尊、亲、贤为人情科。如是,则《公羊》与《榖梁》奚异?奚大义之与有?"② 刘逢禄《春秋公羊经何氏释例》将公羊义例归纳为三十例,其首三例为"张三世例""通三统例""内外例",即将"三科"置于首要位置,准确地抓住了公羊学的最核心的思想内容。可以说,"张三世""通三统""异内外"就是刘逢禄公羊学最为重视的内容。但他似乎有意淡化"九旨",《释例》中甚至没有出现"九旨"的字样。直至晚年,刘逢禄才有以"时、日、月,爵、氏、名字,褒、讥、贬绝"为"九旨"之说,虽不同于何休,但亦属汉儒之旧传。③

刘逢禄所处的时代,大清帝国已经失去了"康乾盛世"的光环,正在逐步走向衰落。嘉庆皇帝接手的其实只是一个徒有大帝国外表的空架

---

① 《春秋公羊传注疏》卷1《隐公》疏,第5—6页。
② 刘逢禄:《刘礼部集》卷3《春秋论下》,《续修四库全书》第1501册,第58、57页。
③ 《刘礼部集》卷4有《释九旨例》上中下,以"时、日、月,爵、氏、名字,褒、讥、贬绝"为"九旨",乃拼凑《释例》相关释文而成。其子刘承宽于《释九旨例中》记曰:"晚年改订体例,故与释不甚相应。"(《刘礼部集》卷4《释九旨例中》注,《续修四库全书》第1501册,第67页)可见此以宋氏为本的"九旨"实是刘逢禄晚年的产物。"时、日、月"等例大多虽早见于《释例》,但刘逢禄当时显然未将它们列为"九旨",晚年思定"九旨",但未及专门作文,只好套用《释例》,以致文目不相对应。

子，君主专制制度末世的乱象已现，社会危机日益严重。刘逢禄看到的正是风雨来临前夜的清朝，他身后十一年，鸦片战争就爆发了。

相较"康乾盛世"的盛景，嘉道时期臣民的失落感是可以想见的。刘逢禄敏锐地觉察到了隐伏的危机，作为一名富有责任感的知识分子和朝廷官员，挽救衰落中的大清王朝在他心目中是责无旁贷的。他的心态与何休当年那种"衰世救失"的心态在某种程度上是相通的。因此，"张三世""通三统""异内外"的排列固然是刘逢禄对宋衷之说的一种赞同，更是他针对时局所作的一个有意识的选择。可能也正是因为这个原因，使他暂时回避了"九旨"，以免陷入相对次要的书法纷争。他急切要做的是从公羊大义中揭示治乱兴衰的规律，寻找起衰解敝的途径。

二 起衰解敝的"张三世"

在《释例》中，刘逢禄将"张三世"摆在了开篇第一的位置上，这充分显示出"张三世"在刘逢禄体系中的突出重要的地位。他阐述"张三世"曰：

> 《春秋》缘礼义以致太平，用《坤乾》之义以述殷道，用《夏时》之等以观夏道。等之不著，义将安放？故分十二世以为三等，有见三世，有闻四世，有传闻五世。若是者，有二义焉。于所见，微其辞；于所闻，痛其祸；于所传闻，杀其恩，此一义也。于所传闻世，见拨乱始治；于所闻世，见治，廪廪进升平；于所见世，见治太平，此又一义也。由是辨内外之治，明王化之渐，施详略之文，鲁愈微而《春秋》之化益广，世愈乱而《春秋》之文益治。①

刘逢禄结合何休的"三世"说和董仲舒的"三等"说，以"等"字突出社会发展是有阶段性的，强调社会历史进程是发展变化的。他在这里明确区分了"三世"的两层含义：从表层上看，"三世"就是"所见世""所闻世""所传闻世"，即孔子根据时间上的远近不同，施以不同的书法；从深层上讲，"三世"则是"拨乱世""升平世""太平世"，社

---

① 刘逢禄：《刘礼部集》卷4《释三科例上》，《续修四库全书》第1501册，第63页。

会发展水平不同，文明进步程度不同。刘逢禄一再强调，这只是孔子借书法不同寄寓的一种社会进化的理想，绝不可以史来看待，正所谓"鲁愈微而《春秋》之化益广，世愈乱而《春秋》之文益治"，历史上鲁国十二公的世道是每况愈下，但《春秋》所制订的理想制度，却是愈后愈治。他举例说："西狩获麟，于《春秋》本为灾异，而托之以为治定功成。若是者，何哉？子曰：'我欲托之空言，不如见之行事之深切著明也。'又曰：'吾因其行事，而加吾王之心焉。'《春秋》之义，犹六书之假借，说《诗》之断章取义。"①刘逢禄以"托言""假借"，直接点明了公羊"三世"说的实质乃在借用历史事实的外壳来突显一种历史观，因而重点不在已陈之史迹，而在历史中沉淀下来的可贵的思想观念。这就反驳了古文家以不合史实对"三世"说以及公羊学的攻讦。

刘逢禄还从其他经典寻找"三世"说的影子，证明孔子不只在《春秋》中寄寓有"三世"理想，从而提高"三世"说的可信度：

> 昔者夫子正《雅》《南》，以先公之教系之召公，著王道之始基，而《驺虞》为之应；以文王之风系之周公，著王道之太平，而《麟趾》为之应。《小雅》，文武为牧伯之事也，诸侯歌之，其衰也至于四夷交、中国微。《大雅》，文武为天子之事也，天子歌之，其衰也至于西土亡、王迹熄、鸣鸟不闻、河图不出，天乃以麟告。"文王既没，文不在兹乎？"愀然以身任万世之权，灼然以二百四十二年著万世之治，且曰"其或继周者，虽百世可知也"。
>
> 古之造文者，三画而连其中谓之王，《易》之六爻，《夏时》之三等，《春秋》之三科是也。《易》一阴一阳，乾变坤化，归于乾元用九，而天下治，要其终于《未济》，志商亡也。《诗》《书》一正一变，极于周亡，而一终《秦誓》，一终《商颂》。《秦誓》伤周之不可复也，《商颂》示周之可兴也。《夏时》察大正以修王政，修王政以正小正，德化至于鸣隼，而推原终始之运，本其兴曰"正月启蛰"，戒其亡曰"十有二月陨麋角"。《春秋》起衰乱以近升平，由升平以极太平，尊亲至于凡有血气，而推原终始之运，正其端曰

---

① 刘逢禄：《刘礼部集》卷4《释三科例上》，《续修四库全书》第1501册，第63页。

"元年春王正月公即位",著其成曰"西狩获麟"。故曰：治不可恃,鸣隼犹获麟也,而商正于是建矣。乱不可久,孛于东方,螽于十二月,灾于戒社,京师于吴、楚,犹《匪风》、《下泉》也,而夏正于是建矣。"无平不陂,无往不复",圣人以此见天地之心也。[①]

我们看到,刘逢禄从《诗》《易》《书》《大戴礼记》中找到了阴阳、正反之变化,治乱、兴衰之演变,以之与《公羊》"三世"相印证,并得出了"治不可恃""乱不可久"的结论。没有永恒的盛世,但也不会有长久的衰乱,在警醒世人的同时,也提供一种希望。他讲到了夏正、商正的建立,讲到了周之所兴与周之所衰,更引孔子"其或继周者,虽百世可知也"之语,说明一兴一衰是任何朝代都逃脱不了的命运。刘逢禄已经看到了清王朝由盛而衰的危机,朝代兴衰正是刘逢禄最为关切的话题!他说孔子"愀然以身任万世之权,灼然以二百四十二年著万世之治","愀然""灼然"的孔子大概正好就是刘逢禄忧心现实的写照。

在刘逢禄的"三世"说中,明显少了一份社会不断进化的味道,更多强调的是兴衰的不断循环,正所谓"无平不陂,无往不复",我们下面也可以看到,他把理想社会仍然聚焦于三代,这只能说他过于执着于现实的起衰解敝,而缺乏一种哲学家的思维。

三 "通三统"与"异内外"

盛极必衰,衰极必治,兴衰更替是历史运行的规律,但在刘逢禄那里,人们在历史进程面前并不是消极等待,而是可以积极地推动社会的变化,由衰转盛,这就必须依靠"通三统"和"异内外"来实现。他说:

> 三王之道若循环,非仅明天命所授者博,不独一姓也。天下无久而不敝之道,穷则必变,变则必反其本,然后圣王之道与天地相终始。故正朔必三而改,《春秋》因损文而用忠。文质必再而复,《春秋》因变文而从质。受命以奉天地,首建五始。至于治定功成,凤皇来仪,百兽率舞,而韶乐作焉,则始元终麟之道举而措之万世

[①] 刘逢禄著,郑任钊校点:《春秋公羊经何氏释例》卷1《张三世例》,第4页。

无难矣。①

"通三统"的核心就在于一个"变"字，社会是变化的，人世的制度也要相应地及时变革。刘逢禄从"通三统"中慧眼独具地挖掘出"天下无久而不敝之道，穷则必变"之义，警示世人走出盛世的旧梦，面对衰败的现实，对那些弊端丛生的制度进行必要的改革。只要遵循"通三统"之义，因时改制，社会必然会由乱而治，终能"治定功成"，到达太平盛世。所谓"始元终麟之道"也就是拨乱、升平到太平的"三世"进程。

刘逢禄"穷则必变"的思想可谓抓住了"三统"说"因革损益"的本质，同时这对刘逢禄来说也是最具有现实意义的。"王者时宪，咸与维新"②，因时改定制度，消除社会弊端，进行政治上的改良，推动清王朝走出衰败，回复盛世景况是刘逢禄内心的呼唤。

当然，刘逢禄也深知改变清王朝江河日下的趋势谈何容易，但他坚信只要在现实政治中落实《春秋》之法，拨乱见治是完全可能。他说："明《春秋》之法以制驭其政，三代之治未尝不可复，其乱未尝不可弭，则经制定而统纪一，虽有淫骄之主，而无鱼烂之祸。"③ 这里我们也遗憾地看到，刘逢禄所能想见的太平盛世，仍然只是传统儒生所念念不忘的"三代之治"，所谓"三王之道若循环""变则必反其本""文质必再而复"，没能摆脱循环论的窠臼。不过，我们也不难发现，刘逢禄这里显露出了对制度的推崇。儒家一直呼唤明君政治，而刘逢禄提出，只要有良好的制度，君主的作用是次要，这不能不说是政治理念的一大进步。这也启发晚清的公羊学者积极进行新制度的设计。

"通三统"之义中，还有一个非常奇特的理论，就是"王鲁"，即新周、故宋、以《春秋》当新王，而托王于鲁。这个理论是公羊学最受人诟病的理论，孔广森也明确反对。但"王鲁"却又是公羊学的基石，因为没有"王鲁"，《春秋》新王则无所托，新周、故宋也就没有了意义，"通三统"也就失去了最深刻的内容。同时"王鲁"也与"异内外"紧

---

① 刘逢禄：《刘礼部集》卷4《释三科例上》，《续修四库全书》第1501册，第64页。
② 刘逢禄著，郑任钊校点：《春秋公羊经何氏释例》卷6《建始例》，第111页。
③ 刘逢禄著，郑任钊校点：《春秋公羊经何氏释例》卷7《十七诸侯终始表》，第136页。

密相关，没有"王鲁"，所谓的"《春秋》内其国而外诸夏，内诸夏而外夷狄"也就失去了依据。因此，刘逢禄极力维护"王鲁"：

> 王鲁者，即所谓"以《春秋》当新王"也。夫子受命制作，以为托诸空言不如行事博深切明，故引史记而加乎王心焉。孟子曰："《春秋》，天子之事也。"夫制新王之法以俟后圣，何以必乎鲁？曰：因鲁史之文，避制作之僭。祖之所逮闻，惟鲁为近，故据以为京师，张治本也。①

刘逢禄说明了为什么要托王于鲁，解释了"王鲁"既不是史实，也不是孔子真要以鲁继周，只是借鲁表达理想的一种"张法"而已。"京师、天子之不可正，则托王于鲁以正之"②。现实中的周天子已经无可冀望，所以只能"因鲁史之文"托以新王之法。他还作了一个形象的比喻："《春秋》者，火也。鲁与天王、诸侯皆薪蒸之属，可以宣火之明，而无与于火之德也。"③ 鲁只是点燃《春秋》之火的薪柴，薪柴本身是什么样子并不重要，只是工具，火才是目的，《春秋》大义才是最关键的。进而他也通过论证"王鲁"，强调了孔子"制新王之法"，强化了《春秋》之制为万世法之说。

对刘逢禄来说，"异内外"和"通三统"一样，都是推动社会由乱而治的法宝，但"通三统"更强调一种方法，而"异内外"则更强调一种步骤。他说：

> 昔文王系《易》，著君德于乾二，辞与五同，言以下而升上，以内而及外也。夫子赞之曰："庸言之信，庸行之谨，闲邪存其诚，善世而不伐，德博而化。"有旨哉！慎言行，辨邪正，著诚去伪，皆所以自治也。由是以善世，则合内外之道也。至于"德博而化"而君道成，《春秋》所谓"大一统"也。夫治乱之道，非可一言而尽。

---

① 刘逢禄著，郑任钊校点：《春秋公羊经何氏释例》卷6《王鲁例》，第109页。
② 刘逢禄著，郑任钊校点：《春秋公羊经何氏释例》卷4《诛绝例》，第89页。
③ 刘逢禄著，郑任钊校点：《春秋公羊经何氏释例》卷6《王鲁例》，第110页。

《易》变动不居，由一阴一阳而穷天地之变，同归于乾元用九，以见天则。《春秋》推见至隐，举内包外，以治纤芥之慝，亦归于元始，正本以理万事，故平天下在诚意，未闻枉己而能正人者也。《春秋》之化极于凡有血气之伦，神灵应而嘉祥见，深探其本，皆穷理尽性之所致。为治平者，反身以存诚，强恕以求仁而已矣。①

所谓"异内外"不是一种状态，而是"由内及外""举内包外"，一种"先自近者始"的拨乱步骤和过程，具体说就是"欲攘蛮荆，先正诸夏；欲正诸夏，先正京师。欲正士庶，先正大夫；欲正大夫，先正诸侯；欲正诸侯，先正天子"②，随着"三世"递嬗，不断扩大王化治理范围，最终"合内外之道"，实现天下一统。与汉代公羊先师相较，刘逢禄这段话"有很明显的受宋明理学影响的痕迹"③，更为强调个人的修身在推动社会进步的作用，为"异内外"融入了更多新义。这也包含了一种治乱兴衰人人有责的意味。

"内外"问题的另一层含义是夷夏问题。公羊学以文化进步程度而非种族或地域来区分"诸夏"和"夷狄"，夷狄可以进为中国，中国也可以退为夷狄。与这种明显具有平等色彩的民族观相适应，公羊学主张"内其国而外诸夏，内诸夏而外夷狄"，依"三世"进程，不断扩展先进文明覆盖的范围，推动民族的融合，最终"极于凡有血气之伦"，则已臻于大同之境。

刘逢禄另立《十七诸侯终始表》（分《大国卒葬表》《小国进黜表》《秦楚吴进黜表》）以阐述"异内外"的夷夏问题。他深发公羊学"进夷狄"的思想：

> 余览《春秋》进黜吴、楚之末，未尝不叹圣人驭外之意至深且密也。……圣人以中外狎主承天之运而反之于礼义，所以财成辅相天地之道，而不过乎物，故于楚庄、秦穆之贤而予之，卒以为中国

---

① 刘逢禄著，郑任钊校点：《春秋公羊经何氏释例》卷1《内外例》，第11页。
② 刘逢禄著，郑任钊校点：《春秋公羊经何氏释例》卷4《诛绝例》，第89页。
③ 赵伯雄：《春秋学史》，山东教育出版社2004年版，第710页。

无桓、文则久归之矣，何待定、哀之末而后京师楚哉？于吴光之败陈、许，几以中国听之，慨然深思其故曰：中国亦新夷狄也。……故观于《诗》《书》，知代周者秦，而周法之坏虽圣人不可复也。观于《春秋》，知天之以吴、楚狎主中国，而进黜之义虽百世不可易也。张三国以治百世，圣人忧患之心亦有乐乎此也。①

嘉道之时，满汉民族问题虽然已经不是社会的主要问题，但农民起义却还是经常以此为旗号，王朝的合法性问题对统治阶层而言仍是一个很大的困扰。刘逢禄认为，秦、吴、楚三国本属夷狄，皆因行进德修而圣人许之交替进主中国，而秦甚至代周而立。圣人特借此三国，以表明"夷狄可进为中国，中国可退为夷狄"是行之百世之法。由此，清入主中国自然也是早有先例，亦是完全符合孔圣之义的。刘逢禄此说当然是为巩固清王朝统治服务的，但这种提倡民族融合的理论也是符合社会历史需要的，自有其进步意义。而且，刘逢禄在合法化了清朝的统治的同时，也把清朝纳入了孔子制定的《春秋》万世之法中，这样清朝也就不能自外于"三世""三统""内外"的发展进程，应当及时改制，革除弊政，由天子自正己身始而渐及百姓，由京师治平始而渐推天下，实现拨乱、升平而至太平的发展。

刘逢禄为公羊学张大其军，使公羊学异军突起，影响与日俱增，终于实现了在清代的全面复兴。他继承发扬了董仲舒、何休的公羊学说，但又没有一味照搬，而是根据时代需要作了不少新的发挥。他虽然推崇何休之至，但在《释例》中对何休的不足和错误，他亦不曲护，如《张三世例》中指"董子《观德篇》云'稻之会先内卫'，《奉本篇》云'诸侯伐哀者皆言我'，俱胜何氏注义"②，并没有把何休之说奉为金科玉律。他甚至还多次否定何休的说法，如：

襄公十五年何休注："礼，逆王后当使三公。"③ 刘逢禄以为："使三公逆王后，犹使卿逆夫人，非礼也。"并特加按语明确指出："何氏依汉

---

① 刘逢禄著，郑任钊校点：《春秋公羊经何氏释例》卷7《秦楚吴进黜表》，第145页。
② 刘逢禄著，郑任钊校点：《春秋公羊经何氏释例》卷1《张三世例》，第4页。
③ 《春秋公羊传注疏》卷20《襄公十五年》，第505页。

制以为得礼,非也。"①

宣公十二年"春,葬陈灵公。"何休注:"不月者,独甯、仪行父有诉楚功,上已言纳,故从余臣子恩薄略之。"②刘逢禄以为:"杀泄冶无罪,例去葬,辟责不讨贼,故书葬不月,终以杀无罪略之。注非也。"③

成公二年"齐侯使国佐如师。"何休注:"不书获者,内大恶讳。"④刘逢禄指出:"佚获,则仍未获。且如获,亦晋郤克坐之,从外言战是也。注非。"⑤

由此也可见刘逢禄的学术品格。

刘逢禄虽然没有像晚清公羊家康有为那样,以公羊学为理论武器投身政治运动中。但他也绝非埋头书本之经生,他的公羊学也是联系现实,有为政治理想服务的一面。在《释例·褒例》中,刘逢禄有一段话:"今小民有罪,则能以法治之,有善则不能赏,而爵禄所及,未必非有文无行之士,是以贤、不肖混淆,而无所惩劝。是宜修《春秋》举贤之制,而唐宋以来,试士之法以次渐改,则朝廷多伏节死义之臣,而闾巷多砥行立名之士。斯结人心、厚风俗、存纪纲之要道也。"⑥讥切时病,倡言改制,跃然纸上。

此外,《释例》中多次出现"若今"字样,以时事比附《公羊》及何注,足可见刘逢禄联系现实之迫切,已不欲掩藏。如何休注"出奔当绝,还入为盗国当诛,纳之与之同罪",刘逢禄按:"若今擅离职守。"何休注"时天王居于郑,晋文欲讨楚师,以宋王者之后,法度所存,故因假使治之",刘逢禄按:"若今请王命。"何休注"为人臣知贼而不言,明当诛",刘逢禄按:"若今知情故纵。"⑦这些"若今"之语,有十余条之多,而只见于《春秋公羊经何氏释例》道光八年养一斋校刊本,嘉庆太清楼原刻本⑧与后来《清经解》所辑《公羊何氏释例》都未见,可见这

---

① 刘逢禄著,郑任钊校点:《春秋公羊经何氏释例》卷8《娶归终始例》,第164页。
② 《春秋公羊传注疏》卷16《宣公十二年》,第404页。
③ 刘逢禄著,郑任钊校点:《春秋公羊经何氏释例》卷2《时日月例》,第32页。
④ 《春秋公羊传注疏》卷17《成公二年》,第429、431页。
⑤ 刘逢禄著,郑任钊校点:《春秋公羊经何氏释例》卷6《讳例》,第119页。
⑥ 刘逢禄著,郑任钊校点:《春秋公羊经何氏释例》卷3《褒例》,第57—58页。
⑦ 刘逢禄著,郑任钊校点:《春秋公羊经何氏释例》卷5《律意轻重例》,第99、100页。
⑧ 据希曾:"刘书皆有太清楼原刻本。"见张之洞撰,范希曾补正《书目答问补正》卷1《经部》,上海古籍出版社2001年版,第32—33页。

些语涉当世的文字难免有犯忌之嫌，刊刻时人们仍多有顾虑。

第四节　重启今古文之争

今、古文经学在汉代曾有过长期的论争，东汉末年，由于郑玄整合今古的努力以及今文经学的衰落，今古文之争遂偃旗息鼓。随着经学关注问题的转变，以后一千多年的时间里，今古文经学之争也就一直尘封在历史之中。

千年之后，重新掀起今古文之争的正是刘逢禄。庄存与是清代公羊学的开山祖师，但他只推重《公羊》而治学却不分汉、宋，亦不分今、古。庄述祖、孔广森也同样是今古文兼讲。只有到了刘逢禄这里，才是治经专主今文，并不仅限于《公羊》，而是广及诸经，如治《易》主虞氏，治《诗》主齐、鲁、韩三家等。他说："尝怪西京立十四博士，《易》则施、孟、梁丘氏，《书》则欧阳、大、小夏侯氏，《诗》则齐、鲁、韩氏，《礼》则大、小戴氏，《春秋》则《公羊》颜、严氏，《穀梁》江氏，皆今文家学。而晚出之号古文者，十不与一。夫何家法区别之严若是，岂非今学之师承，远胜古学之凿空？非若《左氏》不传《春秋》，《逸书》《逸礼》绝无师说，费氏《易》无章句。《毛诗》晚出，自言出自子夏，而序多空言，传罕大义，非亲见古序有师法之言与？"[1] 他认为，今文经学诸家早在西汉已立于学官，各守家法，皆有师承；而古文经学晚出，去孔圣远，既无师说，又不明大义。显然，今文经学远必古文经学要正统得多，古文经学实不足取。其有诗曰："弱冠精研志不磨，每从家法辨沿讹。引针难起邱明疾，入室先操武库戈。"[2] 刘逢禄固守今文藩篱，主张严守家法，排斥古文而力倡今文，从而鲜明地举起今文经学的大旗。

乾嘉汉学本以古文经学为学术渊源。刘逢禄将公羊学奉为汉学之正统，沿着汉学家的路线捧出了公羊学，以考据学的形式和话语将今文经学带回人们的视野中，犹如在平静的湖面上投下了一粒石子，漾起了一

---

[1] 刘逢禄：《刘礼部集》卷9《诗古微序》，《续修四库全书》第1501册，第169页。
[2] 刘逢禄：《刘礼部集》卷11《闰六月三十重度时春秋释例成题四章示诸生》，《续修四库全书》第1501册，第206页。

层又一层的涟漪，进而发动对古文经学的攻击，重新引发了今古文之争，终使今文经学成为晚清学术的主流，改变了晚清学术局面，余波直至民国仍不平息。因此，刘逢禄被梁启超称为"治今文学者不祧之祖"①。

一 以《公羊》统摄群经

孙春在《清末的公羊思想》指出："刘逢禄另一个关键性的影响，就是以《公羊春秋》的思维去诠释五经，因而造成了由《公羊》扩及于今文经学的全面研究。"② 刘逢禄实开清代公羊家以公羊义注群经之先河。刘逢禄提出，"不明《春秋》不可与言五经。《春秋》，者五经之管钥也"③，他以为诸经之中皆有《春秋》大义，因此博引《诗》《书》《礼》《易》等经典以证《公羊》，如前述以诸经证"张三世"等，另如以《诗》《易》证"通三统"：

> 《诗》之言三正者多矣，而尤莫著于三《颂》。夫子既降《王》为《风》，而次之《邶》《鄘》之后，言商、周之既亡，终之以三《颂》，非新周、故宋、以《鲁颂》当夏而为新王之明征乎？夫既以《鲁颂》当新王，而次之周后，复以《商颂》次鲁，而明继夏者殷，非所谓三王之道若循环者乎？
>
> ……
>
> 《春秋》之义，固上贯二帝三王，而下治万世者也。文王虽受命称王，而于系《易》，犹以庖牺正《乾》五之位，而谦居三公。《晋》《明夷》《升》三卦，言受祖得民，而伐罪也。《临》商正，言改正朔也。夫文王道未洽于天下，而系《易》以见忧患万世之心，《春秋》象之，故曰："文王既没，文不在兹乎？"故明《春秋》而后可与言《易》。④

---

① 梁启超：《论中国学术思想变迁之大势》，上海古籍出版社 2001 年版，第 125 页。
② 孙春在：《清末的公羊思想》，台湾商务印书馆股份有限公司 1985 年版，第 36 页。
③ 刘逢禄著，郑任钊校点：《春秋公羊经何氏释例》卷 1《通三统例》，第 8 页。
④ 同上。

这种以他经证《公羊》的过程，其实也就是以《公羊》说他经的过程。嘉庆十七年（1812），刘逢禄著成《论语述何》二卷。在该书序言中，刘逢禄说：

> 《论语》总六经之大义，阐《春秋》之微言，固非安国、康成治古文者所能尽。何君既不为守文之学，其本依于齐、鲁、古《论》、张侯所定，又不可知。若使其书尚存，张于六艺，岂少也哉？今追述何氏《解诂》之义，参以董子之说，拾遗补阙，冀以存其大凡。①

刘逢禄对何休《论语注》不存于世非常惋惜，因此作《论语述何》，专以《解诂》之何休公羊说，参以董仲舒说，来解释《论语》。如解《论语·八佾》"夷狄之有君，不如诸夏之亡也"说："夷狄之者，《春秋》于中国无礼义则狄之。卫劫天子之使则书戎伐，邾、牟、葛三国同心朝事鲁桓则贬称人之类。言朝则有君。可知诸夏之者，如潞子婴儿之离于夷狄，虽亡犹进爵书子，君子之所与也。"用的是"进夷狄"说。

解《八佾》"夏礼吾能言之，杞不足征也；殷礼吾能言之，宋不足征也"说："夫子……取《夏时》之等、《坤乾》之义而寓王法于鲁，黜杞、故宋，因周礼而损益之，以治百世也。"解"周监于二代，郁郁乎文哉，吾从周"说："正朔三而改，文质再而复，如循环也，故王者必通三统。周监夏、殷而变殷之质用夏之文，夫子制《春秋》变周之文从殷之质，所谓从周也。"用的是"通三统"说、"王鲁"说。

解《先进》"先进于礼乐野人也，后进于礼乐君子也，如用之，则吾从先进"说："先进，谓先及门，如子路诸人，志在拨乱世者；后进谓子游、公西华诸人，志于致太平者。"用了"张三世"说。

解《子路》"叶公问政，子曰近者悦，远者来"说："《春秋》大一统，必自近者始，此其义也。"用的是"大一统"说。

解《为政》"见义不为，无勇也"说："如孔父义形于色，仇牧不畏强御，皆勇以成义也。"② 则径引《公羊传》之文为例。

---

① 刘逢禄：《刘礼部集》卷2《论语述何篇》，第41页。
② 刘逢禄：《论语述何》，阮元、王先谦等编《清经解》第7册，第446、447、449页。

刘逢禄还曾试图以《公羊》说《礼》，李慈铭说"其学由《春秋》以通三《礼》"[①]。他本有意撰《春秋公羊议礼》，可惜此书未能完成。《刘礼部集》中留有一篇《春秋公羊议礼序》，称："昔者董子有言，《春秋》者礼义之大宗也。盖圣人之教博文约礼，《易·象》《诗》《书》，皆以礼为本。《春秋》常事不书，固非专为言礼，然而变礼则非之，辨是非明治乱，非礼无以正人也。自子游、子思、孟子三贤莫不以《礼》说《春秋》，而圣人所以损益三代以告颜子者，微言大义，博综群经，往往而在，后有王者仪监于兹，所谓循之则治，不循则乱者也。何劭公氏以《周官》为战国之书，其识固已卓矣。至其撰文本质，引权取经，使《春秋》贯于百王之道，粲然明白，岂左邱明氏杂采伯国之制所可同日语哉？今以类纂辑，又引申其所未著，付弟子庄绶澍、潘准前后录成此卷。"[②] 亦可略窥其述作之由。

以他经证《公羊》从庄存与的著作中已经可以寻得端倪。庄存与《春秋正辞》之中，屡屡援引《诗》《书》《易》《礼》《论语》以为佐证，或明引，或暗用，满篇皆是。这必然会给刘逢禄以很大影响。刘逢禄将之发展为以《公羊》统摄群经，自此以后此类著述即如雨后春笋一般不断涌现出来，由此也形成了清代公羊学的一个显著的特点。接绪《论语述何》的著述即有宋翔凤《论语说义》、戴望《戴氏注论语》、刘恭冕《何休注训论语述》、王闿运《论语训》、康有为《论语注》等。其他以公羊义说经的著述还有凌曙的《公羊礼疏》《公羊礼说》，龚自珍《五经大义终始论》《五经大义终始问答》，魏源《书古微》《诗古微》等。

二 向古文经宣战

在扩大今文经学研究的同时，刘逢禄发动了对古文经学的攻击。其对古文经学的宣战是从攻击《左传》开始的。《公羊传》是今文经学的重镇，但自汉后，学者于《春秋》三传之中多尊《左传》而抑《公羊传》，以乾嘉学者之学术倾向更是以为《左传》记事翔实远胜《公羊传》空言

[①] 李慈铭：《越缦堂读书记》，第1105页。
[②] 刘逢禄：《刘礼部集》卷5《春秋公羊议礼序》，第85页。

无据。因此，要树立公羊学汉学正统的形象，进一步复兴公羊学，光在内部整顿提升公羊学是远远不够的，还必须廓清外部阻障，必须打倒《左传》。

在《春秋公羊经何氏释例》中，刘逢禄已经开始了对《左传》的质疑，提出了"刘歆之徒，增饰《左氏》"①的观点。当然，这个时候刘逢禄还没有全盘否定古文经学，至少还承认"《诗》毛氏""《礼》郑氏""有义例可说"，随着学术研究的不断深化和清代公羊学的发展，今古文壁垒才越发森严起来。真正对《左传》展开全面清理，对古文经学全面开火，则是从七年后（1812）著《左氏春秋考证》开始的。《左氏春秋考证》搜罗《左传》本身及《史记》《汉书》《经典释文》等书中的例证，来证明《左传》之伪。刘逢禄说：

> 《左氏春秋》，犹《晏子春秋》《吕氏春秋》也。直称"春秋"，太史公所据旧名也。冒曰《春秋左氏传》，则东汉以后之以讹传讹者矣。②

又据《史记·十二诸侯年表》将《左氏春秋》之成书与《铎氏微》《虞氏春秋》《吕氏春秋》之成书并举，说：

> 《左氏春秋》与《铎氏》《虞氏》《吕氏》并列，则非传《春秋》也。故曰：《左氏春秋》，旧名也；曰《春秋左氏传》，则歆所改也。③

又论《左传》作者说：

> 《论语》之左邱明好恶与圣人同，其亲见夫子，或在夫子前俱不可知。若为《左氏春秋》者，则当时夫子弟子传说已异，且鲁悼已

---

① 刘逢禄著，郑任钊校点：《春秋公羊经何氏释例》卷8《致公例》，第169页。
② 刘逢禄著，顾颉刚校点：《左氏春秋考证》卷上，第1页。
③ 刘逢禄著，顾颉刚校点：《左氏春秋考证》卷下，第46页。

称谥，必非《论语》之左邱，其好恶亦大异圣人，知为失明之邱明。①

刘逢禄认为，世上本没有一本叫《春秋左氏传》的书，其本当称为《左氏春秋》，作者是战国时失明的左丘明，而非与孔子同时、"好恶与圣人同"的左丘明。这部《左氏春秋》，性质与《晏子春秋》《吕氏春秋》相似，乃是诸子之书，并非解经之书，与《春秋》本无关系，是经刘歆等古文家改编附益，"改《左氏》为传《春秋》之书"②，方冒名《春秋左氏传》。东汉以后又以讹传讹，于是《左传》之称通行天下。

《春秋左氏传》与《左氏春秋》看起来只是名称有一些变化，事实上二者差别极大，前者乃传《春秋》之书，是经书，而后者却只是诸子书，这样刘逢禄一下就将《左传》贬出了儒家经典的行列。所谓"以《春秋》归之《春秋》，《左氏》归之《左氏》"，"离之则双美，合之则两伤者"③。刘逢禄还在《左氏春秋考证》找出了许多刘歆"缘饰《左氏春秋》以售其伪"④的地方，认为"凡'书曰'之文，皆歆所增益；或歆以前已有之，则亦徒乱《左氏》文采，义非传《春秋》也"⑤。《左传》不传《春秋》，又经后人窜改，价值显然无法与孔门正传的《公羊传》相提并论。

刘逢禄之刘歆伪造《左传》说影响很大，掀起了一波又一波的证伪浪潮，梁启超说："自刘书出而《左传》真伪成问题，自魏（魏源）书出而《毛诗》真伪成问题，自邵（邵懿辰）书出而《逸礼》真伪成问题。……初时诸家不过各取一书为局部的研究而已，既而寻其系统。……于是将两汉今古文之全案，重提覆勘，则康有为其人也。"⑥自刘逢禄开其端，清代公羊家展开了对古文经的证伪工作，至康有为终于对古文经学进行了全面的清算，几乎所有的古文经都成了刘歆伪造的了。

---

① 刘逢禄著，顾颉刚校点：《左氏春秋考证》卷下，第53页。
② 刘逢禄著，顾颉刚校点：《左氏春秋考证》卷上，第2页。
③ 刘逢禄：《刘礼部集》卷3《申左氏膏肓序》，第61页。
④ 刘逢禄著，顾颉刚校点：《左氏春秋考证》卷上，第2页。
⑤ 同上书，第4页。
⑥ 梁启超：《清代学术概论》22《清代今文学与龚魏》，第76页。

刘逢禄还接过一千多年前何休与郑玄的笔墨官司,针对郑玄的《箴膏肓》《起废疾》《发墨守》,撰写了《箴膏肓评》《发墨守评》《穀梁废疾申何》,对郑玄之说一一作了驳斥。他还指责郑玄"笺毛,箴何,注《易》《书》,多舛驳不可从"①。此外,刘逢禄还把炮火对准了古文经学的重要典籍《周礼》。他说:

  《周官》言春朝、秋觐、夏宗、冬遇,又有时会、殷同、遍存、遍頫、遍省诸礼。诸侯世然后相朝,殷然后相聘,司盟掌盟约之载,岂平世之法与拨乱异耶？然《传》言"古者不盟,唯有会聚朝聘之道",穀梁子亦云"盟诅不及三王"。则《周官》殆战国阴谋渎乱不验之书也。②

《周礼》所载之礼不可信,《周礼》也被他说成是"战国阴谋渎乱不验之书"。在《箴膏肓评》中,刘逢禄还进一步指出:"《周官》《左氏》同出刘歆。"③并批评郑玄"不通《春秋》而信之笃,过矣"④。这样,《周礼》同《左传》一样,都被归为刘歆作伪的产品。像对待《左传》一样,他也多以《周官》来称《周礼》,否认《周礼》的经典性质。非《左传》、贬《周礼》,批刘歆、驳郑玄,刘逢禄大胆地对古文经的真实性提出了质疑,动摇了古文经学在当时的绝对权威。

  清代的今古文之争,并不是汉代学派之争的简单复制。我们前面说过,清代今文经学的重现,是学术发展的内在理路的必然要求。当考据学如日中天的时候,其实也正逐渐孕育着自身的反动力量。刘逢禄因应时代的呼唤,以西汉的今文经学来抗衡当时汉学家们所奉之古文经学,以讲求经世致用的义理之学引领学术走出故纸堆,逐渐推动学术方向的转化。

  乾隆朝后期,清王朝已经是危机隐伏,而彼时的学者却仍旧埋首古

---

① 刘逢禄:《刘礼部集》卷9《跋杜礼部所藏汉石经后》,《续修四库全书》第1501册,第177页。
② 刘逢禄著,郑任钊校点:《春秋公羊经何氏释例》卷7《朝聘会盟例》,第133页。
③ 刘逢禄:《箴膏肓评》,阮元、王先谦等编《清经解》第7册,第443页。
④ 刘逢禄著,郑任钊校点:《春秋公羊经何氏释例》卷7《朝聘会盟例》,第133页。

籍一味地考据训诂，对社会政治毫不关心，对即将到来的社会巨变没有一丝的觉察和思考。古文经学此时已经沦为新思想诞生的羁绊和妨碍社会变革的一种阻力。今文经学更接近孔子的学术源头和可靠的传承谱系使之足以与古文经学相抗衡，而其讲求微言大义的学术旨趣以及通经致用的学术风气，不啻为已经死气沉沉的乾嘉学术带来一股新风，更为站在时代前沿立意革新的学者提供了理论基础。

第 七 章

龚自珍：清代公羊学风的转变

杨向奎先生说："清代从庄存与到陈立这一批公羊学者中，可以称作思想家者当推龚自珍。"① 清代公羊学自庄存与发其端，至嘉道之时已蔚为大观，计有庄存与《春秋正辞》、孔广森《公羊春秋经传通义》、刘逢禄《春秋公羊经何氏释例》、凌曙《春秋公羊礼疏》等公羊学的专门著述相继问世。这些著述，无论醇驳密疏，不外乎总结义例，整理统绪，阐发微言大义，拓展公羊学理论基础。这些公羊学者，所做的基本上还是一个纯学术研究的工作，虽然他们亦推崇通经致用，但明显是通经有余而致用不足。

迨至龚自珍，清代公羊学的风貌骤然为之一变。龚自珍不再专注于学术层面上的公羊学研究，转而致力于援公羊学说抨击时政，倡言变法，真正发挥了公羊学经世致用的学术特点，推动"公羊学理论从书斋走向社会，从论学转向议政"②。清代公羊学自此开始转向，逐步成为社会批判与变法改制的强大武器。公羊学能风靡晚清，成为晚清学术的主流，乃至成为戊戌变法的理论基石，龚自珍功不可没。

第一节 龚自珍公羊学的学术渊源

龚自珍（1792—1841），字璱人，号定盦，又名巩祚，浙江仁和（今杭州市）人。乾隆五十七年生人，道光二十一年因暴疾卒于丹阳，终年

---

① 杨向奎：《清代的今文经学》，《清史论丛》第 1 辑，第 196 页。
② 姜广辉：《清代公羊学案》，《光明日报》（国学版）2008 年 8 月 18 日。

五十岁。

龚自珍出身于官宦世家，祖父龚敬身官至云南迤南兵备道；本生祖父龚禔身，官至内阁中书、军机处行走；父龚丽正官至苏松太兵备道，署江苏按察使，著有《两汉书质疑》《楚辞名物考》等书；叔父龚守正官至礼部尚书；外公则是著名的文字音韵训诂学家段玉裁。龚自珍天资聪慧，幼承家学，由母亲授以诗文。十二岁，从外公段玉裁学习《说文》部目，打下古文字学的基础，进而又学习经学。十四岁"始考古今官制"，十六岁"始读《四库全书提要》，为目录之学"，十七岁"游太学，见石鼓文，大好之，由是始为金石之学"①。十九岁，他应顺天乡试，中式第二十八名副贡生。二十一岁，考充武英殿校录，始为校雠之学。

龚自珍从小在考据学的学术环境里长大，从他的家世和青少年时的学习经历来看，我们几乎很难想象他日后会成为公羊学的健将。他的正常发展方向应该是像父亲那样，不断仕进，在闲暇之余钻研一下考据功夫；即使仕途不顺，也应该像外祖父那样，沿着乾嘉汉学的路子，在文字训诂上卓有成就。

龚自珍学术路径的改变，一般认为是他二十八岁时遇到刘逢禄以后的事情。嘉庆二十四年（1819）龚自珍应恩科会试不第，留在京师"就刘申受问公羊家言"②。此后，弃绝考据训诂之学，依托公羊义理讲求经世之务、倡言变革，成为龚自珍治学之特色。然而，这种学术路径的改变应该不是一蹴而就的。一个人的思想的转变或形成，是需要有一个过程的。很难想象，仅凭刘逢禄一番"高言大句"③ 就能让龚自珍抛弃二十余年之所学，更何况他还是一个思想深邃、富有独立思考精神的人。龚自珍在接受刘逢禄传授公羊学之前，应该对公羊学有了一定的认识，应该形成了一个与刘逢禄相近的学术取向。

龚自珍虽然自幼打下了深厚的文字学、考据学的功底，但很早就表现出了不同的志趣。据载，龚自珍年少时即酷爱王安石《上仁宗皇帝

---

① 吴昌绶编：《定盦先生年谱》，龚自珍《龚自珍全集》第11辑，第595页。
② 龚自珍：《龚自珍全集》第9辑《杂诗，己卯自春徂夏，在京师作，得十有四首》自注，第441页。
③ 龚自珍赞刘逢禄语，出《龚自珍全集》第9辑《杂诗，己卯自春徂夏，在京师作，得十有四首》，第441页。

书》,"手录凡九通,慨然有经世之志"①。随父居京城十余年,龚自珍目睹官场的黑暗,士人风气的败坏,敏锐地感觉到了庞大帝国的迅速衰落。刚刚步入青年的龚自珍,豪迈地写下了"屠狗功名,雕龙文卷,岂是平生意"②的诗句,表明了经世治国的抱负。二十二岁时,龚自珍写出了惊世骇俗的《明良论》四篇,批判了君主专制,揭露了官员之庸懒、朝政之腐败、用人之限才、法制之坏烂等现实,喊出了"更法"的主张。接着他又写了《尊隐》《平均篇》《乙丙之际箸议》等文,对社会的各个方面进行了深刻的批判,指出当时已经处于"衰世","乱亦竟不远矣"③。

段玉裁晚年的思想转变,对青年龚自珍也当有很大的影响。段玉裁晚年回顾自己的一生说:"少壮之时,好习词章,生耗岁月,……归里而后,人事纷糅,所读之书,又喜言训诂考核,寻其枝叶,略其根本,老大无成,追悔已晚。"④ 又说:"今日大病,在弃洛、闽、关中之学不讲,谓之庸腐,而立身苟简,气节败,政事芜。天下皆君子而无真君子,未必非表率之过也。故专言汉学,不治宋学,乃真人心世道之忧。而况所谓汉学者,如同画饼乎!"⑤ 段玉裁晚年认为自己一生的学术忽视义理,脱离现实,是舍本逐末。因此他并不希望龚自珍走自己的路,他谆谆教导龚自珍"勿读无用之书,勿作无用之文","努力为名儒,为名臣,勿愿为名士"⑥。他期望龚自珍能锐意经史,经世致用,成为邦国栋梁之材。后来,当段玉裁读到龚自珍针砭时弊的《明良论》时,大为欣慰:"四论皆古方也,而中今病,岂必别制一新方哉?耄(耄)矣,犹见此才而死,吾不恨矣!"⑦

我们不难发现,龚自珍这个时期的作品已经有了一些公羊学的痕迹。

---

① 张祖廉编:《定盦先生年谱外纪》,龚自珍《龚自珍全集》第 11 辑,第 633 页。
② 龚自珍:《龚自珍全集》第 11 辑《怀人馆词选·湘月》,第 564 页。
③ 龚自珍:《龚自珍全集》第 1 辑《乙丙之际箸议第九》,第 7 页。
④ 段玉裁撰,钟敬华校点:《经韵楼集》卷 8《博陵尹师所赐朱子小学恭跋》,上海古籍出版社 2008 年版,第 193 页。
⑤ 陈寿祺:《左海文集》卷 4《附懋堂先生书三通》,《续修四库全书》第 1496 册,第 158 页。
⑥ 段玉裁撰,钟敬华校点:《经韵楼集》卷 9《与外孙龚自珍札》,第 222 页。
⑦ 龚自珍:《龚自珍全集》第 1 辑《明良论四》自注,第 36 页。

最明显的莫过于《乙丙之际箸议第九》里借助公羊"三世"说的一段阐述：

> 吾闻深于《春秋》者，其论史也，曰：书契以降，世有三等，三等之世，皆观其才。才之差，治世为一等，乱世为一等，衰世别为一等。①

有不少人对这段文字是否来自公羊学有疑义。其实龚自珍已经清楚交代了这是以《春秋》论史，这样的"三世"说虽然并非公羊"三世"说的原版，但它脱胎于公羊"三世"说是毋庸置疑的。此时的龚自珍尚不是公羊学家，他只是接触到一些公羊学的理论后，产生了一定的兴趣，在论述时进行一些表层的运用。

青少年时期的龚自珍，接触公羊学的机会还是很多的。《己亥杂诗》中龚自珍有一自注曰："先祖匏伯公（龚敬身）批校《汉书》，家藏凡六七通，又有手抄本。"② 我们注意到，龚自珍的父亲龚丽正亦著有《两汉书质疑》。可见，《汉书》之学乃龚自珍之家学，父祖于是皆有专门之学。熟读两汉书，尤其是《汉书》，必是龚自珍的重要课业。据龚自珍自叙，他曾连续三年在除夕夜通宵达旦地读《汉书》③，足见其对《汉书》的钟情。《己亥杂诗》自注中还提道："为《汉书补注》不成，读《汉书》，随笔得四百事。"④ 因此，龚自珍无疑对两汉史实、两汉经学谙熟于胸。两汉书中不乏有关公羊学的理论及相关的人与事，尤其是《汉书·董仲舒传》所载的董仲舒"天人三策"原文及所反映的董仲舒的公羊学思想，对同样心存"更化"之念的龚自珍应该有相当大的触动。《明良论一》中就有引用"天人三策"的文字。⑤ 我们由此也可以推论，两汉书中有关公

---

① 龚自珍：《龚自珍全集》第1辑《乙丙之际箸议第九》，第7页。
② 龚自珍：《龚自珍全集》第10辑《己亥杂诗》，第516页。
③ 龚自珍《乙酉腊，见红梅一支，思亲而作，时小客昆山》自注："丙子至戊寅三除夕，……读《汉书》竟夜。"见《龚自珍全集》第9辑，第471页。
④ 龚自珍：《龚自珍全集》第10辑《己亥杂诗》，第515—516页。
⑤ 《明良论一》："内外官吏皆忘其身家以相为谋，则君民上下之交，何事不成？何废不举？汉臣董仲舒曰'被润泽而大丰美'者，此也。"即引《汉书·董仲舒传》。见《龚自珍全集》第1辑，第30页。

羊学的史料可能就是龚自珍最初的公羊学知识的源头。

龚自珍真正皈依公羊学，得列常州学派门墙，是嘉庆二十四年从学刘逢禄以后的事情。但此前，龚自珍即与常州诸子有了很多接触和交往。龚自珍有诗《常州高材篇，送丁若士》，叙述了与常州学者的交往以及对常州学风的认识。其诗曰：

> 丁君行矣龚子忽有感，听我掷笔歌常州。天下名士有部落，东南无与常匹俦！我生乾隆五十七，晚矣不及瞻前修。外公门下宾客盛，始见臧（在东）顾（子述）来裒裒。奇才我识恽伯子，绝学我识孙季逑。最后乃识掌故赵（味辛），献以十诗赵毕酬。三君折节遇我厚，我益喜逐常人游。乾嘉辈行能悉属数，数其派别征其尤：易家人人本虞氏，毖纬户户知何休；声音文字各窔奥，大抵钟鼎工冥搜；学徒不屑谈贾孔，文体不甚宗韩欧。……常人倘欲问常故，异时就我来咨诹：勿数耆耋数平辈，蔓及洪（孟慈）管（孝逸）庄（卿珊）张（翰风）周（伯恬）；其余鼎鼎八九子，奇人一董（方立）先即邱；所恨不识李夫子（申耆），南望夜夜穿双眸，曾因陆子（祁生）屡通讯，神交何异双绸缪？识丁君乃二十载，下上角逐忘春秋。丁君行矣龚子忽有感，一官投老谁能留？珠联璧合有时有，一散人海如凫鸥。噫！才人学人一散人海如凫鸥，明日独访城中刘（申受丈）。①

诗中所涉常州学者，除了刘逢禄，还有丁履恒、臧庸、顾明、恽敬、孙星衍、赵怀玉、洪饴孙、管绳莱、庄绶甲、张琦、周仪暐、董佑诚、李兆洛、陆继辂等人。这里的很多人，都是在刘逢禄之前与龚自珍结识的，如臧庸、顾明早在龚自珍十二岁时就认识他了，丁履恒是在龚自珍十七岁时认识他的。② 这些学者大多与庄氏家族及刘逢禄、宋翔凤交好，往来甚密。尤其丁履恒、恽敬、洪饴孙、庄绶甲、张琦、周仪暐、李兆洛、陆继辂等人与刘逢禄都是爱日草堂之会的成员，世称"草堂诸

---

① 龚自珍：《龚自珍全集》第9辑《常州高材篇，送丁若士》，第494—495页。
② 据樊克政《龚自珍年谱考略》，商务印书馆2004年版，第54页。

子",他们早年经常相聚一起,砥砺德行,切磋学问,"以经世之精神,治经世之学,旁贯公羊、古文、诗余而一之"①。与这些学者的交往,使龚自珍早早融入了常州学人的学术交流圈,从他们那里了解了常州学派的学术理念和治学路径,他们的经世之学也必然会对龚自珍产生影响。

这里最值得注意的是龚自珍与丁履恒的交往。龚自珍早在十七岁时[嘉庆十三年(1808)]就结识了丁履恒,那篇《常州高材篇,送丁若士》即是道光七年(1827)丁履恒赴山东肥城知县任前,龚自珍为道别所作,诗中说"识丁君乃二十载,下上角逐忘春秋",足见二人交往之深。丁履恒(1770—1832),字若士,一字道久,号东心,嘉庆辛酉拔贡,是庄存与的孙女婿,曾在庄家教授弟子,刘逢禄、宋翔凤以及庄绶甲等均曾受业于他,庄绶甲对他"终身执弟子礼甚恭"②。他"于诸经尤深于《春秋》"③,著《春秋公羊例》④。李兆洛说:"兆洛自交若士、申受(刘逢禄)两君,获知庄氏之学","若士、申受所著《公羊》之说,多本宗伯(庄存与)"⑤。可见,丁履恒确为庄氏之学的核心人物,其专长亦在公羊之学。丁履恒长龚自珍二十余岁,实为龚自珍的师辈,在刘逢禄授龚自珍公羊学之前,丁履恒对龚自珍认识并逐渐接受公羊学应该发挥了不少的作用。

其次,龚自珍与庄绶甲的交往也值得注意。庄绶甲(1774—1828)是庄存与之孙,字卿珊(或作卿山)。他深得父祖之学,"尽通方耕(庄

---

① 陆宝千:《爱日草堂诸子——常州学派之萌坼》,《中研院近代史研究所集刊》第16期(1987年)。

② 李兆洛:《养一斋文集》卷14《附监生考取州吏目庄君行状》,《续修四库全书》第1495册,第236页。

③ 张际亮:《张亨甫文集》卷4《丁若士先生墓志铭》,《清代诗文集汇编》第601册,上海古籍出版社2010年版,第455页。

④ 此书今不见存。丁履恒之孙丁绍基曾说:"先大父……于诸经中尤深于春秋公羊学,创著《释例》,未及卒业,会刘申受先生亦治《公羊》,遂以藁本相属。"(丁绍基《思贤阁文集跋》,丁履恒《思贤阁文集》卷首,咸丰四年(1854)武进丁氏活字印本)可能刘逢禄《春秋公羊经何氏释例》对丁履恒的成果有所吸收。

⑤ 李兆洛:《养一斋文集》卷3《庄珍艺先生遗书序》,《续修四库全书》第1495册,第33—34页。

存与)《公羊春秋》《毛诗》《周官》之学"①。嘉庆二十二年（1817），庄绶甲被龚丽正招至上海，成为龚自珍的家庭教师。② 作为家庭教师，庄绶甲有机会向龚自珍输送庄氏之学。龚自珍比较全面地了解庄存与的学术与思想，即应是源自庄绶甲的介绍。嘉庆二十三年，庄绶甲曾向龚自珍详细介绍了庄存与的"事行之美"，并请龚自珍作碑文，这也就是龚自珍后来撰写《资政大夫礼部侍郎武进庄公神道碑铭》的缘由。③ 龚自珍与庄绶甲长期保持着半师半友的关系，龚自珍的诗文之中屡见庄绶甲的身影。庄绶甲对龚自珍也很关心，在看了《乙丙之际箸议》后，就劝龚自珍删除那些犯忌讳的激愤之言，这也就是龚自珍诗中所说的"常州庄四能怜我，劝我狂删乙丙书"④。我们可以想见，庄绶甲在龚自珍公羊学思想的形成过程中必然有比较大的影响。

考察龚自珍在二十八岁之前的公羊学渊源，并不是要弱化刘逢禄对龚自珍的影响。龚自珍最终能走上公羊学的道路，刘逢禄的作用无可替代。

嘉道年间，清王朝日显衰落，朝政不举，民变迭生，内忧外患日亟。龚自珍目睹世危，急切地渴望振新除弊，寻找救世良方。龚自珍见到刘逢禄后，有一种迷航的船只终于找到方向的兴奋感。他赋诗说："昨日相逢刘礼部，高言大句快无加。从君烧尽虫鱼学，甘作东京卖饼家。"⑤ 表达了对刘逢禄的仰慕之情，抒发了不屑烦琐考证的"虫鱼学"，而愿追随刘逢禄，从事公羊经世之学的志向。此前龚自珍所涉之公羊学，无论来自《汉书》或常州诸子，终归肤浅。而刘逢禄数十年专心研究公羊学，

---

① 支伟成：《清代朴学大师列传》，第260页。
② 庄绶甲《拾遗补艺斋诗抄·题沪城秋兴图》小序："丁丑秋，为龚闇斋观察招致上海。"按丁丑即嘉庆二十二年。见《清代诗文集汇编》第512册，第426页。
③ 龚自珍《资政大夫礼部侍郎武进庄公神道碑铭》自记："嘉庆戊寅，庄君绶甲馆予家，一夕，为予言其祖事行之美，且曰碑文未具。是夕，绶甲梦见公者再，若有所托状。明日，绶甲以为请。越己卯之京师，识公之外孙宋翔凤，翔凤则为予推测公志如此。越壬午岁不尽三日，始屏弃人事，总群言而删举此大者以报。"按戊寅即嘉庆二十三年。见《龚自珍全集》第2辑，第143页。
④ 龚自珍：《龚自珍全集》第9辑《杂诗，己卯自春徂夏，在京师作，得十有四首》，第441页。
⑤ 同上。"卖饼家"指公羊家，典出《三国志·魏书·裴潜传》："司隶锺繇不好《公羊》而好《左氏》，谓《左氏》为太官，而谓《公羊》为卖饼家。"

写下《春秋公羊经何氏释例》一书，归纳公羊义例，总结公羊命题，建立起自己的公羊学理论体系，是当世第一号的公羊学专家，绝非丁履恒、庄绶甲甚至庄存与所能及。龚自珍从学刘逢禄，方真正迈入公羊学的大门，得以系统研究公羊学的微言大义。

道光十九年己亥（1839），四十八岁的龚自珍辞官离京，"不携眷属僚从，以一车自载，一车载文集百卷以行，夷然傲然"①，踏上了南归回乡之途。途中，龚自珍写出了大型组诗《己亥杂诗》三百一十五首，对自己的一生有许多回顾和总结，其中一首言道：

端门受命有云礽，一脉微言我敬承。
宿草敢祧刘礼部，东南绝学在毘陵。

"端门受命"即指何休《解诂》哀公十四年"得麟之后，天下血书鲁端门"之言。毘陵，即常州古称，庄存与、刘逢禄的故乡，清代公羊学的发祥地。此诗后有龚自珍自注："年二十有八，始从武进刘申受受《公羊春秋》。近岁成《春秋决事比》六卷，刘先生卒十年矣。"② 这首诗充分反映了龚自珍以远绍何休、近接刘逢禄为己任，发扬公羊学微言大义的学术追求。

龚自珍一生的学术，由乾嘉考据之学转向公羊经世之学。嘉道之后，整个中国学术大势也经历了这样一个变迁的过程，而这一变迁却又正是由龚自珍首开风气。

第二节　走出书斋的公羊学

历代公羊学者，他们当初为什么会选择公羊学作为治学的目标，我们很多时候是不太清楚的。而龚自珍选择公羊学，显然有着明确的政治目的。

---

① 吴昌绶编：《定盦先生年谱》，龚自珍《龚自珍全集》第 11 辑，第 622 页。
② 龚自珍：《龚自珍全集》第 10 辑《己亥杂诗》，第 514 页。

一　强烈的"功利性"

龚自珍胸怀远大的政治抱负，他一直渴望能有经世济民、安邦定国的机会。他积极投身科举，固然是因为这是清代读书人的唯一正途，但更是为了借此进入国家权力的核心，实现其政治理想。他曾一次抱着两千篇功令文习作去向人求教，① 足见平常备考用功之勤。道光三年（1823），因叔父龚守正任会试同考官，龚自珍照例回避，不能参加会试，其母段驯还专门写诗，以"会见天街汝遍看"② 来劝慰他，可见他登第的急迫。龚自珍中进士以后，朝考《安边定远疏》，他最早交卷出场，友人恭维他"定大魁"，他却嗤鼻说："看伊家国运何如。"③ 自己能否夺魁，是事关清王朝国运的事情，龚自珍此言足可说明其参加科举考试的主要目的远不止功名利禄而已，亦可见其抱负之伟、自视之高。

龚自珍虽然自视很高，但他这条科举入仕之路却走得颇为坎坷。从嘉庆十五年（1810）他十九岁首次参加乡试，到嘉庆二十三年（1818）二十七岁才中举人。此后，嘉庆二十四年、二十五年，道光二年、六年四次应会试，四次落第，直到道光九年（1829）年三十八岁才中进士，前后共经历了十九年的时间。当他终于感到有机会可以一展身手的时候，朝考的结果却是楷法不及格，不得入翰林院。不入翰林，这也就基本上阻塞了龚自珍进入权力核心的可能，断绝了他成为"名臣"的希望。

嘉庆二十五年（1820），龚自珍第二次参加会试不售以后，捐职内阁中书，正式步入仕途。由于他性格爽直，"举动不依恒格"④，又喜高言阔谈，常触时忌，被时人目为"狂生"，二十余年之中，只做过宗人府主事、礼部主事等六、七品的小官，始终官微俸薄，壮志难酬。但这并没

---

①　《己亥杂诗》有注："抱功令文二千篇，见归安姚先生学塽。"见《龚自珍全集》第10辑，第514页。

②　段驯：《珍儿不予会试，试以慰之》，见《金坛段女史龚太夫人遗诗、仁和龚女史朱太夫人遗诗》。转引自王洪军《段驯龚自璋抄本诗集考》，《文献》1998年第2期。按王洪军定此诗作于道光元年，樊克政《龚自珍年谱考略》定于道光三年，从樊说。

③　魏季子：《羽琌山民逸事》，邓实、缪荃孙编《古学汇刊》第1集第13册，上海国粹学报社1912年印行，第15页。

④　《清史稿》卷486《文苑三》，第13428页。

有消磨他匡时济世的宏大志向。没有机会临民一试的龚自珍,把满腔的热情都铺在了对"更新""改革"的呼唤上。他念念不忘仿古方以救今日之病,高呼"一祖之法无不敝,千夫之议无不靡,与其赠来者以改革,孰若自改革"①,"自古及今,法无不改,势无不积,事例无不变迁,风气无不移易"②。

身居冷署闲曹的龚自珍经常撰文针砭时弊,不断上书官长以求变革。嘉庆二十五年有《西域置行省议》与《东南罢番舶议》,对西北边防及东南海防提出设想。道光九年,有《上大学士书》,提出对内阁改革的建议。道光十二年有《当世急务八条》。道光十八年有《上礼部堂上官书》,论"四司政体宜沿宜革者三千言"③。龚自珍的这些建议都没有被当权者采纳,但他的文章和建言逐渐在社会上产生了影响,推动了整个社会风气的转变。

"龚子渊渊夜思,思所以撢简经术,通古近,定民生。"④ 在一个经典作为国家最高指导原则的社会里,任何变革都必须从经典中寻求依据。从刘逢禄那里感悟到了公羊学的真谛以后,龚自珍发现,倡导"变易""改制"的公羊学正是自己最佳的选择。

龚自珍治公羊学,有着相当强烈的"功利性"。他并没有像前辈公羊学者那样,做一个梳理公羊学义例的工作,他也没有做一个建立自己公羊学理论体系的工作,也没有集中精力写出一本大部头的经学著作。很多友人都曾劝龚自珍"写定《易》《书》《诗》《春秋》",他却说"有事天地东西南北之学,未暇也"⑤。在他心目中,经世之学才是第一要务,纯学术的研究工作虽然有心做,却也只能先放一边。

梁启超说龚自珍"往往引《公羊》义讥切时政,抵排专制"⑥,一些学者质疑梁启超夸大其词。其实,龚自珍对公羊大义的发挥,除了《春秋决事比》和《五经大义终始论》《五经大义终始答问》之外,都是随

---

① 龚自珍:《龚自珍全集》第1辑《乙丙之际箸议第七》,第6页。
② 龚自珍:《龚自珍全集》第5辑《上大学士书》,第319页。
③ 龚自珍:《龚自珍全集》第10辑《己亥杂诗》自注,第513页。
④ 龚自珍:《龚自珍全集》第1辑《农宗》,第49页。
⑤ 龚自珍:《龚自珍全集》第1辑《古史钩沉论三》,第25页。
⑥ 梁启超:《清代学术概论》22《清代今文学与龚魏》,第75页。

事而发，散布在其各种文章和建言上书之中，用一句龚自珍自己的话就是"不察之，寂若无；深察之，无物不在"①。如：

> 三王之道若循环，圣者因其所生据之世而有作。……不以文家废质家，不用质家废文家，长悌其序，胪以听命，谓之存三统之律令。②
> 首满洲，尊王也。胪十八行省，大一统也。终流求、高丽、蒙古、喀尔喀，示王者无外也。③
> 易世而升平矣，又易世而太平矣。④
> 百年以外，十二三缺勿具，愈近愈详。自珍受而读焉，以为《春秋》恩曾祖杀，恩王父加详，恩父加详，颇中《春秋》例也。⑤

他甚至在会试试文中也用公羊义：

> 王者奉三政，存三统，与己而三，过三非所考也。⑥

上述诸例，都不是专门对公羊大义进行的阐发，而是在议论或叙述他事时，借公羊学说以佐之。这即是龚自珍公羊学的最大特色。

在龚自珍的诸多著作中，唯有《春秋决事比》和《五经大义终始论》《五经大义终始答问》可算是有关公羊学的专门著作。但是，就是这些专门著作，也很难说有什么理论体系在里边。

二 《春秋决事比》

我们先来看《春秋决事比》。《春秋决事比》大概作于道光十八年

---

① 龚自珍：《龚自珍全集》第3辑《春秋决事比自序》，第234页。按此语原出董仲舒《春秋繁露·精华》："弗能察，寂若无；能察之，无物不在。"
② 龚自珍：《龚自珍全集》第3辑《江子屏所著书序》，第193—194页。
③ 龚自珍：《龚自珍全集》第5辑《拟上今方言表》，第308页。
④ 龚自珍：《龚自珍全集》第1辑《古史钩沉论四》，第27页。
⑤ 龚自珍：《龚自珍全集》第3辑《礼部题名记序》，第189页。
⑥ 龚自珍：《欲速则不达，见小利则大事不成》，见《龚自珍全集》第11辑《定盦先生年谱》，第617页。

（1838）左右①，时龚自珍四十七岁，是其思想最为成熟的时期。该书是龚自珍公羊学最重要的著作，也是他阐述公羊大义最为集中的地方，只可惜未能传世。好在还有一篇《春秋决事比自序》、五篇《春秋决事比答问》以及目录保留了下来，使我们得以一窥该书大略。

龚自珍明言该书是一部仿照董仲舒《春秋决狱》而作的著述，说"效董氏例，张后世事以设问之"。《春秋决狱》早已亡佚，所以他在《春秋决事比自序》中又说自己"每一事竟，忾然曰：'假令董仲舒书完具，合乎？否乎？'为之垂三年，数驳之，六七绅绎之"②。其实就是在标榜自己是以董仲舒之说为基准的。董仲舒曾"三年不窥园"，龚自珍亦"为之垂三年"，在说明用力之深的同时，也不由得给人们一种联想。

《春秋决事比》是否能与《春秋决狱》契合，实际上龚自珍本人也并不清楚。不过，该书与刘逢禄的关系倒是毋庸置疑的。刘逢禄在《春秋公羊经何氏释例》曾专列有一章《律意轻重例》，也是意在探讨《春秋》律例，且按语中多次以"若今"等字样将时事与《公羊》及何休注相比附。但刘逢禄未能展开叙述，而且这些"若今"之语，只见于该书道光八年养一斋校刊本，而他本均不见，可能因惧文祸而删。这也从一个侧面反映出，当时虽然文网渐松，但学者还是有诸多顾虑。而龚自珍向来是无所畏惧的，诗文之中语多放肆，朋友都为之担心，他自己却不以为意。刘逢禄所不敢发、所未及发的，皆由龚自珍来完成。龚自珍在《春秋决事比自序》中说："其本之礼部主事武进刘君者凡七事，大书'刘礼部曰'别之，如公羊子称沈子、女子、北宫子曰故事。"③ 在《春秋决事比答问》中又说："闻之刘礼部矣。""予说此事，与刘礼部异。"④ 都可显现该书对刘逢禄的继承与发展。

《春秋决事比》，光从名称，我们就可以得知该书是与"事"紧密联系的。从现存的材料看，《春秋决事比》除《自序》外，共分《君道篇》《君守篇》《臣守篇》《不应重律篇》《不应轻律篇》《不定律篇》《不屑

---

① 龚自珍《己亥杂诗》有注："近岁成《春秋决事比》六卷，刘先生卒十年矣。"按：刘逢禄卒于道光九年（1829），十年后即道光十八年（1838）。
② 龚自珍：《龚自珍全集》第3辑《春秋决事比自序》，第234页。
③ 同上。
④ 龚自珍：《龚自珍全集》第1辑《春秋决事比答问第五》，第63、64页。

教律篇》《律目篇》《律细目篇》《人伦之变篇》等十篇，每篇下引经传若干事，后五篇另附答问若干事。① 大概就是以《春秋》及《公羊传》《左传》② 所记载的史事，归纳出《春秋》之律，并以断狱之辞评判史事，再结合史事与时事，设事解析，或证"今律"合于《春秋》，或曰"今律"违戾《春秋》。《春秋决事比答问》中给我们提供了一些大概的例子：

> 乙问：今律，一人犯数罪，以重者科之，中《春秋》某律？答：庄十年，公侵宋，公羊子曰："战不言伐，围不言战，入不言围，灭不言入，书其重者也。"
>
> 丙问：今律，赃未入手减等，《春秋》如是乎？答：《春秋》律不如是。宣元年，齐人取济西田，公羊子曰："何以书？赂齐也，为弑子赤之赂也。"何休曰："时邑未之齐。"坐者，犹律行言许受赂。③

又如："凡臣民不得仇天子，得仇天子之臣；不得仇天子执法之大臣，得仇天子之潜臣，齐襄公是也。故比之曰：今世设有三法司枉挠人命，视此文。"④ 则将矛头指向了司法制度。这么看来，《春秋决事比》似乎是一部探讨法制的书。龚自珍在《春秋决事比答问第四》中，提到《律细目篇》之作，也说是"欲令今之知律者有所溯也"，又说"今律与《春秋》小龃龉，则思救正之矣，又吾所以作"⑤。好像就是为了探明今律之源和救正今律之偏。而实际上，这些只不过是一个表象而已。

西汉之时，法制未备，很多疑难案件都出乎法条之外，儒家思想对法律的渗透也并不深，是时《春秋》决狱盛行，所以董仲舒作《春秋决狱》是有其现实意义的。随着法律的日趋完善和儒家思想在法律中不断

---

① 据龚自珍《龚自珍全集》第3辑《春秋决事比自序》所附《春秋春秋决事比目录》，第234页。
② 《春秋决事比自序》中说"求事实，间采左氏"（《龚自珍全集》第3辑，第234页），可见《目录》中每篇"引经传"若干事，其中的"传"是包含《左传》的。
③ 龚自珍：《龚自珍全集》第1辑《春秋决事比答问第四》，第61页。
④ 龚自珍：《龚自珍全集》第1辑《春秋决事比答问第五》，第63—54页。
⑤ 龚自珍：《龚自珍全集》第1辑《春秋决事比答问第四》，第61页。

得到贯彻，《春秋》决狱逐渐式微，唐宋以后基本不复见。至清代，律法严密，光《大清律例》就收有判例上千条，以经义决狱已经完全没有必要。因此，龚自珍作《春秋决事比》，其真正目的绝对不在"律令"本身，而完全是借《春秋》对"今律"的指导，强调《春秋》对现实世界的指导意义。龚自珍在《自序》中也已经道出了这一点：

> 《春秋》之治狱也，趋作法也，罪主人也，南面听百王也，万世之刑书也。决万世之事，岂为一人一事？是故实不予而文予者有之矣，岂赏一人？借劝后世曰：中律令者如是！实予而文不予者有之矣，岂诛一人？借诫后世曰：不中律令者如是！呜呼！民生地上，情伪相万万，世变徙相万万，世变名实徙相万万，《春秋》文成才数万，指才数千，以秦、汉后事，切劀《春秋》，有专条者十一二，无专条者十八九，又皆微文比较，出没隐显，互相损益之辞。公羊氏所谓主人习其读，问其传，未知已之有罪者也。斯时通古今者起，以世运如是其殊科，王与霸如是其殊统；考之孤文只义之仅存，而得之乎出没隐显之间；由是又欲竟其用，径援其文以大救裨当世，悉中窾理。竹帛烂，师友断，疑信半，为立德、适道、达权之君子，若此其难也。①

龚自珍这里把《春秋》定义为"万世之刑书"，后世之事与人皆在《春秋》法的赏罚之下，这无疑是沿着汉儒"《春秋》为后世立法"之论而说的。但《春秋》毕竟文字有限，不可能涵盖后世的万事万物，又如何可以指导后世呢？龚自珍认为，这都要归功于公羊先师，他们在"竹帛烂，师友断，疑信半"的艰难环境之下，考订文字，挖掘《春秋》的微言大义，进而"径援其文以大救裨当世"，将《春秋》大义应用于现实，且这种发挥并非穿凿附会，而都是切合《春秋》大义的。龚自珍的这段话，实际上就是要说明《春秋决事比》为何而作——他要学公羊先师，以《春秋》"救裨当世"，以经义解决当前的问题。

也正是基于这种目的，龚自珍对于历代公羊学者非常重视的书法、

---

① 龚自珍：《龚自珍全集》第3辑《春秋决事比自序》，第233页。

义例皆不关心，将它们都抛在了一边，而一心只注重阐发那些他眼中值得深究的"微言"。他在《自序》中称：

> 自珍既治《春秋》，魌理罅隙，凡书弑，书篡，书叛，书专命，书僭，书灭人国、火攻诈战，书伐人丧、短丧、丧图婚，书忘仇，书游观伤财，书罕，书亟，书变始之类，文直义简，不俟推求而明，不深论。乃独好刺取其微者，稍稍迂回赘词说者，大迂回者。①

越"迂回"的微言自然诠释空间就越大，就越有利于创造性地发挥，越有利于活用到当前的政治现实中来。接下来他又说：

> 凡建五始、张三世、存三统、异内外、当兴王，及别月日时，区名字氏，纯用公羊氏；求事实，间采左氏；求杂论断，间采穀梁氏，下采汉师，总得一百二十事。②

很明显，龚自珍抓住的恰恰就是公羊学中最具政治意义的理论，也是公羊学最独特、最核心的理论。"经史之言，譬方书也，施诸后世之孰缓、孰亟，譬用药也。"③ 对龚自珍来说，救时孔亟，他开出的药方就是对百病缠身的政治制度进行变革，因此宣扬"变易"和"改制"的"张三世""存三统""异内外"等理论无疑就是施诸后世之亟者。这里，龚自珍也很清晰地交代他对《春秋》三传的取舍，大义纯用《公羊传》，虽然对《左传》和《穀梁传》亦有所取，但只是"求事实"和"求杂论断"时"间采"而已，是根本无法与《公羊传》同日而语的。

《春秋决事比自序》里还有一句话，非常重要。龚自珍在说完"为之垂三年，数驳之，六七绅绎之"后，又说"七十子大义，何邵公所谓非常异义可怪，恻恻乎权之肺肝而皆平也"④。这说明龚自珍花费大量精力，

---

① 龚自珍：《龚自珍全集》第3辑《春秋决事比自序》，第233—234页。
② 同上书，第234页。
③ 龚自珍：《龚自珍全集》第1辑《对策》，第117页。
④ 龚自珍：《龚自珍全集》第3辑《春秋决事比自序》，第234页。

对公羊学的义理做了一个平实化的工作。我们知道，公羊学素有所谓"非常异义可怪之论"，如"张三世""通三统""异内外"等都是很独特的理论，更有"亲周、故宋、以《春秋》当新王""王鲁"灾异说等极为怪诞的理论，被后世目为荒诞无稽，备受诟病。龚自珍治《公羊》，援《公羊》以救时弊，必须要大力加强社会对公羊学理论的接受度，在利用这些特殊理论的同时，还必须消减这些理论的怪诞色彩。

由于《春秋决事比》的大部分未能留传下来，我们无法得知龚自珍到底做了哪些工作。但在《自序》《答问》及其他作品中，我们还是能找到一些痕迹。如《自序》中说："凡建五始、张三世、存三统、异内外、当兴王，及别月日时，区名字氏，纯用公羊氏。"① 《春秋决事比答问第一》中说："《春秋》当兴王，假立是吏而作。"② 我们发现，龚自珍把公羊家惯常所说的"《春秋》当新王"改作了"《春秋》当兴王"。其实不只在上述两个地方，在现在所可以见到的龚自珍的著作和文章中，龚自珍用的全部都是"当兴王"，而没有一处使用"当新王"。如：

《礼运》之文，以上古为据乱而作，以中古为升平，若《春秋》之当兴王，首尾才二百四十年，何以具三世？③

《元命苞》尤数与董仲舒、何休相出入。凡张三世，存三统，新周、故宋、以《春秋》当兴王，而托王于鲁，诸大义往往而在。④

又有以孔子当兴王：

不有前事，圣将安托？夫以孔子为海，而先贤、先师则河也；以孔子当兴王，而先贤、先师则二王也。⑤

"以《春秋》当新王"是公羊学一个很重要的命题，龚自珍将之一律

---

① 龚自珍：《龚自珍全集》第3辑《春秋决事比自序》，第234页。
② 龚自珍：《龚自珍全集》第1辑《春秋决事比答问第一》，第56页。
③ 龚自珍：《龚自珍全集》第1辑《五经大义终始答问八》，第48页。
④ 龚自珍：《龚自珍全集》第3辑《最录春秋元命苞遗文》，第250—251页。
⑤ 龚自珍：《龚自珍全集》第1辑《祀典杂议五首》，第103页。

改成了"以《春秋》当兴王",这绝非一时笔误或随意而为,应当是深有用意的。

董仲舒说:"《春秋》作新王之事,变周之制,当正黑统,……故曰绌夏,存周,以《春秋》当新王。"① 何休说"孔子以《春秋》当新王,上黜杞,下新周而故宋,……示周不复兴","惟王者然后改元立号,《春秋》托新王受命于鲁"②。刘逢禄说:"王鲁者,即所谓'以《春秋》当新王'也。夫子受命制作,以为托诸空言不如行事博深切明,故引史记而加乎王心焉。孟子曰:'《春秋》,天子之事也。'夫制新王之法以俟后圣,何以必乎鲁?曰:因鲁史之文,避制作之僭。祖之所逮闻,惟鲁为近。"③ 可见,公羊家所说的"以《春秋》当新王",其表层含义就是指《春秋》为继周而兴的新王,受命改制;深层含义则是孔子于《春秋》之中寄寓其政治观念和社会理想,为后世立法。前者只是借以表达的一种形式,后者才是实质所在,但不了解公羊学的人,往往为外在的表达形式误导,责其乖舛。的确,《春秋》只是一部书,如何代周做"新王"?从历史上看,《春秋》也好,孔子也好,又何尝做过王?公羊家往往要花大量的工夫去解释这个问题。

不仅如此,在汉代,"以《春秋》当新王"的说法的确是有很强感染力的。按汉儒的解释,暴秦国祚甚短,不得继周,所以继周的就是汉,这样《春秋》继周而作的新王之制,就是"为汉立法"。而随着时间的推移,朝代的递嬗,"继周"已经变得相对没有意义了,甚至反倒限制了后世公羊家的发挥。

因此,龚自珍做了一个巧妙的转换。以"《春秋》当兴王"代替"《春秋》当新王",虽然本质上并无不同,但无疑"《春秋》当兴王"强调的是《春秋》王道之所当兴,更为直接地凸显了《春秋》为后王立法的含义,增强了寄希望于"后之兴王"的意味,削弱了《春秋》继周的内涵。这种转换,剥离了容易造成纷扰的内容,而直

---

① 董仲舒:《春秋繁露·三代改制质文》。苏舆撰,锺哲点校:《春秋繁露义证》卷7《三代改制质文》,第199—200页。
② 《春秋公羊传注疏》卷16《宣公十六年》注,第421页;卷1《隐公元年》注,第7页。
③ 刘逢禄著,郑任钊校点:《春秋公羊经何氏释例》卷6《王鲁例》,第109页。

指本质。

龚自珍做的另一项工作,是去除公羊学中灾异说等虚妄的内容。早在《乙丙之际塾议第十七》中,龚自珍就明确表达了反对灾异说的态度,他说:

> 孔氏上承《尧典》,下因鲁史,修《春秋》,大书日食三十又六事,储万世之历,不言凶灾。……众儒哗咎时君,时君或自责,诏求直言,免三公,三公自免。大都君臣借天象传古义,以交相儆也。厥意虽美,不得阑入孔氏家法。①

龚自珍虽然也肯定灾异说在历史上有一定的正面意义,但认为孔子不言灾异,灾异之说非"孔氏家法"。

皈依公羊学之后,龚自珍并未因公羊家好言灾异,而对灾异说转变看法。他指出,日月食已经可以精确推算出来,彗星之出虽然还没有推法,如"取钦天监历来彗星旧档案汇查出",也一定可以找到定数。所以这些都是天体运行的自然规律,根本不是什么上天警诫人类的灾异。一旦这些规律都被发现,则"可以摧烧汉朝天士之谬说矣"。他还声言:"自珍最恶京房之《易》,刘向之《洪范》,以为班氏《五行志》不作可也。"②

他刻意避免灾异说与《公羊》发生联系,试图将灾异说与公羊学划清界限。他说:"《春秋纬》于七纬中,最遇古义矣。《元命苞》尤数与董仲舒、何休相出入。凡张三世,存三统,新周、故宋、以《春秋》当兴王,而托王于鲁,诸大义往往而在,虽亦好言五行灾异,则汉氏之恒疾,不足砭也。"③说的虽然是《春秋纬》,但这里明显把"五行灾异"与"张三世""存三统"等公羊大义作了区隔,并指出"好言五行灾异"是汉人的通病,而不是公羊学所特有的东西。这样,既把灾异说划在了公羊学之外,又可以消除人们对公羊学中充满灾异之说的批评。

---

① 龚自珍:《龚自珍全集》第 1 辑《乙丙之际塾议第十七》,第 9 页。
② 龚自珍:《龚自珍全集》第 5 辑《与陈博士笺》,第 346 页。
③ 龚自珍:《龚自珍全集》第 3 辑《最录春秋元命苞遗文》,第 250—251 页。

三 《五经大义终始论》和《五经大义终始答问》

我们再来看《五经大义终始论》和《五经大义终始答问》。其实二者是一体,《五经大义终始论》是总论,《五经大义终始答问》是设问解答相关的重要内容。《公羊传》通篇采用自问自答的形式展开对《春秋》的诠释,这种问答体具有很强的导向性,可以引导读者进入论者设定的思维环境中,可以有利于论者更方便地直抒己意。龚自珍学公羊学以后,先后推出了《农宗答问》《五经大义终始答问》《大誓答问》《六经正名答问》及《春秋决事比答问》,对这种问答体颇为青睐。

《五经大义终始论》及《五经大义终始答问》作于道光三年(1823),时年龚自珍三十二岁,从学刘逢禄已四年。文成之后,龚自珍颇为自赏,说:"其于内圣外王之全体大用,悦诸心而研诸虑久久,忽然奋命楮墨五经之文,浩乎若决江河而注诸海也。至于其所驱使,皆晚周、秦汉古奥义,当为之正义一卷,以俟来者。"①

此二作从名称看,似为讨论五经大义之作,实际上是龚自珍阐发公羊"三世"说的专门之作,即以公羊"三世"说统摄五经。正如刘师培所说:"自珍亦治《公羊》,笃信张三世之例,作《五经大义终始论》,杂引《洪范》《礼运》《周诗》,咸通以三世之义。"②

龚自珍以为"三世"并非只是《春秋》中讲,五经之中皆有"三世"之义。所谓"五经大义终始"即是谓始乎"据乱",中乎"升平",而终于"太平",五经之中,有"据乱"之义、有"升平"之义,有"太平"之义。每一经中都有不同"世"的内容。如说《尚书》:"三世非徒《春秋》法也,《洪范》八政配三世,八政又各有三世。"③ 说《诗》:"问:《公刘》之诗于三世何属也?答:有据乱,有升平。"④ 说

---

① 该批语托名王萱龄,据樊克正先生考证,实为龚自珍自作。详见《龚自珍年谱考略》第 220 页。
② 刘师培:《南北学派不同论·南北考证学不同论》,《国粹学报》光绪三十一年 (1905) 第 7 期, 第 63 页。
③ 龚自珍:《龚自珍全集》第 1 辑《五经大义终始答问一》, 第 46 页。
④ 龚自珍:《龚自珍全集》第 1 辑《五经大义终始答问四》, 第 47 页。

《礼》:"《礼运》之文以上古为据乱而作,以中古为升平。"① 而每一"世"也都在不同的经中得以体现。我们来看他说"太平世":

> 求之《春秋》,则是存三统、内夷狄、讥二名之世欤?三统已存,四夷已进,讥仅二名,大瑞将致,则和乐可兴,而太平之祭作也。……其在《易》:"观盥而不荐,有孚颙若。"禘之盛也。其在《诗》:"瑟彼玉瓒,黄流在中。"宗祀之盛也。……其在《礼》:"升中于天而凤皇降,龟龙假。"封禅之盛也。合此三者,在《春秋说》曰:"以美阳芬香告于天。"犹告盛也。有宫中祠,昔在黄帝,集万灵于明庭,万灵者,配太一者也。在《天官》曰太一,在《礼》亦曰太一,在《易》曰太极。昔在成王,袭祖考之勤劳,有周公以代制作,法宜得为太平世。谨求之《书》,有曰:"予冲子夙夜毖祀。"毖祀,宫中祠之盛也。②

龚自珍这里博引《春秋》《易》《诗》《礼》《书》五经之辞,来说明"太平世"之盛况。本来公羊学对"三世"的具体描述并不丰富,"太平世"无非也就是"夷狄进至于爵,天下远近小大若一,用心尤深而详,故崇仁义,讥二名"③ 而已,没有什么太吸引人的地方,说之干瘪也不过分。而龚自珍搜罗五经中的材料,分别与"三世"相联系,一番渲染之后,"三世"说顿时变得丰满起来。如此既将"三世"之义推广到五经,同时又引五经来充实"三世"说的基础。

刘逢禄曾提出"《春秋》者,五经之管钥也"④,并引诸经证公羊"三世""三统"之说,又作《论语述何》,开清代公羊家以《公羊》说他经之端。龚自珍《五经大义终始论》及《五经大义终始答问》即是对刘逢禄这一方面工作的继承和发展。

龚自珍在公羊学理论上并无太多建树,但独在"三世"说上可谓用

---

① 龚自珍:《龚自珍全集》第1辑《五经大义终始答问八》,第48页。
② 龚自珍:《龚自珍全集》第1辑《五经大义终始论》,第44—45页。
③ 《春秋公羊传注疏》卷1《隐元年》注,第32页。
④ 刘逢禄著,郑任钊校点:《春秋公羊经何氏释例》叙,第2页。

力至深，提出了一套与历代公羊学者迥然不同的说法。我们知道，公羊"三世"说是一个历史进化的理论，认为随着时间的推移，社会将越来越发展进步，终至实现理想社会。这种强调历史不断变迁、社会不断进步的观念无疑是龚自珍推动社会变革最需要的理论武器。因此，龚自珍突出重视对"三世"说的发挥，是他针对时弊，辨症选方的结果。

"一事平生无龃龉，但开风气不为师。"① 龚自珍一生以"开风气"最为自得。他推动公羊学走向社会，去除"非常异义可怪之论"，将公羊学与时事紧密结合，使公羊学更具时代感和批判意识。清代公羊学的学风由此发生了巨大变化，社会影响力急剧地扩张，终至风靡天下，取代乾嘉学术而成为晚清学术的主流。

第三节 以"三世"说为核心的公羊思想

公羊大义中，龚自珍发挥最多的，首推"三世"说。也只在"三世"说，龚自珍有专门之作。前面我们提到过，在师从刘逢禄之前，龚自珍就在《乙丙之际箸议第九》中以公羊"三世"说为模本，提出了一个"治世—衰世—乱世"的"三世"说。他说：

> 吾闻深于《春秋》者，其论史也，曰：书契以降，世有三等，三等之世，皆观其才。才之差，治世为一等，乱世为一等，衰世别为一等。衰世者，文类治世，名类治世，声音笑貌类治世。……左无才相，右无才史，阃无才将，庠序无才士，陇无才民，廛无才工，衢无才商，抑巷无才偷，市无才驵，薮泽无才盗，则非但黜君子也，抑小人亦黜。……才者自度将见戮，则蚤夜号以求治，求治而不得，悖悍者则蚤夜号以求乱。……起视其世，乱亦竟不远矣。……探世变也，圣之至也。②

龚自珍此时认为历史可分为"治世""衰世"和"乱世"三个阶段，

---

① 龚自珍：《龚自珍全集》第 10 辑《己亥杂诗》，第 519 页。
② 龚自珍：《龚自珍全集》第 1 辑《乙丙之际箸议第九》，第 6—7 页。

但"世变"并不是"治世—衰世—乱世"的直线发展,而是可逆的。"衰世"是"治世"进入"乱世"的一个过渡性阶段,如果此时能及早"求治",还是有可能返回到"治世"的,不然,就会进一步滑向"衰世"。他的这个"三世"说显然是针对现实世界而提出的,目的就是提醒统治者及早图治,否则"乱世"就在眼前。

在《尊隐》中,龚自珍则将世道之变比喻为一日之中的"蚤时""午时"和"昏时":

> 夫日胎于溟涬,浴于东海,徘徊于华林,轩辕于高闶,照曜于之新沐濯,沧沧凉凉,不炎其光,吸引清气,宜君宜王。……日之亭午,乃炎炎其光,五色文明,吸饮和气,宜君宜王。……日之将夕,悲风骤至,人思灯烛,惨惨目光,吸饮莫气,与梦为邻,未即于床。……多暴侯者,过山中者,生钟簴之思矣。①

这种"三世"说,是"兴—盛—衰"的循环,呈现出一种波浪式的发展,更像是对历史上王朝兴衰的一种概括,远达不到公羊学"三世"进化论的高度。"治—衰—乱"或"兴—盛—衰"的排列与演化,明显有悖于公羊"三世"说"据乱世—升平世—太平世"的进化论,但其目的则与公羊"三世"说一样,都是希望社会由乱而治。生活在"康乾盛世"之后的学者,包括公羊家在内,很难走出现实中由盛而衰的阴影,刘逢禄的兴衰交替说、龚自珍的"治—衰—乱"或"兴—盛—衰"说都是这种阴影下的产物。但不管怎么说,龚自珍已经敏锐地抓住了"三世"说的核心—变。

一 以"八政"配"三世"

接受系统的公羊学之后,龚自珍的"三世"观有了一个很大的变化。其作《五经大义终始论》及《五经大义终始答问》完全按照公羊"三世"的"据乱世—升平世—太平世"模式来进行诠释。他说:

---

① 龚自珍:《龚自珍全集》第1辑《尊隐》,第87—88页。

> 问：三世之法，谁法也？答：三世非徒《春秋》法也，《洪范》八政配三世，八政又各有三世。愿问八政配三世。曰：食、货者据乱而作。祀也，司徒、司寇、司空也，治升平之事。宾、师乃文致太平之事，孔子之法，箕子之法也。①

龚自珍引五经来充实"三世"说，最大的成果就是引入了《洪范》八政。所谓"八政"，《尚书·洪范》："一曰食，二曰货，三曰祀，四曰司空，五曰司徒，六曰司寇，七曰宾，八曰师。"郑玄注："食，谓掌民食之官，若后稷者也。货，掌金帛之官，若《周礼》司货贿者也。祀，掌祭祀之官，若宗伯者也。司空，掌居民之官。司徒，掌教民之官。司寇，掌诘盗贼之官。宾，掌诸侯朝觐之官，《周礼》大行人是也。师，掌军旅之官，若司马也。"孔颖达《正义》："八政者，人主施政教于民，有八事也。"可见"八政"就是统治者治理万民、施行政教的八个方面。这八个方面是一个平面，是共时的，虽然孔颖达也说"此用于民缓急而为次也"（《尚书正义》），但这说的只是"八政"根据民众的需求有一个轻重缓急之分，并不是说有时间上的先后。但龚自珍却把它转换成了历时的，分出了先后。他将"八政"与"三世"配合起来，以食、货为"据乱世"之政，祀、司空、司徒、司寇为"升平世"之政，宾、师为"太平世"之政。他说："诚知圣人之文，贵乎知始与卒之间也。圣人之道，本天人之际，胪幽明之序，始乎饮食，中乎制作，终乎闻性与天道。"②即认为依圣人所设，不同的历史发展阶段应当有相应的施政重点。这样，"八政"也就具有了进化的内容。

龚自珍又引五经对"八政"的具体内容展开解释。

> 问：《公刘》之诗于三世何属也？答：有据乱，有升平。始国于豳，"乃积乃仓"，当《洪范》之食；"俾筵俾几"，当《洪范》之祀。五章六章，是司徒、司空之事。"其军三单"，是司寇之事。司

---

① 龚自珍：《龚自珍全集》第 1 辑《五经大义终始答问一》，第 46 页。
② 龚自珍：《龚自珍全集》第 1 辑《五经大义终始论》，第 41 页。

第七章 龚自珍：清代公羊学风的转变 / 301

徒、司寇、司空皆治升平之事。①

故曰：观百礼之聚，观人情之始也，故祭继饮食。夫礼据乱而作，故有据乱之祭，有治升平之祭，有太平之祭。……其在《礼》曰："祝以孝告，嘏以慈告。"此礼之大成也。此言有异乎土鼓之祭，其实升平也。……度名山川，升崇冈，察百泉，度明以为向，度幽以为蔽；抟土而为陶，凿山而为碌，以立城郭、仓廪、宫室，……伐山之木以为之群材，其百器以寓句股，以求九数。其在于《诗》："既景乃冈"，以测知北极之高下；又曰："夹其皇涧，溯其过涧"，以顺水性，则司空之始也。此其与百姓虑安者也。若其与百姓虑不安者，所以安安也；曰饮食之多寡，祭之数，少不后长，支不后宗，筋力者暴赢，于是乎折藿析木而挞之，则司寇之始也。……理之而无不威，故曰鞭蛮夷，挞六合也。谨求之《书》，皋陶为士，其职也，后王谓之兵。兵也者，刑之细也；士也者，理也。有虞氏之兵也。其在《洪范》，八政有司寇，后王有司马。司马，司寇之细也。②

谨又求之《洪范》，八政：七曰宾、八曰师。宾师得而彝伦序也。何以曰序也？古之宾师，必有山川之容；有其容矣，又有其润；有其润矣，又有其材。王者之与宾师处，闻牛马之音，犹听金玉也；亲尘土之臭，犹茹椒兰也。其在《记》曰："君子曰德，德成而教尊，教尊而官正，官正而国治矣。"其在《诗》曰："有冯有翼，有孝有德。"夫食货具则有冯矣，官师备则有翼矣，祭祀受福则有孝矣，宾师亲则有德矣，诚约彝伦之极，完神人之庆也。……观其制作曰：成矣！求之《春秋》，则是存三统、内夷狄、讥二名之世欤？三统已存，四夷已进，讥仅二名，大瑞将致，则和乐可兴，而太平之祭作也。③

据乱世，以饮食为治民之始；然后制礼作乐教化民众，筑城郭宫室使民安居，立律设狱建军维护秩序，是为升平世；最后，广求贤能之士

---

① 龚自珍：《龚自珍全集》第1辑《五经大义终始答问四》，第47页。
② 龚自珍：《龚自珍全集》第1辑《五经大义终始论》，第42—43页。
③ 同上书，第44页。

立为宾师，宾师与王者共治天下，则为太平世。显然，龚自珍对"八政"的具体内容的解释，也有异于传统的说法，尤其是对"宾""师"的解释。"宾"本为掌诸侯朝觐之官，"师"本为掌军旅之官，在龚自珍这里却成了国之宾客、王者之师。为了使该说圆满，"师"原本承担的军旅之责，通过"兵也者，刑之细也"，又转嫁给了掌刑狱的"司寇"。

龚自珍"三世"说的重点就在"宾师"，这也是他构建这套"三世"说的目的所在——希望统治者能泯除满汉之分，任用贤才、尊重贤才。他根据自己的亲身经历和对社会的观察，认为这是当时社会堕糜、国事凌夷的根源问题。他最著名的一首诗"九州生气恃风雷，万马齐喑究可哀。我劝天公重抖擞，不拘一格降人才"[①] 就是对当时人才选拔制度的鞭挞，呼唤打破制度重用真正的贤才。

这里涉及龚自珍对所处当世在"三世"中的一个定位问题。龚自珍时刻心系"救裨当世"，如此大篇幅地阐发"三世"说，绝不是要构建一个纯粹的理论摆着看的，其根本目的还是要推动清朝的政治变革。我们看到，食货、筑城郭宫室、立律设狱、军队，这些条件并不高，不要说清朝，两千年前就已具备。因此，虽然龚自珍没有明说，但我们可以得出结论，龚自珍是将当时的清朝定位于"升平世"的。我们来注意他对"升平世"的一段描述：

> 圣者曰：吾视听天地，过高山大川，朝天下之众，察其耳目心思辨佞之雄长，而户征其辞，使我不得独为神圣，必自此语言始矣。爰是命士也，命师也，命儒也。圣者至高严，曷为习揖让之容，虚宾师之馆，北面清酒，推天之福禄与偕，使吾世世雄子孙，必变化恭敬温文，以大宠之？岂惧其武勇之足以夺吾祭哉？诚欲以一天下之语言也。儒者出而语民曰：非恃珪璧也，其积者斋栗也，而人莫不欢心以助吾祭矣；不然，边鄙之祭，夫岂无私玉？儒者又出而语民曰：非恃干戈也，其积者和也，而人莫不出私力以捍其圉；不然，南亩之勇夫，夫岂无私兵？谨求之《礼》，古者明天子之在位也，必遍知天下良士之数；既知其数，又知其名；既知其名，又知其所在。

---

① 龚自珍：《龚自珍全集》第 10 辑《己亥杂诗》，第 521 页。

盖士之任师儒者，令闻之枢也；令闻，飨帝之具也。其在《记》曰："三代之王也，必先其令闻。"夫名士去国而王名微，王名微而王道薄，故曰'杀胎破卵，则凤皇不翔。捣麛取犊，则麒麟不至。'……其衰也，贤人散于外，而公侯贵人之家，犹争宾客于酒食。其大衰也，豪杰出，阴聘天下之名士，而王运去矣。①

"宾师"虽是"太平世"之事，但在"升平世"就要开始"命士也，命师也，命儒也"，就要"习揖让之容，虚宾师之馆"，让良士贤才参与到国家治理中来，这样才能进一步臻于太平盛世。如果统治者不遵照施行，留不住人才，不仅"太平世"不能达到，还会陷入衰退之中，甚至政权都保不住，只能由新的"豪杰"起来取而代之。他还不厌其烦地消除统治者的顾虑，"宾师"不会起来争夺天下，不会威胁统治，而只会帮助其养民教民，解决危机。我们可以感觉到，这明显是龚自珍针对现实而发的，他在劝诫清主变革制度，选贤举能。

毋庸置疑，他这个新的"三世"说是一种进化论，与之前"治世—衰世—乱世"的说法是截然不同的。原先，他把现世定为"衰世"，这当然更符合清王朝江河日下的现实，明显还是史家的思维。这种说法对统治者来说，只能视为悖乱之言，不予治罪就不错了，更不可能有所采纳。而新的"三世"说将现世定为"升平世"，并以"太平世"为诱饵，肯定是要高明得多。这跟后来康有为以中国两千年来"总总皆小康之世"，"不得蒙大同之泽"②的出发点应该是很相似的。

龚自珍在《古史钩沉论四》（又名《宾宾》）中对"宾"的概念专门作了阐发。他说："夫五行不再当令，一姓不再产圣。兴王圣智矣，其开国同姓魁杰寿耇者，易尽也。宾也者，异姓之圣智魁杰寿耇也。……故夫宾也者，生乎本朝，仕乎本朝，上天有不专为其本朝而生是人者在也。"③龚自珍把"宾"界定为"异姓之圣智魁杰寿耇"，是君主的宾客，而不是

---

① 龚自珍：《龚自珍全集》第1辑《五经大义终始论》，第43—44页。
② 康有为：《礼运注》叙，楼宇烈整理《孟子微 礼运注 中庸注》，中华书局1987年版，第236、235页。
③ 龚自珍：《龚自珍全集》第1辑《古史钩沉论四》，第27—28页。

奴仆，有其独立性。"宾"既然是"上天有不专为其本朝而生"，那他可以为本朝服务，当然也可以为"新王"服务。龚自珍这里的论说显然比《五经大义终始论》中更为大胆，希望朝廷尊重人才之心也更为显露。他还说："孔子述六经，则本之史。史也，献也，逸民也，皆于周为宾也，异名而同实者也。"龚自珍把孔子也说成一个"宾"，既是为"宾"张目，同时可能也有为孔子为周之臣，却立新王之法解套的目的。

"宾"在"三世"中是"太平世"之事，而"宾"自身也有一个"三世"演进的过程："古者开国之年，异姓未附，据乱而作，故外臣之未可以共天位也，在人主则不暇，在宾则当避疑忌。……易世而升平矣，又易世而太平矣，宾且进而与人主之骨肉齿。"① 龚自珍的真正目的已经呼之欲出了。他的潜台词就是：清朝建国以来，诚然一直在压制汉族知识分子，但那时还是"据乱世"，可以理解，而现在就要进入"太平世"了，则应该不分满汉，天下一家，与异姓之"宾"亲密合作了。我们看到，龚自珍这里又把一个朝代分成"据乱""升平""太平"三世，这是他对"三世"说所作的进一步的理论挖掘。对他而言，不仅仅是人类社会的整个历史进程有"三世"，无论是某一历史时段还是某一事物、某一制度都有"三世"的发展过程。他说：

> 通古今可以为三世，《春秋》首尾亦为三世。大桡作甲子，一日亦用之，一岁亦用之，一章一蔀亦用之。②
>
> 问：八政事事各有三世，愿问祀之三世。答：在《礼运》，始言土鼓蒉桴，中言宗庙祝嘏之事，卒言太一，祀三世不同名矣。③

这是他在"三世"说"变易"的核心上展开的进一步的发挥，社会在变，历史在变，万事万物都在不停地变化。他说："万物之数括于三，初异中，中异终，终不异初。一飽三变，一枣三变，一枣核亦三变。"④ 变化无处

---

① 龚自珍：《龚自珍全集》第1辑《古史钩沉论四》，第27页。
② 龚自珍：《龚自珍全集》第1辑《五经大义终始答问八》，第48页。
③ 龚自珍：《龚自珍全集》第1辑《五经大义终始答问二》，第46页。
④ 龚自珍：《龚自珍全集》第1辑《壬癸之际胎观第五》，第16页。

不在，无时不在了。这一观念用来议政，就是"自古及今，法无不改，势无不积，事例无不变迁，风气无不移易"①。

龚自珍的这种"三世"说是对公羊"三世"说的创造性发展，他援引五经的内容而使原本比较空洞的"三世"发展进程具体化，又将"三世"说与现实紧密结合在一起，用以呼唤制度改革、任用贤才，使公羊"三世"说变得立体、活泼。他以"三世"配"八政"，也直接启发了以后康有为的不同世应实行不同的社会制度的观点。他将"三世"进一步细分的做法，也开了康有为三世套三世、辗转可至无量世之说的先河。他说"《礼运》之文，以上古为据乱而作，以中古为升平"②，对康有为以《礼运》小康、大同比附"三世"也当有启发。③

依龚自珍的"三世"说，所处的阶段不同，所施政教亦不同，也就是要求因时改制，这明显已经融合了"三统"说的内容在里面。"三统"也是公羊学的一个核心理论，即所谓新王受命而兴，都要按照自己所得之"统"来"改正朔，易服色，制礼乐"，同时还要尊重前二代之"统"，"存二王之后以大国，使服其服，行其礼乐，称客而朝"④。"三统"说蕴含了公羊学的理论核心——改制，要求人们根据历史的变化而因时变革。龚自珍对"改制"之义在公羊学中的核心地位有深刻认识，他曾以《穀梁传》不受"改制大义"来否定它得《春秋》真传，称："周，文家也。穀梁氏不受《春秋》改制大义，故习于周而为之说。《春秋》，质家也。公羊氏受《春秋》改制大义，故习于《春秋》而为之说。"⑤

二 "三统"说与"大一统"说

龚自珍殷忧国事、期待变革，"三统"说是他的公羊学中，除了"三

---

① 龚自珍：《龚自珍全集》第5辑《上大学士书》，第319页。
② 龚自珍：《龚自珍全集》第1辑《五经大义终始答问八》，第48页。
③ 此点卢兴基先生《龚自珍与公羊"三世"说》已述及。参见《中国哲学》第4辑，三联书店1980年版，第372页。
④ 董仲舒：《春秋繁露·三代改制质文》。苏舆撰，锺哲点校：《春秋繁露义证》卷7《三代改制质文》，第198页。
⑤ 龚自珍：《龚自珍全集》第1辑《春秋决事比答问第五》，第64页。

世"之外，阐述最多的理论。如他做过较多发挥的"亲周、故宋、以《春秋》当兴王"就是"三统"说的重要内容。我们还发现，龚自珍说"三统"，很多时候用的并不是"三统"的改制之义，而强调的是"存二王后"的意义。如：

> 圣者虽有天下，功德为百世祖，犹且考三王，存三统，奉二王之后，与己而三，毋是傲弃，以章文质循环之大本。①
>
> 古之王者存三统，国有大疑，匪一祖是师，于夏于商，是参是谋。②

"存二王后"，就是要保留并参考前代的礼乐、制度，他们对本朝来说，不是臣子，而是宾客，体现的是"师法之义，恭让之礼"③，也体现了对异姓的包容和尊重。这其实正是龚自珍讲"宾师"所需要的，而他在讲"宾"的时候，也结合"三统"说作了阐发："王者，正朔用三代，乐备六代，礼备四代，书体载籍备百代，夫是以宾宾。宾也者，三代共尊之而不遗也。"④

龚自珍未能避免"三统"说中本有的循环论，总是说"三王之道若循环"⑤"礼乐三而迁，文质再而复"⑥之类的话，这与他"万物一而立，再而反，三而如初"⑦的认识是分不开的，不能不说是一种遗憾。

此外，龚自珍对公羊"大一统"说的阐发也很有自己的特色。清朝是中国君主专制达到顶峰的阶段，臣子毫无尊严可言，君权实已过尊，龚自珍早在《明良论》中已作抨击。因此，龚自珍之述"大一统"，于尊王之义并不多谈，而是借"大一统"来强调国家统一，主张民族平等及民族融合。当是时，列强环伺中国，鸦片战争虽未爆发，但龚自珍已经

---

① 龚自珍：《龚自珍全集》第1辑《祀典杂议五首》，第103页。
② 龚自珍：《龚自珍全集》第1辑《古史钩沉论二》，第23页。
③ 《春秋公羊传注疏》卷2《隐公三年》注，第42页。
④ 龚自珍：《龚自珍全集》第1辑《古史钩沉论四》，第27页。
⑤ 龚自珍：《龚自珍全集》第3辑《江子屏所箸书序》，第193页。
⑥ 龚自珍：《龚自珍全集》第1辑《古史钩沉论四》，第28页。
⑦ 龚自珍：《龚自珍全集》第1辑《壬癸之际胎观第五》，第16页。

敏锐地觉察到了边境暗伏的危险，指出"维海之西，有英吉利，隆鼻高眶，环伺澳门，以窥禺服，十伍其樯"①。他先后撰写了《蒙古图志》《西域置行省议》《东南罢番舶议》等，提醒统治者注意边疆，加强西北边防及东南海防，以维护国家的主权和领土完整。

龚自珍还热情地讴歌多民族的统一国家，他有《说居庸关》一文，其中有一段描写自己途遇蒙古族的情景及内心的感受：

> 自入南口，或容十骑，或容两骑，或容一骑。蒙古自北来，鞭橐驼，与余摩臂行，时时橐驼衔余骑颠，余亦挡蒙古帽，堕于橐驼前，蒙古大笑。余乃私叹曰：若蒙古，古者建置居庸关之所以然，非以若耶？余江左士也，使余生赵宋世，目尚不得觌燕赵，安得与反氓者相挡戏乎万山间？生我圣清中外一家之世，岂不傲古人哉！②

这段文字是龚自珍内心情感的真实流露，它充分反映了龚自珍对民族融合的肯定，对各民族和睦共处的渴望，以及对大一统国家的由衷赞颂。对于公羊学家而言，民族之间本来就没有什么天生的隔阂，各民族共同进步，最终取消民族的界限，实现超级的民族大融合是公羊学"大一统"的追求。龚自珍在民族问题上完全坚持了公羊学这一先进的思想，他说：

> 问：太平大一统，何谓也？答：宋、明山林偏僻士，多言夷、夏之防，比附《春秋》，不知《春秋》者也。《春秋》至所见世，吴、楚进矣。伐我不言鄙，我无外矣。《诗》曰："无此疆尔界，陈常于时夏。"圣无外，天亦无外者也。然则何以三科之文，内外有异？答：据乱则然，升平则然，太平则不然。③

---

① 龚自珍：《龚自珍全集》第2辑《赠太子太师兵部尚书两广总督谥敏肃涿州卢公神道碑铭》，第145页。
② 龚自珍：《龚自珍全集》第1辑《说居庸关》，第136—137页。
③ 龚自珍：《龚自珍全集》第1辑《五经大义终始答问七》，第48页。

他从公羊学的理论出发，对宋明儒者"严夷夏之防"的狭隘观念进行了批判，提出了"圣无外，天亦无外"的"太平大一统"的理想。我们看到，龚自珍不仅不执拗于满汉之分，而且显然已经将中国境内各民族视为一个整体，已经形成了一种中华民族大家庭的新型民族观念。

龚自珍对"太平大一统"的阐发，对"圣清中外一家之世"的高歌，被章太炎讥为"忘其宗国""佞谀万端"①。章太炎此言，站在晚清反清革命的立场当然也是可以理解的。他显然不知道，龚自珍这除了是对民族融合的讴歌，很大程度上也是与其宣扬"宾师"的"三世"说密切相关的，其实是在为汉族知识分子争取地位。"异内外"，搞夷夏之辨，在"据乱世"和"升平世"是合理的，到了"太平世"就不需要区分不同民族，而要强调"无外"，强调"一家"。反映到现实，无非就是在呼唤统治者，放弃满汉之见，不要再拿汉族知识分子当外人，应该充分信任他们、任用他们。

第四节　今文经学的健将

梁启超说："今文学派之开拓，实自龚氏。"又说："今文学之健者，必推龚、魏。……故后之治今文学者，喜以经术作政论，则龚、魏之遗风也。"②

但后来的学者，往往质疑龚自珍的今文学家身份。的确，龚自珍有不少言论很不符合今文学家的立场。如《大誓答问第二十四》中说：

> 伏生壁中书，实古文也，欧阳、夏侯之徒以今文读之，传诸博士，后世因曰伏生今文家之祖，此失其名也。孔壁，固古文也，孔安国以今文读之，则与博士何以异？而曰孔安国古文家之祖，此又失其名也。今文、古文同出孔子之手，一为伏生之徒读之，一为孔安国读之。未读之先，皆古文矣，既读之后，皆今文矣。惟读者人

---

① 龚自珍：《龚自珍全集》第1辑《与刘揆一书》，第23页。
② 梁启超：《清代学术概论》22《清代今文学与龚魏》，第75—77页。

不同，故其说不同。源一流二，渐至源一流百。①

这还不算什么，顶多是破除今、古文经之间的藩篱。但《六经正名》里的话就很有问题了，他说：

> 孔子之未生，天下有六经久矣。……仲尼未生，先有六经；仲尼既生，自明不作。仲尼曷尝率弟子使笔其言以自制一经哉？
>
> 孔子所谓《春秋》，周室所藏百二十国宝书是也。是故孔子曰："述而不作。"②

今文经学认为六经皆孔子所作，而主张六经皆古代史籍，孔子"述而不作"的恰为古文经学的观点。龚自珍如果是今文学家，非但是不守家法，而且还自乱家法。

龚自珍这里有自相矛盾的地方。上文所引《大誓答问第二十四》中，他明明还说"今文、古文同出孔子之手"，如何又说孔子未制一经呢？如果《春秋》只是"百二十国宝书"，孔子未曾制作，那他写《春秋决事比》的基础就没有了，《春秋》如何"立吏"？《春秋》又如何"察之""原之"？他又怎么说"《春秋》何以作？十八九为人伦之变而作"③呢？而就是在《六经正名答问五》中，他还说"穀梁氏不受《春秋》制作大义，不得为《春秋》配也"④。孔子如果未曾制作，《春秋》又哪来的"制作大义"呢？他在《古史钩沉论二》中说："孔子与左邱明乘以如周，获百二十国之书，夫而后《春秋》作也。"⑤ 在《乙丙之际塾议第十七》中说："孔氏上承《尧典》，下因鲁史，修《春秋》。"⑥ 明显又是承认孔子修《春秋》的。

龚自珍为什么会出现这样的混乱呢？因为他有心超越今、古文之争，

---

① 龚自珍：《龚自珍全集》第1辑《大誓答问第二十四》，第75页。
② 龚自珍：《龚自珍全集》第1辑《六经正名》，第36—38页。
③ 龚自珍：《龚自珍全集》第1辑《春秋决事比答问第五》，第63页。
④ 龚自珍：《龚自珍全集》第1辑《六经正名答问五》，第40页。
⑤ 龚自珍：《龚自珍全集》第1辑《古史钩沉论二》，第23页。
⑥ 龚自珍：《龚自珍全集》第1辑《乙丙之际塾议第十七》，第9页。

回到先秦，认为那才是经学真正的家法所在。他说："姬周之衰，七十子之三四传，或口称《易》《书》《诗》《春秋》，不皆著竹帛，故《易》《书》《诗》《春秋》之文多异。汉定天下，立群师，置群弟子，利禄之门，争以异文起其家，故《易》《书》《诗》《春秋》之文多异。"① 又说："经有家法夙所重，诗无达诂独不用。我心即是四始心，沉寥再发姬公梦。"② 也正是因为这种想法，他才会有"今文、古文同出孔子之手"③，"予说《诗》以涵泳经文为主，于古文毛、今文三家，无所尊，无所废"④ 这样"平分今古"的倾向。他的这种说法，实为晚清廖平、康有为的"平分今古"说之滥觞。

他虽然有心超越今、古文之争，但他又没有形成一套一以贯之的体系，所以经常是无法照顾周延。而从总体上看，龚自珍在更多的时候，还是更像一个今文学家，毕竟他秉持的公羊学是今文经学的重镇，毕竟他经世致用的治学取向是与今文经学完全一致的。

首先，龚自珍继承了刘逢禄对《左传》等古文经的证伪。《己亥杂诗》中有这样一首诗："姬周史统太销沉，况复炎刘古学暗。崛起有人扶《左氏》，千秋功罪总刘歆。"龚自珍自注："癸巳岁，成《左氏春秋服杜补义》一卷，其刘歆窜益《左氏》显然有迹者，为《左氏决疣》一卷。"⑤ 龚自珍完全接受了刘逢禄提出的刘歆伪造《左传》之说，并同刘逢禄一样称《左传》为《左氏春秋》，他还专门作了《左氏决疣》一书，以揭批《左传》的作伪之迹。龚自珍还加大了对《周礼》的证伪调门，将《周礼》剔出了孔门正统之列："《周官》晚出，刘歆始立。刘向、班固灼知其出于晚周先秦之士之掇拾旧章所为，附之于《礼》，等之于《明堂》《阴阳》而已。后世称为经，是为述刘歆，非述孔氏。"⑥ 又说："《周官》之称经，王莽所加。"⑦ 此外，龚自珍还对刘歆所称的古文经的来源

---

① 龚自珍：《龚自珍全集》第1辑《古史钩沉论三》，第25页。
② 龚自珍：《龚自珍全集》第10辑《己亥杂诗》，第515页。
③ 龚自珍：《龚自珍全集》第1辑《大誓答问第二十四》，第75页。
④ 龚自珍：《龚自珍全集》第10辑《己亥杂诗》自注，第515页。
⑤ 龚自珍：《龚自珍全集》第10辑《己亥杂诗》，第514页。
⑥ 龚自珍：《龚自珍全集》第1辑《六经正名》，第37页。
⑦ 龚自珍：《龚自珍全集》第1辑《六经正名答问一》，第39页。

说提出了质疑,称"中古文之说,余所不信"①,认为秘府所藏之书根本就没有所谓的古文《尚书》与古文《易》。但龚自珍并不否认《左传》和《周礼》所具有的价值,他以为《左氏春秋》"剔去刘歆所窜益"还是可以"配《春秋》"的;《周官》五篇,还是可以附于"《礼》经之尾"②的。所以他在《春秋决事比》中"求事实,间采左氏"③。这也显示出他对古文经的一种宽容态度,显示他没有完全站在古文经学的对立面上。他不主张壁垒森严,而是在批判之余强调兼容并蓄。

其次,龚自珍的治学方法和治学方向是今文学家的。当他的儿子问他"《公羊》及《史记》疑义",龚自珍回答了二十八个字:"欲从太史窥《春秋》,勿向有字句处求。抱微言者太史氏,大义显显则予休。"④一句"勿向有字句处求",其今文经学的治学方法显露无遗。他强调"不通乎当世之务,不知经、史施于今日之孰缓、孰亟、孰可行、孰不可行也"⑤,又鲜明反映出了"经世致用"的治学方向。

今文学家为了完成自己理论的阐述,往往牵强附会,甚至故意歪曲经典或史实,即皮锡瑞所说的"事之合与不合,备与不备,本所不计"⑥。龚自珍在《五经大义终始论》中,引《书》证"据乱世"作饮食,说:"谨求之《书》曰:'天聪明,自我民聪明。'言民之耳目,本乎天也。民之耳目,不能皆肖天。肖者,聪明之大者也,帝者之始也。聪明孰为大?能始饮食民者也。"⑦明显牵强附会,深得公羊家传。又如对《洪范》"八政"中"宾师"的解释,显然也是曲解经典。

再次,今文经学好言谶纬,而龚自珍亦不废谶纬。龚自珍虽然对灾异说深恶痛绝,但明显对谶纬态度大不一样。他对纬书还是比较肯定的。如说"《春秋》纬于七纬中,最遇古义矣。《元命苞》尤数与董仲舒、何休相出入,……诸大义往往而在"⑧。又说:"予惧疑误后世,作一表,采

---

① 龚自珍:《龚自珍全集》第1辑《说中古文》,第125页。
② 龚自珍:《龚自珍全集》第1辑《六经正名答问五》,第40—41页。
③ 龚自珍:《龚自珍全集》第3辑《春秋决事比自序》,第234页。
④ 龚自珍:《龚自珍全集》第10辑《己亥杂诗》,第537页。
⑤ 龚自珍:《龚自珍全集》第1辑《对策》,第114页。
⑥ 皮锡瑞:《经学通论》4《春秋》,第21页。
⑦ 龚自珍:《龚自珍全集》第1辑《五经大义终始论》,第41页。
⑧ 龚自珍:《龚自珍全集》第3辑《最录春秋元命苞遗文》,第250—251页。

《易》纬之义，兼术家之术，以正汉官之名。"① "《易》纬最无用，独卦气法或出于古史氏，而纬家传之。……此必古法，必古宪令也。《易》纬《通卦諴》《乾元序制记》《是类谋》，皆载此法。《是类谋》最详，故录一通，以为今筮家言值日者之祖。"② 对"最无用"的《易》纬显然亦有所取。

龚自珍对谶的态度则比较暧昧，他有"五帝而六天，诞妄谶所中"③之诗，又说："或疑卯金刀三字，向来连属，恐有所受之，非始于委巷符谶之谈。……莽信符谶语，而不认字，其废金刀是也，废及刚卯，是恶邜而废酉，可笑之尤者也。"④ 对谶似乎采取一种批判的态度。但他在《己亥杂诗》中又有一首诗中说道："诗谶吾生信有之，预怜夜雨闭门时。"并自注说："出都时有空山夜雨之句，今果应。今秋自淮以南，千里苦雨。"⑤ 又显示出对谶的某种认可。因此我们说，龚自珍不废谶纬，大概是可以成立的。

最后，今文家视孔子为托古改制的"素王"。龚自珍多次以"素王"称呼孔子，如："素王张三世，元始而麟终；文成号数万，太平告成功。"⑥ "如臧孙乞籴，素王予上考。"⑦ 不仅如此，他还直称孔子为王，如："以孔子当兴王，而先贤、先师则二王也。"⑧ 这是他为今文学家的明证。

当然，龚自珍对所谓的今文家法是很淡漠的。如他居然直陈《公羊传》的错误："公羊氏失辞者一，失事实亦二；何休大失辞者一。"⑨ 公羊家对《公羊传》自当奉为圭臬，即使有不同意见亦会采取婉转方式道出，

---

① 龚自珍：《龚自珍全集》第1辑《表孤虚》，第127—128页。
② 龚自珍：《龚自珍全集》第3辑《最录易纬是类谋遗文》，第250—251页。
③ 龚自珍：《龚自珍全集》第9辑《同年生胡户部集同人祀汉郑司农于寓斋，礼既成，绘为卷子，同人为歌诗，龚自珍作祀议一篇质户部，户部属矋括其指，为韵语以谐之》，第483页。
④ 龚自珍：《龚自珍全集》第4辑《说文段注札记》，第279页。
⑤ 龚自珍：《龚自珍全集》第10辑《己亥杂诗》，第531页。
⑥ 龚自珍：《龚自珍全集》第9辑《题吴南芗东方三大图。图为登州蓬莱阁，为泰州山，为曲阜圣陵》，第439页。
⑦ 龚自珍：《龚自珍全集》第9辑《乞籴保阳》，第506页。
⑧ 龚自珍：《龚自珍全集》第1辑《祀典杂议五首》，第103页。
⑨ 龚自珍：《龚自珍全集》第1辑《春秋决事比答问第三》，第59页。

如刘逢禄否定《公羊传》"母以子贵"说时就将罪责归咎于"其为俗师窜改无疑矣"①，亦不敢把矛头直指《公羊传》。龚自珍一生从不喜有所束缚，大概对家法亦是如此。

　　他一生学术讲求经世致用，合则用，不合则弃，而不执拗于今文、古文，亦不顾忌什么家法。但在龚自珍那里，《春秋》三传中《公羊传》的地位是独尊的，他认为《左传》有刘歆伪窜，而《穀梁传》更是"不得为《春秋》配也"②。他"间采"《左传》的只是一部分事实，大义则全用《公羊传》，因此这丝毫没有背离其"一脉微言我敬承"的宣言。他勇于直陈公羊学的陋失，更是显示了他求真务实的品格以及对公羊学的信心，他相信一两处的瑕疵不会掩盖公羊学闪亮的光芒，剔除错误反而可以使公羊学放下包袱，轻装前进。从其学术特点来看，他治经的宗旨是"通乎当世之务"，虽然不拘泥今文藩篱，但是抓住了今文经学的精神实质，所以我们说他是今文学家，还是站得住脚的。梁启超本习今文之学，他说龚自珍是"今文学之健者"应当也是自有理由的。

　　龚自珍是一位对公羊学发展做出巨大贡献的公羊学家。龚自珍的公羊学显得那么与众不同，甚至让人怀疑他公羊学家和今文学家的身份，其实这种不同，正是公羊学以新面貌迈向一个更广阔天地的起点。龚自珍放弃了原先那种"学术研究"式的治经方法，而是注重微言大义的活用。他大力强化公羊学经世致用的特色，力图将公羊学与现实更为紧密联系在一起。他明确宣示以公羊学"救裨当世"，抛弃了庄存与、刘逢禄那种隐喻的手法，大胆地将他对现实的批判、对改革的期盼与公羊学的理论论述直接结合起来。他针对乾隆之后清王朝快速衰退的现实，有重点地对公羊学的理论进行了创造性的发挥，突显了公羊学对时代的指导意义，促使公羊学成长为社会的主流思想。由此公羊学逐步发展成为晚清思想家社会批判与变法改制的强大武器。

　　龚自珍的公羊学深刻影响了晚清社会，戊戌变法的推行者们积极地从他那里获取思想资源，对他推崇备至。梁启超说："晚清思想之解放，自珍确与有功焉！光绪间所谓新学家者，大率人人皆经过崇拜龚氏之一

---

① 刘逢禄：《公羊春秋何氏解诂笺》，阮元、王先谦等编《清经解》第 7 册，第 419 页。
② 龚自珍：《龚自珍全集》第 1 辑《六经正名答问五》，第 40 页。

时期。初读《定盦文集》，若受电然！"①

民国时，清朝遗老叶德辉为《龚定庵年谱外纪》作序称："曩者光绪中叶，海内风尚公羊之学，后生晚进，莫不手先生文一编，其始发端于湖湘，浸淫及于西蜀、东粤，挟其非常可怪之论，推波扬澜，极于新旧党争，而清社遂屋。论者追原祸始，颇咎先生及邵阳魏源二人。"② 可见，当时许多人甚至将清朝灭亡的责任也归咎到龚自珍身上，此亦可从反面证明龚自珍对公羊学的贡献之大及其影响之巨。

然而龚自珍的公羊学也有很大的缺陷。梁启超在《清代学术概论》一书中说"自珍所学，病在不深入。所有思想，仅引其绪而止，又为瑰丽之辞所掩，意不豁达"③，可谓一针见血。龚自珍一味追求"经世致用"，在推动公羊学风转变上固然功大，但在公羊学的理论发展上却缺乏建树，未能建立起自己的一套理论体系。他对公羊大义，除了"三世"说叙说颇详，其他诸义皆未能深入挖掘，只是随事应用而已。

---

① 梁启超：《清代学术概论》22《清代今文学与龚魏》，第75页。
② 叶德辉：《郋园北游文存·龚定庵年谱外纪序》，印晓峰点校《叶德辉文集》，华东师范大学出版社2010年版，第115页。
③ 梁启超：《清代学术概论》22《清代今文学与龚魏》，第75页。

第 八 章

魏源：公羊学的近代化转向

魏源（1794—1857），晚清著名的思想家、经学家。魏源与龚自珍一起，以公羊学针砭时弊，倡导社会变革，推动清代公羊学说在嘉道年间产生巨大的飞跃[1]。梁启超说："今文学之健者，必推龚、魏。龚、魏之时，清政既渐陵夷衰微矣，举国方沈酣太平，而彼辈若不胜其忧危，恒相与指天画地，规天下大计。考证之学，本非其所好也，而因众所共习，则亦能之；能之而颇欲用以别辟国土，故虽言经学，而其精神与正统派之为经学而治经学者则既有以异。"[2] 魏源"把公羊学者的兴趣从微言大义的阐发推进到实际政制的兴革"[3] 上来，他以"为《公羊春秋》别开阃域"为职志，以推动社会变革为目标，在公羊学中引入西学的内容，对公羊学进行了创造性的发挥，推动公羊学的近代化转向。

第一节 魏源生平及其经世之学

魏源，原名远达，字默深，一字墨生，又字汉士，湖南邵阳人，乾隆五十九年（1794）出生。道光二十五年（1845）进士。

魏源之父魏邦鲁历任江苏嘉定、吴江等地巡检，并曾主苏州钱局，虽官小职微，但以廉惠著称，在百姓中素有善名。魏源七岁入塾，勤学好读，常废寝忘食。九岁应童子试，能属对。十岁时家道中落，生活陷

---

[1] 参见陈其泰《清代公羊学》，第 144 页。
[2] 梁启超：《清代学术概论》22《清代今文学与龚魏》，第 76—77 页。
[3] 孙春在：《清末的公羊思想》，第 55 页。

于困苦，但他不弃学业。十五岁，入县学，"始究心阳明之学，好读史"。十七岁，食县学饩，"名闻益广，学徒接踵"①。二十岁，入湖南岳麓书院，后拔贡。

年轻的魏源表现出了卓越的才华。从他的学业来看，走科举入仕之路，求得功名利禄是大有希望的。但魏源并没有一头扎进八股文当中，这个时期，湖湘学派经世致用的学风与岳麓书院"通晓时务物理"的学规要求，应该给了魏源很大的影响。面对日显衰败的社会，他开始更多地思考着如何经世济民，如何学以致用。从他这个时期所作的楹联中，我们就可以看出他当时的这种抱负："读古人书，求修身道。友天下士，谋救时方。""功名待寄凌烟阁，忧乐常存报国心。"② 因此《清史稿》称其"兀傲有大略"③。

嘉庆十九年（1814），二十一岁的魏源随父来到京师，入国子监。在京师，他拜谒硕学名儒，奠定一生的学术基础。他从胡承珙问汉儒家法，从姚学塽问宋儒之学，又从刘逢禄学习春秋公羊学。公羊学经世致用的特色以及强调变易、改制的理论正与魏源的学术追求相契合。此后，魏源便力治《公羊》，更以公羊学为救世良方，毕生信守。也正在此时，他结识了与他同门的龚自珍。两人年龄相若，志趣相投，且皆才气过人，他们依托公羊大义"指天画地，规天下大计"，共同推动学术风气的转变，声名远播，影响极大。

然而，卓越的才华、高远的志向却并不为当权者赏识。同龚自珍一样，魏源在扼杀真才的科举考试中也是屡遭失败。嘉庆二十四年（1819），二十六岁的魏源中顺天乡试副贡生。道光元年（1821），魏源再应顺天乡试，虽然文章获得考官一致好评，但因疑有触犯八股文规定之处，而又被置于副榜。又过一年，魏源才终于以顺天乡试第二名的成绩中举。但此后二十余年之中，魏源一次次地参加会试，一次次地落榜。其间，他先后入江苏布政使贺长龄、江苏巡抚陶澍幕府。

---

① 魏耆：《邵阳魏府君事略》，魏源《魏源集》附录，第947页。
② 魏寅编注：《魏源楹联辑注》，邵阳市楹联学会1990年印行。转引自佘飞凤《魏源楹联鉴赏》，《湘潮（下半月）》2008年第8期。
③ 《清史稿》卷486《文苑三》，第13429页。

道光六年（1826），魏源与龚自珍一起在京参加会试，恰遇刘逢禄出任考官。刘逢禄见邻房有浙江、湖南二卷，经策奥博，知必出龚自珍与魏源之手，虽极力推荐仍不售，乃作《题浙江湖南遗卷》① 以惜之，于是龚、魏齐名自此盛行。

道光八年（1828）魏源入赀为内阁中书舍人。直到道光二十四年（1844），他才中礼部会试第十九名，但又因试卷涂抹，被罚停殿试一年。道光二十五年，年已五十二岁的魏源才终于得中进士，列置三甲，"以知州用，分发江苏"②。

年过半百的魏源终于获得了为官治民的机会，"贾生年少前宣室，那识君臣际会难"③，他感慨于命运的弄人，又珍惜这来之不易的机会，渴望能略展抱负。但他面前的仕途依旧坎坷。由于殿试成绩不佳，魏源没有进入翰林院，注定官场前程暗淡。他先权扬州府东台县，"礼耆德，惩奸猾，士民悦服"④，但未满一年即因母丧而回乡守制。道光二十九年（1849），为兴化县知县，刚上任便与河官力争停启水闸，保下了附近七州县之即熟早稻，得到百姓拥戴，但也因此与江南河道总督杨以增结怨。次年，两江总督陆建瀛奏请改行票盐，以魏源为淮北海州分司运判。魏源于任上颇有政绩，淮北盐产丰收，引二十万济淮南尚有余额。咸丰元年（1851）擢高邮知州。越二年，太平军攻下扬州，旋进至距高邮四十里处。魏源倡办团练，设法防堵，维护一方安定有功，但却遭杨以增公报私仇，劾以驿报迟误，反被夺职。咸丰四年（1854），魏源因受兵部侍郎周天爵之邀，参赞军务有功，官复原职，但此时的魏源已经是六十一岁的老人，深知宦途坎坷，又因为长年辛劳而多有疾患，再也无心仕进，很快他便请辞了。

此后，魏源一心治经，晚年寄寓杭州僧舍。咸丰七年（1857），魏源

---

① 见刘逢禄《刘礼部集》卷11《题浙江湖南遗卷》，《续修四库全书》第1501册，第205页。其诗有云："无双国士长沙子，孕育汉魏真经神。尤精选理踪鲍谢，暗中剑气腾龙鳞。侍御披沙豁双眼，手持示我咨嗟频。"并自注曰："湖南玖肆，五策冠场，文更高妙，予决其为魏君源。"

② 魏耆：《邵阳魏府君事略》，魏源《魏源集》附录，中华书局2009年版，第951页。

③ 魏源：《魏源集》下册《游别海淀》，第813页。按此诗正为魏源当时心情的写照，魏源自注："殿试后引见出都，遍眺三山，留别直内廷诸翰林耆旧。"

④ 魏耆：《邵阳魏府君事略》，魏源《魏源集》附录，第951页。

卒于杭州，是年六十四岁。

魏源秉持经世之志，常叹"几人忧乐关天下"①，抨击官员与学者"穷天下之乐而不知忧天下之忧"②。对宋学的空疏和汉学的烦琐，魏源都作出了深刻的批评。他责问宋学家"心性迂谈可治天下乎"，批评他们"口心性，躬礼义，动言万物一体"，只知空谈，不求民瘼，不习吏治，不问国计边防，"一旦与人家国，上不足制国用，外不足靖疆圉，下不足苏民困，举平日胞与民物之空谈，至此无一事可效诸民物，天下亦安用此无用之王道哉"③。而汉学虽然克服了宋学空谈心性义理的弊端，但又陷入了烦琐考证之中，对时务也是漠不关心。魏源严厉责问汉学家"以诂训音声蔽小学，以名物器服蔽《三礼》，以象数蔽《易》，以鸟兽草木蔽《诗》，毕生治经，无一言益己，无一事可验诸治者乎"④；"浮藻饾饤可为圣学乎"⑤。魏源对宋学、汉学的批判皆可谓入木三分。他还将矛头直接指向了当时名望很高的汉学大家，说："自乾隆中叶后，海内士大夫兴汉学，而大江南北尤盛。苏州惠氏、江氏，常州臧氏、孙氏，嘉定钱氏，金坛段氏，高邮王氏，徽州戴氏、程氏，争治诂训音声，爪剖钗析，视国初昆山、常熟二顾及四明黄南雷、万季野、全谢山诸公，即皆摈为史学非经学，或谓宋学非汉学，锢天下聪明知慧使尽出于无用之一途。"⑥

魏源历嘉庆、道光、咸丰三朝，较之前人乃至好友龚自珍，他的经世之学，已经达到了一个更高的层次。三十多岁的时候他就应江苏布政使贺长龄之聘，编写了《皇朝经世文编》，搜集清初以来之经世文献，推动了经世之风，并就许多国计民生问题作了总结。他还撰写了《筹漕篇》《筹河篇》《筹鹾篇》《江苏海运全案》等，皆为解决实际问题的著作。鸦片战争之后，忧愤交加的魏源于道光二十二年（1842）《南京条约》签订之际，完成了又一杰作《圣武记》，探讨了清朝统治的盛衰，总结了军事史上的成败得失。魏源的经世之学不是纸上谈兵，在多年的幕僚生涯

---

① 魏源：《魏源集》下册《都门感秋》，第821页。
② 魏源：《魏源集》上册《默觚下·治篇三》，第44页。
③ 魏源：《魏源集》上册《默觚下·治篇一》，第37、36页。
④ 魏源：《魏源集》上册《默觚上·学篇九》，第24页。
⑤ 魏源：《魏源集》上册《默觚下·治篇一》，第37页。
⑥ 魏源：《魏源集》上册《武进李申耆先生传》，第358—359页。

中以及后来的地方官任上，他多次参赞军务，策划并采取了许多改革措施，很大程度上解决了积弊已久的漕运、河堤、盐课等问题，可称得上是一位卓有业绩的实干家。

魏源与龚自珍基本同龄，但他比龚自珍多活了十几年，经历了鸦片战争，目睹了战后中国社会产生的巨变，晚年还亲身感受到了太平天国起义带来的冲击，这些都使他能看得更远，看得更深。魏源对世界、对中国的局势有着当时人少有的清醒认识。道光二十四年（1844）魏源写出了《海国图志》一书，此书为"以夷制夷"而作，主张向西方学习，书中征引中外古今近百种资料，系统地介绍了世界各国的地理位置、历史沿革与政治制度，打开了中国人的眼界。

除以上诸书外，魏源还有经学、史学、文学、佛学等多种著作，其中经学著作有《诗古微》《书古微》《古微堂四书》《董子春秋发微》《两汉经师今古文家法考》《礼记别考录》《大戴礼记微》《易象微》《孝经集传》《论语类编》《孟子类编》《禹贡说》《大学古本》《小学古经》《庸易通义》等。

第二节 "别开阃域"的公羊学

嘉庆十九年（1814），魏源在北京从刘逢禄学《春秋公羊传》，从此以发扬公羊大义为己任。魏源非常尊崇刘逢禄，认为其学"由董生《春秋》以窥六艺条贯，由六艺以求圣人统纪"，并盛赞刘逢禄是"潜心大业之士"，是"明允笃志君子"①。

但与刘逢禄推重何休不同，魏源认为董仲舒的学说才是公羊学的精华所在。他在《董子春秋发微序》中说：

> 其书（《春秋繁露》）三科、九旨灿然大备，且弘通精邃，内圣而外王，蟠天而际地，远在胡母生、何邵公章句之上。盖彼犹泥文，此优柔而餍饫矣；彼专析例，此则曲畅而旁通矣。故抉经之心，执圣之权，冒天下之道者，莫如董生。……至其《三代改制质文》一

---

① 魏源：《魏源集》上册《刘礼部遗书序》，第242—243页。

篇，上下古今，贯五德、五行于三统，可谓穷天人之绝学，视胡母生《条例》有大巫小巫之叹。况何休之偏执，至以叔术妻嫂为应变，且自谓非常可惠之论，玷经害教，贻百世口舌者乎？①

在推崇董仲舒的同时，魏源对胡毋生与何休都进行了批评，尤其是对何休的批评可谓非常严厉。《董子春秋发微》是魏源专门发扬董仲舒公羊大义的一部著作，他述说自己的写作意图道："《董子春秋发微》七卷，何为而作也？曰：所以发挥《公羊》之微言大谊，而补胡母生《条例》、何邵公《解诂》所未备也。……今以本书为主，而以刘氏《释例》之通论大义近乎董生附诸后，为《公羊春秋》别开阃域，以为后之君子亦将有乐于斯。"② 这部书可谓是魏源的公羊学专著，遗憾的是，这部书没有存世，使我们讨论魏源公羊学失去了最直接、最重要的材料。此书之序在《魏源集》中有录，总算可以提供一些有关的信息。魏源在《序》中交代说：

至《繁露》者，首篇之名，以其兼撮三科、九旨为全书之冠冕，故以《繁露》名首篇。后人妄以《繁露》为全书之名，复妄移《楚庄王》一章于全篇之首，矫诬之甚。故今仍以《繁露》名首篇，其全书但称曰《董子春秋》，以还其旧。③

也就是说，魏源所谓的《董子春秋》即指《春秋繁露》，他认为原来《繁露》只是首篇之名，后人误为全书之名，所以他还其旧称改称《董子春秋》。魏源还认为后人对《春秋繁露》的篇目有所妄改，所以他根据各篇反映的公羊义例的重要性，对篇目进行了重新的选择和安排：

繁露第一　张三世例、通三统例、异内外例
俞序第二　张三世例

---

① 魏源：《魏源集》上册《董子春秋发微序》，第135页。
② 同上书，第134—135页。
③ 同上书，第135页。

奉本第三　　张三世例

三代改制质文第四　　通三统例

爵国第五　　通三统例

符瑞第六　　通三统例

仁义第七　　异内外例（附公终始例）

王道第八　　论正本谨微兼讥贬例

顺命第九　　爵氏字例（尊尊贤贤）

观德第十　　爵氏字例（尊尊亲亲）

玉杯第十一　　予夺轻重例

玉英第十二　　予夺轻重例

精华第十三　　予夺轻重例

竹林第十四　　兵事例（战伐侵灭入围取邑表）

灭国第十五　　邦交例（朝聘会盟表）

随本消息第十六　　邦交例（同上）

度制第十七　　礼制例（讥失礼）

郊义第十八　　礼制例（讥失礼）

二端第十九　　灾异例

天地阴阳第二十　　灾异例

五行相胜第二十一　　灾异例

阴尊阳卑第二十二　　通论阴阳

会要第二十三　　通论《春秋》

正贯第二十四　　通论《春秋》

十指第二十五　　通论《春秋》[①]

　　从篇目来看，《董子春秋发微》一书，就是以公羊义例来解说董仲舒之书。相对刘逢禄的《公羊何氏释例》而言，魏源此书其实就是一部《公羊董氏释例》。只不过刘书是以例设篇，而魏书是本《春秋繁露》旧篇来总结例。

　　魏源将清代公羊学的研究重点上溯到董仲舒，与他主张恢复西汉经

[①] 魏源：《魏源集》上册《董子春秋发微序》，第135—136页。

学，强调西汉经学的正统地位是一致的。《董子春秋发微》里到底是不是如他所标榜的那样都是依董仲舒说来阐发的，因原书已佚，只余序言，所以无法获知。然而，从魏源其他著作中所见之公羊学思想，可以看出魏源的公羊学中，他自己创发的部分实际更多，不仅董仲舒那里找不到，连何休那里也是找不到的。他推重董仲舒，也可能就是为了摆脱何休严密的公羊义例，有利于自己更随心所欲地依据需要而发挥吧。他所说的"为《公羊春秋》别开阃域，以为后之君子亦将有乐于斯"，倒很可能正是他的真实意图之所在。

一 "拨乱反治"的"三世"说

生活在清朝迅速走向衰落、变乱丛生的年代，魏源汲汲于拯救时弊，拨乱反治，强调"文资乎救时"①，主张《春秋》是"拨乱返治"② 之书。魏源同龚自珍一样，都是依托公羊学来阐发自己改革现实社会的主张，因此非常重视公羊学中的"变易""改制"的思想。但与龚自珍重视公羊"三世"说不同，魏源似乎对公羊"三世"说有所保留。虽然从《董子春秋发微》目录中可以看到"张三世例"，但在目前留存的魏源文字中，几乎看不到公羊学"据乱""升平""太平"的"三世"说，而只能找到其他形式的"三世"说。

《国朝古文类钞叙》中用了"升平""太平"，却以"治平"取代"据乱"："矧我圣清皞皞二百载，由治平、升平而进于太平，元气长于汉，经术盛于唐，兵力、物力、幅员雄于宋，列圣御制诗文集、康熙《图书》、乾隆《四库》官书尤富轹万古。"③ 此篇为代陶澍所作，此言亦纯属歌功颂德，而非公羊学"三世"说本意。

《论老子二》中则借解释老子"无为"提出了"太古""中古""末世"的"三世"说：

> 今夫赤子乳哺时，知识未开，呵禁无用，此太古之无为也；逮

---

① 魏源：《魏源集》上册《皇朝经世文编五例》，第160页。
② 魏源：《魏源集》上册《诗古微序》，第120页。
③ 魏源：《魏源集》上册《国朝古文类钞叙》，第229页。

长，天真未漓，则无窦以嗜欲，无芽其机智，此中古之无为也；及有过而渐喻之，感悟之，无迫束以决裂，此末世之无为也。①

又说：

气化递嬗，如寒暑然。太古之不能不唐、虞、三代，唐、虞、三代之不能不后世，一家高曾祖父，子姓有不能同，故忠质文皆递以救弊，而弊极则将复返其初。②

魏源这里主张，人类社会由"太古"递嬗到"中古"最后到"弊极"的"末世"，而"弊极则将复返其初"，所以"末世"之后就会又回到"太古"，开始新的一轮三世的递嬗。他举例说："夫治始黄帝，成于尧，备于三代，歼于秦；迨汉气运再造，民脱水火，登衽席，亦不啻太古矣。"③ 即以黄帝时为"太古"，尧、舜及夏、商、周三代为"中古"，至秦朝则为"末世"，到了汉代，"气运再造"，开始另一历史气运的"太古"。

魏源还进一步明确了汉后"气运"的递嬗："三皇以后，秦以前，一气运焉；汉以后，元以前，一气运焉。"④ 他显然有所顾忌而没有继续往下推衍，但文字之后的意思我们完全可以推出，那就是明代以后又是一新"气运"兴起，而当前已然面临"末世"，如不能救弊，则必然会陷于"弊极"，将迎接下一个"太古"治世的到来。

魏源虽然说"太古"至"末世"的递嬗"如寒暑然"，"太古之不能不唐、虞、三代，唐、虞、三代之不能不后世"，说这种递嬗如同自然规律一样，是一种必然，但是他又提出：

"天下之生久矣，一治一乱"；治久习安，安生乐，乐生乱；

---

① 魏源：《魏源集》上册《论老子二》，第258页。
② 同上书，第257页。
③ 同上书，第258页。
④ 魏源：《魏源集》上册《默觚下·治篇三》，第43页。

乱久习患，患生忧，忧生治。……真人逆精以反气，圣人逆情以复性；帝王逆气运以拨乱反治。逆则生，顺则夭矣；逆则圣，顺则狂矣。①

一阴一阳者天之道，而圣人常扶阳以抑阴；一治一乱者天之道，而圣人必拨乱以反正。②

也就是说，这种规律是可以打破的。统治者只要及时改制救弊，拨乱反治，就可以逆转气运，迎来新的生机。否则"气数与人事合并，沉溺而不可救"③。《毛诗大序义》里他还提出了"治世""乱世""亡国"的发展模式："治世之音安以乐，其政和；乱世之音怨以怒，其政乖；亡国之音哀以思，其民困。"④ 显然，如果不改制救弊，结局只能是亡国，然后新的气运再起。魏源还说：

虽古之圣王，不能使甲兵之世复还于无甲兵，而但能以甲兵止甲兵也；不能使刑狱之世复还于无刑狱，而但能以刑狱止刑狱也；不能使歌舞之世复还于无歌舞，而但能以歌舞为礼乐也。刑狱甲兵归于歌舞，歌舞归于礼乐，礼乐归于道德，则不肃而严，不怒而威，不侈靡而乐。是以圣王之治，以事功销祸乱，以道德销事功；逆而泯之，不顺而放之，沌沌乎博而圜，豚豚乎莫得其门，是谓反本复始之治。⑤

拨乱反治，复返其初，不是倒退，不是也不可能回到上古朴陋的世界去，而是以新的制度取代旧的制度，以好的制度取代坏的制度，积极作为，革除弊政，最终返回到依靠道德而少用兵刑、礼乐的治世状态。

魏源这种"三世"说，与主张进化的公羊"三世"说有着明显的差距，倒同龚自珍曾经的那种"治世—衰世—乱世"的退化说有些类似，

---

① 魏源：《魏源集》上册《默觚下·治篇二》，第39页。
② 魏源：《魏源集》上册《默觚上·学篇四》，第10页。
③ 魏源：《魏源集》上册《默觚下·治篇十一》，第66页。
④ 魏源：《诗古微》上编《毛诗大序义》，《魏源全集》第1册，岳麓书社2005年版，第192页。
⑤ 魏源：《魏源集》上册《默觚下·治篇十四》，第72页。

把带有强烈进化论色彩的"三世"说变成了一种"退化论",再用一种"循环论"来加以协调,实现由"乱"到"治"的转化。

乍看上去,魏源没能摆脱中国传统政治思想中那种治乱循环的思维,但是这种议论也是有为而发。因为无论是龚自珍还是魏源都敏锐地感觉到晚清社会发展正处于停滞、倒退的状态,出于一种忧患意识,他们给社会敲响警钟,告诉大家现在社会可能面临的危险,也因此他们的论述不能不带有一种"危言耸听"的性质。同时,魏源又提出人事可以推动社会由乱到治,强调人的主观能动性在历史发展进程中的作用。这也是对鼓吹社会变革、改变现实最为有用的内容,如果气运一定,人事不可为,对统治者还有什么吸引力呢?

从"太古""中古""末世"的"三世"说中,历史似乎只是由治变乱,再由乱变治,循环往复,不断地"复返其初",除了也分为三个阶段外,似乎看不到公羊"三世"说的影子。当社会历史发展处于上升阶段,会显现出社会由乱变治的规律;当社会历史发展处于衰落阶段,会显现出社会由治变乱的规律;两千年的中国历史正是在这种一治一乱的循环中发展。当然这种循环不是简单的循环,而是递进性的循环。以前的公羊家如何休只讲由乱变治的规律,不讲由治变乱的规律。从一个长的历史时期而言,社会应当是由乱而治上升发展,但从一个较短的历史阶段而言,则并非如此。处在晚清时期的龚自珍、魏源显然不能照搬何休的"三世"说,而要能提出解救当时"危局"的新"三世"说。而且,对于公羊"三世"说的精神实质,魏源的确是把握到了。一是在他那里,自然界和人类社会时刻处于变化之中:"故气化无一息不变者也,其不变者道而已,势则日变而不可复者也。"[①] 二是人类历史是向前进化的:"三代以上,天皆不同今日之天,地皆不同今日之地,人皆不同今日之人,物皆不同今日之物。"[②]

二 "相嬗相师""因革损益"的"三统"说

魏源在社会历史观上确实秉持一种进化的观点:

[①] 魏源:《魏源集》上册《默觚下·治篇五》,第48页。
[②] 同上书,第47页。

> 后世之事，胜于三代者三大端：文帝废肉刑，三代酷而后世仁也；柳子非封建，三代私而后代公也；世族变为贡举，与封建之变为郡县何异？三代用人，世族之弊，贵以袭贵，贱以袭贱，与封建并起于上古，皆不公之大者。虽古人教育有道，其公卿胄子多通六艺，岂能世世皆贤于草野之人？①

> 租庸调变而两税，两税变而条编。变古愈尽，便民愈甚，虽圣王复作，必不舍条编而复两税，舍两税而复租庸调也；乡举里选变而门望，门望变而考试，丁庸变而差役，差役变而雇役，虽圣王复作，必不舍科举而复选举，舍雇役而为差役也；丘甲变而府兵，府兵变而彍骑，而营伍，虽圣王复作，必不舍营伍而复为屯田为府兵也。……是以忠、质、文异尚，子、丑、寅异建，五帝不袭礼，三王不沿乐，况郡县之世而谈封建，阡陌之世而谈井田，笞杖之世而谈肉刑哉！②

魏源认为，数千年来，刑法、国体、赋役、选举、兵制等各种制度都在进步，后世远胜前代。所以在他的叙述里，黄帝时的"太古"俨然是治世，但却不是理想社会。虽然末世气运再起，还会"复返其初"，但只是返回"太古"治世的状态，人类社会其实一直在向前发展。那么这种发展是怎么实现的呢？"忠、质、文异尚，子、丑、寅异建，五帝不袭礼，三王不沿乐"，人类社会正是借由一次次的不断改制，不断变革，实现不断进步。

魏源还提出，数千年间的这些制度变革，实际上孔子在经典中早都作出了安排：

> 穆王《甫刑》……夫子录之于《书》，则知圣人用世，肉刑必当变。匪直此也，《春秋》讥世卿，恶其以贵族妨贤路，则知选举必当变；《春秋》合伯、子、男为一等，使国无过大过小，以杜兼并，则

---

① 魏源：《魏源集》上册《默觚下·治篇九》，第60页。
② 魏源：《魏源集》上册《默觚下·治篇五》，第48—49页。

知封建必当变。录《费誓》《秦誓》于篇末，示费将代鲁，秦当代周。①

魏源所说，其实就是公羊学所宣称的孔子为后世立法。只不过传统的公羊家，是说孔子托《春秋》立新王之法以俟后圣，而魏源受刘逢禄以《公羊》统摄群经学风的影响，则认为不唯《春秋》，孔子借《尚书》的编订也在为后世立法。孔子不仅为后世预立制度，魏源居然还说孔子能预知季氏立费、秦代周统一六国之事，则颇显汉儒之风。此种论述方式，在今日看来颇嫌无稽，但在当时，魏源人微言轻，不借孔子之神圣权威很难立论。

魏源试图证明，孔子为后世立法之说不是一句空话，历史确确实实是按照孔子的设想在改制、在进步。而孔子为后王立法的微言大义就在董仲舒所传的"三统"之义中。魏源又说：

至于帝王三统古谊，莫精于董生。……此七十子所口受于夫子微言大谊，传之董生，与《书大传》"舜乃称王而入唐"，与尧、舜独称"曰若稽古"若合符节，明为周初"乃命五史"所书"五帝之盅事"，皆所谓由百世之后，等百世之王。②

历史在改制中进步，"忠、质、文异尚，子、丑、寅异建，五帝不袭礼，三王不沿乐"，这是公羊学"通三统"说的内容。孔子为后王立法，"等百世之王"，这也是公羊学"通三统"的内容。这些内容对心系"拨乱反治"、欲以"经术为治术"的魏源而言，不啻为"求道而制事"③的最佳资源。因此魏源对公羊学"三统"说有很多的阐述，如说：

孔子自卫返鲁，正《礼》《乐》，修《春秋》，据鲁、新周、故

---

① 魏源：《书古微》卷11《甫刑篇发微》，《魏源全集》第 2 册，第 352—353 页。
② 魏源：《书古微》卷1《尧典释经·曰若稽古帝尧曰放勋义》，《魏源全集》第 2 册，第 4 页。
③ 魏源：《魏源集》上册《默觚上·学篇九》，第 23 页。

殷，运之三代。是以列鲁于《颂》，示东周可为之志焉；次商于鲁，示黜杞、存宋之微权焉；合鲁、商于周，见三统循环之义焉。故曰："我观周道，幽、厉伤之，吾舍鲁何适矣！"又曰："杞不足征也。吾学殷礼，有宋存焉。"圣人之情见乎辞，微董生、太史公书，其孰明之？①

魏源一再强调"三统"说是孔子口传的微言大义，有赖董仲舒而明于后世。这里他虽不言"王鲁"而言"据鲁"，但既以鲁次周，以鲁与商、周并列而称"三统"，则"托王于鲁以立新王之法"之义已然俱在。魏源还接续刘逢禄以三《颂》说"三统"：

君子读三《颂》而知圣人存三统之谊，非于《商颂》见之，而即于《周颂》见之也；非于《振鹭》《有客》见之，而即于《有瞽》见之也。……虞宾，让之裔也；周宾，胜国之孽也。其让不忘，其胜不惭，嫌疑悉捐而胥于一，帝王之通理也。三统之谊，更相嬗者更相师，故后王之于前王，犹弟子之于先师，有恭让之美，敬其所尊，斯爱其所亲焉。俱为帝皇之裔，同受皇天之胙，德相逮如手授焉，功相及如武接焉。通揖让征诛之变而视犹一致，人之所从，神之所钦，大礼大乐之所洽，无不一焉。②

这里魏源主要讲的是"通三统"中"同"的一面。王者"存二王后"，师法之义，恭让之礼，"与己为三"，但终究是要"嫌疑悉捐而胥于一"，归为"一统"。改制不是重起炉灶，而是在尊重旧有传统的基础上进行的，最终追求的是不同的制度与文化融为一体。

又进而以《风》《雅》说"三统"：

董生明《春秋》三统之义者也，曰："今汉继大乱之后，若宜稍损周之文致，用夏之忠者。"是故《禹贡》《小正》二书外，于

---

① 魏源：《诗古微》上编《商颂鲁韩发微》，《魏源全集》第 1 册，第 330 页。
② 魏源：《诗古微》中编《商颂答问》，《魏源全集》第 1 册，第 614—615 页。

《诗·笃公刘》，见夏世彻田、军旅、宗法、燕饮、度邑、居民之制；于《七月》，见夏世养民、养老、昏姻、蒐狩、学校、藏冰、力役之制。而《豳》《王》居变《风》之终，明"《诗》亡，而后《春秋》作"，后有王者，救文之弊莫若忠，《豳》者忠之准，而《王》者文之敝也。①

《七月》，公刘豳国之民风也。② 其时则夏时，其政则夏政也。王道通三统以建三正，必于三微之月，故曰"一之日""二之日""三之日"，以明三统之义。周正建子，阳气始施黄泉，万物始养根株，微而未著，故言天正者，其数常先。夏正建寅，万物相见，孚达而出，人得加功，故言人正者，其数恒后。先者尚文，则以夜半为朔，凡事皆溯其始。后者尚忠，则以平旦为朔，凡事皆要其成。③

这里魏源主要讲的是"通三统"中"异"的一面。王者受命，各据其统，制定不同的历法、不同的制度、不同的礼乐，各有所尚以救前代之弊。虽然对前代有所继承，但终究是不同的新制度。由此，魏源"三统"说的主题也就出来了：一是注重制度的"因革损益"，二是注重对不同的制度与文化的吸收。

面对清王朝迅速的衰落、西方列强对中国的侵略，魏源心急如焚，他渴望能早日唤醒这昏昏沉沉的社会，及早裁汰那些庸碌无能的官员，革除弊政。他提炼出"通三统"之中"因革损益"的内核：

以三代之盛，而殷因于夏礼，周因于殷礼，是以《论语》"监二代"，荀卿"法后王"，而王者必敬前代二王之后，岂非以法制因革损益，固前事之师哉！④

三代之得天下以仁，其道本无不同，而三统之治若循环者，势

---

① 魏源：《诗古微》中编《豳王答问》，《魏源全集》第1册，第451页。
② "公刘"二字，原书上属为句，不从。
③ 魏源：《诗古微》中编《豳王答问》，《魏源全集》第1册，第449页。
④ 魏源：《魏源集》上册《明代食兵二政录叙》，第161页。

之所极，互相为救，不得不然。夫子告子张以夏、殷、周礼，因革损益，百世可知，其祖述宪章可知矣。①

魏源高扬起改制的大旗，他说："天下无数百年不弊之法，无穷极不变之法，无不除弊而能兴利之法，无不易简而能变通之法。"② 世界在变化，社会在发展，再好的制度如果拘泥守旧，也会导致弊端丛生，必须及时变革，除弊兴利。魏源强调，社会变革是历史大势所趋，"运会所趋，即祖宗亦不能听其不自变"③，任何人都无法阻挡，将矛头直接对准了那些持"祖宗之法不可变"论调的顽固派。

魏源对各种有关制度的变迁、沿革及相关论议非常关注，他编辑《皇朝经世文编》《明代食兵二政录》《圣武记》《海国图志》，莫不如此。在《海国图志》中他更是详细介绍西方各国制度沿革，主张学习西方制度。

魏源意识到中学有不如西学之处，明确主张学习西方国家的长处，不仅希望"尽转外国之长技为中国之长技"④，而且还看到了制度层面。在当时人们"绝不承认欧美人除能制造能测量能驾驶能操练之外，更有其他学问"⑤的社会环境之下，他鲜明地提出："（英夷）岂专恃船坚炮利哉？无其节制，即仅有其船械，犹无有也；无其养赡，而欲效其选练，亦不能也。"⑥ 中国不仅要引进西方的坚船利炮，还要学习西方先进的军事制度。更为令人赞叹的是，魏源还认识到西方政治制度的优越性。他叙述美国的民主政治说：

呜呼，弥利坚国非有雄才枭杰之王也，涣散二十七部落，涣散

---

① 魏源：《古微堂四书》卷6《曾子发微卷下》，《魏源全集》第2册，第633页。按《魏源全集》将此段文字上属为魏源引"蓝田吕氏"之语，实吕大临之语只至上句"和之末至于不恭也"止。吕氏原文可参见陈俊民辑校《蓝田吕氏遗著辑校·礼记解》，中华书局1993年版，第324页。
② 魏源：《魏源集》下册《筹鹾篇》，第432页。
③ 魏源：《书古微》卷11《甫刑篇发微》，《魏源全集》第2册，第354页。
④ 魏源：《圣武记》卷10《道光洋艘征抚记下》，《魏源全集》第3册，第486页。
⑤ 梁启超：《清代学术概论》29《晚清西洋思想之运动》，第97页。
⑥ 魏源：《魏源集》下册《筹海篇三》，第874页。

数十万黔首，……二十七部酋，分东、西二部，而公举一大酋总摄之，匪惟不世及，且不四载即受代，一变古今官家之局，而人心翕然，可不谓公乎！议事听讼，选官举贤，皆自下始，众可可之，众否否之，众好好之，众恶恶之，三占从二，舍独徇同，即在下预议之人亦先由公举，可不谓周乎！①

向往之情溢于言表。他甚至认为美国"以部落代君长，其章程可垂奕而无弊"②。"不设君位，惟立官长、贵族等办理国务"，"无暴主苛政"的瑞士，更被他推崇为"西土之桃花源"③。可见，在他心目中，西方民主制度是一种近乎完美的制度，较之君主专制制度实有很大的优越性。

虽然魏源要求变革的心情是非常急迫的，高呼"变古愈尽，便民愈甚"④，"小革则小治，大革则大治"⑤，然而他一直保持着难得的理性。他担心"求治太速，疾恶太严，革弊太尽，亦有激而反之者矣"⑥，并不主张采取激烈的变革，而是强调变革要尽量缓和，并且一定注意不能在条件不成熟的时候贸然实施革新。他比喻说：

禾未熟而登场，获者弃之矣；果未熟而登盘，食者吐之矣。是故治之因者，政之熟者也；俗之庞者，化之熟者也；功之成者，虑之熟者也；名之归者，德之熟者也。政未熟而急求治，治必乱；化未熟而急变俗，俗必骇；虑未熟而急图功，功必阻；德未熟而急知名，名必辱。⑦

魏源的这种谨慎立场，与公羊学"治之渐也"⑧的一贯主张是一致的。他主张条件成熟再革新，显然也是看到当时已经病入膏肓的清朝已

---

① 魏源：《海国图志》卷59《外大西洋墨利加洲总叙》，《魏源全集》第6册，第1585页。
② 魏源：《海国图志·海国图志后叙》，《魏源全集》第4册，第7页。
③ 魏源：《海国图志》卷47《瑞国沿革》，《魏源全集》第6册，第1313、1312、1316页。
④ 魏源：《魏源集》上册《默觚下·治篇五》，第48页。
⑤ 魏源：《圣武记》卷7《雍正西南夷改流记下》，《魏源全集》第3册，第291页。
⑥ 魏源：《魏源集》上册《默觚下·治篇三》，第45页。
⑦ 魏源：《魏源集》上册《默觚上·学篇十三》，第31页。
⑧ 《春秋公羊传注疏》卷20《襄公二十三年》注，第518页。

经承受不起一场失败的革新。渐次地、和缓地推动变革,当然对社会的冲击最小,社会代价最小。但魏源显然没有进一步想到,社会发展是处在上升时期,还是衰落时期,不仅其变革的难度和方式有所不同,其复杂性与危险性更是差异巨大。魏源没有预料到,在守旧势力的顽固阻挠之下,在西方列强瓜分中国的野心之下,任何和风细雨的改良都注定没有出路,一场惊天动地的大地震终将不可避免。

三 "天下一家"的夷夏观与"大一统"说

"不披海图海志,不知宇宙之大,南北极上下之浑圆也。"① 魏源是近代中国睁眼看世界的第一人,他对全球地理、世界各国情势的了解,使他的公羊学出现了许多之前未曾有过的内容。同时,公羊学不以血缘、地域区分夷、夏的观念,也使魏源能以一种更为理性的态度看待西方世界。

魏源完全认同公羊学"进夷狄"的思想。他在《诗古微》中评论春秋五霸说:

> 宋襄不足道,秦穆悔过已晚,最隽者其楚庄乎!围郑服而舍之,讨陈罪而封之,虽齐桓存三亡国,不是过也。围宋可取而卒践盟,虽晋文之服原,不是过也。胜晋于邲,不忍麋民于河而还师佚之,虽王者之师,不是过焉。至从巫臣之谏而却夏姬,殆桓、文之溺色所不能焉;讨陈诛逆,陈其风于王朝,尤荆舒所未有焉。故尝谓楚庄之功,不亚桓、文,而贤过桓、文。为中夏之桓、文易,为用夏变夷之楚庄难。《春秋》始书荆,继书楚;始书人,继书子。进于中国,则中国之,而夫子用世之志,自鲁、卫外,惟思用齐、用楚,圣人之不终夷楚章章矣。②

魏源不仅阐述了"夷狄进于中国则中国之"的观念,而且给予了楚庄王极高的评价。这是历史上不曾有过的。在魏源看来,楚庄王用夏变

---

① 魏源:《海国图志·海国图志后叙》,《魏源全集》第4册,第7页。
② 魏源:《诗古微》中编《陈曹答问》,《魏源全集》第1册,第443—444页。

夷，德进行修，比齐桓、晋文更值得夸赞。之前公羊家称许楚庄王，也就是"卓然有君子之行"①"同于诸夏"②，但魏源却认为，楚庄王的行为甚至已经超过了诸夏，其身为夷狄而能做出比诸夏更有礼有德之行，显然要比诸夏更为值得表彰，所以最终孔子在《春秋》中已不再以夷狄视楚。魏源这里提出，夷狄不仅是可以进于诸夏，而且是可以超越诸夏的，这是对公羊学夷夏观的一个重大发展。

魏源从公羊学不以血缘、地域区分夷、夏的观念出发，进一步对"夷狄"之称进行了正名。他提出"由于情欲者，入自禽门者也；由于礼义者，入自人门者也"，认为只要明礼行义，即当为人类，与中国人无异。因此，"夷狄"之称绝不能用在有文化有礼义的人身上："夫蛮狄羌夷之名，专指残虐性情之民，未知王化者言之。故曰'先王之待夷狄，如禽兽然，以不治治之'，非谓本国而外，凡有教化之国皆谓之夷狄也。"明确夷夏之辨绝不在地域，而在文化礼义，颠覆了当时人们将外国人都视为夷狄的思维。他进而明确说：

> 远客之中，有明礼行义，上通天象，下察地理，旁彻物情，贯串今古者。是瀛寰之奇士，域外之良友，尚可称之曰夷狄乎？③

西方人不但不是夷狄，而且是奇士，是良友。奇士是品行、智慧皆超群的人，良友是可以助我进步的人。欧洲"民人才能敏慧，文艺、理学、政治、彝伦，靡弗攻修，以臻其至"④，不用说在很多方面已经超过了中国，值得中国学习。这种以公羊学"进夷狄"为基础的夷夏观念，使魏源在对待西方人和西方文化时能站在一个高于时人的位置上，同时也使魏源的"大一统"说有了一个巨大的飞跃。

---

① 《春秋公羊传注疏》卷18《成公十五年》注，第462页。
② 《春秋公羊传注疏》卷16《宣公十二年》疏，第405页。
③ 魏源：《海国图志》卷76《西洋人玛吉士〈地理备考〉叙》，《魏源全集》第7册，第1866页。
④ 魏源：《海国图志》卷37《大西洋各国总沿革》，《魏源全集》第6册，第1102—1103页。此语引自玛吉士《新释地理备考》卷4《欧啰吧州全志》："人民才能既高，敏慧超群，遂文艺、理学、政治、彝伦，靡弗尽心攻修，以臻其至。"见潘仕成编《海山仙馆丛书》，道光丁未（1847）刊本。

> 圣人以天下为一家，四海皆兄弟。故怀柔远人，宾礼外国，是王者之大度。旁咨风俗，广览地球，是智士之旷识。彼株守一隅，自画封域，而不知墙外之有天，舟外之有地者，适如井蛙蜗国之识见，自小自蓊而已。①

我们看到，魏源把"大一统"的视野放到了全世界。他不认为西方人与中国人之间有什么绝对的隔阂，主张"天下为一家""四海皆兄弟"，充分反映了魏源眼界的宽广和胸怀的广博。在这种"大一统"的新视野下，魏源鲜明地主张向西方学习，不仅要学习西方的工艺，而且还要借鉴西方的制度。中国人与西方人既无隔阂，那中国吸收西方的知识技术与制度，应该也不会有障碍，他相信："风气日开，智慧日出，方见东海之民犹西海之民，云集而鹜赴，又何暂用旋辍之有？"②

他预见西方的制度和文化必然将在中国产生重大影响，中国和世界也终将融汇到一起："岂天地气运自西北而东南，将中外一家耶！"③ 魏源这里可能也含蓄地表达了中国终结君主制度的愿望。魏源曾说："'天地之性人为贵'，天子者，众人所积而成，而侮慢人者，非侮慢天乎？人聚则强，人散则尪，人静则昌，人讼则荒，人背则亡，故天子自视为众人中之一人，斯视天下为天下之天下。"④ 他把天子从"至尊"的宝座上拉了下来，放在了众人之中，把天下视为众人的天下，已经有了思想启蒙的意义。因此，"大一统"中的"尊王"之义在魏源那里几乎消失了。

在诗作中，魏源更是设想了环球一家、万国同吭的宏伟愿景：

> 四远所愿观，圣有乘桴想。所悲异语言，笔舌均悗惘。聪谁介葛卢，舌异公冶长。所至对喑聋，重译殊烦快。若能决此藩，万国同一吭。朝发旸谷舟，暮宿大秦港。学问同献酬，风俗同抵掌，一家兄弟春，九夷南陌党。绕地一周还，谈天八纮敞，东西海异同，

---

① 魏源：《海国图志》卷76《西洋人玛吉士〈地理备考〉叙》，《魏源全集》第7册，第1866页。
② 魏源：《魏源集》下册《筹海篇三》，第874页。
③ 魏源：《海国图志·海国图志后叙》，《魏源全集》第4册，第8页。
④ 魏源：《魏源集》上册《默觚下·治篇三》，第44页。

南北极下上。直将周孔书，不囿禹州讲。①

这个世界里，没有语言的隔阂，便利的交通把世界紧密地联系在一起，文化交融，彼此和睦。这完全可以视作康有为"大同世界"的先声。

第三节 壮大今文学派的声势

魏源师刘逢禄，友龚自珍，与二人一样皆崇尚公羊学，主张经世致用。而相比刘逢禄与龚自珍，魏源经历了鸦片战争前、后的两个时期以及太平天国运动，目睹了中国社会的巨大变化，对清室之衰败、制度之腐朽、民族之危机、世界之形势有着更为深刻的认识。因此，魏源公羊学的现实意味尤强，更多了全球视野和向学习西方的内容。

魏源认为，"俾天下后世得以求道而制事，谓之经"②。经是为了治世而作，圣人将治世之道寓于经中，因而经学的任务是发掘经典中的微言大义，求得大道，真正的经学应该是通经致用，走"以经术为治术"之路。他提出：

> 士之能九年通经者，以淑其身，以形为事业，则能以《周易》决疑，以《洪范》占变，以《春秋》断事，以《礼》《乐》服制兴教化，以《周官》致太平，以《禹贡》行河，以《三百五篇》当谏书，以出使专对，谓之以经术为治术。曾有以通经致用为诟厉者乎？③

在魏源看来，今文经学正是"以经术为治术"的典范。所以，只有探究微言大义、讲求经世致用的今文经学才是经学家应当信奉和发扬的，只有阐发经典的微言大义，并与现实问题相结合，才是经学发展的正确

---

① 魏源：《魏源集》下册《偶然吟十八首呈婺源董小槎先生为和师感兴诗而作》，第580页。
② 魏源：《魏源集》上册《默觚上·学篇九》，第23页。
③ 同上书，第24页。

道路。他大声呼吁必须改变脱离实际的学风，恢复西汉今文经学，发扬今文经学通经致用的学术风尚："今日复古之要，由诂训、声音以进于东京典章制度，此齐一变至鲁也；由典章、制度以进于西汉微言大义，贯经术、故事、文章于一，此鲁一变至道也。"①

魏源还通过给"汉学"正名、对古文经展开大规模的证伪来加强今文经学的儒学正统地位。他称赞庄存与之学术说："呜呼！君所为真汉学者，庶其在是，所异于世之汉学者，庶其在是。"② 魏源告诉那些以治汉学为荣的学者们，如庄存与那样，走经世致用之途的学问才是"真汉学"。

继刘逢禄、龚自珍之后，魏源进一步扩大了对古文经的打击力度，特著颇具篇幅的《诗古微》与《书古微》，将攻击的范围扩大到了《毛诗》和《古文尚书》。魏源在《诗古微序》中说："《诗古微》何以名？曰：所以发挥齐、鲁、韩三家《诗》之微言大谊，补苴其罅漏，张皇其幽渺，以豁除《毛诗》美、刺、正、变之滞例，而揭周公、孔子制礼正乐之用心于来世也。"魏源认为，今文经学的《齐》《鲁》《韩》三家的盛行要远早于古文经学的《毛诗》，更得圣人之心，因此三家《诗》要比《毛诗》更为重要。魏源还破除了《毛诗》的"美刺"说，强调"《诗》之道，必上明乎《礼》《乐》，下明乎《春秋》"。而他又认为"《礼》《乐》者，治平防乱，自质而之文；《春秋》者，拨乱返治，由文而返质"，实际上就是主张读《诗》亦要明了其中的"治平防乱""拨乱返治"的大义，只有这样，"古圣忧患天下来世之心"，才能"不绝于天下"③。

《书古微》的著作意图与《诗古微》相似，魏源说："《书古微》何为而作也？所以发明西汉《尚书》今、古文之微言大谊，而辟东汉马、郑古文之凿空无师传也。"明确地说明了自己的著作意图。魏源通过对今、古文《尚书》源流的一番梳理，认为不仅东晋晚出之古文《尚书》为伪书，就是东汉马融、郑玄所本的《古文尚书》也不是真本。他说：

---

① 魏源：《魏源集》上册《两汉经师今古文家法考叙》，第152页。
② 魏源：《魏源集》上册《武进庄少宗伯遗书叙》，第238页。
③ 魏源：《魏源集》上册《诗古微序》，第119—120页。

"予寻绎有年，深悉东汉杜林、马、郑之古文依托无稽，实先东晋梅《传》而作伪，不惟背伏生，背孔安国，而又郑背马，马背贾，无一师传之可信。"这样一来，古文系统的尚书学统统被打倒了，全被归为"东汉乡壁虚造之古文"，从而在根本上否定了"近世治《尚书》者"①，如江声、王鸣盛、孙星衍、段玉裁等人的尚书学，单单树立起今文学一家来。

相比对待《毛诗》"尚可与三家《诗》并存"的态度，魏源对《古文尚书》的态度则要严厉得多，坚决要将其扫地出门："若伪古文之臆造经、传，上诬三代，下欺千载，今既罪恶贯盈，阅实词服，即当黜之学校，不许以伪经出题考试，不许文章称引，且毁伪孔《传》、伪孔《疏》及蔡沈《集传》，别颁新传新疏，而后不至于惑世诬民。至马、郑传注之故背今文、臆造古文说者，亦不足以相代，则欲立学宫，舍西汉今文家专门之学，其将谁归？"②

刘逢禄对魏源接续自己的事业，张大今文学为甚为欣喜，他为《诗古微》作序说："邵阳魏君默深治经好求微言大义，由董子书以信《公羊春秋》，由《春秋》以信西汉今文家法，既为《董子春秋述例》，以阐董、胡之遗绪，又于《书》则专申《史记》《伏生大传》及《汉书》所载欧阳、夏侯、刘向遗说以难马、郑，于《诗》则表章鲁、韩坠绪以匡《传》《笺》。既与予说重规叠矩，其所排难解剥，钩沉起废，则又皆足干城大道，张皇幽眇，申先师败绩失据之谤，箴后汉好异矫诬之疾，使遗文湮而复出，绝学幽而复明。其志大，其思深，其用力勤矣！予向治春秋今文之学，有志发挥，成一家言，作辍因循，久未卒业，深惧大业之陵迟，负荷之陨越，幸遇同志，勇任斯道，助我起予，昔之君子，其亦有乐于斯乎？如曰不然，以俟来哲。"③

魏源对古文经学的清算，尤其是《诗古微》和《书古微》两书的推出，对今文经学贡献颇巨，"大大壮大了今文学派的声势，遂掀起有清一代学术思想变革的新高潮，具有深远影响"④。

---

① 魏源：《魏源集》上册《书古微序》，第 109、112—113 页。
② 魏源：《魏源集》上册《书古微例言上》，第 115—116 页。
③ 刘逢禄：《刘礼部集》卷 9《诗古微序》，《续修四库全书》第 1501 册，第 170 页。
④ 陈其泰：《清代公羊学》，第 213 页。

同时，魏源对西学的注意，提出的向西方学习的主张，其功绩与影响也是非常巨大的。鸦片战争之前，同为公羊家的龚自珍想到的还是："方当杜海物，蠡蠡拒其珍。中国如富桑，夷物何足攬。"① 看到了鸦片战争的失败，更曾作为两江总督、钦差大臣裕谦的幕府亲至浙江前线，魏源对待西方文化制度的眼光和态度明显不一样。鸦片战争后，魏源开始加强了解西方资本主义国家的情况，认为"欲制夷患，必筹夷情"②，"善师四夷者，能制四夷；不善师外夷者，外夷制之"③。其在《海国图志》自叙中说，《海国图志》的编撰目的就是"为以夷攻夷而作，为以夷款夷而作，为师夷长技以制夷而作"④。公羊学固有的对制度的强烈关注，更促使魏源看到了坚船利炮背后的制度层面。从此公羊学的面貌也发生了很大的改变。

为了消减学习西方的阻力，魏源以公羊学的夷夏观念和"大一统"说为基础，力证西方人是可以学习的对象，东、西方是可以走到一起的；以公羊学的"三统"说为依据，力倡社会变革，引入西方的制度。魏源还引经据典地论证了西方工艺都是合乎圣人之制的。他说：

> 古之圣人，刳舟剡楫以济不通，弦弧剡矢以威天下，亦岂非形器之末？而《睽》《涣》取诸《易》象，射御登诸六艺，岂火轮、火器不等于射御乎？指南制自周公，挈壶创自《周礼》，有用之物，即奇技而非淫巧。今西洋器械，借风力、水力、火力，夺造化通神明，无非竭耳目心思之力，以前民用，因其所长而用之，即因其所长而制之。⑤

用圣人、用经典来解说西方工艺，同时又为西方工艺在儒家经典中找到了根据，此亦为公羊学派以西学释经之始。康有为后来将西方的民

---

① 龚自珍：《龚自珍全集》第9辑《乞籴保阳》，第507页。
② 魏源：《魏源集》下册《筹海篇四》，第880页。
③ 魏源：《海国图志》卷37《大西洋欧罗巴洲各国总叙》，《魏源全集》第6册，第1077页。
④ 魏源：《海国图志·海国图志原叙》，《魏源全集》第4册，第1页。
⑤ 魏源：《魏源集》下册《筹海篇三》，第873—874页。

主制度附会到儒家经典中，大量吸收西学来对经典作出新的诠释，实受魏源之启发。康有为叙述自己"讲西学之基"[①]时，就明确提及魏源的《海国图志》。晚清之"西学化的经学"，魏源实可谓开先河者。

"晚清学术，以经世为主，其提倡今文，亦在其通经致用，质文改制耳。……魏源兼揽众长，各造其极，且能施之于实行，不徒托诸空言，不愧为晚清学术运动之启蒙大师矣。"[②] 齐思和先生对魏源这一评价，正明确了魏源学术之特点与贡献。

魏源冀望于拨乱反治，进行社会变革，他站在全世界的高度来阐述公羊学的夷夏观和"大一统"说，以西方制度作为改制的参考目标，大大推动了公羊学向前发展，是公羊学近代化转向的开始。公羊学在他手里也显现出了与近代社会接轨的巨大能量，并启发后来的公羊学家投身到改变中国君主专制、推动中国迈向近代化的社会改革浪潮中去。魏源的公羊学可以说是为晚清的维新运动吹响了号角。

[①] 康有为：《我史》，江苏人民出版社1999年版，第9页。
[②] 齐思和：《魏源与晚清学风》，《燕京学报》第39期，燕京大学哈佛燕京学社1951年版，第226页。

第九章

康有为：维新变法的历史实践

清中叶以后，中国传统社会处于迅速的变化和震荡之中，随着"西学东渐"，许多千百年来被认为永恒不变的原则开始动摇了。历史上，每当儒学面临重大挑战的时候，总会出现思想的巨人尝试"返本开新"，回到孔子那里去寻找符合时代需要的精神资源，将时代的挑战化解到对经典的重新诠释中，赋予儒学以新的生命力。康有为正是这样一位站在时代前沿的巨人。

康有为（1858—1927），广东南海人，原名祖诒，字广夏，号长素，先后改号为更生、更甡，人称南海先生。

康有为是中国近代史上维新派的杰出代表，也是清代今文经学的集大成者。他发挥今文经学"经世致用"的传统，以公羊学来论证人类历史的进步性和变法改制的必要性，将公羊学作为其变法维新活动的理论基石，使公羊学成为戊戌前后的主流思想。尤其他结合西学对传统儒学进行了创造性的改造，大量西方的学说和术语出现在了他对经典的诠释中，开辟了儒学走向现代化的道路，这足以奠定他经学大师的地位。就像宋明理学是儒学面对佛学冲击所作出的回应一样，康有为对儒家经典的重新诠释可视为儒学面对西学冲击的一种回应，姜广辉先生称之为"西学化的经学"[①]。

---

① 姜广辉：《传统的诠释与诠释学的传统——儒家经学思想的演变轨迹与诠释学导向》，《中国哲学》第 22 辑《经学今诠初编》，辽宁教育出版社 2000 年版。

第一节　今文经学思想的确立

康有为是最后一位今文学大师，但他并非一开始就从习今文经学的。他曾对自己的经学思想发展作过一个总结：

> 予小子……始循宋人之途辙，炯炯乎自以为得之矣，既悟孔子不如是之拘且隘也；继遵汉人之门径，纷纷乎自以为践之矣，既悟其不如是之碎且乱也。苟止于是乎？孔子其圣而不神矣。既乃离经之繁而求之史，凡数千年国家风俗治乱之故，若者与孔教相因而进退者，得之于战国、秦、汉之间，东汉为美矣，以为未足尽孔子之道也。既乃去古学之伪，而求之今文学，凡齐、鲁、韩之《诗》，欧阳、大小夏侯之《书》，孟、焦、京之《易》，大小戴之《礼》，公羊、穀梁之《春秋》，而得《易》之阴阳之变，《春秋》三世之义，曰："孔子之道大，虽不可尽见，而庶几窥其藩矣。"①

康有为说明了自己从宋学到汉学，最后又去古文求今文的经学思想发展理路。这里重要的是弄清楚康有为是怎样从古文经学转向今文经学的。

一　从"平分今古"到"尊今抑古"

康有为在二十一岁（1878）的时候，曾"大肆力于群书，攻《周礼》《仪礼》《尔雅》《说文》《水经》之学"②，《周礼》《尔雅》《说文》等书皆古文经学所主。二十三岁时，康有为又"治经及公羊学，著《何氏纠缪》，专攻何劭公者"③，攻击东汉今文经学家何休及其《春秋公羊解诂》。梁启超亦说过"有为早年，酷好《周礼》"④。由此看来，康有为

---

① 康有为：《礼运注》叙，楼宇烈整理《孟子微　礼运注　中庸注》，第235—236页。
② 康有为：《我史》，第7页。
③ 同上书，第9页。
④ 梁启超：《清代学术概论》23《康有为是今文学运动的中心》，第77页。

当时的确是倾向古文经学的。多数学者以为康有为是在光绪十六年（1890）初与廖平面晤之后，由古文经学转向今文经学的。如汤志钧先生认为"就在第一次上书不达，回到广州时，康有为晤见了廖平。……康有为鉴于'外患日深'而上书不达，又受了廖平的启示，……便想从今文经学中汲取可资运用的东西进而议政，在他的撰著中，也就有了前所未有的今文内容"①。孙春在先生认为"康有为接触公羊思想，是在1889年见到廖平之后"②。

笔者认为，康有为在受廖平的影响前，其实已经有了一定的公羊学功底，其撰著中也已经出现了很多的今文内容。康有为当时实际上是处于"平分今古"的阶段。因此，康有为从古文经学转向今文经学并不是跳跃式的，而是一种逐渐过渡式的，即经历了"古文经学—平分今古—今文经学"这样一个过程。

从目前所能见到的材料中，康有为早在光绪九年（1883）他二十六岁的时候，就已经认同公羊学的一些观点。当年十二月，康有为在《致邓给谏铁香书》中谈到英法联军1860年攻陷北京，火烧圆明园时，说："夫西夷迫我神京，震我庙阙，毁我圆明园，掠我御用物，此薄海不共戴天者也。《春秋》许复九世之仇，况祖父之世哉？"③ 即引公羊"大复仇"之义。"许复九世之仇"出《公羊传·庄公四年》："何贤乎襄公？复仇也。……远祖者，几世乎？九世矣。九世犹可以复仇乎？虽百世可也。"④

在作于光绪十二年（1886）之前的《民功篇》里，康有为又提道："孔子有元宗之才，尝损益四代之礼乐，于《王制》立选举，于《春秋》讥氏卒讥世卿，又追想大同之世，其有意于变周公之制而光大之矣。"⑤ 赞孔子，引《王制》，皆有今文学家的特点，而"讥世卿"更是明出于《公羊传》。《春秋》隐公三年"夏，四月辛卯，尹氏卒"，《公羊传》："尹氏者何？天子之大夫也。其称尹氏何？贬。曷为贬？讥世卿，世卿非

---

① 汤志钧：《近代经学与政治》，中华书局2000年版，第164—165页。
② 孙春在：《清末的公羊思想》，第99页。
③ 康有为：《致邓给谏铁香书》，姜义华、张荣华编校《康有为全集》第1册，中国人民大学出版社2007年版，第2页。
④ 《春秋公羊传注疏》卷6《庄公四年》，第143页。
⑤ 康有为：《民功篇·尧舜》，姜义华、张荣华编校《康有为全集》第1册，第2页。

礼也。"① 此外，这里也已经有了公羊家孔子改制的说法了。

更为重要的是，像"《春秋》许复九世之仇"和"于《春秋》尹氏卒讥世卿"这样将《公羊传》的文字直接系之于《春秋》的做法是汉代今文学家的习惯。诚然，康有为有修改早年著作的习惯，《民功篇》此段有可能经过后来的修改，② 但仅凭"《春秋》许复九世之仇"的提法，也足以说明康有为在见廖平之前，对今文经学和公羊学是有了解，甚至是有一些认同的。

康有为追改早年著作的习惯，给我们今天讨论他早年思想及思想转向增加了很多困扰。在康有为1885年写就的《教学通义》表现出了明显的今文经学的倾向。如《教学通义·春秋》说："《公羊》《穀梁》，子夏所传，实为孔子微言，质之经、传皆合。《左氏》但为鲁史，不传经义。今欲见孔子之新作，非《公》《穀》不可得也。虽间有乖刺，如蔡仲行权、卫辄拒父之类，不无后师之误会；而讥世卿，明助法，讥丧昏娶，定百里之封，逮三等之爵，存三统之正，皆孔子制作之微文，与周公之礼绝异。"③ 只是该书《春秋》篇及之后的内容，尤其是《春秋》《六艺》二篇，袭用廖平《今古学考》进行追改的嫌疑颇重，④ 难以说明问题。不过正如房德邻先生指出的，康有为选择通过修改《民功篇》和《教学通义》来说明他早已有今文学的思想，是因为"这两篇原本就有些今文学的观点"，如《民功篇》表达了"孔子变制"的观点，痛斥两千年"经义不明"。《教学通义》中《春秋》篇之前内容中，有《春秋》"全为孔子自著"，"后世之学统出于孔门"，"六经出自孔子"，"《周礼》容有刘歆窜润"等观点。此外，两篇中都有受龚自珍影响的痕迹。⑤ "光绪间所

---

① 《春秋公羊传注疏》卷2《隐公三年》，第44—45页。
② 参见房德邻《论康有为从经古文学向经今文学的转变》，《近代史研究》2012年第2期。
③ 康有为：《教学通义·春秋》，姜义华、张荣华编校《康有为全集》第1集，第39页。
④ 参见黄开国、唐赤蓉《〈教学通义〉中所杂糅的康有为后来的经学思想》，《近代史研究》2010年第1期。
⑤ 参见房德邻《论康有为从经古文学向经今文学的转变》，《近代史研究》2012年第2期。按该书《春秋》篇之前的《原教》《备学》《公学》《私学》《国学》《大学》《失官》《亡学》《六经》《亡经》诸篇，黄开国、唐赤蓉认为"大体上是其早年基本思想的发挥"，房德邻也认为可据以考察原稿中的经今文学观点。

谓新学家者，大率人人皆经过崇拜龚氏之一时期"①，康有为早年接受龚自珍的一些说法也是很自然的事。

在康有为这一时期的作品中，我们也还是能找到不少同情今文学的地方。

康有为此时对董仲舒及其《春秋繁露》已经比较熟悉。作于1886年的《康子内外篇》之《人我篇》引《春秋繁露·深察名号》为说："性比于禾，善比于米，米出于禾中，而禾未可全为米也。善出于性中，而性未可全为善也。"②《爱恶篇》更是称董子，引其文，而论以《春秋》："董子曰：'仁者，人也。义者，我也。'是则兼爱者，仁之极也；为我者，义之极也。……《春秋》书公为'薨'，而诸侯曰'卒'，尊中国而外四夷，凡此皆义也。"③ 1888年《上清帝第一书》又引《天人三策》之文说："董子曰：为政不和，解而更张之，乃可以理。"④

1888年代御史屠仁守所作的《钱币疏》中说："先王重三正，《春秋》谨五始，故颁朔改元，以为大典，所以范围民心，俾普天率土，咸知尊君亲上也。"⑤ 1888年所作的《论时务》中说："先王之礼，正月纪年，首重三正，今失正朔，与亡国同，此失名大矣。"⑥ 所谓"重三正""谨五始"，皆源自公羊家说。

1889年初（光绪十四年十二月），太和门火灾，康有为代屠仁守草拟奏折："臣闻五行之运，木盛生火。方今三海土木岁月未已，万寿山及圆明园闻次第并修。……方今民穷财尽，夷狄逼迫，天其或者以土木之故告以火灾耶？……臣又闻阴阳之微，郁蒸生火。方今下情壅塞，障蔽蒸郁，未有甚焉者也。……今忽悠正门之灾，撤去重垣，中外通洞，意者天心默佑，隐示警厉，使宫廷绝去壅隔耶？……灾祥见于天人交孚之际，如响则斯应，其效不爽。臣窃维火者，革故鼎新之象也。太和门者，悬

---

① 梁启超：《清代学术概论》22《清代今文学与龚魏》，第75页。
② 康有为：《康子内外篇·人我篇》，姜义华、张荣华编校《康有为全集》第1集，第107页。
③ 康有为：《康子内外篇·爱恶篇》，姜义华、张荣华编校《康有为全集》第1集，第101页。
④ 康有为：《上清帝第一书》，姜义华、张荣华编校《康有为全集》第1集，第183页。
⑤ 康有为：《钱币疏》，姜义华、张荣华编校《康有为全集》第1集，第173页。
⑥ 康有为：《论时务》，姜义华、张荣华编校《康有为全集》第1集，第167页。

第九章 康有为：维新变法的历史实践 / 345

法制象魏也。而有灾警者，天故以维新庶政，表正百度也。"① 完全是汉代今文家的阴阳五行灾异之说。

《民功篇》中，康有为还多次援引纬书，如《易稽览图》《易坤灵图》《春秋元命苞》《孝经钩命决》《礼含文嘉》《春秋命历序》等，甚至还引《论语谶》②。这些应该都是未经追改的。同作于1886年的《康子内外篇》中也引有《礼纬》之文。③

援引谶纬，侈言灾异本为今文学家，尤其是汉代今文学家之惯常做法。周予同先生指出，"到了清代今文学复兴之后，今、古文学家对于纬书的信否，才有明显的态度。古文学家主六经皆史之说，六经中的神话传说，还不敢信，何况六经之外鬼话连篇的纬书！今文学家因为返于西汉经生之说，对于西汉经生所喜谈的阴阳灾异，自不能不曲为掩护。况且纬书中多孔子改制的话，大足助他们张目。"④ 晚清今文学家皮锡瑞"岂得谓纬书皆邪说乎"⑤ 之言也可使我们察见清代今文学家对纬书的态度。因此，康有为不废谶纬灾异之说已经很像一个今文学家了。

但康有为当时的确还不是今文学家。今文学家一般都认为"六经"皆为孔子所作，而即使在《教学通义·春秋》中康有为也只是说"诸经皆出于周公，惟《春秋》独为孔子之作"⑥，介乎今、古之间。当时所作的各类文章之中，他也不排斥古文，多引《左传》《周礼》等古文经以论事，而且还专门著有《毛诗礼征》，将《毛诗》中涉礼之语按类进行梳理。从康有为对今、古经学的态度，我们说他持一种"平分今古"的态度，应该是可以成立的。

当然，康有为这种"平分今古"开始只能称为一种态度，经廖平

---

① 康有为：《门灾告警请行实政而答天戒折》，姜义华、张荣华编校《康有为全集》第1集，第227—229页。
② 康有为：《民功篇·太昊帝庖牺氏》《神农氏》《黄帝》，姜义华、张荣华编校《康有为全集》第1集，第65、66、70、73页。
③ 康有为：《康子内外篇·爱恶篇》，姜义华、张荣华编校《康有为全集》第1集，第101页。
④ 周予同：《经学史论著选集·纬书与经今古文学》，上海人民出版社1996年版，第59页。
⑤ 皮锡瑞：《经学历史》4《经学极盛时代》，第109页。
⑥ 康有为：《教学通义·春秋》，姜义华、张荣华编校《康有为全集》第1集，第39页。

《今古学考》的启发之后，他才形成较为明确的主张。这也就是《教学通义·六艺上》中明确把今文经归于孔子，把古文经归于周公的"平分今古"论调："古学者，周公之制；今学者，孔子改制之作也。……古①学者，周公之制，以《周礼》为宗，而《左》《国》守之。孔子改制之作，《春秋》《王制》为宗，而《公》《穀》守之。"② 只不过廖平的"平分今古"将今、古文经学分别归之于孔子晚年和早年的学说，而康有为则将之分别归于孔子与周公，认为今文经学是孔子改周公之制（古文经学）而来的。

康有为"平分今古"的阶段，其上限不是很明确，大概可以定到1880年康有为二十三岁的时候，因为"是岁，治经及公羊学，著《何氏纠缪》，专攻何劭公者。既而自悟其非，焚去"③。"治经及公羊学"可以理解为首次系统地接触公羊学，站在古文经学的固有立场上，一开始他自然而然地作出了攻击今文学家何休的反应，但他在攻击的同时也逐渐了解了公羊学的内容和思想，认为公羊学并非不可取，于是很快就"自悟其非"。所以这个时候康有为思想上应该有一个转向，起码对公羊学开始有了一个比较正面的看法。而下限应该定在康有为1890年初第二次在广州见廖平。

1890年初，康有为在广州第二次与廖平晤面是康有为由"平分今古"全面转向今文经学的转折点。据廖平《经话甲编》所记，康有为"戊己间从沈君子丰处得《学考》，谬引为知己"。"戊己间"大概是1889年初。《学考》即为廖平所著《今古学考》，是廖平经学第一变时期主张"平分今古"的著作，而被康有为"引为知己"，正说明康有为当时也是主张"平分今古"的。也正以为如此，一年以后，即1889年底康有为第一次与廖平晤面以后，康有为会"驰书相戒，近万余言"，斥责廖平"好名骛外，轻变前说"了。因为晤面时廖平的经学思想已经转入第二变，即主张"尊今抑古"，康有为对此一时无法接受。

---

① "古"字原文作"今"字，《康有为全集》编者以为"'今'疑作'古'"，依文义确当作"古"，据改。
② 康有为：《教学通义·六艺（上）礼》，姜义华、张荣华编校《康有为全集》第1集，第50页。
③ 康有为：《我史》，第9页。

第九章　康有为：维新变法的历史实践　/　347

而转过年来，当廖平回访康有为时，二人却又能"两心相协，谈论移晷"①，可见康有为在第二次与廖平晤面以后，也接受了"尊今抑古"的主张，全面转向了今文经学。康有为的这个转向，无疑是受到了廖平的影响，但如梁启超所说的康有为"见廖平所著书后，乃尽弃其旧说"②，则又夸大了这种影响。

首先，梁启超所言不可尽信。梁启超虽为康有为高足，但他从学康有为是在康、廖广州会晤八九个月以后，此前之事他不曾亲见。梁启超此言全句为："有为早年，酷好《周礼》，尝贯穴之著《政（教）学通义》，见廖平所著书后，乃尽弃其旧说。"前半句显指《教学通义》中尊崇《周礼》，然而《教学通义》前后诸篇之中未见推崇《周礼》之处，反在《国学》篇中说"《周礼》容有刘歆窜润"。梁启超很可能也并未亲见该书。《教学通义》作于1886年，康有为自定《万木草堂丛书目录》中言此篇为"少作，已佚"③，梁启超师从康有为后，康有为的经学思想已经发生重大转变，即使该书经过后来修改，多半也不会将旧作再拿出来"误己子弟"。束之高阁，久而久之便失其所踪，该书即使不佚在康有为心中也形同已佚。

其次，康有为在和廖平广州会晤时，廖平应该没有给康有为看过《知圣篇》或《辟刘篇》。关于这一点，房德邻先生与陈其泰先生都作过较为精辟的考证，④兹不赘述。廖平应该只是跟康有为述说了两书主旨。而康有为确实看到过廖平所著的《今古学考》，其作用是帮助康有为明确"平分今古"的主张，促使他修改《教学通义》中的部分内容，也谈不上"尽弃其旧说"。

最后，广州会晤以后，康有为也并非"尽弃其旧说"。正如前面我们提到过的，在此之前康有为已经有一些接近今文经学和公羊学的思想。

---

① 廖平：《经话·甲编》，李耀仙主编《廖平学术论著选集》（一），巴蜀书社1989年版，第447页。
② 梁启超：《清代学术概论》23《康有为是今文学运动的中心》，第77页。
③ 转引自《康有为全集》编者为《教学通义》所加之按语，姜义华、张荣华编校《康有为全集》第1集，第18页。
④ 参见房德邻《康有为和廖平的一桩学术公案》，《近代史研究》1990年第4期；陈其泰《清代公羊学》，第279—283页。

其在 1891 年左右作《郑康成笃信谶纬辨》，说："《七经纬》者三十六篇，云孔子所作。今以何休《公羊注》所引《礼》微之，皆在纬中，而与西汉大儒伏生《尚书大传》、董仲舒《春秋》、刘向之说合，凡今学家之说皆合。此虽非孔子所作，亦必孔门弟子支流余裔之所传也。"① 1896 年在万木草堂讲课时又说："孔子口说多在纬。"② 之前他虽未如此明确为纬书张目，但数引纬书为据，可见也必对纬书已有所认同。

而且他后来在《新学伪经考》和《孔子改制考》中所表达一些观点，在此前的著作中就有所思考。如《新学伪经考》以为诸经中大部分为刘歆所伪托，而康有为在《教学通义·亡国》中也已指出"《周礼》容有刘歆窜润"③，《亡经》篇中他还说"（《书》）百篇说出于刘歆《七略》志，虽不足尽信"④，已显示出对刘歆的怀疑态度。《新学伪经考》认为"《易》不经焚为完书，……当时《春秋》赖口说流传，《诗》则以其讽诵"⑤，而《教学通义·亡经》也已说"惟《易》以卜筮不禁，《诗》以讽诵得全，《春秋》以口说流行，孔子之六经实有三经存于后世而已"⑥。《孔子改制考》的主要内容就是阐述孔子托古改制之大义，此义《民功篇·黄帝》中已有隐约之迹："故《易》特有'通变''宜民'之美，以炎、黄、尧、舜皆出一家，而能变政以利民，故可美也。……夫乐倡守祖宗之成法者，援率由之美名也，必以是为美者，则黄帝、尧、舜之自变其政，孔子美之皆非也。"⑦ 即以为孔子借赞美炎黄尧舜而提倡变政。《孔子改制考》卷一为《上古茫昧无稽考》，《民功篇》里也说"上古茫昧不可考"⑧。此外，《康子内外篇》中还说："以天下为一家，中国为一

---

① 康有为：《郑康成笃信谶纬辨》，姜义华、张荣华编校《康有为全集》第 1 集，第 311 页。
② 康有为：《万木草堂口说·孔子改制》，姜义华、张荣华编校《康有为全集》第 2 集，第 148 页。
③ 康有为：《教学通义·国学》，姜义华、张荣华编校《康有为全集》第 1 集，第 27 页。
④ 康有为：《教学通义·亡经》，姜义华、张荣华编校《康有为全集》第 1 集，第 38 页。
⑤ 康有为：《新学伪经考·史记经说足证伪经考》，中华书局 1956 年版，第 24—29 页。
⑥ 康有为：《教学通义·亡经》，姜义华、张荣华编校《康有为全集》第 1 集，第 39 页。
⑦ 康有为：《民功篇·黄帝》，姜义华、张荣华编校《康有为全集》第 1 集，第 70 页。
⑧ 康有为：《民功篇·太昊帝庖牺氏》，姜义华、张荣华编校《康有为全集》第 1 集，第 68 页。

人,血气相通,痛痒相知,其觉识益大,其爱想之周者益远。……今有人焉,一涉想而周于天下焉,凡天之内,其想所及,即其爱所及。非骛远也。……学者告人吾以天天为家,以地地为身,以人类为吾百体,吾爱之周之,血气通焉,痛痒觉焉。"① 则《大同书》的思想也早有迹可寻。

"两考"受廖平影响很大,这是不争的事实。廖平对于康有为的意义在于其"尊今抑古"之主张使康有为全面皈依了今文经学,更重要的是启发康有为找到了其变法维新的理论依据。而康有为在见廖平之前也已经为这个转变在思想上打下了一定基础。康有为讳而不言,是因为他向来宣称"孔子改制"是自己的发明,而一旦承认廖平的作用,无论多少,都会使此言破产。个中具体细节扑朔迷离,终难厘清。但不管怎么说,廖平之书,终是经学书,而康有为看重的是经学背后的政治意义,所以二者的效果和影响完全不可同日而语,这其中康有为的巨大创造性终究是无法抹杀的。

二 以今文经学为变法维新的理论依托

我们可以说,康有为最终走上今文经学的道路不是偶然的,这其实是其经学思想的发展和对经世济民的追求在不断碰撞中所产生的必然结果。

康有为从十九岁(1876)起,受学于硕儒朱次琦。"朱先生鉴明末、乾嘉之弊,恶王学之猖狂,汉学之琐碎,专尚践履,兼讲世用"②,"扫去汉宋之门户,而归宗于孔子"③,这对康有为的影响很大。康有为后来撰写的《教学通义》开篇即表明"经世致用"之意,而且还特辟《从今》一篇以强调之。在《从今》篇中,康有为对训诂考据治学的烦琐以及那些"问以国政而不通,询以时事而不知,考以民生而不达"的"巨学耆儒"④们加以鞭挞。

---

① 康有为:《康子内外篇·觉识篇》,姜义华、张荣华编校《康有为全集》第1集,第106页。
② 康有为:《致沈刑部子培书》,姜义华、张荣华编校《康有为全集》第1集,第238页。
③ 康有为:《我史》,第6页。
④ 康有为:《教学通义·从今》,姜义华、张荣华编校《康有为全集》第1集,第45页。

学从朱次琦之后，康有为觉得"乃如旅人之得宿，盲者之睹明"①，顿时信心满怀，从小便志存高远的康有为此时抱定了"布衣何处不王侯"②的豪迈理想。远大的志向和经世致用的诉求，使康有为越来越不能忍受传统经学脱离现实的弊端。二十一岁的时候（1878），他终于向老师提出"昌黎道术浅薄，以至宋明国朝文章大家巨名，探其实际，皆空疏无有"的见解，继又以为"四库要书大义，略知其概，以日埋故纸堆中，汩其灵明，渐弃之"，而且"思考据家著书满家，如戴东原，究复何用？因弃之"③，逐渐对宋明理学和考据之学失去兴趣。

1880年，康有为比较系统地接触了公羊学，在攻击何休公羊学的同时对公羊学有了一定的了解，转而认识到公羊学的价值。他开始运用一些公羊学思想，如以"大复仇"主张反击西方侵略者等。同时，与西方世界的接触，对康有为的思想又产生了极大的触动。1879年，他初游香港，"乃始知西人治国有法度，不得以古旧之夷狄视之"。三年后又道经上海，"益知西人治术之有本，……大购西书以归讲求焉，……自是大讲西学，始尽释故见"④。此时的康有为逐渐认识到了西学的一些优势，但从所涉猎的西学范围来看，尚未涉及政治制度层面。联系到当时中国人所理解的"西学"还仅仅限于以工艺制造为主的"洋务之学"和以西方自然科学为主的"格致之学"，这也就不难理解了。

1883年12月，中法战争爆发。战争期间，康有为一直在广东，感受至深，他御辱救亡的决心日趋强烈，以致"日日以救世为心，刻刻以救世为事，舍身命而为之"⑤。由于清政府的腐败无能和妥协投降，中法战争以"法国不胜而胜，中国不败而败"结束。这样的结局给了康有为极大的刺激。特别是当战争结束后，友人邓铁香奉命与法国合勘中越边界，为中方据理力争，却被朝廷屈从法国威胁而撤换，康有为更是悲愤交加。他在《闻邓铁香鸿胪安南画界撤还却寄》一诗中写道："山河尺寸堪伤

---

① 康有为：《我史》，第6页。
② 康有为：《康南海先生诗集》卷1《登粤秀山顶五层楼》，姜义华、张荣华编校《康有为全集》第12集，第143页。
③ 康有为：《我史》，第8页。
④ 康有为：《我史》，第9、10页。
⑤ 康有为：《我史》，第12页。

痛,鳞介冠裳孰少多?杜牧《罪言》犹未得,贾生痛哭竟如何!更无十万横磨剑,畴唱三千《敕勒歌》?"① 一边是国土沦丧,外患日紧,一边是朝廷腐败,官员无能,他终于认识到,写点激愤的文章或是痛哭流涕都无济于事,唯有变法维新才能救国救民,而且他也从中国打了胜仗还要受辱的结果中深刻地认识到中国已绝非"师夷长技"所能救得了的,而必须要有一个根本的改变。

《民功篇》作于1886年之前,彼时中法战争刚结束不久,在此作中我们可以看到现存康有为文稿中最早的变法主张。他先引《易》"穷则变,变则通,通则久",然后说:"夫法久则弊必生,令久则诈必起,若代逾百年,时代贸迁,人皆知非而必泥祖宗之成法,不通变以宜民,百政壅阏,民气郁塞,下不蒙德,国受其灾,必待易姓者改纪其政,而祖宗实不血食。"②

一直苦恼于"忧患百经未闻道"③的康有为,终于找到了变法维新的大道,他急于为变法维新寻找理论支撑。其一,他试图从经学中去挖掘。在《民功篇》中他写道:"呜呼!晦盲否塞,大道不明,青黄颠倒,以杀人为贤,而置人生于不论不议之间,使二千年民功不兴,日即于偷,民日以艰,皆经义不明之咎也。夫以中国礼义之邦,尧、舜治法之美,而今生民涂炭至此,君子所为痛心疾首于秦、汉之君,而深罪二千年之学者也。"④ 他找到了通过清理两千年之传统经学而为自己的变法主张扫清障碍的道路,将两千年的经学都说成是"经义不明",这就为自己以后"阐明经义"做好了准备。二是从西学中找。他认为:"中国西书太少,傅兰雅所译西书,皆兵医不切之学,其政书甚要,西学甚多新理,皆中国所无。"⑤ 以政书为甚要,即主张引进西方政治制度以变法维新。1888年,康有为在《论时务》中说:"夫今之不设议院者,谓以中国而下仿西

---

① 康有为:《康南海先生诗集》卷1《闻邓铁香鸿胪安南画界撤还却寄》,姜义华、张荣华编校《康有为全集》第12集,第146页。
② 康有为:《民功篇·黄帝》,姜义华、张荣华编校《康有为全集》第1集,第70页。
③ 康有为:《康南海先生诗集》卷1《澹如楼读书》,姜义华、张荣华编校《康有为全集》第12集,第143页。
④ 康有为:《民功篇·禹》,姜义华、张荣华编校《康有为全集》第1集,第94页。
⑤ 康有为:《我史》,第13页。

法，是用夏蛮夷也。不知昔无总督，今何有之？昔无海军，今何有之？昔无电线、铁路、轮车、火船，今何有之？穷则变通，势固有无可如何者也。"① 明确提出效仿西方政治制度进行改革的主张，此则也显露出康有为此时受公羊学夷夏观及魏源思想影响的可能。

经学和西学这两种理论来源联系在一起，便成为康有为日后的治学方向。

1888 年，康有为趁进京赶考的时机，试图向朝廷贡献他的变法主张，却遭到了失败。1889 年底，康有为回到了广州，在那里他碰见了廖平。他从廖平"尊今抑古"的主张里，看到了今文经学，尤其是公羊学的巨大意义。公羊学之所以能成为康有为变法维新的理论基石，大体可以从以下三点来分析：

第一，公羊学乃经世致用之学，充满批判精神。"衰世救失"，服务于现实的政治需要，是公羊学的传统。历代公羊学者，从董仲舒、何休到龚自珍、魏源无不"以经术作政术"。公羊学中富含儒家的政治学说，正可作为康有为讥切时政、推动变法的强大武器。尤其公羊学推孔子为素王，以为孔子无王位而行王事，这对像康有为这样无权无势的一介书生来说，真是一个可仿效的办法。

第二，公羊学的"三统""三世"说构成了一个比较完整的历史哲学体系，充满变易、改制、进化的色彩，这给论证历史进化的合理性与必然性以及变法改制的必要性与可行性提供了巨大的理论源泉。

第三，《公羊传》乃儒家重要经典之一，西汉即立于学官。而在清代中期以前的一千余年里，《公羊传》却几乎无人问津，公羊学在"汉后已成绝学"②。至乾嘉，公羊学始复明于常州学派，后又经龚、魏光大之，此时正充满生机。公羊学的这种资源和背景，正是抵抗程朱理学和乾嘉汉学，树立变法维新的权威的绝佳选择。

至此，康有为才真正开始"发古文经之伪，明今学之正"③，声称

---

① 康有为：《论时务》，姜义华、张荣华编校《康有为全集》第 1 集，第 165 页。
② 皮锡瑞：《经学历史》8《经学变古时代》，第 250 页。
③ 康有为：《我史》，第 15 页。按《我史》列此言于光绪十四年（1888），时康有为三十一岁，但从康之思想发展理路来看，恐怕言之过早。

"《毛诗》《古文尚书》《逸礼》《周官》《费氏易》《左氏春秋》皆伪经也。于以洗二千年歆、莽之伪氛,复孔圣传授之微言"①,而将公羊学奉为圭臬,以为孔子大道尽在公羊。他说:

> 能通《春秋》之制,则六经之说莫不同条而共贯,而孔子之大道可明矣。《春秋》成文数万,其旨数千,皆大义也。汉人传经皆通大义,非琐屑训诂名物也,故两汉四百年,君臣上下制度议论,皆出《公羊》,以《史记》《汉书》逐条求之可知也。苟能明孔子改制之微言大义,则周、秦诸子谈道之是非出入,秦、汉以来二千年之义理制度所本,从违之得失,以及外夷之治乱强弱,天人之故,皆能别白而昭晰之。振其纲而求其条目,循其干而理其枝叶,其道至约,而其功至宏矣。②

但康有为公羊学的阐发,已完全不同于他之前的公羊家,而是一种全新的发展。历代公羊家多以"例"说公羊,而康有为则摆脱了这种束缚,注重揭橥公羊学的"微言大义",这正像梁启超所指出的那样,"康先生之治《公羊》治今文也,其渊源颇出自井研(廖平),不可诬也。然所治同,而所以治之者不同。畴昔治《公羊》者皆言例,南海则言义。惟牵于例,故还珠而买椟;惟究于义,故藏往而知来。以改制言《春秋》,以三世言《春秋》者,自南海始也"③。

康有为"以董、刘(向)为归,而上寻孔子之绪"④,以公羊学统摄六经,通过对公羊学的改造,实现儒学的"返本开新",以指导其变法维新的政治活动。他援西学入儒学,将一些西方近代的思想和学说融进了公羊学中,大大丰富了公羊学的内容,将公羊学的影响推向了一个新的高度。

---

① 康有为:《新学伪经考·史记经说足证伪经考》,第 29 页。
② 康有为:《桂学答问》,楼宇烈整理《长兴学记 桂学答问 万木草堂口说》,第 30 页。
③ 梁启超:《论中国学术思想变迁之大势》,第 128—129 页。
④ 康有为:《与朱一新论学书牍·答朱蓉生书》,姜义华、张荣华编校《康有为全集》第 1 集,第 322 页。

第二节 "托古改制"之"通三统"

冯友兰先生说:"春秋公羊学出现在中国社会的两次大转变时期,而不在其他时期,这是很有意义的。汉初出现的春秋公羊学,为第一次大转变时期结尾,清末出现的春秋公羊学为第二次大转变开头。这不是偶然的,这是因为春秋公羊学的基本精神是'改制'。"① 康有为自己亦尝言:"读《公羊》先信改制。不信改制,则《公羊》一书,无用之书也。"② 改制之义,康有为最为推崇,而公羊学"改制"的最主要的思想源泉便是"通三统"。康有为尝言:"吾所发明,孔子改制。……今学口说,三统大义。囊括四海,可扫霾曀。"③ 以为"孔子改制"说为自己最大发明,"三统"说为公羊学最有价值的理论。

一 托古"三统"

梁启超说:"近人祖述何休以治《公羊》者,若刘逢禄、龚自珍、陈立辈,皆言改制,而有为之说,实与彼异。有为所谓改制者,则一种政治革命、社会改造的意味也,故喜言'通三统'。'三统'者,谓夏、商、周三代不同,当随时因革也。喜言'张三世'。'三世'者,谓据乱世、升平世、太平世,愈改而愈进也。有为政治上'变法维新'之主张,实本于此。"④ 梁启超一针见血地指出了康有为变法维新的理论基石就是公羊学的"三统""三世"说,其所倡"改制"之理论首先就是来源于"通三统"。

与以前的公羊学家相比,康有为可以说对"通三统"理论进行了翻天覆地的改造。梁启超说康有为不以"例"说公羊,并不是说他完全抛弃了公羊学的各种"例",而是说他不泥守于"例"。他的公羊学跳出了历代公羊学家的成说,对公羊学的"微言大义"进行了更为自由的发挥。

---

① 冯友兰:《春秋公羊学与中国封建社会》,《社会科学研究》1984年第2期。
② 康有为:《康南海先生讲学记·公羊》,姜义华、张荣华编校《康有为全集》第2集,第121页。
③ 康有为:《祭朱蓉生侍御文》,姜义华、张荣华编校《康有为全集》第2集,第9页。
④ 梁启超:《清代学术概论》23《康有为是今文学运动的中心》,第79页。

康有为在公羊学传统的"三统"说的基础上，紧紧抓住"变易"和"改制"的核心，从《春秋》王鲁改制之义大胆推衍出孔子托古改制之说。因此，他的"三统"说中就有了更多连公羊先师都闻所未闻的"非常可怪之义"。

首先，他将公羊先师言之凿凿的"三统"，说成是历史上并不存在的。此义他颇多发明：

> 盖《春秋》之作，在义不在事，故一切皆托，不独鲁为托，即夏、殷、周之三统，亦皆托也。①
> 王则托于鲁，三统则托于古。《春秋》一书，皆托文见义也。②
> 夏、殷、周三字，孔子所托以为三统，非真三代也。③

公羊学传统上的讲法，是以夏、商、周制度的因革损益作为"三统"说的历史依据。而康有为将之完全打破，认为所谓的"三统"不过完全是孔子所托，是一种思想理论，而非事实。他解释道：

> 《春秋》一书，皆孔子明改制之事，故孟子谓："《春秋》天子之事也。"曰作新王，曰变周之制。周，时王也，而以为王者之后；杞，公也，而降为伯；滕，子也，而升为侯。此皆非常异义，万不可解之事，而董子数数言之。……《春秋》虽为孔子所托，而运之三代。夏、殷无征，遍见《礼运》《中庸》《论语》。此夏、殷、周之制，安所从来？盖五复、九复，亦孔子所托而已。④

康有为认为，"共和以前，不可年识"，上古都属于"茫昧无稽"的

---

① 康有为著，楼宇烈整理：《春秋董氏学》卷5《春秋改制》，中华书局1990年版，第114页。
② 康有为：《康南海先生讲学记·公羊》，姜义华、张荣华编校《康有为全集》第2集，第121页。
③ 康有为：《万木草堂口说·春秋繁露》，姜义华、张荣华编校《康有为全集》第2集，第186页。
④ 康有为著，楼宇烈整理：《春秋董氏学》卷5《春秋改制》，第119页。

时期，夏、殷之制尤其无从考证，孔子是根本不可能知道三代具体的礼仪制度的，所谓"三代文教之盛，实由孔子推托之故。故得一孔子而日月光华，山川焜耀。然夷考旧文，实犹茫昧，虽有美盛，不尽可考焉"①，"孔子作经，将为施行，故本为空言，犹必托之实事"。②康有为的这种说法实开了疑古派之先河。

康有为还强调，"三统"的的确确是出自孔子之手，而且也只能出自孔子之手：

> 制则或文或质，法则或阴或阳；姓则或子或女，法则或天或地；形则或圆或方或长，统则或白或赤或黑。虽有异同，然皆推算之法，故知出自一手。盖圣人胸有造化，知天命之无常，虑时势之多变，故预立三统以待变通。达之百王，推之九复，范围无外，非圣人之精思睿虑，其孰能为之？……呜呼！非圣人，而能中有天地如是乎？③

"三统"是孔子为后世"预立"出来的制度。那么，孔子为什么要"托"出一个"三统"来呢？康有为解释说："孔子以布衣而改乱制，加王心，达王事，不得不托诸行事以明其义。"④因为孔子要变周之制，为乱世立法，为后世立法，而考虑到人情"荣古而虐今，贱近而贵远"⑤以及"布衣改制，事大骇人，故不如与之先王，既不惊人，自可避祸"⑥，所以"孔子欲裁成三代以为三统"⑦，"巽辞托先王，俾民信从，以行权救患"⑧，将自己所创之法托为先王之制。因此，所谓"通三统"就是孔子"托古改制"的产物。而之所以是"三"统，乃是因为"孔子创义，

---

① 康有为：《孔子改制考》卷1《上古茫昧无稽考》，中华书局1958年版，第1页。
② 康有为著，楼宇烈整理：《春秋董氏学》卷5《春秋改制》，第120页。
③ 同上。
④ 康有为：《孔子改制考》卷11《孔子改制托古考》，第268页。
⑤ 康有为：《孔子改制考》卷4《诸子改制托古考》，第48页。
⑥ 康有为：《孔子改制考》卷11《孔子改制托古考》，第267页。
⑦ 康有为：《孔子改制考》卷1《上古茫昧无稽考》，第6页。
⑧ 康有为：《孔子改制考》卷11《孔子改制托古考》，第267页。

皆有三数，以待变通"①。因为人类社会是不断变化发展的，任何朝代、制度都不可能永久，所以孔子预立了多种制度、礼法以适应不同的时代的要求，以求后王改制时能取法变通，因革损益。这也就是"通三统"变易思想的核心，即康有为说的"《春秋》三统，取其变也"②。康有为在《春秋董氏学·春秋礼》中还详述了器械、宫室、乐器、冠礼、昏（婚）礼、丧礼、刑罚等之"三统"，以说明各种制度、礼法都有"三统"。

康有为说："圣人但求有济于天下，则言不必信，惟义所在。无征不信，不信民不从，故一切制度托之三代先王以行之。"③ 这是孔子"托古改制"之大义所在，又何尝不是康有为对"康子改制"的内心独白？"借事明义"本为公羊家的惯常的说法，如"《春秋》托王于鲁"等，但像康有为这般将整个"三统"都归为"本为空言，而托之实事"的范畴，却实属惊人之举。

二　改制"三统"

康有为以为，孔子所立之"三统"可以"达之百王，推之九复，范围无外"，不限于一国及一时，而是"及于天下与后也"。

从时间上来说，孔子是为万世立法，"三统"的变通是没有尽头的。康有为说：

> 《汉书·张敞传》："愿得备皂衣之数"，则汉服尚黑。盖玄端缁衣，《春秋》之制。国朝天青褂，亦是尚黑，盖亦《春秋》制也。乐亲《韶舞》，则孔子最尊尧舜，所谓尽善尽美。后世虽有作者，虞帝其不可及，为其揖让而官天下也。此则三统之后，犹为折衷者。惜其详说不可见，而今即其略说，已见圣人之范围无外。④ 由三统推之四复、五复、九复，穷变通久，至万千统可也！天下安其所习，蔽

---

① 康有为著，楼宇烈整理：《春秋董氏学》卷5《春秋改制》，第120页。
② 康有为：《康南海先生讲学记·公羊》，姜义华、张荣华编校《康有为全集》第2集，第121页。
③ 康有为：《孔子改制考》卷11《孔子改制托古考》，第267页。
④ "无外"二字，原书下属为句，不从。

于一统，若见圣人三统之运量，如闻钧天，其有不悲忧眩视者，将别见天地之大矣。①

康有为认为，"三统"运量无穷，"三统"之后又会有"三统"，无穷无尽。同时，也没有一统可以长久不衰，当每一统走到它的尽头的时候，就必须因时变通，采取新统。他说："继周者《春秋》也。百世以俟圣人，由百世之后，等百世之王，以《春秋》治百世也。百世之后，穷则变通，又有三统也。此改制之微言也。"②但这不是简单的循环论，康有为认为"三统"的更替是与时升进的，他以为"孔子，圣之时者也，知气运之变，而与时推迁，以周世用，故为当时据乱世而作宪法，既备矣，更预制将来，为修正宪法之用，则通三统焉。孔子又为进化之道，而与时升进，以应时宜，故又备升平、太平之宪法，以待将来大同之世修正宪法之时，有所推行焉。……今各国之为宪法，限于其一国，及其一时；《春秋》之为宪法，则及于天下与后世"③。这里，他又结合公羊"三世"说，认为"据乱世""升平世""太平世"各有不同的"三统"，"其统异，其世异，则其道亦异。故君子当因其所处之时，观其会通，以行其典礼，上下无常，惟变所适"④。强调不同的历史发展阶段要采取不同的制度、礼仪，要因时制宜。

从空间上说，康有为认为"三统"不仅适用于中国，甚至连西方的制度、礼法也在"三统"的范围之内。董仲舒明明说"三统之变，近夷遐方无有，生煞者独中国"⑤，而康有为却在《春秋董氏学·春秋改制》中说：

若三统之制，更为周远。如建子为正月，白统尚白，则朝服、首服、舆旗皆白，今泰西各国从之。建丑为正月，俄罗斯、日本从

---

① 康有为著，楼宇烈整理：《春秋董氏学》卷5《春秋改制》，第121页。
② 康有为：《孔子改制考》卷9《孔子创儒教改制考》，第221页。
③ 康有为：《刊布春秋笔削大义微言考题词》，汤志钧编《康有为政论集》，中华书局1981年版，第807页。
④ 康有为：《中庸注》，楼宇烈整理《孟子微 礼运注 中庸注》，第192页。
⑤ 董仲舒：《春秋繁露·三代改制质文》。苏舆撰，钟哲点校：《春秋繁露义证》卷7《三代改制质文》，第195页。

之。明堂之制，三十六牖，七十二户，高严圆侈，或椭圆，或衡，或方。上圆下方，则为泰西宫室之制。衣长后衽，则泰西律师服之。即以日分或中半，或平明，或鸡鸣，今泰西以日午为日分，亦在范围之中，不独建寅之时行之二千年也。①

康有为把西方的制度也纳入"三统"以内，说西方的历法、服制、建筑也是"三统"的体现，这样就取消了西方制度与中国传统制度之间的鸿沟，既可证明"三统"的普适性，也可以减轻引入西方制度的阻力。

三 孔子为王

康有为说："周道亡于幽、厉，自是孔子以《春秋》继周，改周之制，以周与宋同为二王后。故《诗》之三《颂》，托王鲁、新周、故宋之义，运之三代，传之口说，著之《公羊》《穀梁》，大发明于董子。太史公、刘向、何休皆无异辞。示周不兴，孔子乃作。何邵公所谓非常异义；太史公所谓不可书见，口授弟子者也。"② 公羊先师之"通三统"向有"新周、故宋、以《春秋》当新王"而"托王于鲁"之说。康有为从"以《春秋》当新王"和"托王于鲁"直接发挥出"孔子为王"说，并称孔子为"制法之王""新王""素王""文王""圣王""先王""后王"等。

康有为称："自战国至后汉八百年间，天下学者，无不以孔子为王者。"③ 此言显然言过其实，"孔子为王"说多见于纬书，两汉今文学家亦有提及但多语焉不详，很少直接有"孔子为某王"的提法，如董仲舒说："孔子立新王之道。"又说："孔子作《春秋》，先正王而系万事，见素王之文焉。"④ 司马迁《史记·太史公自序》里说："孔子之时，上无明君，下不得任用，故作《春秋》，垂空文以断礼义，当一王之法。"⑤ 而

---

① 康有为著，楼宇烈整理：《春秋董氏学》卷5《春秋改制》，第120—121页。
② 康有为：《孔子改制考》卷8《孔子为制法之王考》，第198页。
③ 同上书，第195页。
④ 董仲舒：《春秋繁露·玉杯》，苏舆撰，钟哲点校：《春秋繁露义证》卷1《玉杯》，第28页；《汉书》卷56《董仲舒传》，第2509页。
⑤ 《史记》卷130《太史公自序》，第3299页。

且先前的"孔子为王"说也多集中在孔子为"素王"之说,像这样一下在孔子头上集中了那么多"王"的光环,康有为确是开天辟地第一人。

康有为博采经、史、子书,更广搜纬书,将各种古籍中的"素王""文王""圣王""先王""后王"乃至"王者"都想办法解释为孔子。《孔子改制考》中,康有为专设《孔子为制法之王考》,力证"孔子制法之王""孔子为新王""孔子为素王""孔子为文王""孔子为圣王""孔子为先王""孔子为后王""孔子为王者"等,以孔子为"改制立法之教主圣王""百世之王"①。

"乃上古昔,尚勇竞力,乱萌惨黩。天闵振救,不救一世而救百世,乃生神明圣王,不为人主,而为制法主。天下从之,民萌归之。……孔子为制法之主,所谓素王也。《论语》曰:'天生德于予','天之未丧斯文也,匡人其如予何!'所谓'不空生,必有所制'也。"② ——以孔子为制法之王。即天生孔子为制法之王,为万世立法。孔子为制法之王是总义,其他王称则皆是从不同角度而言制法之王。

"董子直谓孔子为新王继周。董子一醇儒,岂能为此悖谬之论?盖孔门口说之传也。……董生更以孔子作新王,变周制,以殷、周为王者之后。大言炎炎,直著宗旨。……孔子为继周之王,至明。"③ ——以孔子为新王。即孔子继周之后,受命为新王,改制立法。

"孟子曰:'三代之失天下也以不仁。'孟子之时,周命未改,然孟子已以为亡。《史记》所谓'周道亡于幽、厉'。平王之后,王降为风,威灵不振。孔子改制,以《春秋》继周,故立素王之制也。……孔子为素王,乃出于子夏等尊师之名。素王,空王也。佛亦号空王,又号法王。凡教主尊称,皆取譬于人主,何异焉?"④ ——以孔子为素王。孔子受命继周,而时王犹在,只立新王之法而无新王之位,故称"素王"。

"'王者孰谓?谓文王也。'……孔子质统为素王,文统则为文王。孔子道致太平,实为文王。法生不法死,则此文王是孔子,非周文王易见

---

① 康有为:《孔子改制考》卷8《孔子为制法之王考》,第195、210页。
② 同上书,第194—196页。
③ 同上书,第198—199页。
④ 同上书,第199—200页。

矣。……《论语》：'文王既没，文不在兹乎？'孔子已自任之。王愆期谓文王者孔子也，最得其本。人只知孔子为素王，不知孔子为文王也。或文或质，孔子兼之。"① ——以孔子为文王。文质循环，世俗之王或文或质，而孔子为万世立法，则文质兼之，以质言则为"素王"（素、质同义），以文言则为"文王"。

"孔子作《春秋》而世一治。孔子没而杨、墨起，'圣王不作'② 即指孔子，与尧、舜既没一例。……孔子改制，首先正名。公孙龙以坚白之说乱之，荀子攻之，③ 所谓圣王，即是孔子。……圣王之道，即孔子之道，故儒谨守之。"④ ——以孔子为圣王。孔子与尧、舜同列，皆为圣王，孔子之道即为圣王之道。

"（荀子）称孔子足为先王。……儒服为孔子改制之服。儒者尊孔子为先王，因尊其服为先王之服，此孔门相传之微言也。……凡孔子后学中引礼，皆孔子之礼。所称先王皆孔子，非三代先王也。"⑤ ——以孔子为先王。孔子既王，后世儒者自称孔子为"先王"。

"当荀子之时，周德虽衰，天命未改，秦又未帝，而立爵名从周，与商并举，则所谓后王者，上非周王，后非秦帝，非素王之孔子而何？孟子称孔子为先王，荀子称孔子为后王，其实一也。云爵名从周，而刑名、文名不从周，则所谓后王正名者，非孔子而何？……以后王为天下之君，荀子之尊孔子可谓极矣。……凡荀子称后王者，皆孔子也。"⑥ ——以孔子为后王。相对商、周，孔子则为后王，其所制为后王之法。

"董子谓《春秋》作新王之事，变周文而从殷质，于《三代改制》一篇，大发其义。然则所称王者改制，即孔子也。……孔子受端门之命，非王者而何？……《春秋》公羊家之说，所称王者即指孔子。盖师说相传，皆以《春秋》当新王也。"⑦ ——以孔子为王者。孔子受命，即为王

---

① 康有为：《孔子改制考》卷8《孔子为制法之王考》，第201—202页。
② 指《孟子·滕文公下》："圣王不作，诸侯放恣，处士横议，杨朱、墨翟之言盈天下。"
③ 指《荀子·正名篇》："今圣王没，名守慢，奇辞起，名实乱，是非之形不明。"
④ 康有为：《孔子改制考》卷8《孔子为制法之王考》，第202—203页。
⑤ 同上书，第203—204页。
⑥ 同上书，第205—206页。
⑦ 康有为：《孔子改制考》卷8《孔子为制法之王考》，第207页。

者，公羊家所称"王者"皆为孔子。

在康有为的笔下，孔子成了集王业之大成者，此等"殊荣"古今无人可比，更远非人间世俗之王可比。他说："何谓之王？一画贯三才谓之王，天下归往谓之王。……夫王不王，专视民之聚散向背名之，非谓其黄屋左纛，威权无上也。……天下义理制度皆从孔子，……孔子有归往之实，即有王之实，有王之实而有王之名，乃其固然。然大圣不得已而行权，犹谦逊曰假其位号，托之先王，托之鲁君，为寓王为素王云尔。"王不是看是否拥有无上的威权，而是看是否民心所向，因此世俗之王都是名不副实的，只有孔子为王才是实至名归。而且世俗之王威权再盛，终究只限于一国一时，孔子为王则没有地域和时间的限制："故夫孔子以元统天，天犹在孔子所统之内，于无量数天之中而有一地，于地上无量国中而为一王，其于孔子曾何足数！"① 康有为将孔子的地位推向了极致。

康有为此处亦有以"理想王"代替"现实王"的意图，但他大肆宣扬"孔子为王"，其主要目的是树立孔子改制的权威，为自己的改制主张保驾护航。康有为就是要证明，孔子托"三统"，要人们"因时改制"，是为"万世立法"，永不过时。此外，立法改制是王者之事，孔圣人为一介布衣可假位行权，同为布衣的"康圣人"自然亦可以"不得已而行权"，推行变法维新了。

"儒者道上古，誉先王，托古以易当世也"②，康有为一语道破了他这套"托古改制"理论的真实目的。他以"三统"皆为孔子所"托"，将古文经学所尊的尧、舜、周公等权威都打入了"无稽"之中，树立起了孔子的单一权威。既而他又把"三统"解释成是孔子寄寓"改制"思想的工具，把孔子塑造成了一位"托古改制"的王者，为在孔子的旗帜下推行变法铺平了道路。同时，他把三代"三统"都说成是不存在的，这既为他重塑儒家道统创造了条件，也使他走出了那种以远古为理想的旧说，可以从容地去推导历史无限进步、置理想世界于将来的"三世"进化论。

---

① 同上书，第 195 页。
② 康有为：《孔子改制考》卷 11《孔子改制托古考》，第 279 页。

第三节 "与时进化"之"张三世"

"张三世"说亦为康有为变法维新的重要理论基石之一。康有为通过对传统公羊学"三世"说的改造,将西方的国家学说和民主思想融入了公羊学固有之进化论,并益以西方近代进化论的成分,创造出了一套具有鲜明儒家特色的进化论体系。

一 康有为的几种"三世"说

"三世"说的阐发与康有为变法维新的政治活动密切相关,随着他的政治实践的起伏,康有为的"三世"说也先后出现了几种不同版本。

1. 最初强化君权的"三世"说

康有为在全面树立今文学观点之前,也曾阐发过一个"三世"说。他在早期著作《教学通义》中,即按照公羊"三世"说将汉以后至清的一千多年分成三世:

> 《春秋》之学,专以道名分,辨上下,以定民志,其大义也。自汉以后,《春秋》日明,君日尊,臣日卑。依变言之,凡有三世:
>
> 自晋至六朝为一世,其大臣专权,世臣在位,犹有晋六卿、鲁三家之遗风,其甚者则为田常、赵无恤、魏萏矣。
>
> 自唐至宋为一世,尽行《春秋》讥世卿之学,朝寡世臣,阴阳分,嫡庶辨,君臣定,篡弑寡,然大臣犹有专权者。
>
> 自明至本朝,天子当阳,绝出于上,百官靖共听命于下,普天率土,一命之微,一钱之小,皆决于天子。自人士束发入学,至位公卿,未尝有几微暗干之念动于中,故五百年中,无人臣叛逆之事。自亲王、大臣不能以怒妄杀一人,以喜妄予一官。士人虽不能通九职、六艺之学,而咸以激厉气节忠君爱国为上,而耻于翼奸乱,附权门。自非夷狄盗贼之患,民老死不见兵革,不知力役,耕田凿井,长子抱孙,咸得保首领于牖下。士大夫取科第就位列,非有作奸犯科之事,皆能酣嬉于衣冠,以没其世。综计国朝三百年中,惟有三乱。康熙时曰三藩,嘉庆时曰教匪,咸丰时曰发逆。自尔之外,天

下塞晏。①

他的这个"三世"的划分应该说也是一种进化论，但他却以"讥世卿"为进化的依据，将三世演进的过程说成了一个君主专制越来越强化的过程。康有为这里忽视了公羊"三世"说中更丰富更积极的内容，实际上背离了何休"三世"说强调社会整体进步，尤其是文明进步的原意。他把他所在的清朝看成"太平世"，不仅与事实严重不符，而且与何休所说的"天下远近小大若一"的境界也是不可同日而语的。从康有为的这个"三世"说中是不可能推导出变法维新的意义来的。此时的康有为还远未体味到公羊学的真谛。

但我们从他上面的这段论述中，还是可以看出此时康有为已经认识到公羊"三世"说"愈改愈进"的本质，他对世界的发展也已经持一种进化论的观点。同在《教学通义》中，他提道，"世变日异，以筝瑟易琴瑟，以盘椀易笾豆，以椅案易几席，以枪炮易弓矢"②。这说明他对世界"进化"已经有了一定的认识，这也成为他以后阐发为资产阶级民主制度张目的"三世"进化论奠定了基础。

2. 以两千年君主制度为"小康升平世"的"三世"说

康有为在全面确立今文学观点之后，他这个原始的"三世"说也就被他自己抛到了一边，他构筑了一个新的"三世"说。这里的"新"不仅是对他自己而言，也是对公羊先师而言的。他认为"三世"说的大义全在《礼运》，他说："读至《礼运》，乃浩然而叹曰：孔子三世之变，大道之真，在是矣；大同小康之道，发之明而别之精，古今进化之故，神圣悯世之深，在是矣；相时而推施，并行而不悖，时圣之变通尽利，在是矣。是书也，孔氏之微言真传，万国之无上宝典，而天下群生之起死神方载！"③他将公羊"三世"说和《礼运》"大同""小康"说糅合在一起，以"升平世"为"小康"，以"太平世"为"大同"：

---

① 康有为：《教学通义·春秋》，姜义华、张荣华编校《康有为全集》第1集，第40页。

② 康有为：《教学通义·六艺（中）射御》，姜义华、张荣华编校《康有为全集》第1集，第52页。

③ 康有为：《礼运注》叙，楼宇烈整理《孟子微　礼运注　中庸注》，第236页。

三世为孔子非常大义,托之《春秋》以明之。所传闻世为据乱,所闻世托升平,所见世托太平。乱世者,文教未明也;升平者,渐有文教,小康也;太平者,大同之世,远近大小如一,文教全备也。①

这里,康有为"所闻世""所见世"对应"升平""太平",都用了"托"字;而对"所传闻世"对应"据乱",则用的"为"字。由此细节可看出,康有为这里用字还是很严谨的,意即孔子之"所见世"确实属于"据乱世",而"所闻世"的"升平世""所见世"的"太平世"则都是假托。

由于康有为将三代之前的黄帝、尧、舜的"圣王之治"都归为孔子为了给后世树立榜样而假托的,所以他就摆脱了那种把三代之前看成理想社会的传统观念所带来的困惑,继续坚持公羊"三世"说的进化论倾向。"三世"说作为一种历史进化论,原本是比较简陋的,只是简单地描绘了人类社会从低级向高级发展的必然趋势,而在所谓的"据乱世""升平世""太平世"的具体叙述上则是非常苍白的。康有为意识到这样的"三世"说很难成为一种有感染力的理论,必须说明三世尤其是理想世界"太平世"的具体状态。终于,他从《礼运》对"大同""小康"的描述中找到了现成的内容,找到了公羊"三世"说的一个极好的补充。这样,康有为把"张三世"理论与"大同""小康"学说有机地结合了起来,构筑起一个更为丰满的"三世"系统。

"大同"社会的特征就是政治民主,所谓"天下为公""选贤与能";而"小康"社会则改"公天下"为"家天下",君主大夫世代相传,所谓"天下为家""世及以为礼"。由此,康有为推出了这样的结论:"升平世"应当实行君主制度,"太平世"应当实行民主制度,这是孔子借说尧、舜或文王,早就设定好了的。他发挥道:"尧、舜为民主,为太平世,为人道之至,儒者举以为极者也。……孔子拨乱升平,托文王以行君主之仁政,尤注意太平,托尧、舜以行民主之太平。……六经中之尧、舜、文王,皆孔子民主、君主之所寄托。……《春秋》始于文王,终于尧、

---

① 康有为著,楼宇烈整理:《春秋董氏学》卷2《春秋例》,第28—29页。

舜。盖拨乱之治为文王,太平之治为尧、舜,孔子之圣意,改制之大义,《公羊》所传微言之第一义也。"① 而孔子的理想世界是"大同太平世":"孔子生据乱世,而志则常在太平世,必进化至大同,乃孚素志,至不得已,亦为小康。而皆不逮,此所由顾生民而兴哀也。"② 所以,遵照孔子之意,人类必由"升平世"而进入"太平世",也就必由君主制度转为民主制度。

这样,康有为将现代西方的民主概念糅进了古老的公羊学说之中,孔子是民主的设计者,尧、舜是施行民主的楷模,于是"三世"就说成了他推行民主的依据。平心而论,他的这种推演也并不算太牵强,可以看出康有为在寻找传统经学与民主的结合点上是颇费了一番苦心的。而且他用社会制度的不同来区分历史发展的不同阶段,也有一定的先进性。但民主制度和以社会制度为划分标准这些内容实是"三世"说题中本无之义,他的这种阐述实际上已经突破了"三世"说既有的含义。

理论框架搭好之后,康有为还要把它落到实处。中国两千年来一直是君主专制社会,无疑便是"小康升平世"了,他说"吾中国二千年来,凡汉、唐、宋、明,不别其治乱兴衰,总总皆小康之世也"③;"汉文而晋质,唐文而宋质,明文而国朝质,然皆升平世质家也"④。从秦、汉至当时的清末,两千年一味守旧,居然一直没有进化,这是大失孔子"因时变革"的主张的,康有为批判道:"窃臣深维立国致治之故,当审时变消息之宜。孔子时圣,以其知新,故新民为先,礼时为大。吾中国之政教风俗,数千年如一揆也,只有保守,而绝无进化者,盖尊古守旧为之也。"⑤ 当然,康有为最终的落脚点就是要改变当前的制度,所以他说:"今者,中国已小康矣,而不求进化,泥守旧方,是失孔子之意,而大悖其道也,甚非所以安天下乐群生也,甚非所以崇孔子同大地也。"⑥ 也就

---

① 康有为:《孔子改制考》卷12《孔子改制法尧舜文王考》,第283—285页。
② 康有为:《礼运注》,楼宇烈整理《孟子微 礼运注 中庸注》,第239页。
③ 康有为:《礼运注》叙,楼宇烈整理《孟子微 礼运注 中庸注》,第236页。
④ 康有为著,楼宇烈整理:《春秋董氏学》卷5《文质》,第122页。
⑤ 康有为:《请厉工艺奖创新折》,姜义华、张荣华编校《康有为全集》第4集,第302页。
⑥ 康有为:《礼运注》叙,楼宇烈整理《孟子微 礼运注 中庸注》,第237页。

是说，中国社会绝对不能再停留在"小康"社会不动，继续实行君主专制，而应当用孔子的"大同"之道进行大的变革，推行民主制度，早日进化到"大同太平世"。

3. 以两千年君主制度为"据乱世"的"三世"说

戊戌变法后，经过变法挫折的康有为又亲身游历了欧美各国，他对整个世界有了更深刻的感受，看清了中国与西方资本主义强国之间的差距。他开始认识到，"大同之世"并不是像他原来想象的那么容易实现的，中国的君主专制制度也不像他想象的那样通过一次变法就能改变。在这样的思考下，有的人会转而选择革命，但康有为则选择了保守。他在《春秋笔削大义微言考》（作于1901年）中说，"知中国与今欧洲之异，即可知据乱与升平之异"；"中国之治教遂以据乱终，绝流断港，无由入于升平、太平之域"①。这样，原来已经被康有为定为"小康升平世"的中国，又退回到了"据乱世"。他解释说，由于"汉世家行孔学，君臣士庶，躬从化，《春秋》之义，深入人心"，如果这样一直持续，那到隋、唐，中国就应该"进化至升平之世，至今千载，中国可先大地而太平矣"。但因晋代以后的"伪古学大行"，导致"大义乖""微言绝"，"三世之说，不诵于人间，太平之种，永绝于中国"，结果中国两千年来只能"笃守据乱之法以治天下"②。此刻，身在国外的他，也不用担心把"国朝"定为"据乱世"的"大逆不道"之举。于是他又对先前的"三世"说进行了修正。

康有为在《孟子微》（作于1901年）里说"今大地中，三法并存，大约据乱世尚君主，升平世尚君民共主，太平世尚民主矣"③，转而以君主专制为"据乱世"，君主立宪制为"升平世"，民主共和制为"太平世"。这样，中国要到达"大同"实现民主，从原来的"君主—民主"的一步跨越，变成"君主—君民共主—民主"的两步走，中间必须多经历一个"君主立宪"的阶段。

---

① 康有为：《春秋笔削大义微言考》，姜义华、张荣华编校《康有为全集》第6集，第81、7页。

② 康有为：《春秋笔削大义微言考》自序，姜义华、张荣华编校《康有为全集》第6集，第4页。

③ 康有为：《孟子微》卷4《同民》，楼宇烈整理《孟子微 礼运注 中庸注》，第104页。

康有为还在《孟子》"左右皆曰贤，未可也；诸大夫皆曰贤，未可也；国人皆曰贤，然后察之，见贤焉，然后用之"条下注解说：

> 此孟子特明升平授民权、开议院之制，盖今之立宪体，君民共主法也。今英、德、奥、意、日、葡、比、荷、日本皆行之。……升平之善制也。①

此即是将"君主立宪"定为升平之制。在《孟子》"民为贵，社稷次之，君为轻"条下他又注解说：

> 此孟子立民主之制，太平法也。……民为主而君为客，民为主而君为仆，故民贵而君贱易明也。众民所归，乃举为民主，如美、法之总统。……今法、美、瑞士及南美各国皆行之，近于大同之世，天下为公，选贤与能也。孟子已早发明之。②

他目睹了资本主义社会肮脏的一面，逐渐认识到欧美各国也并非十全十美，其社会也存在着许多问题，所以美国等国的民主制也还不是"大同世"，而只是"近于大同之世"。随着他游历范围的扩大，对世界认识的加深，他将"大同"越来越推向遥远的未来，对世界各国的定位也愈趋保守。

经过这样的修正，康有为结合"小康""大同"的"三世"说于是就出现了一个破绽，因为《礼运》关于"小康"的描述中，丝毫看不到"君主立宪"的影子，这样拿"小康"比附"升平世"也就失去了依据。所以他在阐述这个新的"三世"说的时候，刻意不提"小康"。

为了弥补这一破绽，康有为煞费苦心。他又借注释《孟子》"禹、稷当平世，……颜子当乱世"句时提出了一个"二世"说，将"三世"简化为"平世"和"乱世"两世，以"大同"为"平世"，以"小康"为"乱世"。他说：

---

① 康有为：《孟子微》卷1《总论》，楼宇烈整理《孟子微　礼运注　中庸注》，第20页。
② 同上书，第20—21页。

大同即平世也，小康即乱世也。……《春秋》三世，亦可分而为二。孔子托尧、舜为民主大同之世，故以禹、稷为平世，以禹、汤、文、武、周公为小康君主之世，故以颜子为乱世者，通其义，不必泥也。①

康有为此处的"小康/乱世"，应当是统合了"据乱世"和"升平世"，这点我们从《孟子微》的开篇第一段，《孟子》"滕文公为世子"句的注释中亦可以寻得端倪："孔子立三世，有拨乱，有升平，有太平。家天下者，莫如文王，以文明胜野蛮，拨乱、升平之君主也。公天下者，莫如尧、舜，选贤能以禅让，太平大同之民主也。"② 这里，"小康"的代表"文王"是"拨乱、升平之君主"，显以"小康"君主制（可包容君主专制和君主立宪）为两世之制。"小康"的处置问题使康有为陷入了混乱，他当然也只能寄望于别人"通其义，不必泥"了。

有时候，他则干脆把"小康"说成"据乱世"："孔子知三千年后必有圣人复作，发挥大同之新教者，然必不能外升平、太平之轨则，亦不疑夫拨乱小康之误也。"③ 以"拨乱小康"与"升平""太平"对举，其用义是很明显的。这种模式和上面那个"二世"说都是康有为面对理想与现实的两极分化所作出的一种思考。"孔子岂不欲直至太平大同哉？时未可则乱反甚也。今日为据乱之世，内其国则不能一超直至世界之大同也；为君主专制之旧风，亦不能一超至民主之世也"，于是他要求在"小康"阶段必须完成"据乱"到"升平"的转换，为进入"大同"打好基础；或者是把"升平世"作为两极中间的一种过渡性质的阶段，"盖今日由小康而大同，由君主而至民主，正当过渡之世，孔子所谓升平之世也"④。"升平世"就是他所谓登上高台的阶梯了。

4. 贬抑欧美资本主义为"据乱世"的"三世"说

在后来的《大同书》里，康有为的"三世"说又发生了变化。康有

---

① 康有为：《孟子微》卷1《总论》，楼宇烈整理《孟子微 礼运注 中庸注》，第22页。
② 同上书，第7—8页。
③ 康有为：《中庸注》，楼宇烈整理《孟子微 礼运注 中庸注》，第225—226页。
④ 康有为：《答南北美洲诸华商论中国只可行立宪不可行革命书》，姜义华、张荣华编校《康有为全集》第6集，第313、314页。

为在《大同书》里列有一张"人类进化表",表中对三世进化的过程有一个详细的分析,兹择要摘录于下:

> 据乱世:人类多分级;有帝,有王,有君长,有言去君者为叛逆。
> 升平世:人类少级;无帝王、君长,改为民主统领,有言立帝王、君长为叛逆。
> 太平世:人类齐同无级;无帝王、君长,亦无统领,但有民举议院以为行政,罢还后为民,有言立统领者为叛逆。①

显然,在这里,"据乱世"依然是指君主制社会,应当包括了君主专制和君主立宪;升平世是指资本主义民主共和制社会;而太平世不仅无帝王、君长,统领,而且人人平等、无国家、无阶级,则是一种类似于共产主义社会的后资本主义社会。范文澜先生曾把康有为的这种"三世"说比为"封建社会""资本主义社会""公产主义社会"的递升②。康有为原来以资本主义社会为最高追求,而现在则看到了资本主义后的社会,这与他的社会无限发展的观点(下详)是一致的。而随着他把理想世界推得越来越高,他对现实世界的评价则越来越低。在《意大利游记》中他说:"今观孔子三世之道,至今未能尽其升平之世,况太平世、大同世乎?今欧洲新理,多皆国争之具,其去孔子大道远矣。……吾昔者视欧美过高,以为可渐至大同,由今按之,则升平尚未至也。"③欧美从刚开始的"太平世"一路滑落到了"据乱世"。

二 以"三世"说为基础的进化论体系

康有为通过对"三世"说的重新诠释,将民主制度等西方观念糅进儒家学说,宣传中国必须改变现状、社会必须前进的理念。最为重要的

---

① 康有为著,章锡琛、周振甫校点:《大同书》丁部《去种界同人类》,古籍出版社 1956 年版,第 123 页。
② 范文澜:《中国近代史》,人民出版社 1947 年版,第 309—310 页。
③ 康有为:《意大利游记》,姜义华、张荣华编校《康有为全集》第 7 集,第 374 页。

是，在"三世"说的基础上，康有为建立起了他的进化论体系。康有为说："《春秋》要旨分三科：据乱世、升平世、太平世，以为进化。"①"据乱世"至"升平世"至"太平世"的递升，是人类社会由低级向高级、由落后向先进发展的过程，是一个不断进化的过程。他强调"孔子道主进化，不主泥古，道主维新，不主守旧，时时进化，故时时维新"②。

康有为还将"三世"与"三统"结合起来，来证明这一过程是时刻不断地向前推进的。他说："三统三世，皆孔子绝大之义。每一世中，皆有三统。"③"三世之中，各有三统，又可分为三世，因时而行之。……若尽通三统，则时措其宜。……三统之变，不过一世之制，其范围如此。若推三世九世至无量世，无量统，则不可思议矣。"④每一世都可分成三统，每一世又可分为三世，世中还可以继续分统，世中还可以继续分世。他又把《中庸》"王天下有三重焉"的"三重"解释为"三统"⑤，"重"解释为"复"，于是三世三统，就又变成了三世三复，从而又为三世推为无量世找到了经典依据：

> 孔子世为天下所归往者，有三重之道焉。重，复也。……三重者，三世之统也，有拨乱世，有升平世，有太平世。拨乱世，内其国而外诸夏；升平世，内诸夏而外夷狄；太平世，内外远近大小若一。每世之中又有三世焉。则据乱亦有乱世之升平、太平焉，太平世之始亦有其据乱、升平之别。每小三世中，又有三世焉，于大三世中，又有三世焉。故三世而三重之，为九世，九世而三重之，为八十一世。展转三重，可至无量数，以待世运之变，而为进化

---

① 康有为：《孟子微》卷1《总论》，楼宇烈整理《孟子微　礼运注　中庸注》，第21页。
② 康有为：《孟子微》卷4《仁政》，楼宇烈整理《孟子微　礼运注　中庸注》，第86页。
③ 康有为著，楼宇烈整理：《春秋董氏学》卷5《春秋改制》，第120页。
④ 康有为：《孟子微》卷4《仁政》，楼宇烈整理《孟子微　礼运注　中庸注》，第85—86页。
⑤ 郑玄说："三重，三王之礼。"孔颖达疏："谓夏、商、周三王之礼。"康有为则巧妙转为"三统"："《中庸》云：王天下有三重焉。郑康成解作三统，甚精。"又说："王天下三重，即三统也。""三重，三统也。"分见《康南海先生讲学记·通三统例》，《万木草堂口说·王制》《中庸》，姜义华、张荣华编校《康有为全集》第2集，第124、161、168页。

之法。①

> 孔子之道有三统、三世，此盖借三统以明三世，因推三世而及百世。……然世有三重：有乱世中之升平、太平，有太平中之升平、据乱。故美国之进化，有红皮土番；中国之文明，亦有苗、瑶、獞、黎。一世之中可分三世，三世可推为九世，九世可推为八十一世，八十一世可推为千万世，为无量世。太平大同之后，其进化尚多，其分等亦繁，岂止百世哉？②

康有为将每一世继续细分为三世，以至三世可化为九世、八十一世，无穷多的世，最后，社会历史的发展进程就必然由每时每刻、每分每秒承担起来，分分秒秒的积累最终汇成历史进化的洪流。所以他说："孔子之道，……其用在与时进化。……主乎与时进化，则变通尽利。故其科旨所明，在张三世。"③ 我们看到，"三统"的作用在这里明显弱化，只是"借"以"明三世"，成了"三世"进化体系的附庸。但"三统"改制的意义并没有取消。世界是永远运动的、不断进化的，随着人类社会的变迁，必须因时制宜，选择相应的制度，不断革新去弊，于是历史进化的实现就由这一次一次的革新具体承担起来：

> 夏、殷、周者，三统递嬗，各有因革损益。观三代之变，则百世之变可知也。盖民俗相承，故后王之起，不能不因于前朝，弊化宜革，故一代之兴，不能不损益为新制。人道进化皆有定位，自族制而为部落，而成国家，由国家而成大统。由独人而渐立酋长，由酋长而渐正君臣，由君主而渐为立宪，由立宪而渐为共和。由独人而渐为夫妇，由夫妇而渐定父子，由父子而兼锡尔类，由锡类而渐为大同，于是复为独人。盖自据乱进为升平，升平进为太平，进化有渐，因革有由；验之万国，莫不同风。……孔子之为《春秋》，张

---

① 康有为：《中庸注》，楼宇烈整理《孟子微 礼运注 中庸注》，第222—223页。
② 康有为：《论语注》卷2《为政》，姜义华、张荣华编校《康有为全集》第6集，第393页。
③ 康有为：《春秋笔削大义微言考》自序，姜义华、张荣华编校《康有为全集》第6集，第3页。

为三世，……盖推进化之理而为之。①

"三世"按时间发展可以分解为无量世，而同一时段内的不同国家也可以处于"三世"的不同阶段，甚至同一国家内部的不同地方也可以处于"三世"的不同阶段。"三统"递嬗，但也可以并存。② 所以三世、三统是"并行不悖，错行代明"③，既可以纵向分解，也可以横向分解，"制作甚繁"④，变化无穷。

在康有为那里，随着时间的推移，人类社会就会不断进步，所以人类社会历史的发展进程是一个没有止境、不断变化和进步的过程，它绝不会滞留在某一历史阶段而驻足不前。"孔子之神圣，为人道之进化，岂止大同而已哉！……圣人之治，如大医然，但因病而发药耳。病无穷而方亦无穷，大同、小康，不过神人之一二方哉！"⑤ "大同"之世虽然是人类的理想世界，但却也不是人类社会最后的归宿，这表明了康有为的不断进步、不断变化的历史进化的观点。

但康有为特意强调这种进化是渐进的，认为社会应遵循一定次序来发展。他说：

> 夫孔子哀生命之艰，拯斯人之溺，深心厚望，私欲高怀，其注于大同也至矣。但以生当乱世，道难躐等，虽默想太平，世犹未升，乱犹未拨，不能不盈科乃进，循序而行。⑥

康有为始终反复强调这种渐进的观点，如："进化之理，有一定之轨

---

① 康有为：《论语注》卷2《为政》，姜义华、张荣华编校《康有为全集》第6集，第393页。
② 康有为《春秋笔削大义微言考》："今中国建寅，欧美各国建子，俄建丑，地球大概不能出三正。"见姜义华、张荣华编校《康有为全集》第6集，第20页。
③ 康有为：《春秋笔削大义微言考》，姜义华、张荣华编校《康有为全集》第6集，第20页。
④ 康有为：《孟子微》卷4《仁政》，楼宇烈整理《孟子微 礼运注 中庸注》，第86页。
⑤ 康有为：《礼运注》叙，楼宇烈整理《孟子微 礼运注 中庸注》，第237页。
⑥ 同上书，第236页。

道，不能超度，既至其时，自当变通。"① "万无一跃飞越之理。凡君主专制、立宪、民主三法，必当一一循序行之，若紊其序，则必大乱。"② 他还以养育婴儿来作比喻："如养婴儿者，不能遽待以成人，而骤离于襁褓。"③ 长期以来，康有为的这种"渐进论"一直受到批判，被认为是一种"庸俗进化论"。

其实，康有为的这种"渐进论"和"庸俗进化论"是不能画上等号的。首先，"庸俗进化论"只承认量变而否认质变，否认量变过程的连续性的中断，而康有为是承认质变，承认量变过程的连续性的中断的。在他那里，"拨乱、升平、太平道皆相反"④，"乱世主于别，平世主于同；乱世近于私，平世近于公；乱世近于塞，平世近于通"⑤，由"乱世"进化到"平世"，绝对不可能只是量变而已。"进化有序"只不过是主张质变是有阶段的，强调社会进化不能一跃而至太平，欲速则不达。

梁启超说康有为"以为世界既进步之后，则断无复行退步之理，即有时为外界别种阻力之所遏，亦不过停顿不进耳，更无复返其初。"⑥ 依梁启超此言，康有为看不到社会进步过程中的反复性，有其机械性，但他还是看到了前进过程中可能有的停顿，对连续性的中断还是有所认识的。其实梁启超所言也不尽然，康有为并非如他所说，认为"世界既进步之后，则断无复行退步之理"，康有为在《大同书》中曾明确讲："夫退化则为世界莫大之害，人将复愚；人既愚矣，则制作皆败而大祸随之。大同不久而复归于乱，此不可不予防也。"⑦ 又说："太平之世，园林音乐，男女同游，饮哺歌舞，人太逸乐，即不作工业，亦有恤贫院以收之。若人人如此，则百事隳坏，机器生锈，文明尽失，将至退化。故惰之为害，可以举大同之世复还于乱世。"⑧ 社会既可进步，也能退化，可见他

---

① 康有为：《中庸注》，楼宇烈整理《孟子微 礼运注 中庸注》，第225页。
② 康有为：《答南北美洲诸华商论中国只可行立宪不可行革命书》，姜义华、张荣华编校《康有为全集》第6集，第314页。
③ 康有为：《中庸注》，楼宇烈整理《孟子微 礼运注 中庸注》，第225页。
④ 同上书，第226页。
⑤ 康有为：《孟子微》卷1《总论》，楼宇烈整理《孟子微 礼运注 中庸注》，第21页。
⑥ 梁启超：《南海康先生传》，康有为《我史》，第255页。
⑦ 康有为著，章锡琛、周振甫校点：《大同书》辛部《去乱界治太平》，第270页。
⑧ 同上书，第284页。

对社会进步过程中的反复性也是有认识的。他还说:"夫既欲去家而至太平,……赴之有道,致之有渐,曲折以将之,次第以成之。"① "以公理言之,人心观之,大势所趋,将来所至,有必迄于大同而后已者,但需以年岁,行以曲折耳。"② 对社会发展的曲折性也有一定的认识。

其次,"庸俗进化论"认为,事物变化的原因不在事物的内部而在事物的外部,即是由于外力的推动,而康有为则强调人的主观能动性,认为推动历史进化人人有责,他说:"人人皆性善,人人皆与尧、舜同,人人皆可为太平大同之道,不必让与人,自诿其责任也。"③

有人认为康有为的这种"渐进论"来自斯宾塞,其实"渐进论"是公羊学的固有之义。《公羊传·隐公元年》:"仪父者何?邾娄之君也。何以名?字也。曷为称字?褒之也。……此其为可褒奈何?渐进也。"④ 即对夷狄进化主张渐进。何休在其《春秋公羊解诂》中也多次强调"治之渐也""以渐治之""进之以渐"⑤,认为进化不是一蹴而就的,而是一个非常缓慢的进程。龚自珍说"可以虑,可以更,不可以骤"⑥,魏源也反对"禾未熟而登场"⑦。康有为自己在论及《公羊传》"曷为殊会吴?外吴也"之义时,也讲"进化有渐,不能骤进也"⑧。所以说"渐进论"是公羊学的一贯主张,古已有之,既非康有为所发明,亦非康有为得之于西学。康有为"渐进论"可能受过斯宾塞的影响,但不必来自斯宾塞。

康有为的这种论调固然有其局限性,但以我们今天的眼光来看,还是不能一概抹杀的。不能跨越历史阶段盲目跃进,这已经为历史事实所证明。

总之,康有为对"三世"说的改造,使"三世"说的内容更为丰富,

---

① 康有为著,章锡琛、周振甫校点:《大同书》己部《去家界为天民》,第192页。
② 康有为著,章锡琛、周振甫校点:《大同书》乙部《去国界合大地》,第69页。
③ 康有为:《孟子微》卷1《总论》,楼宇烈整理《孟子微 礼运注 中庸注》,第8页。
④ 《春秋公羊传注疏》卷1《隐公元年》,第16—18页。
⑤ 《春秋公羊传注疏》卷20《襄公二十三年》注,第518页;卷18《成公十五》注,第463页;卷7《庄公十年》注,第170页。
⑥ 龚自珍:《龚自珍全集》第1辑《平均篇》,第79页。
⑦ 魏源:《魏源集》上册《默觚上·学篇十三》,第31页。
⑧ 康有为:《春秋笔削大义微言考》,姜义华、张荣华编校《康有为全集》第6集,第205页。

原来相对简单的公羊"三世"说在康有为那里变成了一个复杂的系统，它既可以简化为"二世"，也可以变化出"八十一世""无量数"世。康有为通过"三世"说肯定了历史进化的合理性与必然性，使"三世"说直接成为其变法维新的理论支柱之一，这便是其进步意义所在。

梁启超说："三世之义立，则以进化之理释经世之志，遍读群书而无所于阂，而导人以向后之希望，现在之义务。夫三世之义，自何邵公以来，久暗吻焉。南海之倡此，在达尔文主义未输入中国以前，不可谓非一大发明也。南海以其所怀抱，思以易天下，而知国人之思想，束缚既久，不可以猝易，则以其所尊信之人为鹄，就其所能解者而导之。此南海说经之微意也。"① 此诚为对康有为"三世"说的客观评价。

通过康有为的新诠释，"三世"说在当时及其后较长的一段时间里产生了重大的影响，甚至后来的国共两党的领导人都曾是其"三世"说的信奉者。青年毛泽东1917年在写给友人的信中提到：孔子"立太平世为鹄，而不废据乱、升平二世。大同者，吾人之鹄也"②。蒋介石也曾经提到："《礼运》篇的大同社会，并不是我们一步可以到达的。《春秋公羊传》有'三世'之说。……这三世就是我们到达大同社会的三大阶段。……而削平变乱的阶段，就是《公羊传》所谓的'据乱世'。我们削平了变乱之后，国家社会渐告安定，就是建设开始的阶段，《礼运》篇把这一阶段叫作'小康'，也就是《公羊传》所谓'升平世'。如果社会建设到达了最高理想，那就是《礼运》篇所谓'大同'，也就是《公羊传》所谓'太平世'了。"③ 这可以说几乎是照搬了康有为的说法。

第四节　"大同世界"之"大一统"

"大一统"说自《公羊传》提出以后，又经董仲舒、何休等早期公羊学家的发展，逐渐形成了一个内涵丰富的理论，并成为中华民族固有的观念，成为数千年来维系中华民族的强大的凝聚力量。经康有为结合

---

① 梁启超：《论中国学术思想变迁之大势》，第129页。
② 毛泽东：《致黎锦熙信》，《毛泽东早期文稿》，湖南出版社1990年版，第89页。
③ 蒋中正：《民生主义育乐两篇补述》，台湾单行本，第71—72页。

《礼运》"大同"说后,"大一统"的理想被改造为具体的理想社会形态,成为一种详尽的中国"乌托邦"方案。

公羊家所言"大一统"是一种理想而非现实,"大一统"实现的过程实际上就是通过传播先进的文明,带动周边民族共同进步,不断扩大王化治理范围,最终天下一统的过程。公羊学主张通过"异内外"即"内其国而外诸夏,内诸夏而外夷狄"[1]的原则,按"三世"发展的步骤,先从内部和自身做起,进而影响外部和他人,带动整个社会的发展,最终实现"夷狄进至于爵,天下远近小大若一"之"大一统"的局面。

夷狄可以"进至于爵",最终实现各民族完全平等,天下一家,这是由公羊学的民族观所决定的。公羊学以文化进步程度而非种族或血缘来区分"诸夏"和"夷狄",各民族在本质上是一样的,所以夷狄可以进为中国,中国也可以退为夷狄。与这种民族观相适应,公羊学反对以力服天下,主张通过"以德服人"的路线来推动"大一统"的实现。这种带有强烈平等色彩的民族观和涵化融合的统一方法,在中华民族融合的历史上发挥了重要的积极作用。

一 "大一统"的逻辑起点

康有为对公羊学的"大一统"说进行了创造性的改造,进而在"大一统"说的基础上又发明了"大同"说,把古老的"大一统"思想推向了一个极其高远的境界。

首先,康有为继承公羊先师的思想,把"元"作为世界之本体。他说:"孔子之道,运本于元,以统天地,故谓为万物本终始天地。""孔子系万物而统之元,以立其一,又散元以为天地、阴阳、五行与人,以之共十,而后万物生焉,此孔子大道之统也。"[2]

他同何休一样,也把"元"释为"气",以为"元即气也,有气自有运转,自有力"[3]。他不仅引进光、电、力、原质的近代物理学概念,

---

[1] 《春秋公羊传注疏》卷18《成公十五年》传,第462页。
[2] 康有为著,楼宇烈整理:《春秋董氏学》卷6上《春秋微言大义》,第124、125页。
[3] 康有为:《万木草堂口说·学术源流》,姜义华、张荣华编校《康有为全集》第2集,第146页。

赋予元气说以近代科学内容，"若积气而成为天，摩励之久，热重之力生矣，光电生矣，原质变化而成焉，于是生日，日生地，地生物"①，而且他还把元气说同传统儒学的"仁""不忍人之心"等范畴联系起来。他说：

> 浩浩元气，造起天地。天者，一物之魂质也；人者，亦一物之魂质也。虽形有大小，而其分浩气于太元。……无物无电，无物无神。夫神者知气也，魂知也，精爽也，灵明也，明德也，数者异名而同实。有觉知则有吸摄，磁石犹然，何况于人。不忍者，吸摄之力也。故仁智同藏而智为先，仁智同用而仁为贵矣。②

又说：

> 不忍人之心，仁也，电也，以太也，人人皆有之，……故知一切仁政皆从不忍之心生，为万化之海，为一切根，为一切源。一核而成参天之树，一滴而成大海之水。人道之仁爱，人道之文明，人道之进化，至于太平大同，皆从此出。③

这样，"元"等于"仁"等于"不忍人之心"，它既是世界的本体，也是"大同"社会合理性的根源。"孔子之道，最重仁。人者，仁也。然则，天下何者为大仁，何者为小仁？鸟兽昆虫无不爱，上上也；凡吾同类，大小远近若一，上中也；爱及四夷，上下也。爱诸夏，中上也；爱其国，中中也；爱其乡，中下也。爱旁侧，下上也；爱独身，下中也；爱身之一体，下下也。"④ "仁"沿着公羊学由己及人、由近至远的路线不断地发扬扩大，亲亲而仁民而爱物，从爱自己到爱他人，从爱家乡到爱世界，从爱全人类到爱一切生物，最终达到至仁的境界，这也就实现

---

① 康有为：《康子内外篇·理气篇》，姜义华、张荣华编校《康有为全集》第1集，第110—111页。
② 康有为著，章锡琛、周振甫校点：《大同书》甲部《入世界观众苦》，第3页。
③ 康有为：《孟子微》卷1《总论》，楼宇烈整理《孟子微 礼运注 中庸注》，第9页。
④ 康有为著，楼宇烈整理：《春秋董氏学》卷6下《春秋微言大义》，第155页。

了"大小远近若一",也就实现了"大同"。他说:

> 孔子以天地为仁,……至山川草木,昆虫鸟兽,莫不一统。太平之世,大小远近若一。大同之治,不独亲其亲、子其子,老有所终,壮有所用,鳏寡孤独废疾者有养,则仁参天矣。①

同时,既以"元"为万物之始,按照传统公羊学的"大一统"理论,王者当"继天奉元",统领天下。在康有为那里,"若当世人主,以力服人,只可称为霸,如秦始皇、汉高祖、明太祖、亚力山大、成吉斯、拿破仑皆然,不得称为王也"②,只有孔子才是名副其实的王者。"故夫孔子以元统天"③,"合鬼神山川、公侯庶人、昆虫草木,一统于其教"④,"地球万国,为太平远近大小若一大同之治,俾人人一统于孔子"⑤,于是"大一统"只能由孔子承担起来。

由孔子来取代君主,实际上就取消了君主对世界万物当然的统治权,从而把"大一统"从君主专制的牢笼里解救了出来。既然取消了君主对人的统治,原来在君主治下的人也就可以直属于天了,进而又破除了只有皇帝是"天之子"的独尊地位。他说:"人人皆天生,故不曰国民而曰天民,人人既是天生,则直隶于天,人人皆独立而平等,人人皆同胞而相亲如兄弟。"⑥ 人为天生,民为天民,在天的面前人人平等,拥有平等的权利,"其惟天予人权、平等独立哉"⑦,完全用儒家的路线推导出了"天赋人权说"。

由此,康有为把西方"平等""博爱""人权"等观念融进了公羊学,从而使他的"大一统"不再是那种强调王权权威的"大一统",而成为强调人人平等、兼爱万物的"大一统",而其最终目标是"无邦国,无

---

① 康有为著,楼宇烈整理:《春秋董氏学》卷6下《春秋微言大义》,第154页。
② 康有为:《孟子微》卷1《总论》,楼宇烈整理《孟子微 礼运注 中庸注》,第10页。
③ 康有为:《孔子改制考》卷8《孔子为制法之王考》,第195页。
④ 康有为:《孔子改制考》叙,第1页。
⑤ 康有为:《圣学会后序》,姜义华、张荣华编校《康有为全集》第2集,第266页。
⑥ 康有为:《孟子微》卷1《总论》,楼宇烈整理《孟子微 礼运注 中庸注》,第13页。
⑦ 康有为著,章锡琛、周振甫校点:《大同书》庚部《去产界公生业》,第253页。

帝王，人人相亲，人人平等，天下为公"①的"大同"境界。这同时也反映出康有为为将西方观念与儒学相会通所作出的努力。

二 全球一统的追求

康有为厘清了那种以中央集权的君主专制王朝为"大一统"的观念，使"大一统"重返于一种对未来世界的理想。他说：孔子"生于乱世，乃据乱世而立三世之法，而垂精太平；乃因其所生之国而立三世之义，而注意于大地远近大小若一之大一统"②，明确指出"大一统"只能通过"三世"递进最终到达"太平世"后才可能真正实现。他抛弃了以往以中央王朝统一中国为"大一统"的观念，指出"古者以所见闻之中国四夷为大地尽于此矣。今者地圆尽出，而向所称之中国四夷乃仅亚洲之一隅，大地八十分之一耳。……若大地既通，合为一国，岂不为大之止观哉"③，"《春秋》言太平，远近大小如一，地球一统之后，乃有此"④，把"大一统"明确到全世界的范畴。其实这也当为公羊学之本义，所谓"天下远近小大若一"之"天下"原就是指整个世界，只是受科技与交通等方面的局限，当时"以为大地尽于此"，而不可能对世界有一个真正全面的认识而已。

我们可以看出，康有为的"大一统"从时间上来说，需要长期进步的积累；从空间上说，是全球规模的统一。而且，他对这种全球统一充满信心，认为这是进化的自然规律，有朝一日是必定会实现的。他在释《孟子》"定于一"时说："若天下之定于一，此乃进化自然之理。……孟子此言，盖出于孔子大一统之义。将来必混合地球，无复分别国土，乃为定于一大一统之征，然后太平大同之效乃至也。"⑤

但是康有为也正是在空间的问题上遇到了麻烦。因为公羊学虽然主张夷狄可以中国之，中国也可以夷狄之，但公羊学始终还是坚持以鲁为中心，带动诸夏既而带动夷狄共同进步，最终实现"大一统"，这种同心

---

① 康有为著，章锡琛、周振甫校点：《大同书》乙部《去国界合大地》，第71页。
② 康有为：《孔子改制考》叙，第1页。
③ 康有为著，章锡琛、周振甫校点：《大同书》乙部《去国界合大地》，第54页。
④ 康有为：《孔子改制考》卷7《儒教为孔子所创考》，第184页。
⑤ 康有为：《孟子微》卷3《仁不仁》，楼宇烈整理《孟子微 礼运注 中庸注》，第78页。

圆涟漪式的扩散模式从来也没有暗示过有可能以夷狄为中心带动中国进步。而康有为完全接受了公羊学这种以文化区分夷、夏的观念，认为"夷夏之分，即文明野蛮之别。《春秋》之义，夷狄而行中国之道则中国之，……中国而为夷狄之行则夷狄之，……惟德是辅"①，"夷狄、中国，论德不论地"②，但根据当时的形势，又不得不承认欧美等"夷狄"在社会进化的阶段上已经超过了中国，在他的前后几种"三世"说中，欧美无论处于什么世，都要比中国高一个甚至两个档次。按照公羊学的原则，显然欧美就当中国之，而中国就当是"新夷狄"了，而这却又是康有为无论如何也不能接受的。

不过，这对康有为来说似乎不太难解决。"王鲁"是假托，春秋之时鲁国并非强国，被孔子托为京师，只是"借鲁以行天下法度"③，不必责其实。康有为认为"王鲁"的实质就是王孔子，"大一统"就是一统于孔子，孔子为"大地教主"，"孔子之教，人类不能外，中西一也"④，孔子所立之宪法为万世万国而定，世间各种制度也皆在孔子所立"三统"范围内，世界发展也必经孔子所定"三世"之轨则，人类最终也必将到达孔子所设的"大同"世界，而中国因为孔子大道存焉，仍不失其天下之中的地位，不失其宣扬孔教，推广大道的责任。他设想"将来圣教施于蛮貊，用夏变夷，……且借传教为游历，可洞夷情，可扬国声，莫不尊亲，尤为大义矣"⑤。

当然，中国的这个中心地位也只具象征意义，在实际的规划中，康有为似乎把原先公羊学一个同心圆的扩散模式转换成了多个同心圆的模式，这点我们从康有为在《大同书》中对世界走向一统的一种设想中可以看出一些端倪：

百年中弱小之必灭者，瑞典、丹麦、荷兰、瑞士将合于德，欧

---

① 康有为：《孟子微》卷8《辟异》，楼宇烈整理《孟子微　礼运注　中庸注》，第167页。
② 康有为：《万木草堂口说·春秋繁露》，姜义华、张荣华编校《康有为全集》第2集，第203页。
③ 康有为著，楼宇烈整理：《春秋董氏学》卷2《春秋例》，第28页。
④ 康有为：《长安讲演录·第四次讲演》，姜义华、张荣华编校《康有为全集》第11集，第283页。
⑤ 康有为：《上清帝第二书》，姜义华、张荣华编校《康有为全集》第11集，第43页。

东诸小或合于俄，亚洲之阿富汗、高丽、暹罗，埃及、摩洛哥是也。其班、葡初合于法，继合于英。……印度即能起立，则与波斯、突厥合国最宜也。然则亚洲之国，惟中国与日本或存乎。……或中国与日本、印度合乎。……南美为人所侵，必合为一国而都于巴西，或合为一大联邦而统于北美也。①

在他的设想里，全球有多个中心国家，吸附周围的小国或弱国形成大的联邦，然后这几个大联邦再形成两个半球的联邦，最后全球一统而"大一统"成。在这个过程中，中国并不占有什么特殊的地位。"世界本自无尽，置大国小国于天下中则一也。但有一地一人先开其规模，太平之世自可渐演矣。"②

在世界"大同"实现之前，康有为则强烈主张中国的统一，这也完全符合他循序渐进、不能躐等的主张。他说："仆生平言世界大同，而今日列强交争，仆必自爱其国，此《春秋》据乱世，所以内其国而外诸夏也。"③ 面对帝国主义对中国的瓜分，康有为怀着救国救民的强烈感情，高喊中国只可一统，而绝不能分裂，强调"《春秋》言大一统，《孟子》言定于一，故中国数千年来，皆以统一立国。……分裂则必纷争而大乱，统一则必治安而修明"④。这在客观上反映了人民群众反对分裂、要求统一的强烈愿望，也反映了历史发展的客观要求。

三 "大同"世界之理想社会

康有为对"大一统"的设想，远远超越了"夷狄进至于爵""天下远近小大若一"以及"人道浃、王道备"等形而上的描述，他把"大一统"定位为一个具体的社会形态——"大同"社会，并详细地规划了这个未来社会的方方面面。

---

① 康有为著，章锡琛、周振甫校点：《大同书》乙部《去国界合大地》，第74—75页。
② 康有为：《孟子微》卷1《总论》，楼宇烈整理《孟子微 礼运注 中庸注》，第8页。
③ 康有为：《答南北美洲诸华商论中国只可行立宪不可行革命书》，姜义华、张荣华编校《康有为全集》第6集，第321页。
④ 康有为：《复湖南赵省长恒惕论联省自治电》，姜义华、张荣华编校《康有为全集》第11集，第206页。

康有为认为现实世界苦难的根源在于"九界"。所谓"九界",即:

> 一曰国界,分疆土、部落也;
>
> 二曰级界,分贵贱、清浊也;
>
> 三曰种界,分黄、白、棕、黑也;
>
> 四曰形界,分男、女也;
>
> 五曰家界,私父子、夫妇、兄弟之亲也;
>
> 六曰业界,私农、工、商之产也;
>
> 七曰乱界,有不平、不通、不公之法也;
>
> 八曰类界,有人与鸟、兽、虫、鱼之别也;
>
> 九曰苦界,以苦生苦,传种无穷无尽,不可思议。①

我们可以看出,这"九界"大体上就是世界上所存在的种种差别和不平等,而破除了这些差别和不平等,就可以"超然飞度,摩天戾渊,浩然自在,悠然至乐,太平大同,长生永觉"②。因此,他的"大同"世界就是围绕破除这"九界",消灭人世间种种的差别和不平等,实现真正意义上的"大一统"而展开的。他分析说:"天下为公,一切皆本公理而已。公者,人人如一之谓,无贵贱之分,无贫富之等,无人种之殊,无男女之异。分等殊异,此狭隘之小道也;平等公同,此广大之道也。无所谓君,无所谓国,人人皆教养于公产,而不恃私产,……则人无所用其私,何必为权术诈谋以害信义?更何肯为盗窃乱贼以损身名?非徒无此人,亦复无此思,内外为一,无所防虞。故外户不闭,不知兵革,此大同之道,太平之世行之。惟人人皆公,人人皆平,故能与人大同也。"③简而言之,"大同"就是取消"分等殊异"。无分则无私,无私则公,平等公同,即为大同之道。

康有为对"大同"社会的规划十分精详,很多学者也对其做过大量深入的研究,这里笔者只简单扼要地对康有为"大同"社会的特点作一

---

① 康有为著,章锡琛、周振甫校点:《大同书》甲部《入世观众苦》,第52页。

② 同上。

③ 康有为:《礼运注》,楼宇烈整理《孟子微 礼运注 中庸注》,第240页。

概括：

（一）以公有制为基础。"今欲致大同，必去人之私产而后可；凡农工商之业，必归之公。"① 人人皆须劳动，严禁不劳而获，"不出力之人，公众所恶"②。

（二）"全地大同，无国土之分，无种族之异，无兵争之事"③，没有国家、民族，全世界只设一个"公政府"，负责管理社会公共事业和人们的物质文化生活。全世界统一度量衡以及货币、历法、交通划一。

（三）大同社会取消家庭，没有家族宗法关系和纲常名教的束缚，男女平等，婚姻自主。人从生到死均由社会"公养""公教""公恤"④。没有宗教，"人人无苦患，不劳神圣仙佛之普度，亦人人皆仙佛神圣，不必复有神圣仙佛"⑤。

（四）人类获得彻底的解放。没有阶级，不分高低贵贱，"人人平等，无有臣妾奴隶，无有君主统领，无有教主教皇"，"人人独立、人人自由"⑥。不仅人人相亲相爱，而且爱及众生，不杀生而食用"代肉妙品"⑦。

（五）高度的物质文明和精神文明。人们普遍受过高等教育，有着很高的文化教养和道德品质，"人人皆无恶习"⑧，社会风气非常好。社会生产力和科学技术高度发达，人们只需工作很短的时间，过着富裕美好生活。

可见，康有为的"大同"社会是一种具有共产主义性质的社会。他站在全世界的高度上，提倡"去国界，合大地"，要求消灭阶级、消灭剥削，提倡男女平等和婚姻自主，追求人类的自由和平等，这是十分可贵的。而且他把"大同"社会建立在高度的物质文明和精神文明的基础上，应该说也是一条十分正确的思路。他指出"若不有以善其救贫之术，而欲致太平无由也"⑨，明确"大同"社会需要大量的物质积累。

---

① 康有为著，章锡琛、周振甫校点：《大同书》庚部《去产界公生业》，第240页。
② 康有为：《礼运注》，楼宇烈整理《孟子微 礼运注 中庸注》，第240页。
③ 康有为著，章锡琛、周振甫校点：《大同书》辛部《去乱界治太平》，第255页。
④ 康有为著，章锡琛、周振甫校点：《大同书》己部《去家界为天民》，第192页。
⑤ 康有为著，章锡琛、周振甫校点：《大同书》甲部《入世界观众苦》，第51页。
⑥ 康有为著，章锡琛、周振甫校点：《大同书》辛部《去乱界治太平》，第284、282页。
⑦ 康有为著，章锡琛、周振甫校点：《大同书》壬部《去类界爱众生》，第290页。
⑧ 康有为著，章锡琛、周振甫校点：《大同书》辛部《去乱界治太平》，第278页。
⑨ 康有为著，章锡琛、周振甫校点：《大同书》甲部《入世界观众苦》，第32页。

康有为坚持社会进化只能循序渐进，认为"大同"社会是将来的目标，而当时只是"据乱之世，只能言小康，不能言大同"，否则就是"陷天下于洪水猛兽"①，会招致灾难性的后果。他认为："苟非其时而妄行之，享钟鼓于爰居，被冕绣于猿狙，则悲忧眩视，亦未见其可也。诚当乱世，而以大同平世之道行之，亦徒致乱而已。"② 因此，《大同书》作成后，康有为竟然"秘不以示人"，全书直到他死后八年才由弟子整理出版。不过，对于"大同"理想社会的最终实现，他始终深信不疑，他说："虽进化有序，又会合之始基未固也，不能无变。然始基既立，条理渐密，大利日见，基址日坚，则二三百年中必见大同之实效矣。"他有时甚至还乐观地认为"近者飞船日出，国界日破，大同之运，不过百年"③。他坚信"大同"社会绝对不是一种空想，说"以公理言之，人心观之，大势所趋，将来所至，有必讫于大同而后已者，但需以年岁，行以曲折耳。孔子之太平世，佛之莲花世界，列子之甀瓶山，达尔文之乌托邦，实境而非空想焉"④。但他把"大同"社会的实现寄托在"人皆有之"的"不忍人之心"上，以为"同好仁而恶暴，同好文明而恶野蛮，同好进化而恶退化"⑤ 的本性会自然驱使人类沿着必由之路而踏上通往"大同"的康庄大道，这注定了他的"大同"说最终还只能限于一种空想。

无论如何，康有为的"大同"社会可以说是中国历史上最详尽的"大同"方案，光是《大同书》就洋洋洒洒写了二十万字，其进步意义和影响都是巨大的。尤其值得注意的是，他所主张的"大同"，不是抹杀个性的整齐划一，而是在尊重个人独立和充分肯定人的价值的基础上的"和而不同"；是保持多样性前提下的"大同"，而不是一极霸权下的全球文化的"大一统"，这对于今天面对全球化浪潮的我们也是极具现实意义的。

从上面分析中我们可以看出，康有为的"大同"理想已绝非原始的《礼运》"大同"说或公羊"大一统"说所能涵盖的了。因此有学者认为，康有为的"大同"社会已经不能说是属于公羊学范畴的了，如孙春

---

① 梁启超：《清代学术概论》24《〈大同书〉是康有为的创作》，第82页。
② 康有为：《孟子微》自序一，楼宇烈整理《孟子微　礼运注　中庸注》，第2页。
③ 康有为著，章锡琛、周振甫校点：《大同书》乙部《去国界合大地》，第75—76页。
④ 同上书，第69页。
⑤ 康有为：《孟子微》卷2《性命》，楼宇烈整理《孟子微　礼运注　中庸注》，第30页。

在先生就认为"《大同书》实是康有为在脱离了公羊模式之后的另一著作典型"①。对此，笔者有不同的意见。其一，康有为的"大同"社会的构想之来源有二，一是结合了《礼运》"大同"说的公羊"大一统"说，二是西方空想社会主义的部分思想。康有为自己亦曾说过："美国人所著《百年一觉》书是大同影子，《春秋》大小远近若一是大同极功。"② 也透露了这两方面对自己的影响。但这两方面不是平分秋色的，从所谓"大同极功"和"大同影子"的说法中，我们也可以清晰地看出他所侧重的一面来。

其二，对理想社会的追求以及对理想社会的想象和描述，也是公羊学的传统之一。董仲舒《春秋繁露·王道》中就有相关的描述，何休在《春秋公羊解诂·宣公十五年》里更描绘了一幅"太平世"的景象，计有七百五十余字，那就是何休所设想的一个"大同"社会，只是囿于当时的经济物质基础、科技发展水平以及哲学思想的限制，他的理想社会无法成为我们的理想社会而已。但将何休的这个"颂声作"的社会看作康有为"大同"社会的先声，还是不为过的。而且康有为"大同"社会的设计，也常常本之公羊学，如说："《公羊》何注及董生言'人人有士君子之行'，此句最宜著眼，大同之世全在此句。"③

其三，康有为"大同"社会的实现完全是按照其"三世"递进的模式来实现的，他也总是一再强调"大同"即是太平之世。所谓"太平远近大小若一大同之治"④，公羊学的"三世"说、"大一统"说粲然俱在。

因此，康有为"大同"社会的理想是公羊学思想的合理发展，是其公羊学体系的重要内容。

第五节　返本开新的尝试

康有为曾自负地宣称："吾一生论理，每发一义，必举其本末、内外、

---

① 孙春在：《清末的公羊思想》，第210页。
② 康有为：《万木草堂口说·礼运》，楼宇烈整理《长兴学记　桂学答问　万木草堂口说》，第133页。
③ 同上。
④ 康有为：《圣学会后序》，姜义华、张荣华编校《康有为全集》第2集，第266页。

大小、精粗，完满不漏而后为之。"①康有为构建了庞大的公羊学体系。古老的公羊学说在他手中大放异彩，在中国历史舞台上再度留下了辉煌的身影。康有为集成了清代公羊学百年来的发展成果，以融合中西、贯通古今的手法，将西方的政治思想和政治制度融进了公羊学中。经过改造的公羊学成了他变法维新的理论基石和重要武器，也成为他寄寓社会理想的载体。长期以来，很多学者都认为康有为的经学完全是为政治服务的，公羊学只是一个容纳西方思想的道具，"康有为所借用的不过是今文经学的躯壳而已"②。

但康有为自己并不这么看，他说"仆言改制自是一端，于今日之宜改法亦无预"③，这虽难脱瓜田李下之嫌，但也不妨看作他内心的一种表白。自确立了公羊学的学术方向以后，他一生都矢志尊奉，不曾改变。当张之洞劝他放弃"孔子改制"说，他一口回绝，称："孔子改制，大道也，岂为一两江总督供养易之哉？"④ 结果导致与张之洞分道扬镳。如果康有为的经学完全是为政治服务的，那么他就不会拒绝张之洞，而使维新运动失去了一个强大的后盾。可见公羊学在他的心中实是一种信仰。

笔者认为，康有为是一位政治家，更是一位思想家和经学家，他在中国的政治史、思想史和经学史上都留下了浓重的一笔。但作为一名政治家，他是不成功的，戊戌变法失败后，他就退出了政治舞台的中心。

而作为一名思想家，他所宣扬的公羊学冲击了君主专制的意识形态，以一种"那个时代的实际运动能够接受的一种思想范式"⑤，更新了当时中国人的观念，具有思想启蒙的意义，在中国的思想文化史上产生了重大而深远的影响。梁启超先生说："近十年来，我思想界之发达，虽由时势所造成，欧美科学所波动，然谓南海学说无丝毫之功，虽极恶南海者，犹不能违心而为斯言也。南海之功安在？则亦解二千年来人心之缚，使

---

① 康有为：《物质救国论·中国救急之方在兴物质》，姜义华、张荣华编校《康有为全集》第8集，第71页。

② 徐松巍：《从古代变易史观向近代进化史观的转变——关于19世纪历史观念的考察》，《史学理论研究》1999年第2期。

③ 康有为：《与朱一新论学书牍·答朱蓉生书》，姜义华、张荣华编校《康有为全集》第1集，第325页。

④ 康有为：《我史》，第29页。

⑤ 朱维铮：《重评〈新学伪经考〉》，《复旦学报》1992年第2期。

之敢于怀疑，而导之以入思想自由之途径而已。"①

作为一名经学家，康有为更是开创了一个时代。楼宇烈先生说："康有为也许可以说是近代中国尝试着使传统文化，特别是儒家孔孟学说，向近代转化、为近代社会服务的第一位探路人。"② 当为中肯的评价。

儒学并不是一个僵化的思想体系，从产生那天起，儒学就一直与历史大潮互相激荡，经历了一个发展变化的动态过程。梁启超曾言："寖假而孔子变为董江都、何邵公矣，寖假而孔子变为马季长、郑康成矣，寖假而孔子变为韩退之、欧阳永叔矣，寖假而孔子变为程伊川、朱晦庵矣，寖假而孔子变为陆象山、王阳明矣，寖假而孔子变为顾亭林、戴东原矣。"③ 这正表现了儒学的开放性和包容性，它既可容佛又可容道，甚至还可以容纳西学。姜广辉先生指出："经典之为经典，在于它能适应社会，规范指导社会。随着社会的发展，必然会对经典的思想内容有所变通和调整，因此而有对经典重新诠释的需要。"④ 儒家经典的思想深度也随着这一次次的重新诠释而不断拓展，传统与现世之间也借由诠释者一次次架起了桥梁。

康有为对公羊学的改造，就是"寖假而孔子变为康长素矣"，也是经学史上不断进行的重新诠释中的一次。康有为曾说过："今学息灭废绝二千年，至数十年间乃始萌芽，所谓穷则返本也。条理既渐出，亦必有人恢张今学而大明之，以复孔子后学之绪。"⑤ 康有为所说的那个"恢张今学""复孔子后学之绪"的人，其实就是指他自己。他又说"孔子知三千年后必有圣人复作，发挥大同之新教者"⑥，则更是以直承孔子道统为己任。康有为有志于"返本开新"，致力于对经典思想内容的改造，使之能继续规范指导社会。"通三统""张三世""大一统"，康有为从一个个有

---

① 梁启超：《论中国学术思想变迁之大势》，第129页。
② 楼宇烈：《康有为与儒学的现代转化》，《孔子诞辰2540周年纪念与学术讨论会论文集》，上海三联书店上海分店1992年版。
③ 梁启超：《清代学术概论》26《梁启超与康有为的分歧》，第86页。
④ 姜广辉：《传统的诠释与诠释学的传统——儒家经学思想的演变轨迹与诠释学导向》，《中国哲学》第22辑《经学今诠初编》，辽宁教育出版社2000年版。
⑤ 康有为：《与朱一新论学书牍·致朱蓉生书》，姜义华、张荣华编校《康有为全集》第1集，第316页。
⑥ 康有为：《中庸注》，楼宇烈整理《孟子微　礼运注　中庸注》，第225—226页。

着深厚历史积淀的术语中，找到了现代意义，构架起全新的理论系统。无论吸收了多少西方思想，无论采用了多少新的术语，从他对公羊学进行改造的本身来看，仍然是属于经学藩篱之内的。

不同的是，康有为的着眼点是公羊学，一个本身就是由诠释经典而产生的儒家学派。公羊家注重"微言大义"的传统给了他更大的发挥余地，而康有为在释经过程中又过度膨胀了自己的主体性，以致流于以己意释古经，牵强附会，甚至有时不惜篡改经文以合己说。而且，公羊学"虽言经学，而其精神与正统派之为经学而治经学者则既有以异"，康有为把公羊家"喜以经术作政论"①的传统发挥得淋漓尽致，这又使他在经学与政治之间失去了重心，政治几乎淹没了经学。

不同的是，康有为采取了一种激进的"先破后立"的方式，打倒了今文经学以外的大部分儒家经典，这是对传统经学的一种颠覆式的改造，其目的虽然是回归孔子，返本开新，但这种改造的过程削弱了经典的神圣性，反而起到了瓦解整个传统经学的作用。

康有为处在一个中国传统社会行将崩溃的时代，处在传统与现代的一个巨大的断裂带上。传统儒学无法应对西学的强力挑战，中华民族与中华文明面临前所未有的危机。但社会历史深刻变化的同时，也为阐释、发展儒学提供了新的契机。康有为勇敢地挑起了历史的重担，他挖掘儒学内涵，借鉴西学，结合现实需要来重建儒学，但终究因为"固有之旧思想，既深根固蒂，而外来之新思想，又来源浅觳，汲而易竭，其支绌灭裂，固宜然矣"②。

种种的不同，使康有为看起来好像走出了经学的门墙，他的公羊学也在争议中陪伴他走完了一生。然而，不论成败如何，康有为融合中西、贯通古今的尝试实际上已成为儒学现代化进程中开创性的、不可或缺的一环，对后人不无启示。

---

① 梁启超：《清代学术概论》22《清代今文学与龚魏》，第 77 页。
② 梁启超：《清代学术概论》29《晚清西洋思想之运动》，第 97 页。

参考文献

一 古籍/资料

经部

李学勤主编：《十三经注疏》，北京大学出版社 2000 年版。

苏舆撰，锺哲点校：《春秋繁露义证》，中华书局 1992 年版。

安居香山、中村璋八辑：《纬书集成》，河北人民出版社 1994 年版。

刘敞：《春秋权衡》，《景印摛藻堂四库全书荟要》第 33 册，台湾世界书局 1988 年版。

孙觉：《春秋经解》，王云五主编《丛书集成初编》，商务印书馆 1935 年版。

胡安国撰，郑任钊校点：《春秋传》，《儒藏》精华编第 91 册，北京大学出版社 2016 年版。

高闶：《春秋集注》，王云五主编《丛书集成初编》，商务印书馆 1936 年版。

赵汸：《春秋属辞》，《景印摛藻堂四库全书荟要》第 42 册，台湾世界书局 1988 年版。

赵汸：《春秋集传》，《景印摛藻堂四库全书荟要》第 42 册，台湾世界书局 1988 年版。

赵汸：《春秋左氏传补注》，《景印文渊阁四库全书》第 164 册，台湾商务印书馆 1986 年版。

赵汸：《春秋金锁匙》，《景印文渊阁四库全书》第 164 册，台湾商务印书馆 1986 年版。

惠栋撰，郑万耕点校：《周易述》，中华书局 2007 年版。

惠栋：《九经古义》，《景印文渊阁四库全书》第 191 册，台湾商务印书馆 1986 年版。

傅恒等：《御纂春秋直解》，《景印文渊阁四库全书》第 174 册，台湾商务印书馆 1986 年版。

庄存与：《春秋正辞》，《续修四库全书》第 141 册，上海古籍出版社 1995 年版。

庄存与：《春秋要指》，《续修四库全书》第 141 册，上海古籍出版社 1995 年版。

庄存与：《春秋举例》，《续修四库全书》第 141 册，上海古籍出版社 1995 年版。

段玉裁：《说文解字注》，上海古籍出版社 1981 年版。

孔广森撰，崔冠华校点：《春秋公羊通义》，《儒藏》精华编第 85 册，北京大学出版社 2010 年版。

江藩：《隶经文》，王云五主编《丛书集成初编》第 260 册，商务印书馆 1936 年版。

陈寿祺撰，曹建墩校点：《五经异义疏证》，上海古籍出版社 2012 年版。

刘逢禄撰，郑任钊校点：《春秋公羊经何氏释例》，《儒藏》精华编第 85 册，北京大学出版社 2010 年版。

刘逢禄著，顾颉刚校点：《左氏春秋考证》，朴社 1933 年版。

刘逢禄：《论语述何》，阮元、王先谦等编《清经解》第 7 册，上海书店 1988 年版。

刘逢禄：《箴膏肓评》，阮元、王先谦等编《清经解》第 7 册，上海书店 1988 年版。

刘逢禄：《公羊春秋何氏解诂笺》，阮元、王先谦等编《清经解》第 7 册，上海书店 1988 年版。

陈立：《公羊义疏》，王先谦编《清经解续编》第 5 册，上海书店 1988 年版。

皮锡瑞：《尚书大传疏证》，光绪丙申（1896）师伏堂刊本。

崔适：《春秋复始》，《续修四库全书》第 131 册，上海古籍出版社 1995 年版。

廖平撰，郑任钊校点：《何氏公羊解诂三十论》，《儒藏》精华编第 85 册，北京大学出版社 2010 年版。

康有为：《新学伪经考》，中华书局 1956 年版。

康有为著，楼宇烈整理：《春秋董氏学》，中华书局 1990 年版。

康有为著，楼宇烈整理：《孟子微　礼运注　中庸注》，中华书局 1987 年版。

皮锡瑞：《经学通论》，中华书局 1954 年版。

皮锡瑞：《经学历史》，中华书局 1959 年版。

史部

司马迁撰，裴骃集解，司马贞索隐，张守节正义，顾颉刚等点校：《史记》，中华书局 1982 年版。

班固撰，颜师古注，西北大学历史系、傅东华点校：《汉书》，中华书局 1962 年版。

范晔撰，李贤等注，宋云彬点校：《后汉书》，中华书局 1965 年版。

陈寿撰，裴松之注，陈乃乾校点：《三国志》，中华书局 1982 年版。

房玄龄等撰，吴则虞、唐长孺点校：《晋书》，中华书局 1974 年版。

魏征等撰，汪绍楹、阴法鲁点校：《隋书》中华书局 1973 年版。

刘昫等撰，刘节、陈乃乾等点校：《旧唐书》，中华书局 1975 年版。

宋濂等撰，翁独健、亦邻真、周清澍等点校：《元史》，中华书局 1976 年版。

张廷玉等撰，郑天挺、南开大学明清史研究室点校：《明史》，中华书局 1974 年版。

赵尔巽等撰，启功、王钟翰等点校：《清史稿》，中华书局 1977 年版。

《清实录》，中华书局 1985 年版。

杜佑撰，王文锦、王永兴等点校：《通典》，中华书局 1992 年版。

唐晏著，吴东民点校：《两汉三国学案》，中华书局 1986 年版。

徐世昌等编纂，沈芝盈、梁运华点校：《清儒学案》，中华书局 2008 年版。

支伟成：《清代朴学大师列传》，上海泰东图书局 1925 年版。

张广庆：《武进刘逢禄年谱》，台湾学生书局 1997 年版。

樊克政：《龚自珍年谱考略》，商务印书馆 2004 年版。

黄丽镛：《魏源年谱》，湖南人民出版社 1985 年版。

康有为著，罗岗、陈春艳编选：《我史》，江苏人民出版社 1999 年版。
汤志钧编：《章太炎年谱长编》（增订本），中华书局 2013 年版。
朱彝尊撰，林庆彰等主编：《经义考新校》，上海古籍出版社 2010 年版。
晁公武撰，孙猛校证：《郡斋读书志校证》，上海古籍出版社 1990 年版。
陈澧著，杨志刚校点：《东塾读书记（外一种）》，中西书局 2012 年版。
李慈铭：《越缦堂读书记》，上海书店 2000 年版。
张之洞撰，范希曾补正《书目答问补正》，上海古籍出版社 2001 年版。
《四库全书总目》，中华书局 1965 年版。
上海图书馆编：《中国丛书综录》，上海古籍出版社 1983 年版。

  子部

王先谦撰，沈啸寰、王星贤点校：《荀子集解》，中华书局 1988 年版。
王先慎撰，锺哲点校：《韩非子集解》，中华书局 1998 年版。
吕不韦撰，许维遹集释，梁运华整理：《吕氏春秋集释》，中华书局 2009 年版。
陆贾撰，王利器校注：《新语校注》，中华书局 1986 年版。
贾谊撰，阎振益、锺夏校注：《新书校注》，中华书局 2000 年版。
桓谭撰，朱谦之校辑：《新辑本桓谭新论》，中华书局 2009 年版。
王充撰，黄晖校释、梁运华整理：《论衡校释》，中华书局 1990 年版。
班固撰，陈立疏证：《白虎通疏证》，中华书局 1994 年版。
应劭著，王利器校注：《风俗通义校注》，中华书局 1981 年版。
王嘉撰，萧绮录，齐治平校注：《拾遗记》，中华书局 1981 年版。
李昉等编：《太平御览》，中华书局 1960 年版。
王应麟著，翁元圻等注，栾保群、田松青、吕宗力校点：《困学纪闻》，上海古籍出版社 2008 年版。
顾炎武撰，黄汝成集释，栾保群、吕宗力校点：《日知录集释》，上海古籍出版社 2006 年版。
潘仕成编：《海山仙馆丛书》，道光丁未（1847）刊本。
康有为：《孔子改制考》，中华书局 1958 年版。
康有为著，楼宇烈整理：《长兴学记　桂学答问　万木草堂口说》，中华书局 1988 年版。
康有为著，章锡琛、周振甫校点：《大同书》，古籍出版社 1956 年版。

集部

韩愈著，刘真伦、岳珍校注：《韩愈文集汇校笺注》，中华书局2010年版。

董诰等编：《全唐文》，中华书局1983年版。

萧统编，李善注：《文选》，上海古籍出版社1986年版。

李逸安点校：《欧阳修全集》，中华书局2001年版。

程颢、程颐著，王孝鱼点校：《二程集》，中华书局2004年版。

孔凡礼点校：《苏轼文集》，中华书局1986年版。

吕大临撰，陈俊民辑校：《蓝田吕氏遗著辑校》，中华书局1993年版。

黎靖德编，王星贤点校：《朱子语类》，中华书局1986年版。

曾枣庄、刘琳主编：《全宋文》，上海辞书出版社、安徽教育出版社2006年版。

赵汸：《东山存稿》，《景印文渊阁四库全书》第1221册，台湾商务印书馆1986年版。

钱谦益：《列朝诗集小传》，上海古籍出版社1959年版。

庄存与：《味经斋遗书》，光绪八年（1882）重刊阳湖庄氏藏板。

段玉裁撰，锺敬华校点：《经韵楼集》，上海古籍出版社2008年版。

章学诚：《章氏遗书》，吴兴刘氏嘉业堂1922年刊本。

李兆洛：《养一斋文集》，《续修四库全书》第1495册，上海古籍出版社1995年版。

丁履恒：《思贤阁文集》，咸丰四年（1854）武进丁氏活字印本。

陈寿祺：《左海文集》，《续修四库全书》第1496册，上海古籍出版社1995年版。

庄绶甲：《拾遗补艺斋诗抄》，《清代诗文集汇编》第512册，上海古籍出版社2010年版。

刘逢禄：《刘礼部集》，《续修四库全书》第1501册，上海古籍出版社1995年版。

张际亮：《张亨甫文集》，《清代诗文集汇编》第601册，上海古籍出版社2010年版。

龚自珍：《龚自珍全集》，上海人民出版社1975年版。

魏源：《魏源全集》，岳麓书社2005年版。

魏源：《魏源集》，中华书局 2009 年版。

魏季子：《羽琌山民逸事》，邓实、缪荃孙编《古学汇刊》第 1 集第 13 册，上海国粹学报社 1912 年印行。

李耀仙主编：《廖平学术论著选集》（一），巴蜀书社 1989 年版。

康有为撰，姜义华、张荣华编校：《康有为全集》，中国人民大学出版社 2007 年版。

汤志钧编：《康有为政论集》，中华书局 1981 年版。

胡玉缙：《许庼学林》，中华书局 1958 年版。

叶德辉著，印晓峰点校：《叶德辉文集》，华东师范大学出版社 2010 年版。

章太炎：《章太炎全集》，上海人民出版社 1986 年版。

梁启超：《饮冰室合集》，中华书局 1989 年版。

王国维著，彭林整理：《观堂集林》，河北教育出版社 2001 年版。

毛泽东：《毛泽东早期文稿》，湖南出版社 1990 年版。

荆门市博物馆编：《郭店楚墓竹简》，文物出版社 1998 年版。

二 著作（按作者姓氏音序排列）

艾尔曼（Benjamin A. Elman）：《经学、政治和宗教——中华帝国晚期常州今文学派研究》，赵刚译，江苏人民出版社 1998 年版。

蔡长林：《从文士到经生——考据学风潮下的常州学派》，台湾"中研院"中国文哲研究所 2010 年版。

陈其泰：《清代公羊学》，东方出版社 1997 年版。

陈苏镇：《汉代政治与〈春秋〉学》，中国广播电视出版社 2001 年版。

陈耀南：《魏源研究》，香港乾惕书屋 1979 年版。

陈柱：《公羊家哲学》，李静校注，华东师范大学出版社 2014 年版。

段熙仲：《春秋公羊学讲疏》，鲁同群等点校，南京师范大学出版社 2003 年版。

范文澜：《中国近代史》，人民出版社 1947 年版。

房德邻：《儒学的危机与嬗变——康有为与近代儒学》，台湾文津出版社 1992 年版。

顾颉刚：《古史辨》第 5 册，上海古籍出版社 1982 年版。

桂思卓（Sarah A. Queen）：《从编年史到经典——董仲舒的春秋诠释学》，朱鹏译，中国政法大学出版社 2010 年版。
贺广如：《魏默深思想探究——以传统经典的诠说为讨论中心》，台湾大学出版委员会 1999 年版。
黄开国：《公羊学发展史》，人民出版社 2013 年版。
黄朴民：《何休评传》，南京大学出版社 1998 年版。
侯外庐等：《中国思想通史》，人民出版社 1956—1960 年版。
伽达默尔：《真理与方法》，洪汉鼎译，上海译文出版社 1999 年版。
姜广辉：《理学与中国文化》，上海人民出版社 1994 年版。
姜广辉主编：《中国经学思想史》，中国社会出版社 2003 年版、2010 年版。
蒋庆：《公羊学引论》，辽宁教育出版社 1995 年版。
蒋中正：《民生主义育乐两篇补述》，台湾单行本。
金德建：《司马迁所见书考》，上海人民出版社 1963 年版。
金春峰：《汉代思想史》，中国社会科学出版社 1987 年版。
晋文：《以经治国与汉代社会》，广州出版社 2001 年版。
邝柏林：《康有为的哲学思想》，中国社会科学出版社 1980 年版。
梁启超：《中国近三百年学术史》，东方出版社 1996 年版。
梁启超：《清代学术概论》，上海古籍出版社 1998 年版。
梁启超：《论中国学术思想变迁之大势》，上海古籍出版社 2001 年版。
李景明：《中国儒学史·秦汉卷》，广东教育出版社 1998 年版。
李威熊：《董仲舒与西汉学术》，台湾文史哲出版社 1978 年版。
李泽厚：《中国近代思想史论》，人民教育出版社 1979 年版。
林庆彰：《清代经学研究论集》，台湾中研院中国文哲研究所 2002 年版。
马洪林：《康有为评传》，南京大学出版社 1998 年版。
马勇：《汉代春秋学研究》，四川人民出版社 1990 年版。
平飞：《经典解释与文化创新——〈公羊传〉"以义解经"探微》，人民出版社 2009 年版。
浦卫忠：《春秋三传综合研究》，台湾文津出版社 1995 年版。
钱穆：《两汉经学今古文平议》，台湾东大图书公司 1983 年版。
钱穆：《中国学术思想史论丛》（三），台湾东大图书公司 1985 年版。

阮芝生：《从公羊学论春秋的性质》，台湾大学文学院 1969 年版。
沈玉成、刘宁：《春秋左传学史稿》，江苏古籍出版社 1992 年版。
宋艳萍：《公羊学与汉代社会》，学苑出版社 2010 年版。
孙春在：《清末的公羊思想》，台湾商务印书馆股份有限公司 1985 年版。
汤志钧：《近代经学与政治》，中华书局 2000 年版。
王葆玹：《今古文经学新论》，中国社会科学出版社 1997 年版。
文史知识编辑部编：《经书浅谈》，中华书局 1984 年版。
吴小强：《秦简日书集释》，岳麓书社 2000 年版。
萧公权：《近代中国与新世界：康有为变法与大同思想研究》，汪荣祖译，江苏人民出版社 1997 年版。
熊十力：《读经示要》，台湾明文书局 1984 年版。
徐复观：《中国经学史的基础》，台湾学生书局 1982 年版。
徐复观：《两汉思想史》，华东师范大学出版社 2002 年版。
许雪涛：《公羊学解经方法——从〈公羊传〉到董仲舒春秋学》，广东人民出版社 2006 年版。
文史知识编辑部编：《经书浅谈》，中华书局 1984 年版。
翁银陶：《公羊传漫谈》，台湾顶渊文化事业有限公司 1997 年版。
吴雁南等：《中国经学史》，福建人民出版社 2005 年版。
杨慎之、黄丽镛主编：《魏源思想研究》，湖南人民出版社 1987 年版。
杨向奎：《绎史斋学术文集》，上海人民出版社 1983 年版。
杨向奎：《大一统与儒家思想》，中国友谊出版公司 1989 年版。
臧励龢等编：《中国古今地名大辞典》，商务印书馆香港分馆 1931 年版。
张寿安：《龚自珍学术思想研究》，台湾文史哲出版社 1997 年版。
赵伯雄：《春秋学史》，山东教育出版社 2004 年版。
赵生群：《春秋经传研究》，上海古籍出版社 2004 年版。
周桂钿：《董学探微》，北京师范大学出版社 1989 年版。
周予同：《经学史论著选集》，上海人民出版社 1996 年版。

三　论文（按作者姓氏音序排列）

边家珍：《论司马迁〈史记〉创作与〈春秋〉学之关系》，《浙江学刊》2014 年第 1 期。

蔡长林：《刘逢禄〈春秋〉学初探——从〈春秋论〉谈起》，《中国哲学》第 25 辑《经学今诠四编》，辽宁教育出版社 2004 年版。

晁岳佩：《〈公羊传〉解经方法初探》，《山东师大学报》（社会科学版）2000 年第 5 期。

陈恩林：《〈春秋〉和〈公羊传〉的关系》，《史学史研究》1982 年第 4 期。

陈恩林：《论〈公羊传〉复仇思想的特点及经今、古文复仇说问题》，《社会科学战线》1998 年第 2 期。

陈居渊：《论孔广森与刘逢禄的公羊学研究》，《孔子研究》1995 年第 1 期。

陈鹏鸣：《龚自珍与常州学派》，《江汉论坛》1996 年第 11 期。

陈其泰：《公羊历史哲学的形成和发展》，《孔子研究》1989 年第 2 期。

陈其泰：《何休公羊学说的体系及其学术特色》，《中国文化月刊》第 196 期（1996 年）。

陈其泰：《今文公羊学说的独具风格和历史命运》，《北京大学学报》1997 年第 5 期。

陈其泰：《董仲舒与公羊学说体系的形成》，《孔子研究》1998 年第 1 期。

陈其泰：《刘逢禄对公羊学说的出色建树》，《北京师范大学学报》（社会科学版）1997 年第 5 期。

陈其泰：《嘉道学术的奇葩——龚自珍魏源学术的特色》，《东方文化》1998 年第 2 期。

陈其泰：《龚自珍与晚清经学的嬗变》，《中国哲学》第 22 辑《经学今诠初编》，辽宁教育出版社 2000 年版。

陈其泰：《董仲舒〈春秋〉公羊学的理论体系》，《中国哲学》第 23 辑《经学今诠续编》，辽宁教育出版社 2001 年版。

陈其泰：《春秋公羊学说体系的形成及其特征》，《山东大学学报》（哲学社会科学版）2002 年第 6 期。

陈其泰：《庄存与：清代公羊学的开山——兼论孔广森的〈公羊通义〉》，《中国哲学》第 25 辑《经学今诠四编》，辽宁教育出版社 2004 年版。

陈其泰：《春秋公羊学说的方法论思考》，《南开学报》（哲学社会科学版）2006 年第 1 期。

陈其泰：《春秋公羊"三世说"：独树一帜的历史哲学》，《史学史研究》2007 年第 2 期。

陈其泰：《儒家公羊学派夷夏观及其影响》，《史学集刊》2008 年第 3 期。

陈其泰：《公羊学说与晚清历史文化认同的推进》，《史学史研究》2010 年第 4 期。

陈苏镇：《汉道、王道、天道——董仲舒〈春秋〉公羊说新探》，《国学研究》2，北京大学出版社 1994 年版。

陈桐生：《司马迁师承董仲舒说质疑》，《山西师大学报》（社会科学版）1994 年第 4 期。

陈桐生：《〈史记〉与春秋公羊学》，《文史哲》2002 年第 5 期。

李祥俊：《汉代〈春秋〉公羊学政治论义发微》，《东方论坛》1999 年第 3 期。

崔大华：《董仲舒的春秋公羊学》，《学习与思考》1983 年第 6 期。

丁原明：《清代今文经学浅论》，《山东社会科学》1995 年第 6 期。

段熙仲：《公羊春秋"三世"说探源》，《中华文史论丛》第 4 辑，上海古籍出版社 1963 年版。

房德邻：《康有为和廖平的一桩学术公案》，《近代史研究》1990 年第 4 期。

房德邻：《论康有为从经古文学向经今文学的转变》，《近代史研究》2012 年第 2 期。

冯晓庭：《赵汸〈春秋金锁匙〉初探》，《元代经学国际研讨会论文集》（下），台湾中研院中国文哲研究所筹备处 2000 年版。

冯友兰：《春秋公羊学与中国封建社会》，《社会科学研究》1984 年第 2 期。

郜积意：《论〈公羊传〉的阐释策略》，《人文杂志》2000 年第 5 期。

郜积意：《论庄存与的〈公羊〉学》，《孔子研究》2003 年第 5 期。

葛荣晋；《中国古代经权说的历史演变》，《孔子研究》1987 年第 2 期。

葛志毅：《〈公羊传〉大一统释义发微》，《管子学刊》1998 年第 4 期。

顾颉刚：《五德终始说下的政治和历史》，《古史辨》第 5 册，上海古籍出版社 1982 年版。

顾颉刚：《清代"经今文学"与康有为的变法运动》，《中国文化》第 3

期,三联书店 1991 年版。

洪汉鼎:《西方诠释学的定位及伽达默尔诠释学的本质特征》,《新哲学》第 2 辑,大象出版社 2004 年版。

黄爱平:《刘逢禄与清代今文经学》,《清史研究》1995 年第 1 期。

黄开国:《廖康羊城之会与康有为经学思想的转变》,《社会科学研究》1986 年第 4 期。

黄开国:《评康有为与廖平的思想纠葛》,《社会科学辑刊》1990 年第 5 期。

黄开国:《董仲舒〈公羊〉学方法论》,《哲学研究》2001 年第 11 期。

黄开国:《〈公羊〉学的大一统》,《人文杂志》2004 年第 1 期。

黄开国:《庄存与〈春秋〉学新论》,《哲学研究》2005 年第 4 期。

黄开国:《"公羊学"的历史哲学》,《孔子研究》2005 年第 6 期。

黄开国:《刘逢禄经学思想早晚期的变化》,《中华文化论坛》2006 年第 3 期。

黄开国:《公羊学的异内外的宝贵价值》,《四川师范大学学报》(社会科学版) 2007 年第 3 期。

黄开国:《〈公羊传〉的形成》,《齐鲁学刊》2009 年第 1 期。

黄开国、唐赤蓉:《〈教学通义〉中所杂糅的康有为后来的经学思想》,《近代史研究》2010 年第 1 期。

黄开国:《补论〈公羊传〉的形成》,《齐鲁文化研究》第 10 辑,泰山出版社 2011 年版。

姜广辉:《从黄帝到孔子——前轴心时代的文化传统》,《中华文化论坛》1999 年第 3 期。

姜广辉:《郭店楚简与子思子——兼谈郭店楚简的思想史意义》,《中国哲学》第 20 辑《郭店楚简研究》,辽宁教育出版社 1999 年版。

姜广辉:《传统的诠释与诠释学的传统——儒家经学思想的演变轨迹与诠释学导向》,《中国哲学》第 22 辑《经学今诠初编》,辽宁教育出版社 2000 年版。

姜广辉:《重新认识儒家经典——从世界经典现象看儒家经典的内在依据》,《中国哲学》第 23 辑《经学今诠续编》,辽宁教育出版社 2001 年版。

姜广辉：《清代公羊学案》，《光明日报》国学版 2008 年 8 月 18 日。

金德建：《〈公羊传〉述作当在董仲舒辨——徐彦所引〈戴宏序〉说质疑》，《管子学刊》1993 年第 2 期。

晋文：《汉武帝尊〈公羊〉的原因》，《历史教学》1995 年第 7 期。

赖长扬：《司马迁与春秋公羊学》，《史学史资料》1979 年第 4 期。

李尚英：《公羊学派"大一统"理论与洪承畴评价》，《中国社会科学院研究生院学报》2004 年第 2 期。

李素平：《魏源以"变易"为主轴的今文经学思想》，《北京社会科学》1994 年第 4 期。

李喜所：《鸦片战争前的今文经学与经世致用思潮》，《社会科学研究》1998 年第 4 期。

李英华：《公羊学论略》，《管子学刊》1998 年第 4 期。

李泽厚：《论康有为的"大同书"》，《文史哲》1955 年第 2 期。

李泽厚：《论康有为的"托古改制"思想》，《文史哲》1956 年第 5 期。

李泽厚：《论康有为的哲学思想》，《哲学研究》1957 年第 1 期。

梁启超：《论中国学术思想变迁之大势》，《饮冰室合集》文集第 3 册，上海中华书局 1936 年版。

林吉玲：《常州学派与公羊三世说之变异》，《学术交流》2001 年第 4 期。

林吉玲：《康有为对公羊三世说的改造》，《管子学刊》2001 年第 3 期。

林丽娥：《从正名思想谈〈公羊传〉对孔子华夷大义的阐发》，《管子学刊》1994 年第 1、2 期。

刘国民：《过度诠释——论董仲舒解释〈春秋〉、〈公羊传〉之目的》，《首都师范大学学报》（社会科学版）2006 年第 4 期。

刘家和：《论汉代春秋公羊学的大一统思想》，《史学理论研究》1995 年第 2 期。

刘兰肖：《〈魏源集·公羊春秋论〉作者补证》，《近代史研究》2003 年第 4 期。

刘师培：《南北学派不同论》，《国粹学报》光绪三十一年（1905）第 7 期。

楼宇烈：《龚自珍》，《中华民族杰出人物传》三，中国青年出版社 1984 年版。

楼宇烈：《康有为与儒学的现代转化》，《孔子诞辰 2540 周年纪念与学术讨论会论文集》，上海三联书店上海分店 1992 年版。

卢兴基：《龚自珍与公羊"三世"说》，《中国哲学》第 4 辑，三联书店 1980 年版。

陆宝千：《爱日草堂诸子——常州学派之萌坼》，台湾《中研院近代史研究所集刊》第 16 期，1987 年。

陆振岳：《孔广森的公羊学》，《孔子研究》1987 年第 4 期。

陆振岳：《刘逢禄的公羊学》，《苏州大学学报》1992 年第 3 期。

吕绍纲：《董仲舒与春秋公羊学》，《天津社会科学》1986 年第 1 期。

吕绍纲：《何休公羊"三科九旨"浅议》，《人文杂志》1986 年第 2 期。

马永康：《从"三统""三世"到"三世三重"——论康有为的思想》，《华东师范大学学报》（哲学社会科学版）2010 年第 3 期。

浦伟忠：《〈春秋公羊传〉的复仇论》，《管子学刊》1991 年第 2 期。

浦伟忠：《孔子、〈春秋〉及〈春秋〉三传》，《中国社会科学院研究生院学报》1991 年第 1 期。

齐思和：《魏源与晚清学风》，《燕京学报》第 39 期，燕京大学哈佛燕京学社 1951 年版。

申屠炉明：《论刘逢禄春秋公羊学的特色》，《南京大学学报》（哲学·人文科学·社会科学版）2000 年第 2 期。

宋艳萍、倪学梅：《齐鲁文化的结晶——公羊学》，《管子学刊》2001 年第 4 期。

宋艳萍：《汉末公羊学衰落原因探析》，《山东大学学报》（哲学社会科学版）2000 年第 3 期。

孙开泰：《试论〈公羊传〉的大一统思想》，《中国史研究》1993 年第 2 期。

汤仁泽：《清代今文经学诸问题———兼论庄存与和今文学派》，《学术月刊》2002 年第 2 期。

汤仁泽：《论常州学派兴起的社会条件》，《史林》1999 年第 4 期。

汤其领：《董仲舒公羊学体系形成初探》，《徐州师范学院学报》1987 年第 2 期。

汤其领：《刘逢禄与春秋公羊学之复兴》，《徐州师范大学学报》（哲学社会科学版）2001 年第 4 期。

汤志钧：《清代常州经今文学派与戊戌变法》，《历史教学》1953 年第 11 期。

汤志钧：《关于康有为的"大同书"》，《文史哲》1957 年第 1 期。

汤志钧：《再论康有为的"大同书"——兼与李泽厚、张玉田二先生商榷》，《历史研究》1959 年第 8 期。

汤志钧：《龚自珍与经今文》，《近代史研究》1980 年第 4 期。

汤志钧：《魏源的"变易"思想和〈诗〉〈书〉古微》，《求索》1984 年第 5 期。

唐眉江：《汉代公羊学"大一统"概念辨析》，《学术研究》2006 年第 1 期。

田汉云：《试论庄存与的〈春秋正辞〉》，《清史研究》2000 年第 1 期。

王保顶：《论董仲舒与司马迁〈史记〉著述之关系》，《河北学刊》1997 年第 4 期。

汪高鑫：《"三统"说与董仲舒的历史变易思想》，《齐鲁学刊》2003 年第 3 期。

汪高鑫：《论汉代公羊学的夷夏之辨》，《南开学报》（哲学社会科学版）2006 年第 1 期。

汪高鑫：《论汉代公羊学的大一统思想》，《安徽大学学报》（哲学社会科学版）2006 年第 5 期。

汪高鑫：《公羊学与司马迁史学》，《史学理论与史学史学刊》第 12 卷，社会科学文献出版社 2014 年版。

王洪军：《段驯龚自璋抄本诗集考》，《文献》1998 年第 2 期。

王国良：《从忠君到天下为公——儒家君臣关系论的演变》，《孔子研究》2000 年第 5 期。

王裕明：《庄存与经学思想渊源简论》，《学海》1999 年第 4 期。

吴汝煜：《〈史记〉与公羊学——〈史记〉散论之五》，《徐州师范学院学报》1982 年第 2 期。

吴泽：《康有为公羊三世说的历史进化观点研究——康有为史学研究之一》，《中华文史论丛》第 1 辑，中华书局 1962 年版。

吴泽、陈鹏鸣：《常州学派史学思想研究》，《华东师范大学学报》（哲学社会科学版）1995 年第 3 期。

奚敏芳：《何休与汉代之公羊学》，《孔孟学刊》第 35 卷第 11 期，1997 年。

徐松巍：《从古代变易史观向近代进化史观的转变——关于 19 世纪历史观念的考察》，《史学理论研究》1999 年第 2 期。

徐庄：《略论〈公羊传〉的讳书理论》，《中国史研究》1984 年第 2 期。

许殿才：《董仲舒的"三统循环"说》，《史学史研究》1996 年第 3 期。

杨向奎：《清代的今文经学》，《清史论丛》第 1 辑，中华书局 1979 年版。

杨向奎、田昌五、黄朴民：《董仲舒与汉代新儒学的发展》，《文献》1989 年第 2 期。

杨向奎：《司马迁的历史哲学》，《中国史研究》1979 年第 1 期。

杨燕起：《司马迁与董仲舒》，《史学史研究》1986 年第 4 期。

张广庆：《何休〈春秋公羊解诂〉研究》，台湾师范大学国文研究所硕士论文，1989 年。

张立文：《经学的生命与选择——〈公羊春秋〉的时代价值》，《中国人民大学学报》2010 年第 6 期。

张秋升：《董仲舒历史哲学初探》，《南开学报》1997 年第 6 期。

章权才：《何休〈公羊解诂〉研究》，《广东社会科学》1984 年第 1 期。

赵伯雄：《〈公羊〉〈左传〉记事异同考》，《人文杂志》1991 年第 6 期。

赵伯雄：《从〈春秋繁露〉看董氏〈春秋〉学》，《南开学报》（哲学社会科学版）1995 年第 1 期。

赵友林：《公羊学的历史哲学观》，《管子学刊》2007 年第 2 期。

周光庆：《董仲舒〈春秋〉解释方法论》，《孔子研究》2001 年第 1 期。

周桂钿：《董仲舒哲学与〈公羊传〉》，《管子学刊》1994 年第 1 期。

周桂钿：《汉代公羊学传授考》，《史学史研究》1996 年第 2 期。

周晓光：《论元末明初新安理学家赵汸》，《孔子研究》2000 年第 2 期。

朱维铮：《重评〈新学伪经考〉》，《复旦学报》1992 年第 2 期。

后　　记

　　本书写作的跨度较长，最早的一部分内容写于 2000 年，期间又陆陆续续进行了许多增补和删改，无论是结构还是内容较最初的设想都已经有了很大的改变。但由于需要不断承接新的科研任务，心中原有的一些构想未能得到落实，有些章节仍感薄弱，还有不少的遗憾。

　　在本书即将付梓之际，首先要感谢恩师姜广辉先生。1998 年，我考上了中国社会科学院研究生院历史系，师从先生攻读硕士学位。当时先生正带领历史所中国思想史研究室的团队，进行《中国经学思想史》课题的写作，先生要求团队每人各守一经。硕士的第二年，先生不嫌我鄙陋，让我加入到团队中，安排我写作有关公羊学思想的部分章节，由此引领我走上了公羊学研究的道路。2001 年我又考取先生的博士生，先生嘱我深化公羊学的研究，于是有了我的博士论文《公羊学平议》。博士毕业之后，我得以留在中国思想史研究室工作，先生继续在学术和生活上百般关怀，促我进步，此次又在百忙之中赐写序言。

　　我的公羊学研究，还深受陈其泰、黄朴民等先生的论著的影响，更多次得到陈其泰先生的当面指点，陈先生还欣然为本书撰写推荐意见争取出版资助，十分感念。

　　感谢院、所评审机构对本书的肯定，感谢卜宪群先生的大力推荐，使本书得以列入《中国社会科学院文库》。感谢王启发先生在本书写作和出版过程中给予的建议与帮助。感谢中国社会科学出版社张林、罗莉先生为本书的出版付出的心血。

　　在我求学和治学的道路上，一直得到诸位师友及历史所领导和同人的关爱和帮助，在此一并致谢。

　　最后我要感谢家人给我的爱与支持，尤其是我的父亲郑张尚芳先生。

父亲曾长年在逆境中潜心科研，耄耋之年仍笔耕不辍，是我深以为荣的榜样。父亲不仅赋予我藏书万卷的成长环境，更无时不在学术道路上为我解惑，激励我不断前行。父亲的学术高度我难及万一，但父亲严谨治学的精神和淡泊豁达的人生态度对我影响至深。

  本书的出版只是一个阶段性的小结，关于公羊学思想的研究，我还会继续拓展和深入。书中纰漏之处，祈请方家不吝赐教。

郑任钊
2017 年 12 月 30 日于北京寓所